D1481783

El gran libro del tarot

Emilio Salas

El gran libro
del tarot

Redbook Ediciones
Industria, 11 (Pol. Ind. Buvisa)
08329 TEIÀ
Tel: 93 555 14 11
www.redbookediciones.com

Diseño de cubierta: Regina Richling
Producción y compaginación: MC producció editorial
ISBN: 978-84-9917-481-5
Depósito legal: B-15.576-2017
Impreso por Sagrafic, Plaza Urquinaona 14, 7º-3ª 08010 Barcelona
Impreso en España - *Printed in Spain*

Introducción

El tarot es mucho más que un sistema adivinatorio, ya que encierra toda una filosofía de la vida por no decir un concepto global del Cosmos; porque del mismo modo que el I Ching resume toda la tradición esotérica de Oriente, el tarot resume la de Occidente, hallándose profundamente enraizado con la cábala, el hermetismo, la numerología, la astrología y el simbolismo de colores y formas, sin limitarse en exclusiva a una sola de dichas disciplinas como pretenden quienes lo consideran una cábala gráfica y añaden a las láminas del tarot letras hebraicas y símbolos astrológicos.

En mi trabajo he dedicado una atención preferente a la cábala, y en especial al *Sefer Yetsirá*, para demostrar la imposibilidad de una identificación total entre tarot y cábala –sin negar por ello la gran influencia de la segunda sobre el primero–, así como al simbolismo de colores y formas, simbolismo que hasta finales del Medioevo fue cuidadosamente tenido en cuenta por cuantos intentaban plasmar gráficamente sus ideas, incluyendo a los pintores bizantinos de iconos, casi siempre monjes, y es de lamentar que la Iglesia católica, que hasta entonces lo había adoptado en todos sus símbolos y ornamentos lo haya abandonado, del mismo modo que al abandonar su lengua madre también perdió el poder del sonido, que en los actos mágicos trascendentes como la Santa Misa, les confiere un poder y una trascendencia muy superior al que les otorga el mero significado de las palabras.

Aclarado esto, que considero fundamental, debo añadir que este libro puede estudiarse de dos maneras distintas según cuál sea el interés del lector.

Si realmente desea conocer la enseñanza esotérica del tarot le recomiendo no se pierda nada, pues cuando lo finalice descubrirá que incluso lo que en un principio podría parecer banal tiene su trascendencia, y si en el estudio detallado de los arcanos mayores he incluido una meditación sobre cada uno de ellos, es a modo de ejemplo y punto de partida para la meditación que metódicamente debería realizar cada uno de nosotros si realmente desea profundizar en su conocimiento.

Si lo único que le interesa es la utilización del tarot para la adivinación, puede empezar directamente en la tercera parte prescindiendo de las dos primeras, e incluso de cuanto le parezca superfluo en la tercera; sin embargo, si es un cartomántico consciente, estoy seguro de que tarde y temprano reiniciará la lectura desde un buen principio. Porque no descubro nada si digo que todas las técnicas adivinatorias –incluida la basada en el tarot– se fundamentan en el uso de las facultades paranormales latentes en todos y cada uno de nosotros, que normalmente se manifiestan en lo que llamamos intuición y que podemos definir como la facultad que permite conocer cosas, hechos o situaciones que lógicamente deberían ignorarse, y sin que dicho conocimiento llegue a través de los cinco sentidos tradicionales.

Y el conocimiento paranormal casi siempre precisa de un soporte material que ayude a concentrarse en el sujeto de la búsqueda o sirva de lazo de unión con el mismo, y es innegable que el tarot es ideal para ello; pero además, cuando se usa conscientemente y de buena fe, dichas facultades paranormales se van acrecentando poco a poco y se va descubriendo la existencia de un mundo interno que permanecía desconocido, siendo inevitable la aparición del interés por el esoterismo.

Primera parte

La historia

1. Los orígenes del tarot

Aun cuando Court de Gebelin, Eliphas Levi y sus seguidores pretenden que el tarot es el libro sagrado de Thot –el Hermes egipcio– y contiene toda la tradición oculta de la humanidad, debemos reconocer que
su antigüedad no puede remontarse más allá del siglo XIII, del mismo
modo que tampoco es cierto que fueran los gitanos quienes lo introdu-
jeran en Europa desde Egipto; y ello por los siguientes motivos:

1. Si los gitanos insinuaron un origen egipcio y hablaron de su patria
como del «pequeño Egipto», lo hicieron para lograr salvoconductos de
los soberanos europeos, pero actualmente está demostrado que proceden de una amplia zona que abarca las orillas del mar Caspio y todo el
este y noroeste del mismo, si bien es cierto que en sus primeras migra-
ciones anteriores al siglo I llegaron hasta la India, Turquía y Egipto.

2. Su primera aparición en Europa tuvo lugar en la desem-
bocadura del Elba en 1417, y a pesar de darse cuenta de inmediato
del valor adivinatorio que encerraba el tarot (ya se habla de ellos y de
sus talentos cartománticos en un documento de 1422) en dicho año
de 1417 las cartas –y por lo tanto el tarot– ya eran conocidas en Italia
y posiblemente en España, como veremos más adelante.

También se ha especulado sobre un origen lejano del tarot, ya sea
de China, de la India o de los árabes, pero también estamos en condiciones de poder demostrar que ninguno de estos orígenes puede ser
verdadero, como veremos al analizarlos uno a uno.

ORIGEN CHINO

En un diccionario chino publicado en 1678, el Ching-tsze-tung, se
cuenta que hacia el año 1120 un oficial propuso al emperador Huei-
Song un juego de su invención consistente en treinta y dos tabletas de
marfil divididas en tres series de nueve piezas cada una y otras tres
piezas fuera de serie; el número de treinta y dos es debido a que dos
de dichas piezas son dobles. Algunas de estas tabletas estaban relacionadas con el Cielo, otras con la Tierra y el resto con el hombre o con
nociones abstractas, como la muerte por ejemplo.

Posteriormente estas tabletas de marfil también se fabricaron en
hueso y en papel, y a pesar de que algunos consideraron que se tra-

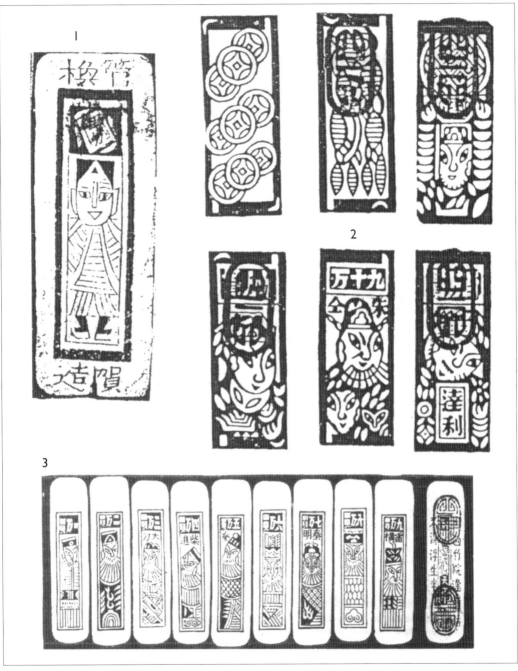

Cartas chinas

1. El ejemplar más antiguo que se conoce, realizado hacia el año 1400 y encontrado en el oasis de Turfa, según Carter. 2. Tres cartas numerales y tres triunfos de una serie moderna, según Culin. 3. Diez pequeñas cartas modernas, según Van Rijnberk.

taba de un juego similar al dominó, la palabra *phai* con que se las designa significa «carta».

No obstante, estos juegos de cartas chinos son tan distintos de los nuestros, tanto por su aspecto como por su contenido y reglas de juego, que cabe decir de ellos lo mismo que de la pólvora y del papel: incluso si fueron los primeros en usarlas no por ello fueron conocidas y copiadas por los europeos. Y también debemos añadir que las más antiguas cartas chinas conocidas son de principios del siglo XV, y diga lo que diga el diccionario chino, no existe ningún documento de la época que confirme la antigüedad que se intenta atribuirles.

Pero si haciendo volar la imaginación queremos hallar una correlación entre nuestras cartas y las chinas, ¿por qué no creer que Marco Polo o alguno de sus marineros hubiese llevado consigo un mazo del tarot, del cual hubiera partido la idea del oficial chino? No olvidemos que los viajes de Marco Polo tuvieron lugar entre los años 1260 y 1295, y por aquellas fechas es muy posible –por no decir segura– la existencia del tarot en Italia; además, Marco Polo partió de Venecia, y los más antiguos tarots que se conocen son los Tarocchi venecianos.

Y si a pesar de todo insistiéramos en buscar una idea que hubiera podido inspirar la creación del tarot (pero no de las cartas de juego) en tan lejano país, deberíamos inclinarnos por el I Ching y su intento de concentrar en unas pocas imágenes una inmensa sabiduría.

Pero debemos ser más realistas y no olvidar que la idea de guardar nuestros conocimientos para la posteridad, y a ser posible en la forma más concentrada y universal, es decir, a través de símbolos, es algo inherente a toda la humanidad y en todos los tiempos, desde las escenas de caza de las cuevas de Altamira hasta la tableta lanzada al Cosmos por la NASA para hacer saber a los posibles moradores de otros mundos la existencia del hombre y el punto concreto del espacio en que nos hallamos.

Es por ello, ya que en el fondo la mentalidad humana es idéntica a través del tiempo y del espacio, que las mismas o similares ideas pueden florecer simultáneamente –o casi– en lugares totalmente independientes los unos de los otros.

ORIGEN HINDÚ

Chatto afirma que la baraja proviene del antiguo juego de ajedrez de los cuatro reyes, el Chaturaji, del que se derivó un juego de cartas que consta de diez series representando a los diez avatares de Vishnú y conteniendo doce cartas cada serie: dos figuras, el rey y el visir, y diez cartas de puntos numeradas del uno al diez. Todas estas cartas son redondas, lacadas y muy pesadas, y se requiere una portentosa imaginación para reconocer en ellas el juego del ajedrez.

Abundando en lo mismo, Boiteau d'Ambly afirma que las cartas proceden de la India, desde donde nos fueron aportadas por pueblos

Cartas hindúes.

nómadas que luego se denominaron gitanos o zíngaros y fueron expulsados de dicho país por los musulmanes. Sobre dicha afirmación sólo tenemos que remitirnos al inicio de este capítulo cuando citamos a los gitanos.

Por otra parte –y como muy bien dice Merlín– fueron los hindúes quienes copiaron o adaptaron las cartas europeas, pues cuando los primeros navegantes portugueses desembarcaron en las costas de la India ya hacía un siglo que en Europa se conocía el tarot y se jugaba a las cartas, y todas las cartas hindúes conocidas son posteriores a dicha época.

ORIGEN ÁRABE

Bussi, en su *Historia de Viterbo,* afirma que según Covelluzzo «en 1379 los juegos de cartas fueron introducidos en Viterbo procedentes del país de los sarracenos, donde reciben el nombre de nayb».

Nayb es una palabra indostánica que significa virrey o gobernador, y su similitud con la palabra «naipe» ha dado origen a que dicha hipótesis fuera recogida por otros autores. Sin embargo, Covelluzzo hablaba en pasado, pues vivió en el siglo XV, es decir, un siglo después de 1379, y además, en dicha fecha el tarot ya era conocido en Europa, como veremos más adelante. Pero ¿es éste el origen de la palabra «naipe»? Y ¿por qué no puede serlo el hebreo *nabi* (profecía) o el holandés *knaeps* (papel)?

Por otra parte, no debemos olvidar que en el Corán se prohíbe la representación de la figura humana, y si bien los musulmanes de la India a veces olvidaron este precepto, los árabes lo observaron rigurosamente hasta fechas muy recientes, por lo cual no podemos aceptar que fueran ellos quienes crearan el tarot o que actuaran de intermediarios en su propagación; y en caso de que hubiera sido así, ¿cómo es que no nos ha llegado ninguna furibunda catilinaria contra los autores de semejante herejía, como sería lo más lógico?

LAS CARTICELLAS

La primera referencia escrita que se refiere al tarot con toda seguridad se remonta a 1227 y nos dice que «los niños italianos son instruidos en el conocimiento de las virtudes mediante unas láminas que denominan carticellas».

Una muestra de estas carticellas, cuya descripción nos recuerda de inmediato a los cromos infantiles que todavía hoy colaboran en la educación de los niños, podría serlo el llamado tarot de Mantegna o Cartas de Baldini, que en realidad no fue creado ni por Mantegna ni por Baldini, sino por Francesco del Cossa, y fue grabado en Ferrara en la segunda mitad del siglo XV.

EL TAROT DE MANTEGNA

De dicho tarot se conocen dos tipos, el primero de los cuales –considerado como el original– fue grabado en 1460, y el segundo –la pretendida copia– en 1488, siendo mucho más bello que el original. Ambas variantes se componen de cincuenta cartas de 10 x 18 cm, divididas en cinco series de diez cartas cada una y distribuidas como sigue:

SERIE E. LAS CLASES SOCIALES

I	Misero	Mendigo
II	Fameio	Valet o criado
III	Artixan	Artesano
IIII	Mercadante	Mercader
V	Zintilomo	Gentilhombre
VI	Chavalier	Caballero
VII	Doxe	Dux o Dogo
VIII	Re	Rey
VIIII	Imperator	Emperador
X	Papa	Papa

SERIE D. LAS MUSAS

XI	Caliope	Musa de la elocuencia
XII	Urania	Musa de la astronomía
XIII	Terpsícore	Musa del canto y la danza
XIIII	Erato	Musa de la poesía elegíaca
XV	Polimnia	Musa de la poesía lírica
XVI	Talia	Musa de la comedia
XVII	Melpómene	Musa de la tragedia
XVIII	Euterpe	Musa de la música
XVIIII	Clio	Musa de la historia
XX	Apollo	El Señor de las Musas

SERIE C. ARTES Y CIENCIAS

XXI	Gramática	Gramática
XXII	Loica	Lógica
XXIII	Rhetorica	Retórica
XXIIII	Geometría	Geometría
XXV	Aritmetricha	Aritmética
XXVI	Música	Música
XXVII	Poesia	Poesía
XXVIII	Philosofia	Filosofía

Reproducción de algunas
láminas del tarot de
Mantegna.

XXVIIII	Astrología	Astrología
XXX	Teología	Teología

SERIE B. VIRTUDES Y PRINCIPIOS CÓSMICOS

XXXI	Iliaco	Genio del Sol
XXXII	Crónico	Genio de la Luna
XXXIII	Cosmico	Genio del mundo
XXXIIII	Temperancia	Templanza
XXXV	Prudencia	Prudencia
XXXVI	Corteza	Fortaleza o Fuerza
XXXVII	Justicia	Justicia
XXXVIII	Charita	Caridad
XXXVIIII	Speranza	Esperanza
XXXX	FEDE	Fe

SERIE A. LOS PLANETAS Y LAS ESFERAS

XXXXI	Luna	La Luna
XXXXII	Mercurio	Mercurio
XXXXIII	Venus	Venus
XXXXIIII	Sol	El Sol
XXXXV	Marte	Marte
XXXXVI	Jupiter	Júpiter
XXXXVII	Saturno	Saturno
XXXXVIII	Octava Sphera	La Octava Esfera
XXXXVIIII	Primo Movile	El Primer Móvil
XXXXX	Prima Causa	La Causa Primera

Entre estas cincuenta láminas podemos reconocer algunas de las figuras del tarot, como El Emperador, El Papa, El Enamorado, El Carro, La Justicia, El Ermitaño, La Fuerza, La Templanza, La Luna, El Sol, El Loco, La Sota de Espadas, La Sota de Copas y El Rey de Bastos; y si bien existen algunas diferencias en los dibujos, también existen similitudes muy significativas.

Así ocurre por ejemplo entre El Loco y Misero, ambos con un perro mordiéndoles la pierna; La Justicia, con la espada y la balanza; La Templanza, trasvasando agua de una jarra a otra (o echándole agua al vino); La Fuerza, que tanto se representa mediante una mujer dominando a un león como rompiendo una columna...

De todo ello podemos deducir que tanto las láminas del tarot de Marsella como las del de Mantegna poseen un origen común que muy bien podría cifrarse en las carticellas de que nos habla la cita de 1227. Por una parte, en una fecha que ignoramos se añadieron los arcanos menores para componer la baraja de juego (a menos que ya se crearan unas carticellas con baraja incluida), mientras que por otra se siguieron creando y copiando colecciones de carticellas. De todas ellas, las láminas de Mantegna serían las más antiguas que se han conservado; nadie puede creer que sirvieran para jugar, y, si bien resultan algo pedantes al enumerar (es decir, ordenar rigurosamente de inferior a superior) los conceptos que contienen, del mendigo al Papa por ejemplo, no puede negarse que su finalidad es claramente pedagógica.

2. La evolución del tarot

El verdadero problema que se nos presenta cuando intentamos situar en el tiempo la aparición del tarot y su posible evolución, consiste en la escasez de ejemplares, muchas veces láminas sueltas que no llegan a formar un juego; y cuando se recupera uno completo (o casi) es muy difícil saber con certeza si se trata de un original o una copia, o si no es el que se creía, como sucedió con el tarot llamado de Carlos VI.

Y es que las láminas del tarot debían pintarse sobre delgadas láminas de marfil, hueso, pergamino y, posteriormente, papel, soportes delicados y de difícil conservación. Si a esto añadimos que pintarlas a mano las encarecía notablemente, se comprenderá que fuesen tan pocas las colecciones que llegaron a realizarse y que sólo los verdaderos potentados pudiesen permitirse el lujo de encargarlas.

Luego, a finales del siglo XIII y principios del XIV, la fabricación del papel alcanzó cierto desarrollo, y posteriormente, con la invención del grabado pudo popularizarse la fabricación de barajas, pero la calidad resultante disminuyó notablemente y las colecciones verdaderamente artísticas siguieron pintándose a mano.

PRIMERAS MENCIONES DIRECTAS

Pero sigamos con el orden histórico; la primera mención directa sobre la baraja es de 1299 y figura en un manuscrito escrito en Siena por Pipozzo di Sandro titulado *Trattato del governo della familia*, en el que se menciona la existencia de los *naibis*, que es el primer nombre con el que se conocen las cartas de juego.

Más adelante, en 1332, Alfonso XI de Castilla recomienda a sus caballeros que se abstengan de jugar a los naipes, y también a partir de 1310 proliferan en Alemania las prohibiciones contra dicho juego, siendo una de las más interesantes la del padre Johannes (de 1377) que además cita seis tipos distintos de barajas, entre las cuales existe una de setenta y ocho cartas que sólo puede tratarse de un tarot.

A partir de aquí se multiplican las menciones y prohibiciones por toda la cristiandad, y de todas ellas nos limitaremos a mencionar tres a causa de su importancia.

La primera es la del notario de Marsella Laurent Aycardi, de 30 de agosto de 1381, que al hacer el inventario de los bienes legados por uno de sus clientes, cita entre joyas y muebles valiosos un juego de naipes, lo que nos da una idea de lo apreciadas que llegaban a ser las colecciones iluminadas a mano.

La segunda y más famosa es de 1392, y pertenece al Registro de las Cuentas Reales de Carlos VI de Francia, en el que el tesorero anota de puño y letra: «Páguense cincuenta y seis sueldos parisienses a Jacquemin Gringonneur, pintor, por tres juegos de naipes en oro y diversos colores y divisas, hechos para el esparcimiento del dicho Señor Rey». Esta mención es la que dio origen a la hipótesis de que Gringonneur era el inventor de la baraja; lo que, si bien es falso, al menos corrobora una vez más el alto precio que alcanzaban las barajas pintadas a mano.

La tercera referencia es de 1393 y pertenece al moralista y educador G. B. Morelli, que recomienda las láminas de los *naibis* como instructivas y provechosas para la educación de los niños, lo que confirma nuestra presunción sobre la identidad de origen entre tarots y carticellas.

También es indudable la mayor antigüedad del tarot sobre la baraja de juego, pues hasta finales del siglo XIV no empiezan a coexistir ambos tipos de barajas (o al menos las menciones sobre las mismas) y es innegable que con la eliminación de los arcanos mayores y la reducción progresiva de su tamaño, la baraja común no tardó en eliminar casi por completo al tarot como juego popular. Lo contrario iría contra toda lógica, pues no tiene el menor sentido complicar un juego sencillo con la inclusión de veintidós cartas inútiles.

Lo que de momento resulta imposible averiguar con certeza es cómo se ideó el tarot y en qué otros juegos se inspiraría (dejando de momento de lado su posible, aunque no probable, identidad con la cábala). De entrada debemos eliminar las hipótesis sobre un origen oriental, árabe o egipcio, como ya hemos demostrado, por lo cual debemos limitarnos a aquellos otros juegos que ya existían en los países mediterráneos en el siglo XIII, y es sobradamente conocido que los dados ya eran practicados por griegos y romanos, y que estos últimos practicaban un juego de competición, el de los soldados (al que llamaban *Iudum latrunculorum),* que en cierto modo se parecía a nuestro juego de damas, pues se trataba de encerrar al contrincante de manera que no le quedase espacio para moverse (lo que se llamaba *ad incitos redigere),* y en parte al ajedrez, pues algunas de sus piezas se movían como nuestros peones *(calculi ordinarii),* mientras que otras podían avanzar en distintas direcciones e incluso saltar *(calculi vagi).* Por último, cabe recordar que el ajedrez fue introducido en Europa no mucho más tarde del siglo VI o VII.

Que en la idea de combinar un juego de puro azar y con puntos numerales como los dados, con otro de cálculo y competición, como el juego de los soldados, pudiera hallarse el germen que inspiró la baraja, quizás sea una hipótesis más que añadir a las ya existentes, pero con muchos más visos de verosimilitud.

Lo que ya resulta más difícil de explicar es la inclusión de los arcanos mayores, que además de ser inútiles para el juego lo complican extraordinariamente. Pero para ello deberemos situarnos en el espíritu de la época.

LA INQUISICIÓN EN EL ORIGEN DEL TAROT

En sus inicios la Iglesia fue como una comunidad de socorros mutuos constituida por gentes humildes: artesanos pobres, viudas, huérfanos, esclavos, etc., formando asambleas de fieles con objeto de prestarse mutuo auxilio, rezar y propagar la nueva fe. Pero al negarse a reconocer el culto al emperador –base y fundamento del Imperio romano– y dado que sus principios religiosos implicaban una revuelta contra el sistema social existente, fueron considerados enemigos públicos, y como tales, perseguidos, torturados y masacrados implacablemente.

Pero a partir del siglo IV, triunfante la Iglesia y reconocidos por Teodosio los decretos del Concilio de Nicea, ésta se convirtió en una especie de república religiosa gobernada por los obispos y metropolitanos, y poco a poco se transformó en un verdadero imperio soterrado que tras múltiples vicisitudes alcanzó su máximo poder con el desmembramiento del Imperio carolingio, y a partir del siglo XI inicia una lucha a muerte primero contra los «paganos», es decir, contra todos aquellos que se resistieron a aceptar la religión triunfante y someterse al yugo del papado, y luego contra las herejías, tanto las que consistían en desviaciones de la fe, como en rebeldías ante la relajación de la Iglesia y su desvío de la finalidad espiritual para convertirse en un poder material absoluto.

Podríamos decir que la Iglesia medieval se toma la revancha de las persecuciones sufridas y se va haciendo mucho más implacable, brutal y sanguinaria que sus antiguos perseguidores, hasta culminar en la creación de la «Santa» Inquisición, que iniciada por Inocencio III en 1198 para combatir a los albigenses, cobró rango oficial a partir de 1229 en el Concilio de Tolosa.

Si nos fijamos bien en las fechas citadas, nos daremos cuenta de que ya nos hallamos situados en el tiempo en que debió de nacer el tarot. Por lo tanto, es casi seguro que para preservar de la implacable persecución de la Iglesia las verdades y conocimientos –que por dicho motivo empezaron a ser «ocultos»–, y poder transmitirlos, era necesario utilizar todos los medios imaginables, desde grabados e imágenes en las piedras de las catedrales, a la inclusión de unas carticellas *especiales* entre las láminas de un juego creado seguramente por el mismo hereje o comunidad de herejes. Y es que cuando el pensamiento no puede expresarse libremente a través de la palabra y la escritura, se ve forzado a esconderse en símbolos e imágenes que sólo revelan su mensaje a quienes saben profundizar más allá de su inocente apariencia.

EL TAROT DE CARLOS VI

En la Biblioteca Nacional de París se conserva un juego de diecisiete láminas de un tamaño de 19 x 10 cm legado a Luis XVI por Roger de

Gaignières en 1711, que durante mucho tiempo se creyó que formaba parte del tarot pintado por Gringonneur en 1392, pero procedente en realidad del norte de Italia, seguramente de Venecia, y pintado a finales del siglo XV.

Dichas láminas carecen de leyendas y la numeración que figura en algunas de ellas es posterior, pero no existe la menor duda de que formaban parte de un tarot. Todas ellas están pintadas a mano sobre pergamino por un excelente artista, y si bien presentan algunas diferencias con el modelo que consideramos clásico, éstas parecen ser debidas al deseo del artista de mejorar su calidad pictórica, por cierto muy elevada.

Estas cartas son: El Emperador, El Papa, El Enamorado, El Carro, La Justicia, El Ermitaño, La Fuerza, El Ahorcado, La Muerte, La Templanza, La Torre, La Luna, El Sol, El Juicio, El Mundo, El Loco y el Valet o Sota de Espadas.

Como vemos, y a pesar de lo que se creía, el tarot de Carlos VI no es el más antiguo que se conoce, pero a pesar de todo sigue siendo el más famoso y por ello lo mencionamos en primer lugar.

Anteriores al mismo son varios juegos, todos ellos procedentes del norte de Italia, especialmente de Milán, Bolonia, Ferrara, Venecia y Florencia.

EL TAROCHINO DE BOLONIA

Es un juego reducido a sesenta y dos láminas por la supresión de los doses, treses, cuatros y cincos de los arcanos menores, y se cree que fue creado por Francesco Fibbia, príncipe de Pisa, mientras se hallaba exilado en Bolonia, donde falleció en 1419.

Los arcanos mayores no llevan ninguna leyenda y El Papa, La Papisa y El Emperador han sido substituidos por figuras de moros, seguramente porque la copia que nos ha llegado fue realizada después de la anexión de Bolonia al Estado Pontificio en 1513, o quizás por haberse creado dicho Tarochino con posterioridad a esa fecha y no por Fibbia, como se afirma.

EL TAROT DE VISCONTI-SFORZA

Las nobles familias Visconti y Sforza, de Milán, nos han legado un juego, llamado por dicho motivo de Visconti-Sforza, que seguramente es el más antiguo de los que se conservan en buenas condiciones y prácticamente completo.

Se supone que fue pintado entre 1432, año en que tuvo lugar el matrimonio de Francesco Sforza con Bianca Maria Visconti que unió a ambas familias, y 1466, en que murió el duque de Sforza. De las sesenta y ocho cartas que lo componen, la Pierpont Morgan Library de Nueva York adquirió treinta y cinco en 1911, la Academia Carrara

El tarot de Carlos VI

El tarot de Carlos VI

Algunas láminas del tarot de Visconti-Sforza.

de Bérgamo posee veintiséis, y la familia Colleone, también de Bérgamo, otras trece, mientras que las cuatro restantes se han perdido.

La mayoría de las figuras corresponden al tipo clásico, pero otras
presentan variaciones más o menos importantes. Así por ejemplo, en
El Carro aparece una mujer en lugar de un hombre; La Templanza se
ve substituida por La Esperanza; e incluso existe una carta, La Cari-
dad, que no se corresponde con ninguna del tarot.

Algunos autores creen ver en estas diferencias una influencia de las Minchiate florentinas de las que hablaremos a continuación; pero en nuestra opinión lo máximo que podemos deducir es que se trata de una prueba más del origen común de todos los tarots a partir de las carticellas.

LA MINCHIATE FLORENTINA

A principios del siglo XV aparece en Florencia un tarot ampliado, ya mencionado en 1543 por Aretino con el nombre de *germini,* que alcanzó gran éxito en toda Italia e incluso se exportó a algunas localidades de Alemania y Francia.

De las setenta y ocho cartas ya conocidas se suprimió El Papa, pero se añadieron las tres virtudes teologales, una virtud cardinal, La Prudencia, los cuatro elementos y los doce signos del zodíaco, o sea, veinte cartas nuevas, con lo cual su número se eleva a noventa y siete: cincuenta y seis arcanos menores y cuarenta y uno mayores. De estos últimos, los treinta y cinco primeros, llamados Papi, carecen de título y se hallan ordenados con números romanos; los cinco siguientes, llamados Arie, carecen de título y numeración, y se finaliza la serie con El Loco, también sin numerar ni definir. Su lista es la siguiente:

I	El Mago
II	El Gran Duque
III	El Emperador de Occidente
IV	El Emperador de Oriente
V	El Enamorado
VI	La Templanza
VII	La Fuerza
VIII	La Justicia
IX	La Rueda de la Fortuna
X	El Carro
XI	El Ermitaño
XII	El Ahorcado
XIII	La Muerte
XIV	El Diablo
XV	La Torre
XVI	La Esperanza
XVII	La Prudencia
XVIII	La Fe
XIX	La Caridad
XX	El Fuego
XXI	El Agua
XXII	La Tierra
XXIII	El Aire
XXIV	Libra
XXV	Virgo
XXVI	Escorpión
XXVII	Aries

Reproducción de algunas láminas de la Minchiate Florentina (Ediciones Il Meneghello, Milán).

XXVIII	Capricornio
XXIX	Sagitario
XXX	Cáncer
XXXI	Piscis
XXXII	Acuario
XXXIII	Leo
XXXIV	Tauro
XXXV	Géminis
	La Estrella
	La Luna
	El Sol
	El Mundo
	El Juicio Final
	El Loco

Por su parte, las figuras de los arcanos menores también carecen de nombre y numeración, y lo más curioso es que los Caballeros (o Caballos) se hallan representados por figuras mitad hombre y mitad caballo o monstruo. Esta baraja, cuyas dimensiones variaban según la versión de que se tratara (50 x 100 mm o 60 x 93 mm), desapareció del mercado en la segunda mitad del siglo XIX.

EL TAROCHINO DE MITELLI

Una continuación del Tarochino de Bolonia es la grabada por el boloñés Giuseppe Maria Mitelli (1634-1718), con sesenta y dos láminas, pero con La Papisa convertida en un segundo Papa, con lo cual existen dos: uno sentado y otro de pie; El Emperador y La Emperatriz son los Emperadores de Oriente y Occidente; El Ahorcado se substituye por un hombre golpeando a otro con un martillo; El Ermitaño se convierte en una figura alada apoyada en unas muletas, El Sol en Apolo y La Luna en Diana. En los arcanos menores también han sido eliminados los doses, treses, cuatros y cincos.

LA TRÁPOLA

Finalmente, y como una continuación de las simplificaciones iniciadas con los Tarochinos, aparece la Trápola (conocida en Francia como Trébuchet); en realidad sólo es una baraja de juego con treinta y seis cartas por carecer de arcanos mayores; las cartas numerales se reducen a las 1, 2, 7, 8, 9 y 10, y las figuras a Valet, Caballo y Rey.

EL TAROT DE MARSELLA

De lo expuesto hasta ahora podemos deducir que en los inicios del siglo XV existían numerosas colecciones de láminas –o de barajas, si así

Algunas láminas del Tarochino de Mitelli.

se prefiere– coincidentes en lo fundamental, pero que diferían entre sí en detalles secundarios, en los cuales sus creadores a veces daban rienda suelta a su fantasía, con lo cual y únicamente en lo accesorio o más comprometido (como por ejemplo la figura de La Papisa) se apartaban del modelo preestablecido, cuyo origen debemos buscar en un inocente juego de diversión que llevaba incluida una serie de carticellas de carácter esotérico.

A partir de dichas fechas, al mejorar y simplificarse los medios de producción gracias a la invención del grabado, primero en madera y luego en metal, prolifera la creación de barajas que van separándose de su finalidad esotérica para centrarse en la de diversión, lo que da origen a la creación simultánea de barajas sin arcanos mayores y de tarots más o menos complicados o simplificados.

Un hecho curioso es que a pesar del origen italiano del tarot se impone rápidamente el modelo provenzal gracias a la simplicidad de su dibujo y al acierto de los colores (o quizás por ser el que mejor conserva su espíritu tradicional) hasta el punto de ser exportado a la misma Italia. Es por ello que todos los modelos anteriores a 1760 poseen sus leyendas escritas en francés, y sólo a partir de dicha fecha empiezan a traducirse al italiano y demás idiomas nacionales.

A esta costumbre de editar las leyendas en francés se debe la existencia de una serie de divertidos errores de inscripción a causa del desconocimiento de dicho idioma por quienes copiaban los tarots. Así, por ejemplo, un ejemplar manufacturado en Bruselas por Bodet a finales del siglo XVIII se titula Cartas de Taraut en lugar de Cartes du tarot; en un ejemplar impreso en 1783 en Mumliswil por Schaer aparece la leyenda «L'Morux» en lugar de «L'Amoreux» (El Enamorado); en otro editado en Bruselas por Keusters, El Mago recibe el nombre de «Le Rateleur» (que en francés significa el rastrillador) en lugar de «Le Bateleur»; y así podríamos citar muchos otros ejemplos.

De estos modelos provenzales aparecen numerosos fabricantes distribuidos por doquier: Alemania, Francia, Italia, Bélgica…, cuyos nombres solían inscribir en el dos de Oros y sus iniciales en El Carro y el tres de Copas. Entre dichos modelos podemos destacar el grabado por Carlos Burdel en 1751, el de François Bourlion de 1760 y el de Nicolás Conver en 1761. En cuanto al tarot de que se sirvió Court de Gebelin, pertenece a la fábrica de barajas de la viuda Toulon (Veuve Toulon) que existió en Marsella de 1750 a 1755.

A partir de dichas fechas debemos centrar la historia del tarot en la de quienes lo estudiaron y no en el propio tarot, pues la inmensa variedad de barajas que florecen en los siglos XIX y XX se limitan a ser variaciones y más variaciones sobre el mismo tema; distintas representaciones del valor «oculto» que cada autor quiere atribuirles; o meramente al deseo de editar el propio tarot todo lo cual en lugar de informar y aclarar, a lo que conduce es a confusión sobre el verdadero sentido del tarot.

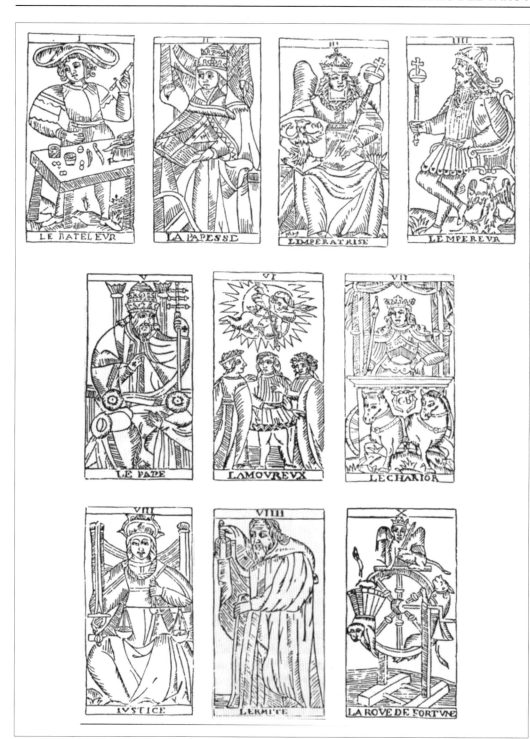

Las diez primeras láminas del tarot de Burdel.

3. Los pioneros del tarot

COURT DE GEBELIN

En febrero de 1719 nacía en Ginebra el hijo de un pastor protestante francés refugiado en Suiza. Se trataba de Antoine Court de Gebelin, que tras profesar Teología en la Academia de Lausana se traslada a París, donde llega a convertirse en portavoz de la comunidad protestante.

Durante toda su vida fue Court de Gebelin un apasionado estudioso de la mitología y las religiones, especialmente desde el punto de vista lingüístico, y es por ello que se convierte en un enamorado de la escritura jeroglífica egipcia, en cuyos símbolos indescifrables cree adivinar se encierran las verdades y misterios de una suprema sabiduría.

Court de Gebelin.

Y como culminación a esta búsqueda dedica los últimos años de su vida a recopilar sus conocimientos en una obra maestra, verdadero monumento de erudición, que iniciada en 1768 llegará a constar de nueve volúmenes que verán la luz de 1773 a 1782, con el título genérico de *Le Monde primitif analysé et comparé avec le Monde moderne*. En el tomo VIII, publicado en 1781, hallamos una disertación titulada «Del juego del tarot», donde se trata de su origen, se interpretan sus alegorías y se demuestra que es el origen de las actuales cartas de juego, especialmente del practicado con dos jugadores.

En él nos dice que sus triunfos (se refiere a los arcanos mayores) permiten la adivinación gracias al simbolismo de sus figuras y, más adelante, cede la palabra a un supuesto C. de M..., quien desarrolla su aspecto adivinatorio fundándose en el carácter egipcio del tarot, al que llama el «Libro de Thot».

Pero dejemos la palabra al mismo Court de Gebelin, que en la página 365 de dicho tomo nos dice:

«Si oyésemos decir que en nuestros días todavía existe una obra de los antiguos egipcios, uno de los libros escapados a las llamas que devoraron sus soberbias bibliotecas y que contiene la más pura doctrina sobre temas de gran interés, todos se apresurarían para conocer un libro tan precioso, tan extraordinario. Si añadiéramos que este libro se halla muy difundido en gran parte de Europa y que desde hace siglos está al alcance de todo el mundo, la sorpresa iría en aumento. Y ¿no llegaría a su colmo si asegurásemos que jamás se ha sospechado que fuese egipcio, que se lo posee como si no se lo poseyese, que nadie ha intentado descifrar una página, que el fruto de una sabiduría

Algunas cartas del tarot de Court de Gebelin.

exquisita se contempla como un montón de figuras extravagantes que nada significan? ¿No se creería que son ganas de holgarse, de burlarse de la credulidad de sus oyentes?

»No obstante, todo esto es cierto. Este libro egipcio, único resto de una soberbia biblioteca, existe; además, es tan corriente que ningún sabio se ha molestado en ocuparse del mismo; nadie, antes de nosotros, ha sospechado tan noble origen. Este libro es EL JUEGO DEL TAROT...»

Según Court de Gebelin, en los primeros siglos del cristianismo los egipcios estuvieron muy ligados a Roma, que adoptó muchos de sus ritos, entre ellos el culto a Isis y el juego del tarot, íntimamente relacionado con el mismo. En los inicios, dicho juego quedó confinado en Italia hasta la fundación del Sacro Imperio romano y el traslado de la corte papal a Aviñón, con lo cual el tarot se difundió al resto de Europa.

Como prueba adicional a sus palabras, Court de Gebelin afirma que TARO es la palabra egipcia con la que se definía «el camino real de la vida»; es decir, era como una norma a la que debían ajustar sus vidas y sus obras.

Otra conclusión es la de que el tarot está creado sobre el número siete, sagrado para los egipcios, pues los arcanos mayores son veintiuno (tres veces siete), ya que El Loco no está numerado para no romper la cifra mágica; cada palo de los arcanos menores consta de catorce cartas (dos veces siete) y el número total de las mismas es de setenta y siete (once veces siete), pues El Loco no cuenta, al no estar numerado. Y por último, en realidad los zíngaros son egipcios que después de vagar por el mundo introdujeron el tarot en Europa.

El hecho de que Court de Gebelin fuese masón y, entre otras cosas, secretario de la logia de las Nueve Hermanas, miembro de los Philaletes y de la Orden de los Elegidos Cohen de Martines de Pascualy, y amigo personal de Louis-Claude de Saint-Martin, hizo que sus teorías tuvieran una gran difusión entre el mundo ocultista y fueran retomadas por Etteilla, Eliphas Levi y Papus, y todavía hoy sigan siendo compartidas por bastantes practicantes del tarot, a pesar de haberse demostrado repetidamente su falsedad.

En defensa de Court de Gebelin debemos aducir que si no fuera por él quizás todavía ignoraríamos el valor de tarot, y además, cuando expuso sus teorías todavía no se había descubierto la Piedra de la Roseta, que fue lo que permitió a Champollion descifrar la escritura egipcia en 1822.

Y para terminar con Court de Gebelin, diremos que también diseñó su modelo ideal de tarot, que sólo se aparta del clásico en que El Ahorcado aparece de pie, en lugar de hallarse cabeza abajo suspendido por un pie. Court de Gebelin falleció en Francoville, veinte kilómetros al norte de París, el 12 de mayo de 1784.

ETTEILLA

No obstante, el verdadero impulsor de la adivinación por el tarot (dejando de lado a los zíngaros, verdaderos creadores de la misma), es Alliette, un peluquero de París que se autodenomina profesor de álgebra y que afirma haberse dedicado a la investigación de los secretos del tarot desde 1753.

Alliette, que invirtió su nombre para convertirse en Etteilla, pretende interpretar el tarot según las ideas de Court de Gebelin, pero en realidad lo que hace es adaptar el tarot a su particular modo de adivinación, para lo cual lo modifica eliminando algunos arcanos mayores e introduciendo otros en su lugar; también «moderniza» los dibujos y los colores a su gusto. En una palabra, poco es lo que queda del verdadero tarot en la versión de Etteilla.

De 1783 a 1785 publica sus trabajos en cuatro volúmenes, el primero y el tercero aparecen en 1783, y el segundo y el cuarto en 1785. Este último, titulado *Manière de se recréer avec le jeu de cartes nommées tarots,* se compone de 256 páginas de difícil lectura y aventuradas y fantasiosas teorías. Veamos un ejemplo:

«Etteilla, conocedor desde 1757 de que el original está basado en la ciencia de los números que practicaban los pueblos antiguos, ha creído necesario interrumpir el silencio guardado hasta ahora, para seguir en la misma línea y sentimiento del señor Court de Gebelin, quien dijo haber reconocido que el juego de cartas llamado tarot había sido compuesto por los sabios egipcios, se llamaba el «libro de Thot» y encerraba la ciencia del universo. Este pueblo no trazó un solo carácter o jeroglífico sin encerrar en el mismo la religión, la adivinación y la medicina universal...

Esta obra fue compuesta en el año 1828 de la Creación, 171 años después del Diluvio Universal, o sea, escrita hace 3.953 años. Esta obra es el fruto de la colaboración de diecisiete magos entre los cuales el segundo es descendiente de Mercurio-Athotis, nieto de Cam y bisnieto de Noé. Este Tri-Mercurio, o tercer descendiente, decretó que el «Libro de Thot» era la expresión de la ciencia y del saber de sus antepasados.»

Tras leer estas líneas, hallamos perfectamente comprensible que Eliphas Levi a veces se muestre muy severo y otras veces bastante comprensivo al referirse a Etteilla, como en el capítulo XXI del *Dogma,* en que dice:

«Alliette, de peluquero que era, se convirtió en cabalista después de haber pasado treinta años meditando sobre el tarot; Alliette, que cabalísticamente se llamó Etteilla al leer su nombre tal y como se lee en la escritura sagrada hebrea (de derecha a izquierda en lugar de izquierda a derecha), estuvo apunto de encontrar cuanto había de oculto en este extraño libro; pero al separar las claves del tarot sin haberlas comprendido bien, invirtió el orden y el carácter de las figuras, sin destruir completamente sus analogías.

»Los escritos de Etteilla, que ya son muy raros, resultan fatigosos y oscuros. No todos ellos fueron impresos, y los manuscritos de este padre de los cartománticos modernos todavía permanecen en manos de un librero de París que tuvo la bondad de enseñármelos. Lo más notable que puede verse en ellos es la pertinacia, la incontestable buena fe del autor, que presintió durante toda su vida la grandeza de las ciencias ocultas y que hubo de morir a la puerta del Santuario sin poder entrar en El, sin poder descorrer su velo.

»Apreciaba poco a Agrippa y hacía mucho caso de Juan Belot, y no conocía nada de la filosofía oculta de Paracelso; pero en cambio poseía una intuición muy ejercida, una voluntad muy perseverante y más fantasía que juicio, lo que si bien no es suficiente para hacer de él un mago, era más de lo que precisaba para hacer de él un adivino vulgar muy hábil y, por consiguiente, muy acreditado.»

Pero más adelante, en el capítulo XX del *Ritual* se muestra mucho más duro diciendo textualmente:

«Etteilla o Alliette, preocupado únicamente de su sistema de adivinación y del provecho material que de él podía sacar; Alliette –repetimos– el antiguo peluquero, que jamás aprendió bien el francés y la ortografía, pretendió reformar y apropiarse de este modo el «Libro de Thot». Sobre el tarot que hizo grabar y que se ha hecho extraordinariamente raro, se lee en la carta veintiocho (el ocho de Bastos) este ingenioso reclamo: "Etteilla, profesor de álgebra, renovador de la cartomancia y redactor (sic) de las modernas incorrecciones del antiguo «Libro de Thot», vive en la calle de Oseille número 48, en París".

»Etteilla hubiera procedido mejor no redactando las *incorrecciones* de que habla; sus trabajos han hecho caer al antiguo libro descubierto por Court de Gebelin en la magia vulgar, entre las echadoras de cartas. Un axioma lógico dice que quien quiere probar mucho no prueba nada, y Etteilla es un ejemplo de ello; y sin embargo, sus esfuerzos le habían llevado a un cierto conocimiento de la cábala, como puede verse en algunos raros pasajes de sus ilegibles obras.»

Ciertamente, el juicio de Eliphas Levi es muy duro, pero comprensible en quien consideraba el tarot un libro sagrado que no debía profanarse usándolo con fines profanos y utilitarios, como la cartomancia. Como veremos más adelante, Levi era un apasionado, casi un fanático de la cábala, y en cambio Etteilla consideraba que el tarot, aparte de su valor esotérico, era también un instrumento de trabajo con el que ganarse la vida.

Por ello, Eliphas Levi, Papus y sus seguidores rechazan de plano la cartomancia de Etteilla, que también tuvo los suyos (entre los que destaca Mlle. de Le Normand, que creó su propio juego de cartas que ya no tiene nada que ver con el tarot). No obstante, debemos reconocer que incluso la adivinación «ortodoxa» mediante el tarot le debe mucho a Etteilla y a su «cartomancia vulgar», de la que ha tomado muchas ideas.

Etteilla dominaba el arte de sugestionar a la gente y tuvo la suficiente intuición e inventiva para adaptar y combinar el tarot con un sistema matemático derivado de las teorías pitagóricas, con lo que

Algunas cartas del tarot
de Etteilla.

desarrolló al máximo la cartomancia, llegando a convertirse en el
«Gran Adivino» y el «Sumo Cartomántico» como le gustaba denominarse, estableciendo su cuartel general en el Hotel Crillon de París y consiguiendo que el número de sus seguidores y clientes llegara a superar cuanto pueda imaginarse.

Creó varias barajas conocidas como El tarot Egipcio, El Nuevo Etteilla y El Gran Oráculo de las Damas, todas ellas variantes del tarot que, a pesar de alterar su lógica y verdadera esencia, consiguen la finalidad de conquistar al gran público y facilitan en sumo grado la tarea del cartomántico al multiplicar infinitamente las posibilidades de interpretación dando distinto significado a cada una de ellas según salga del derecho o invertida, y posibilitando una mejor nemotecnia al escribir en cada una de ellas un concepto que resume lo esencial de su significado.

Como ejemplo de cuanto llevamos dicho, adjuntamos el grabado de algunas cartas del Gran Etteilla y a continuación facilitamos una correspondencia entre sus arcanos mayores y los del tarot de Marsella.

GRAN ETTEILLA	TAROT DE MARSELLA	
1 Etteilla / El consultante	No tiene equivalencia	
2 Aclaración / Fuego	XVIIII	El Sol
3 Resolución / Agua	XVIII	La Luna
4 Despojo / Aire	XVII	La Estrella
5 Viaje / Tierra	XXI	El Mundo

6	Noche / Día	No tiene equivalencia	
7	Apoyo / Protección	No tiene equivalencia	
8	Etteilla / La Consultante	No tiene equivalencia	
9	Justicia / Legislador	VIII	La Justicia
10	Templanza / Sacerdote	XIIII	La Templanza
11	Fuerza / Soberano	XI	La Fuerza
12	Prudencia / El pueblo	XII	El Ahorcado
13	Matrimonio / Unión	VI	El Enamorado
14	Fuerza mayor	XV	El Diablo
15	Enfermedad	I	El Mago
16	Juicio	XX	El Juicio
17	Mortalidad / La nada	XIII	La Muerte
18	Traidor	VIIII	El Ermitaño
19	Miseria / Prisión	XVI	La Torre
20	Fortuna / Incremento	X	La Rueda de la Fortuna
21	Discordia	VII	El Carro
22	Locura El Loco		
	No tiene equivalencia	II	La Papisa
	No tiene equivalencia	III	La Emperatríz
	No tiene equivalencia	III I	El Emperador
	No tiene equivalencia	V	El Papa

Como puede verse, en los arcanos mayores de Etteilla faltan El Papa y La Papisa, El Emperador y la Emperatriz. De los dos primeros suponemos que Etteilla consideró más prudente evitar problemas con la Iglesia, lo que anteriormente ya se había hecho más de una vez al substituirlos por deidades mitológicas, como Juno, Júpiter o Baco; en cuanto a los segundos, quizás pensó que ya era suficiente con los cuatro Reyes y las cuatro Reinas de los arcanos menores. También puede verse que el orden numérico ha sido totalmente alterado y que aparecen por primera vez atribuciones astrológicas, aun cuando sea de un modo totalmente arbitrario y la mayoría de las veces no guarde la menor relación con el significado de la carta.

ELIPHAS LEVI

Alphonse Louis Constant nació en París el 8 de febrero de 1810. Hijo de un pobre zapatero, recibió una enseñanza religiosa, primero en el pequeño seminario de Saint-Nicolas-du-Chardonnet y posteriormente en el de Saint-Sulpice.

En el primero su educación fue muy positiva bajo la dirección del abate Frère, autor de un estudio sobre el magnetismo animal, que supo orientar al joven Constant hacia un catolicismo renovador y místico, por no decir liberal, y en cierto punto orientado hacia la magia, lo que marcaría para siempre a su discípulo; en cambio, Saint-Sulpice, con sus rígidos reglamentos, moral hipócrita y ruda disciplina, hizo vacilar sus convicciones católicas, llevándolo a refugiarse en la poesía.

Eliphas Levi.

No obstante, dotado de un notable talento natural no tardó en tomar las órdenes menores y alcanzar el diaconado; pero en 1836 fue expulsado del seminario por motivos que nunca han sido claramente dilucidados, pues si bien se dice que fue a causa de su interés por el ocultismo o de sus relaciones con Adèle Allenbach, lo más probable es que fuera por sus ideas liberales, pues apenas abandonado el seminario empezó a exponerlas públicamente.

A consecuencia de ello, la posición social de Constant resultaba sumamente particular, pues a pesar de no haberse ordenado sacerdote seguía siendo «el abate Constant» y debía seguir vistiendo la sotana, con lo cual el escándalo estalló apenas publicó su *Biblia de la Libertad,* un panfleto incendiario dirigido contra la Iglesia, el Estado y el orden social. El panfleto fue secuestrado de inmediato, y Constant procesado y encarcelado.

Tras un paréntesis de unos años turbulentos en los que se relaciona con todo el mundo artístico, bohemio y liberal, a los treinta y seis años se casa con la adolescente Noémie Cadiot (de la que se separará en 1847) y pasa definitivamente a la vida laica, lo que el mismo define diciendo: «El abate Constant ha muerto, tenéis ante vosotros a un laico: Alphonse Constant, dibujante, pintor, hombre de letras, pobre y amigo de los pobres». Toma parte activa en la revolución de 1848 y luego colabora en la gigantesca empresa de redactar el *Diccionario de la Literatura Cristiana,* en el que trabaja hasta 1851.

Es en esta época cuando se familiariza con las teorías de Wronski, el matemático investigador de lo absoluto, lo que le lleva a iniciarse en los arcanos de la dialéctica esotérica. Es ahora cuando decide adoptar el nombre de Eliphas Levi (traducción al hebreo de su verdadero nombre), con el que en adelante firmará todos sus escritos ocultistas.

En 1854 inicia la publicación de *su Dogma y Ritual de Alta Magia,* que prosigue hasta 1856, primero editado en fascículos y posteriormente, en 1861, en un solo libro. En esta obra, Levi nos aclara su pensamiento sobre el tarot –que como ya hemos dicho se aparta totalmente del de Etteilla– retomando la corriente cabalística de la mística de los números e introduciendo sus claves en el tarot, con las que intenta hacernos comprender que los arcanos mayores poseen un significado mucho más profundo de lo que se creía; así por ejemplo, al Ahorcado le devuelve su verdadera posición cabeza abajo y lo define:

«Ejemplo, enseñanza, lección pública.

»Un hombre colgado por un pie y cuyas manos están atadas a la espalda de modo que su cuerpo forme un triángulo con la punta hacia abajo, y sus piernas una cruz por encima del triángulo. La potencia tiene la forma de una *táu* hebrea; cada uno de los dos árboles que la sostienen tienen seis ramas cortadas. En otra parte ya hemos explicado este símbolo del sacrificio y la obra realizada; por lo tanto, no volveremos a repetirlo aquí.»

Sus ilustraciones se centran en El Diablo, al que convierte en el macho cabrío del Sabbat o Bafomet del Templo, con todos sus atributos panteístas, y en El Carro, convertido en el carro de Hermes.

Pero su clave principal consiste en la atribución de cada una de las letras del alfabeto hebreo a cada uno de los arcanos mayores del tarot, y en la distribución de las letras de la palabra TARO, que dice tomada de *La Llave de las Cosas Ocultas,* de Guillermo Postel, y que resume así:

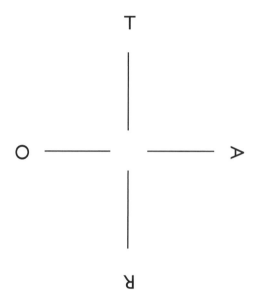

En esta forma tanto puede leerse ROTA, que es el nombre de la Rueda de Ezequiel, como TARO, sinónimo del Azoe de los filósofos herméticos; es una palabra que manifiesta cabalísticamente lo absoluto dogmático natural y está formada con caracteres del monograma de Cristo, según los griegos y los hebreos.

La R latina (P griega) se encuentra en medio, entre la A (alfa) y la O (omega) del Apocalipsis; luego, la T *(táu* sagrada), imagen de la cruz, encierra la palabra.

Levi también se dio cuenta de que en el Árbol de la Vida cabalístico existen veintidós senderos que unen entre sí a los diez *sefirot.* De este modo, al existir veintidós arcanos mayores, veintidós letras hebreas y veintidós senderos en el árbol, todos estos elementos pueden acoplarse entre sí, y a cada arcano mayor del tarot le corresponderá una letra hebrea y un sendero sefirótico. De aquí que, al escribir su *Dogma y Ritual de Alta Magia,* también lo divida en veintidós capítulos, a cada uno de los cuales otorga una letra hebrea como complemento a su numeración.

En la obra mencionada, Levi concluye su pensamiento con estas palabras a modo de resumen:

«El tarot, este libro milagroso, inspirador de todos los libros sagrados de los pueblos antiguos, es el instrumento más perfecto de adivinación a causa de la precisión analógica de sus números y figuras.

»Efectivamente, los oráculos de este libro siempre son rigurosamente verdaderos, por lo menos en un sentido, e incluso cuando no predice nada, siempre revela cosas ocultas y ofrece a los consultantes los más sabios consejos.»

Puede decirse que con sus teorías Levi fija definitivamente las bases sobre las que los demás –especialmente Papus– desarrollarán la interpretación del tarot, tanto esotérica como adivinatoria.

La última parte de la vida de Eliphas Levi, que es la que propiamente puede considerarse como la de un mago, carece de interés desde el punto de vista del tarot, por lo que nos limitaremos a recordar que falleció el 31 de mayo de 1875, olvidado del gran público, la prensa y los medios intelectuales de París.

4. Los continuadores

PIERRE CHRISTIAN

Las enseñanzas de Eliphas Levi no tardaron en ser recogidas por su amigo y discípulo Pierre Christian (en realidad se llamaba J. Pitois), que en su libro *El Hombre Rojo de las Tullerías* publicado en 1863 retoma el origen egipcio propugnado por Court de Gebelin y nos expone una interpretación muy erudita del tarot que merece ser tenida en cuenta por quienes deseen profundizar en el tema.

Pero en su *Historia de la Magia y del Mundo Sobrenatural* llega al extremo de hacernos asistir a una ceremonia iniciática de los Misterios de Osiris, en la que afirma la existencia de veintidós paneles decorados con pinturas jeroglíficas resumiendo la doctrina sagrada de los hierofantes que, según él, eran los prototipos del tarot.

Gran parte de esta exposición merecería figurar en una antología del disparate o tomarse como una novela de aventuras, lo que es perfectamente comprensible si tenemos en cuenta que Christian devora y copia –sin digerir– cuanto cae en sus manos sobre magia y hechos sobrenaturales e incluso, para redondear las cosas, añade más barbaridades de su propia cosecha, con lo cual su obra resulta más divertida que útil para quien no sepa discernir lo que puede ser verdad de lo que no es más que pura fantasía.

ELY STAR

También Ely Star en su libro *Los Misterios del Horóscopo* editado en 1888 nos incluye los grabados de Court de Gebelin, a los que añade las interpretaciones de P. Christian copiadas casi literalmente, por lo cual podemos prescindir por completo de este autor en nuestro estudio.

PAPUS

Pero la fecunda semilla sembrada por Eliphas Levi no germinaría ni se desarrollaría con esplendor hasta que Papus, Stanislas de Guaita y Chaboseau hicieran revivir la Iniciación Martinista de Martines de Pascually y Louis Claude de Saint-Martin, impulsando así el gran renacimiento ocultista de 1885.

Papus.

Es Papus quien inicia la serie de obras maestras de este fecundo período del ocultismo moderno; en 1889 nos dona su magistral *tarot de los Bohemios* que contiene y desarrolla lo que él considera las verdaderas claves del tarot. Aun cuando en 1909 publica *El tarot Adivinatorio* en el que aplica el tarot a la cartomancia erudita, en nuestra opinión basta y sobra con su primer libro para penetrar en los secretos y fundamentos del tarot, y ningún otro de cuantos se han publicado posteriormente llegará a superar en méritos a dicha obra.

En realidad, «Papus»» es el seudónimo bajo el que se oculta el doctor Gerard-Anaclet-Vicent Encause, nacido en La Coruña el 13 de julio de 1865 de padre francés –el químico Louis Encause– y de madre española (de Valladolid).

Cuando Gerard apenas contaba cuatro años, la familia Encause se trasladó a París, en cuya Facultad de Medicina iniciaría posteriormente sus estudios consiguiendo doctorarse en 1894. No obstante ser considerado un excelente médico externo, abandonó la preparación del internado para consa-grarse al estudio del ocultismo, al que llegaría a dedicar unas doscientas sesenta obras, todas ellas firmadas con el nombre de Papus (que significa «el médico de la hora primera» según el *Nuctamerón* de Apolonio de Tyana).

Dotado de una actividad prodigiosa y de un entusiasmo inquebrantable, llegó a ser considerado «el Balzac del ocultismo», lo que no es exagerado si se tiene en cuenta que además de su voluminosa bibliografía todavía tuvo tiempo para fundar dos revistas, *La Iniciación* y *El Velo de Isis,* un Grupo Independiente de Estudios Esotéricos y una Facultad de Ciencias Herméticas. También fue re-organizador y presidente del Supremo Consejo de la Orden Martinista; miembro y luego presidente de la Orden Cabalística de la Rosacruz; presidente de la Sociedad Magnética de Francia; y aparte de todo esto, todavía le quedó tiempo para visitar la India, Palestina y varios países europeos.

En *El tarot de los Bohemios,* Papus utiliza los grabados de Oswald Wirth dibujados y publicados en 1889 bajo el título de *El tarot Cabalístico,* del que se realizó una tirada limitada a 350 ejemplares. Sus comentarios se basan en las indicaciones de Eliphas Levi, que desarrolló con tal amplitud en el aspecto cabalístico y numerológico, que es imposible resumirlo en unas pocas líneas, haciendo imprescindible el estudio de dicha obra.

En *El tarot Adivinatorio,* aparte de la aplicación del tarot a la cartomancia erudita, añade setenta nuevas láminas fuera de texto dibujadas por Gabriel Goudinat, en las que los arcanos mayores se ven claramente influenciados por los dibujos de Falconnier, y los arcanos menores por los de Etteilla.

Dejando aparte su vida aventurera y apasionante que nos apartaría de los límites de este trabajo, finalizaremos con Papus diciendo que al iniciarse la primera guerra mundial partió al frente como cirujano mayor del ejército francés, dedicándose con tal empeño a su humanitaria labor que, agotado y destruido prácticamente en lo físico, tuvo que ser evacuado a la retaguardia donde fue hospitalizado para

El tarot de Oswald Wirth de 1889.

El tarot de Oswald Wirth de 1889.

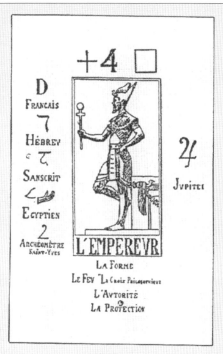

Cuatro arcanos mayores de Papus.

reintegrarle a la vida civil. Pero ya era demasiado tarde; el 25 de octubre de 1916, al realizar una visita al hospital, cayó al suelo en el mismo umbral fulminado por una grave enfermedad pulmonar, falleciendo allí mismo.

STANISLAS DE GUAITA

Stanislas de Guaita es un hombre totalmente distinto de Papus; mucho más erudito e intuitivo, pero menos inteligente, apasionado y fantasioso; en sus obras no se percibe la profundidad del Adepto; así y todo debemos reconocer que su calidad literaria es infinitamente superior a la de Papus. Como muy bien dice Van Rijnberk:

«Su *Serpiente del Génesis* se halla totalmente estructurada sobre el tarot. Cada uno de sus capítulos se corresponde con una lámina del mismo. Pero el lazo que liga el texto con el arcano que quiere esclarecer suele ser excesivamente arbitrario.

»Estudiando *El Templo de Satán* y *La Clave de la Magia Negra* se aprenden multitud de nociones históricas de primera magnitud expuestas de un modo insuperable. Leyendo estos magníficos volúmenes se goza de un profundo placer intelectual, pero se aprende muy poco sobre la verdadera significación esotérica de los arcanos mayores del tarot».

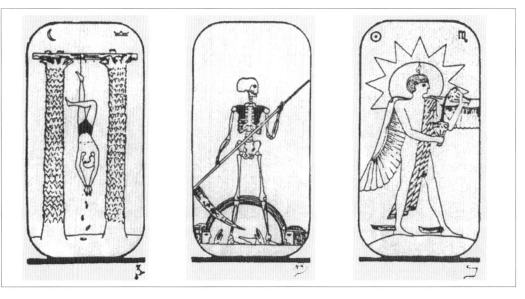

Algunas láminas del tarot de Falconnier.

Por aquel tiempo, muchos otros autores siguieron el mismo camino; para limitarnos a citar un par de ejemplos, diremos que en
1893 Gilkin condensa en sus *Estancias Doradas,* y en delicados versos, el sentido esotérico tradicional de los arcanos mayores. Luego,
en 1896, Falconnier intenta una reconstrucción del tarot al estilo
egipcio antiguo, que luego ha sido plagiada repetidas veces por otros
autores. Pero ninguno de ellos aporta nada realmente valioso a lo ya
dicho con anterioridad hasta que llegamos a Oswald Wirth.

OSWALD WIRTH

Nacido el 5 de agosto de 1860 en Brienz (Suiza), Wirth desempeñó
multitud de profesiones y empleos: contable en Londres, magnetiza-
dor en París, funcionario del ministerio de Asuntos Exteriores, archi-
vero adjunto del Quai d'Orsay, etc. Pero ante todo, y a partir de 1884,
fue un prolífico escritor de temas ocultistas al ingresar en una logia del
Gran Oriente.

Fue en la Gran Logia Simbólica Escocesa de París donde halló el
ambiente idóneo a sus cualidades; en ella escala todos los grados del
Rito Escocés Antiguo con gran rapidez hasta alcanzar el 33 y llegar a
formar parte del Consejo Supremo de Francia.

A principios de 1887 conoce a Stanislas de Guaita –y, con él, los
objetivos e ideales de la Orden Cabalística de la Rosacruz–, y lo que es
más importante, primero se convierte en secretario y luego en cola-
borador de Guaita. Como él mismo reconoce, además de tener a su
disposición la magnífica biblioteca de éste, halló en él a un maestro en
cábala y alta metafísica, así como en el dominio de la escritura, pues
fue Guaita quien perfeccionó y pulió cuidadosamente su estilo literario.

El primer trabajo encargado por Stanislas de Guaita al enterarse
de que era un excelente dibujante fue el de restituir a los arcanos mayores su pureza prímigenia, para lo cual le facilitó dos ejemplares de
tarot, uno italiano y otro francés, así como el *Dogma y Ritual de Alta
Magia,* de Eliphas Levi, y, por si fuera poco, fue supervisando su trabajo y aconsejándole cuando lo consideraba preciso.

Fruto de esta colaboración fue *Los 22 Arcanos del tarot dibujados para uso de los iniciados según las indicaciones de Stanislas
de Guaita,* que vio la luz en 1889 y del que sólo se tiraron 350 ejemplares. Fue de este tarot Cabalístico de Wirth del que se sirvió Papus
para su *tarot de los Bohemios,* como ya dijimos anteriormente.

Pero considerando que su trabajo todavía era incompleto, se puso
a estudiar el simbolismo de los colores de acuerdo con el espíritu medieval, y de aquí a interesarse por la alquimia y el hermetismo sólo
existía un paso que no tardó en dar, dedicándose a profundizar en dichas materias.

El resultado de todos estos estudios se concretó en 1937 con la
publicación de *El tarot de los Imagineros de la Edad Media,* en el

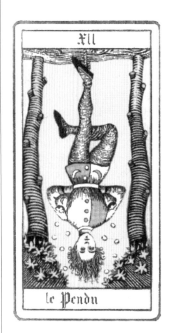

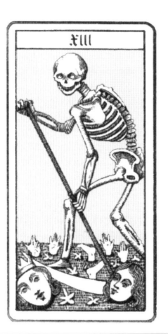

Algunas láminas del tarot de Oswald Wirth.

que el tarot ya aparece coloreado, aun cuando en sus reediciones de 1966 y 1984 lo haya sido con unos colores metalizados que hubieran proporcionado un disgusto de muerte al propio Wirth si no hubiera fallecido el 3 de marzo de 1943.

Su estudio teórico sobre el tarot es muy completo y su importancia reside, entre otras cosas, en su objetividad, pues a pesar de que sus dibujos sigan pareciendo egipcios, ya no defiende que tuviera su origen en Egipto, sino que admite que su antigüedad no puede remontarse más allá de la Edad Media. Su opinión sobre el origen del tarot la expresa claramente cuando dice:

«Las ideas no tienen edad: son tan antiguas como el pensamiento humano, pero han sido expresadas en distinta forma según las épocas. Los sistemas filosóficos alejandrinos lo hicieron verbalmente, mientras que el tarot las traduce posteriormente mediante símbolos. Si no en el fondo, por lo menos en la forma, el tarot se afirma como un oríginal incontestable que no reproduce en absoluto ningún modelo preexistente.»

Y también afirma:

«La arqueología no ha descubierto la menor traza de lo que pudieran constituir vestigios de un tarot egipcio, gnóstico o incluso greco-árabe.»

En su estudio sobre los arcanos nos proporciona la interpretación simbólica y adivinatoria de cada una de las láminas y, por último, añade su método de adivinación. En cuanto a las láminas, podemos observar modificaciones en relación con el tarot de Marsella y el de Court de Gebelin; así por ejemplo, al Ahorcado, que Court dibujó de pie, Wirth le devuelve su posición invertida colgado del tobillo, y en casi todas las láminas hallamos pequeñas diferencias, ya sea en el dibujo o en el color. Sin embargo, en lo esencial reflejan con fidelidad el sentido esotérico tradicional.

Quizás un buen resumen de sus ideas lo hallamos en un opúsculo de 50 páginas que publicó en 1931: *Introducción al estudio del tarot,* en el que nos dice:

«Henos aquí en presencia del tarot, libro intencionalmente mudo, documento iniciático excepcional. Sepamos aprovechar esta obra maestra de la Edad Media, tan digna de admiración como las catedrales de la alquimia filosófica. Sabios desconocidos nos han legado el tesoro de su sabiduría misteriosa y, fieles a la máxima: "No inculquemos nada, demos de qué reflexionar", nos han invitado a iniciarnos. ¿Iniciarnos en qué? ¿En los secretos de la magia de los taumaturgos de todos los tiempos? Sí, pero accesoriamente, como consecuencia del desarrollo de un poder adivinatorio de ilimitadas aplicaciones. En realidad se trata de revelaciones tan serias como las de todos los ocultismos. Lo que se halla en juego es el Arte de *Pensar,* que es el *Arte* por excelencia, el *Gran Arte,* llamado con justicia el *Arte Real,* ya que su objetivo es el de formar *Reyes.*»

Ni que decir tiene que sus teorías hallaron un gran eco en las Órdenes masónicas, martinistas, rosacruces y demás, así como entre los simpatizantes del esoterismo; para citar un ejemplo, diremos que el mismo Louis-Claude de Saint-Martin construyó su obra de acuerdo con la numerología del tarot.

Aleister Crowley.

LA GOLDEN DAWN

En 1887, Liddell Mathers publica *La Cábala Desvelada,* y poco después, junto con William Woodman y Wynn Wes-cott, también eminentes cabalistas y masones, funda una escuela esotérica que recibe el nombre de Sociedad Rosacruciana in Anglia, que no tarda en convertirse en la Orden de la Golden Dawn (Orden del Alba Dorada). Es en esta época cuando Liddell Mathers, dejándose llevar por la influencia del movimiento céltico, muy popular en los medios masones y rosacruces de Inglaterra, se decide a cambiar su nombre, primero por MacGregor Mathers, y posteriormente por MacGregor a secas.

Habiendo estudiado el tarot y siendo consciente de su importancia, en 1888 publica *El tarot, su significado oculto,* y encarga a Robert Wang los dibujos de un mazo para la Golden Dawn bajo la supervisión de Israel Regardie. En este tarot se invierte la posición de los arcanos La Fuerza y La Justicia, y se coloca El Loco delante de El Mago, por considerar que al no hallarse numerado le corresponde lógicamente el número cero y debe ser la primera carta.

Pero MacGregor era un hombre autoritario en exceso, siendo por ello mal aceptado por muchos de los adeptos a laGolden Dawn, lo que motivó que, al trasladarse a París en 1891 dejando a Florence Farr al frente de la orden, los disconformes con su modo de actuar iniciasen una rebelión. En 1898 y tras una serie de acontecimientos más o menos desfavorables, MacGregor busca el apoyo de un joven que decía ser la reencarnación de Eliphas Levi: Edward Alexander (que también cambiaría su nombre para convertirse en Aleister Crowley), y que en lugar de ayudarle como esperaba, lo que hizo fue colaborar en la destrucción de la Golden Dawn para fundar luego su propia sociedad, la Astrum Argenteum.

Crowley también hace dibujar su propio tarot, impregnado de erotismo y fantasía, encargándoselo a Lady Frieda Harris. No obstante y a nuestro entender, tanto el tarot de MacGregor como el de Crowley no poseen otro valor que el puramente anecdótico, aparte de ser el exponente de la poderosa personalidad y megalomanía de sus famosos inspiradores.

ARTHUR EDWARD WAITE

Un caso aparte lo constituye el famoso tarot Rider, dibujado por Pamela Colman Smith bajo la dirección de Waite e impreso en Londres en 1910.

Algunas láminas del tarot de la Golden Dawn.

Cuatro láminas del tarot de Aleister Crowley.

Waite fue un verdadero estudioso del ocultismo y del tarot, sobre cuyos temas publicó numerosas obras; también pertenecía a la Golden Dawn, pero a nuestro entender fue uno de los escasos miembros realmente cuerdos de dicha sociedad. Retomando el parecer de Court de Gebelin, Levi, Papus y Wirth, opina que el tarot es puro simbolismo.

«Las cartas del tarot –nos dice Waite– representan los valores simbólicos universales bajo los que se ocultan los valores inexpresables de la mente humana. Las doctrinas secretas que contienen no son sino la consecución por unos pocos de las verdades inherentes a la conciencia colectiva que no todo el mundo es capaz de percibir. Mi tesis es que estas doctrinas han existido siempre, o sea, que han sido elaboradas por la conciencia de una selecta minoría y luego transmitidas y transcritas secretamente en misteriosos textos, como los de la alquimia y la cábala. Toda doctrina secreta viene avalada por la práctica y la experiencia correspondientes.»

Arthur Edward Waite.

Waite, además de colocar también El Loco antes que El Mago e invertir la colocación de La Fuerza y La Justicia, otorga a los arcanos menores una figura simbólica relacionada con el significado que les atribuye. Así por ejemplo, el diez de Espadas lleva una figura humana tendida en el suelo y atravesada por las diez espadas. Por último, también elimina la letra hebrea que los autores anteriores atribuían a cada arcano.

Debe reconocerse que a pesar de la diferencia de sus dibujos con los tradicionales y de la inversión de lugar entre los arcanos citados, tal vez a consecuencia de la influencia de la Golden Dawn, este tarot conserva todo su simbolismo y valor; quizás sea por esto, aparte del tradicional chauvinismo anglosajón, que es el más usado en los países de dicha lengua e incluso actualmente se está introduciendo con fuerza en la Europa latina.

LOS AUTORES CONTEMPORÁNEOS

En 1947 aparece una obra muy documentada: *El tarot,* en la que Gerard van Rijnberk se dedica a analizar minuciosamente tanto el simbolismo como el origen histórico de los dibujos en un intento de datar con seguridad la primera aparición del tarot, o lo que es lo mismo, cuándo fue creado. Sus conclusiones reafirman las de O. Wirth, y debemos reconocer que se trata de una obra muy seria y minuciosa que no debería faltar en la biblioteca de los amantes del tarot.

Poco más tarde, en 1949, Paul Marteau, el heredero de Baptiste-Paul Grimaud y gran coleccionista de tarots además de dirigir la fábrica de barajas Grimaud de París hasta 1963, publica su obra *El tarot de Marsella,* también con un minucioso estudio sobre el simbolismo del tarot, tanto en sus dibujos como en sus colores. En resumen, otra obra que no debería faltar en nuestras bibliotecas.

Y por último, añadiremos que Stuart R. Kaplan, otro gran estudioso y coleccionista de tarots, así como de obras relacionadas con los

mismos, ha publicado numerosos trabajos, entre los que cabe destacar *El tarot Clásico* (1972) y *La Gran Enciclopedia del tarot* (1978-
1986), obra esta última que, además de extenderse en el estudio del
tarot y de la familia Visconti-Sforza, es un verdadero catálogo destinado a los coleccionistas.

Algunas láminas del tarot de Waite.

Segunda parte

La teoría

5. La cábala

En el capítulo 2 decíamos que la aparición del tarot tuvo lugar durante el siglo XIII, y también comentamos que las brutales represiones de la Inquisición desempeñaron un importante papel en la necesidad de plasmar las propias creencias en símbolos para garantizar su supervivencia. Pero en realidad el origen del tarot es mucho más lejano.

La expansión romana y, más tarde, la latino-cristiana motivaron en todo Occidente un retroceso casi total de las tradiciones y religiones locales, hasta el punto que al desmoronarse el Imperio romano, frente al dogmatismo cristiano sólo quedaban unos pueblos despojados de sus raíces tradicionales, y los pocos cultos que lograron sobrevivir lo consiguieron enmascarándose y adoptando formas latinas y cristianizadas, hasta el extremo de que a veces es casi imposible distinguir el verdadero origen de muchas creencias.

Es entonces cuando se produce la irrupción de los bárbaros y poco más tarde los árabes inician la conquista de la península Ibérica, aportando todos ellos sus propias creencias. Y es también en pleno auge de la conquista árabe cuando los judíos edifican sus comunidades en España, dándose el caso curioso de que al finalizar el primer milenio y a pesar de seguir peleándose por el dominio de la península, musulmanes y cristianos confraternizan entre sí y con los judíos, pues a pesar de algún que otro brote de violencia extremista, sus diferencias eran más territoriales que religiosas, y con frecuencia vemos aliarse a cristianos y musulmanes para luchar contra otros reinos musulmanes o para hacerlo contra otros cristianos, mientras que los judíos se movían libremente por todas partes.

En realidad, los musulmanes respetaban a los judíos e incluso realizaron investigaciones comunes sobre temas esotéricos, y así por ejemplo, en *El Libro de las Letras* de Ibn Masarra, de Córdoba, se encierra un álgebra mística muy semejante a la del *Sefer Yetsirá* cabalístico.

Y en cuanto a los cristianos, en los siglos IX y X permitieron al pueblo judío estudiar y prosperar en sus dominios, al extremo de que el recuerdo de Carlomagno sigue persistiendo entre los judíos como el de un soberano bondadoso con sus antepasados.

Es por todo ello que en una amplia zona que comprende la península Ibérica y el sur de Francia (en especial el Languedoc y la Provenza) la difusión de la cultura fue muy grande entre dichos pueblos: los musulmanes leían y estudiaban a los judíos y los cristianos hacían lo mismo con los musulmanes, con lo cual no tardó en iniciarse un gran florecimiento de los estudios esotéricos.

LOS GNOSTICISMOS

Dentro de este clima, la falta de creencias propias y el rechazo ante una religión despótica, hizo posible que las especulaciones gnósticas hallaran un terreno abonado, se extendieran con facilidad y algunas de ellas, como el catarismo, llegaran a dominar amplios territorios. Pero no debemos olvidar que todas estas gnosis eran originarias de un Oriente helenizado y vehículo de una metafísica neoplatónica, totalmente opuesta a la mística cristiana, basada a su vez exclusivamente en las Sagradas Escrituras (de origen hebreo), por lo que muchas de ellas eran difíciles de aceptar y comprender por la gran mayoría de la gente.

No obstante, cuando los árabes introdujeron la filosofía aristotélica, ésta se convirtió en objeto de apasionadas controversias tanto entre los teólogos cristianos como entre los gnósticos y cabalistas, todos los cuales hallaron en la misma el puente que precisaban para armonizar la metafísica helenizante con la mística judeo-cristiana, propiciándose el intercambio ideológico y la mutua influencia entre dichas escuelas filosófico-religiosas, pues es bien sabido que cuando varias creencias coexisten en un mismo tiempo y lugar siempre terminan por interpenetrarse.

Pero si bien todos estos hechos propiciaron el rápido desenvolvimiento de las nuevas o reformadas creencias, ahora mucho más asequibles para todos, también alarmaron a la Iglesia, que viendo como grandes territorios se escapaban a su dominio material y espiritual, endureció su postura creando la Inquisición y cometiendo verdaderos genocidios, como en el caso de los cátaros, que dejó prácticamente arrasado el Languedoc.

Podemos afirmar que a principios del siglo XIII y aniquilados los cátaros, sólo revestían verdadera importancia dos gnosis: el hermetismo, que seguía siendo una gnosis greco-egipcia y la cábala que en realidad es una gnosis hebraica. Pero lo más importante para nosotros es el hecho de que ambas gnosis son abiertas; es decir, susceptibles de posterior desarrollo y perfeccionamiento, a la vez que mantienen numerosos puntos de contacto entre ellas, lo que propicia la existencia de infinidad de escuelas con un fondo común, pero con ciertas diferencias interpretativas.

Nos interesa resaltar esto, porque cuando estudiemos el simbolismo del tarot veremos como en realidad es una gnosis más que realiza la simbiosis de las anteriores; o mejor dicho, que siendo fundamentalmente cabalístico podemos descubrir en él influencias pitagóricas, herméticas y de otras tradiciones ocultas, pues en el fondo es un intento de formular a través de sus símbolos un cuerpo doctrinal que encierre todo el saber oculto de la antigüedad. E igualmente nos explicará la imposibilidad de ajustar el simbolismo de sus arcanos con el de los senderos cabalísticos como inútilmente se ha pretendido.

Y por idéntico motivo antes de estudiar el tarot es imprescindible
conocer –por superficial que sea dicho conocimiento– la cábala, la
numerología y la astrología.

LA CÁBALA

En hebreo la palabra *kábbalá* significa tradición y se usa para definir
aquella sabiduría oculta que, según se dice, fue confiada a Moisés en
el Sinaí junto con la ley escrita y se fue transmitiendo oralmente de
generación en generación hasta ser recopilada finalmente por escrito
en cuanto se dieron las circunstancias que terminamos de comentar.

Podemos decir que en un principio los estudios e investigaciones
cabalísticos permanecieron muy diseminados y no empezaron a concretarse de forma definitiva hasta 1204, cuando aparece la primera
traducción al hebreo de la *Guía de Descarriados* de Maimónides, que
servirá de catalizador de dichos trabajos, culminando todo ello en la
obra de Moisés de León *Sefer Ha-Zohar* (El Libro del Esplendor),
aparecida allá por el año 1280 y donde la estructuración doctrinal de
la cábala puede darse como definitiva y será la base de todos los estudios y ampliaciones posteriores.

LA TRADICIÓN CABALÍSTICA

Como todas las gnosis, la cábala resalta la oposición aparente entre la
trascendencia de Dios y su inmanencia en el mundo; Dios infinito, el
Antiguo de los Antiguos, el Viejo de los Días, es incognoscible, no
puede ser descrito, conocido y ni tan sólo imaginado por el hombre, y
en este sentido permanece como el eterno *Ayn-Sof,* especie de nada
primordial y despersonalizada.

Sin embargo, según Luria, en el origen de los tiempos se produjo
el *zimzum,* una especie de contracción sobre Sí Mismo, en el que
Dios se retira dejando espacio suficiente para dar lugar a la creación,
mientras que Él permanece como un punto, una concentración de luz
divina. Y en este espacio que queda libre la divinidad se proyecta de
forma expansiva y creadora, manifestando su infinitud bajo la forma
del hombre celestial, el *Adán-Kadmón* u hombre primordial (análogo
al *Logos* de las gnosis de origen helénico) revestido con los diez atributos divinos o *sefirot.*

La tradición cabalística se basa en una ley universal: la del equilibrio
entre fuerzas o principios; así, incluso en la Causa Primera deben coexistir principios opuestos o necesarios el uno al otro: el movimiento y
la estabilidad, la necesidad y la libertad, la justicia y el amor, la severidad y la indulgencia... En realidad, los *sefirot* son arquetipos de los
principios esenciales considerados como emanaciones de la divinidad

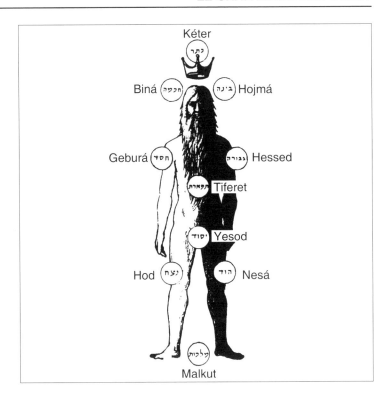

El *Adán-Kadmón.*

primordial, pero como dice Hervé Masson, no constituyen un mundo intermedio entre el hombre y la divinidad, sino que puede decirse que son como una vestimenta común que cubriría a la vez al *Ayn-Sof,* al *Adán-Kadmón* y, en cierto modo, al hombre terrenal, porque en el sistema sefirótico no existe nada que carezca de correspondencias.

Y todo ello basado a su vez en el círculo y el triángulo que se van multiplicando por sí mismos en el terreno de lo ideal. El triángulo o tríada fundamental es el *Sefar-Sippur-Sefer,* donde *Sefar* significa el Número, base de la armonía y del orden superior de las cosas; *Sippur* la Palabra, el Verbo del Creador gracias al cual existen todas las cosas; y *Sefer* la Letra escrita, el Libro, y representa a los seres vivos, a las criaturas de Dios.

Finalmente, para actuar en el mundo el Creador se sirve de treinta y dos caminos: los diez *sefirot* o emanaciones divinas, que distinguen los matices de la cantidad, y las veintidós letras sagradas que formarán el alfabeto hebreo, que distinguirán los matices de la calidad y a su vez se dividen en tres letras madres, siete dobles y doce simples.

Todo esto se resume en forma gráfica en el árbol sefirótico o árbol de la vida, símbolo del hombre y del universo, pues como dicen las Sagradas Escrituras, Dios creó al hombre a su imagen y semejanza, y este árbol de la vida tanto puede utilizarse como un medio para la meditación mística y filosófica, como para el propio descubrimiento interior.

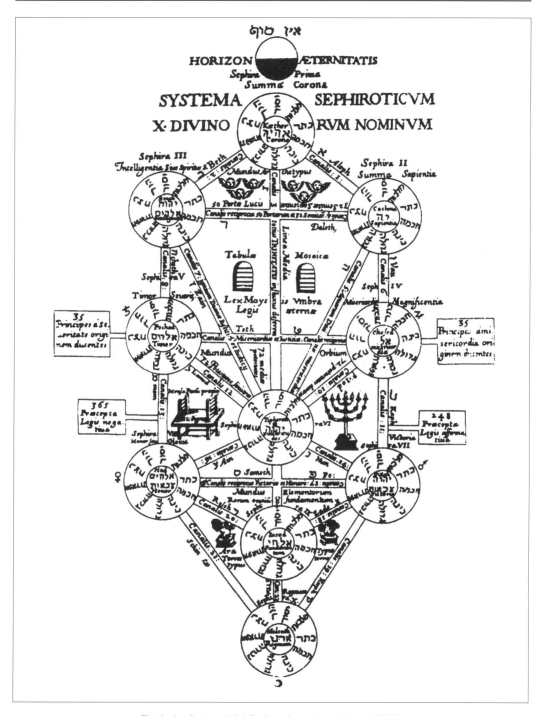

El árbol sefirótico (del *Oedipus Aegyptiacus*, Roma 1562).

LOS DIEZ «SEFIROT»

Los nombres simbólicos y tradicionales atribuidos a cada *sefirá (sefirá* es el singular de *sefirot)* cubren todas las modalidades de todos los atributos. El primer *sefirá, Kéter* (La Corona), representa el punto luminoso primordial del *zimzum.* Aquí aparece por primera vez la noción de infinito como opuesta a la experiencia de lo finito; *Kéter* no es la personificación de Dios, sino su conceptualización; una idea de lo que puede llegar a ser.

De *Kéter* se derivan dos principios complementarios: *Hojmá* (La Sabiduría) y *Biná* (La Inteligencia). El primero es masculino, mientras que el segundo es femenino; *Hojmá* es el padre, o sea, el origen primordial sin el cual no habría comienzo, y *Biná* la madre, y ambos *sefirot* forman como los dos platillos de una balanza que unidos a *Kéter* forman una trinidad denominada *Arik Anpin* (El Gran Rostro), pues a pesar de ser diferentes los unos de los otros, estos tres *sefirot* superiores en la práctica no pueden separarse nunca. En efecto, *Kéter,* que es como una mirada dirigida hacia el misterio impenetrable del *Ayn-Sof,* no puede ser concebido ni percibido sin la ayuda de *Hojmá* y *Biná.* A esta primera tríada también se la denomina el triángulo supremo o triángulo de los Arquetipos, pues en él todo es inmaterial, todo es pura fuerza sin forma ni materia.

Y no estará de más recordar que esotéricamente, cuando hablamos de masculino y femenino nos referimos a los dos principios fundamentales del Cosmos: el uno activo, masculino y positivo, espíritu y energía, y el otro femenino, pasivo y negativo, materia y substancia.

Los seis *sefirot* subsiguientes: *Hessed, Geburá, Tiferet, Yesod, Hod* y *Nesá,* constituyen lo que se denomina Zeir *Anpin* (El Pequeño Rostro), y entre el Gran Rostro y el Pequeño Rostro existe un gran precipicio, una gran fosa que los cabalistas llaman El Abismo, y en este Abismo se sitúa a *Daat* (La Conciencia), que si bien en los tratados antiguos sólo se menciona como la conjunción de los principios masculino y femenino, *Hojmá* y *Biná,* actualmente se considera como un *sefirá* de otra dimensión, un *sefirá* invisible.

Sería en *Daat* donde la fuerza pura tomaría forma, sería como una analogía inferior de *Kéter* en la que por primera vez se manifiesta la forma; pero todavía no es una forma concreta, sino algo abstracto cuya naturaleza podría asimilarse a la de los nódulos de energía. Téngase en cuenta que las formas materiales tal y como nosotros las conocemos no aparecerán hasta llegar al *sefirá Hod.* Podríamos decir que si *Kéter* es la conciencia divina, *Daat* sería la conciencia humana, el Yo superior del hombre.

Analizados los tres primeros *sefirot* visibles y el *sefirá* invisible y antes de seguir con los restantes, quizás sea interesante describir otra de las formas en que se puede representar el árbol de la vida que nos ayudará a comprender mejor la naturaleza y evolución de los *sefirot.*

Para ello agruparemos los *sefirot* en tres columnas o pilares, tres en el de la derecha: *Hojmá, Hessed* y *Nesá;* tres en el de la izquierda:

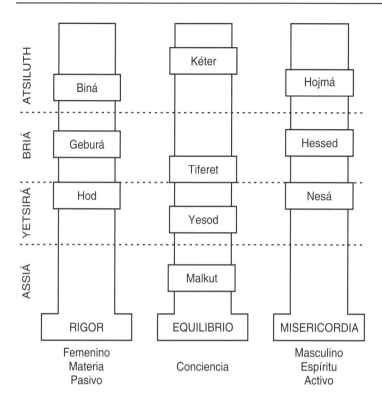

Biná, Geburá y Hod; y cuatro en el central: *Kéter, Tiferet, Yesod y Malkut.*

El pilar derecho, denominado Pilar del Amor o de la Misericordia, representa los atributos de la expansión y podemos definirlo como masculino, espiritual y activo. El pilar izquierdo, denominado del Juicio o del Rigor, representa los atributos de la concentración y lo definiremos como femenino, material y pasivo; y el del centro, o Pilar del Equilibrio, es el que expresa la substancialidad de los atributos divinos, y en este sentido corresponde a las Personas o Cabezas de las tríadas sefiróticas: *Kéter* al Gran Rostro; *Tiferet* y *Yesod* al Pequeño Rostro y *Malkut* como resultado final de todas las actividades del árbol.

Si ahora tomamos los *sefirot* en sentido horizontal y por tríadas, quedarán divididos en cuatro grupos o mundos que forman la jerarquía celestial, manifestación de la potencia creadora de la divinidad. El mundo más elevado es *Atsiluth,* o Mundo de los Arquetipos; el segundo es *Briá,* o Mundo de la Creación; el tercero es *Yetsirá,* o Mundo de la Formación, y el cuarto, que sólo contiene a *Malkut, es Assiá, el* Mundo Material, aquel en el que la manifestación alcanza el plano físico.

Por último, sólo falta mencionar que cada *sefirá* se origina en el que le precede en orden numérico y es el origen del que le sucede, por lo que la creación toma una forma quebrada que se denomina «El Relámpago Zigzagueante».

EL MUNDO DE LA CREACIÓN

Volviendo ahora al análisis de los restantes *sefirot*, diremos que de *Biná* se origina *Hessed*, en el que la fuerza suprema toma forma después de saltar el Abismo y transmutarse en el *sefirá* invisible y no numerado de *Daat*. *Hessed* significa Amor o Misericordia, o Gracia, pero también se le conoce como *Guedulá*, Grandeza o Magnificencia, y por su posición en el Pilar de la Misericordia podemos considerarlo como un grado inferior de *Hojmá* y como la piedra fundamental sobre la que se basará todo el desarrollo ulterior de las formas; es decir, de la Creación.

Así como *Hojmá* es el padre primordial origen de todo, *Hessed* es el padre amante, protector, que da su realidad en forma de vida a todas las cosas que existen, liberándolas de las limitaciones de la existencia. Pero esta misma existencia no sería posible sin una determinación de sus límites y condiciones, pues sin límites sólo existiría infinitud y beatitud. Y estos límites los determina *Geburá*, la Severidad, también llamado *Din*, el Rigor o el Juicio, y *Pachad*, el Temor.

Hessed es llamado el brazo derecho de Dios y *Geburá* su brazo izquierdo; *Hessed* es la mano que da y *Geburá* la mano que quita; *Hessed* es el Dios del Amor y *Geburá* el Dios de los Ejércitos: pero gracias a estas dos manifestaciones opuestas, aunque complementarias, Dios mantiene en equilibrio a toda la creación.

Aquí aparece uno de los problemas mal comprendidos por nuestro mundo cristiano: el problema del mal. Porque al Pilar del Rigor también se le podría llamar el Pilar del Mal, dado que los *sefirot* que lo componen son negativos, limitadores, y nosotros estamos acostumbrados a considerar malo todo aquello que nos desagrada, limita o frena. Sin embargo, debemos tener en cuenta que para que exista la creación también debe existir un equilibrio entre fuerzas contrapuestas, y si en el Mundo de los Arquetipos *Biná* es una limitación para *Hojmá*, es la inteligencia que frena a la sabiduria y la mantiene dentro de unos límites, también en esta tríada inferior *Geburá* limita y frena a *Hessed*, equilibrando el exceso de Amor con la necesaria dosis de Rigor.

En el centro se halla *Tiferet*, la Belleza Divina, también llamado el Corazón de Dios porque conecta, armoniza, une y mantiene en perfecto equilibrio a los restantes *sefirot*. Tanto es así, que además de la tradicional representación gráfica del árbol de la vida, a veces se utiliza la forma circular, en cuyo centro se sitúa a *Tiferet* y a su alrededor a los demás *sefirot*, todos ellos conectados con dicho centro.

En lo más alto, *Kéter*, nos aparecerá Dios, y en lo más bajo, *Malkut*, el universo físico; entre ambos y también opuestos, en *Daat* y *Yesod*, los polos superior e inferior de la psique, y en los extremos opuestos de sendos diámetros se van situando aquellos *sefirot* que se complementan y armonizan entre sí: *Biná* opuesto a *Nesá*, *Hojmá* a *Hod* y *Geburá* a *Hessed*.

Los cuatro *sefirot* que se hallan por debajo de *Tiferet* (*Hod, Nesá, Yesod* y *Malkut*) representan la personalidad, el Yo inferior; mientras

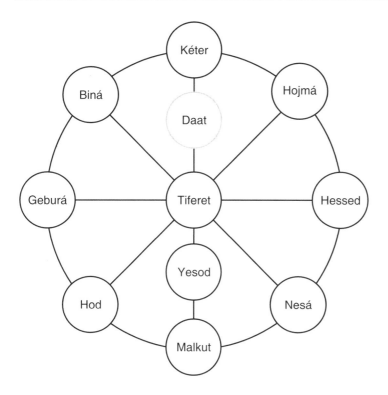

que los cuatro situados por encima *(Biná, Hojmá, Geburá y Hessed)* la individualidad o Yo superior, siendo *Kéter* la Chispa Divina, el concepto de la Divinidad, y *Daat* la conciencia superior.

Es por ello que *Tiferet* no puede estudiarse aislado, sino como centro de transmisión y transmutación. Siendo el pilar central el de la conciencia, y hallándose *Tiferet* en su centro, podemos afirmar que es en *Tiferet* donde la Divinidad se manifiesta por la forma y habita entre nosotros; es decir, es en *Tiferet* donde la conciencia humana puede percibir a Dios. Como dice Dion Fortune, «*Tiferet,* el Hijo, nos evoca a *Kéter,* el Padre».

EL MUNDO DE LA FORMACIÓN

Hemos visto como el principio inescrutable de la Divinidad tomaba forma conceptual en la tríada suprema de los Arquetipos y descendiendo de nivel nos era revelado en la tríada de la Creación; ahora, bajando otro nivel en su descenso hacia la materialización, se manifestará en la tríada de la Formación, compuesta por una emanación de la Misericordia, *Nesá,* y una emanación del Rigor, *Hod,* que se sintetizan y conjugan en el acto creador, conservador y destructor a la vez de *Yesod.*

De *Tiferet* emana *Nesá,* la Victoria (también se puede traducir por Constancia, Continuidad, Permanencia o Perpetuidad), como un flujo de energía, de vida infinita, como el poder activo y positivo de la creación capaz de dar origen a todas las cosas y a todos los seres. Gracias a *Nesá, Tiferet,* la Belleza trascendente de Dios, se expande por el universo y se divide en infinita multiplicidad de aspectos.

Estos aspectos ya diversificados de la energía, todavía extremadamente fluidos y que se mueven y cambian de forma sin cesar, se desarrollarán y tomarán una forma netamente definida y duradera en *Hod,* la Gloria. *Nesá* es el poder masculino y generador, mientras que *Hod* es el poder femenino y receptivo qué separa, forma y transforma todos los mundos generados indistintamente por *Nesá.* Podemos decir que la Misericordia de Dios emerge de *Nesá* y gracias al Rigor de *Hod* puede proyectar en *Yesod* la multiplicidad aparente del Uno en el Cosmos y volver a reabsorberla.

Yesod es el equilibrio eterno entre la energía expansiva de *Nesá* y la forma receptiva de *Hod;* es el acto único que revela y reintegra simultáneamente todo lo que es emanado y manifestado. Como su nombre revela, *Yesod,* el Fundamento, es la base, el fundamento sobre el que se asienta todo el mundo creado, la estructura en la que se concretarán las fuerzas para formar el mundo material de *Malkut,* el Reino.

Yesod debe ser concebido como el resultado final de los demás *sefirot* y como el único canalizador de sus emanaciones; su función principal es la de purificarlas, probarlas, corregirlas y transmutarlas, y es a través de él como *Malkut* recibe el influjo de las fuerzas divinas.

EL MUNDO DE LA MATERIA

Es el único Mundo formado por un solo *sefirá, Malkut,* el Reino, también llamado la esfera de la Tierra. Y si debíamos concebir a *Yesod* como resultado final de los demás *sefirot,* con mayor motivo puede decirse lo mismo de *Malkut,* que además también lo es de *Yesod.*

Siendo el punto final y receptivo, causa generadora del descenso o revelación de las emanaciones divinas en el Cosmos, también se le ha llamado *Shekiná,* que significa inmanencia u omnipresencia divina; y también la Puerta, la Esposa, la Mujer y la Reina del Supremo Rey, todo lo cual en el fondo posee el mismo significado, pues el seno de la mujer es la puerta de la vida y de la muerte, ya que nacer a la vida en el plano de las formas equivale a morir en los planos superiores, del mismo modo que la muerte en el plano de las formas puede ser el nacimiento a planos superiores.

Si ahora examinamos el *Adán-Kadmón,* veremos que *Malkut* se corresponde con los pies, indicando que es en dicho *sefirá* donde el mundo celestial toma contacto con el mundo material; donde finaliza el proceso que conduce a la materialización.

6. El alfabeto hebreo

El *Sefer Yetsirá* empieza con estas palabras en las que se refleja el principio fundamental de la creación que más adelante desarrollará ampliamente:

«Por treinta y dos senderos hermosos, sabios, Iá, leve Tsebaot, Dios de Israel, Dios Vivo y Rey Eterno, El-Shaddai, Misericordioso, Indulgente, Elevado, que habita en la Eternidad, cuyo Nombre es Alto y Santo, ha creado su universo mediante tres *sefarim: Sefar, Sippur* y *Sefer* (Número, Palabra y Letra), diez números inmateriales y veintidós letras fundamentales: tres madres, siete dobles y doce simples.»

Los diez números inmateriales son los diez *sefirot* o emanaciones de la divinidad ya estudiados, sobre los cuales nos limitaremos a añadir que aun cuando el *Sefer Yetsirá* los incluya entre los treinta y dos senderos de la creación, también resalta su naturaleza inmaterial, es decir, abstracta, diferenciándolos claramente de las veintidós letras o senderos materiales.

En la tríada fundamental de los *sefarim,* los *sefirot* pertenecen a *Sefar,* el Número, base de la armonía y del orden superior de todas las cosas, arquetipo de los principios esenciales, mientras que las letras del alfabeto pertenecen a *Sefer,* la Letra escrita, que representa todo lo ya creado, y esto es algo que siempre deberemos tener presente para evitar las confusiones y errores más frecuentes entre los adaptadores del tarot a la cábala, pues aunque los *sefirot* pertenezcan a *Sefar,* el Número, su numeración es inmaterial y, por lo tanto, distinta de la numeración material de *Sefer.*

LAS CORRESPONDENCIAS ANALÓGICAS DE LOS «SEFIROT»

Que esto es así nos lo demuestra el hecho de que en el *Sefer Yetsirá* los diez *sefirot* encarnan (se corresponden a) diez acciones creadoras: 1, el Espíritu de Dios Vivo; 2, el Aire creado del Espíritu; 3, el Agua creada del Aire; 4, el Fuego creado del Agua; y del 5 al 10, el sello fijado en los seis costados (lo Alto, lo Bajo, el Oriente, el Occidente, el Norte y el Sur). No existe aquí ninguna de las correspondencias atribuidas a las veintidós letras, como las planetarias, por ejemplo.

Ya Isaac el Ciego se da cuenta de ello y se separa del *Sefer Yetsirá* eliminando la numeración de los *sefirot* (el origen de las confusiones) y añadiendo que cada *sefirá* es como una esfera dependiente directamente del *Ayn-Sof;* será más tarde, en el *Sefer Ha-Zohar,* cuando se retome la numeración, se afirme que las veintidós letras del alfabeto cabalístico surgen de *Kéter,* y se llegue al cuaternario (las cuatro cualidades elementales) por extraños vericuetos, pues si examinamos el árbol de la vida, veremos que escojamos el pilar que escojamos, siempre llegaremos a *Malkut,* el *sefirá* material, la esfera de la Tierra, el elemento Tierra que faltaba.

Llegados a este punto, si ordenamos los *sefirot,* partimos de *Malkut* como planeta Tierra y subimos en el orden ptolomeico de las esferas planetarias, las atribuciones resultantes serán: Tierra, Luna, Mercurio, Venus, Sol, Marte, Júpiter y Saturno, que son las indicadas por el *Sefer Ha-Zohar* y todos los autores posteriores, incluyendo entre los mismos a los cabalistas cristianos y ocultistas, desde Pico della Mirandola a Cornelio Agrippa y a Crowley, si bien alguno de ellos lo altera, como Pico della Mirandola que sigue el siguiente orden: Luna, Mercurio, Venus, Saturno, Sol, Marte y Júpiter; o Kircher que asigna: Luna, Mercurio, Marte, Venus, Sol, Saturno y Júpiter; y Papus, que copia a Kircher

Para completar los diez *sefirot,* Agríppa atribuye a *Malkut* «la esfera de los elementos», en su tiempo el modo peculiar de designar al mundo sublunar, a *Hojmá* «la esfera del zodíaco», y a *Kéter* «el Prímum Mobile»; Pico della Mirandola y Kircher completan los tres primeros con «el Cielo Empíreo», «el Primum Mobile» y «el Firmamento», mientras que Papus ni se toma la molestia de completar las correspondencias.

Ya modernamente, Crowley, en *Magick,* retoma el orden planetario y lo completa atribuyendo Urano a *Daat,* Neptuno a *Hojmá* y Plutón a *Kéter.* Luego, en *The Book of Thoth,* rectifica atribuyendo Urano a *Hojmá* y Neptuno a *Kéter,* olvidándose de Plutón.

Pero no debemos olvidar que el sistema sefirótico es un concepto de la creación y a la vez un sistema de meditación; es como la descripción del «camino» descendente desde la divinidad al hombre, y el que debe «ascender» el hombre para llegar a Dios, desde aquí abajo en la Tierra hasta allá arriba, en lo alto de los cielos.

En la evolución que va de los *sefirot* como emanaciones de la divinidad a su estructuración en forma de árbol de la vida transcurren algunos siglos, y en su transcurso los conceptos también evolucionan. En el *Sefer Yetsirá,* por ejemplo, las cualidades elementales son tres: Aire, Agua y Fuego, y se sitúan por encima de las seis dimensiones del universo, son conceptos abstractos, arquetipos anteriores a la creación del universo; en las descripciones posteriores, forman parte de la esfera de los elementos, por debajo de las esferas planetarias, copiando las representaciones del universo ptolomeico.

Así pues, como máximo podemos aceptar las correspondencias analógicas entre los *sefirot* y las esferas planetarias como una metafórica ayuda en la descripción del camino hacia la divinidad, pero las verdaderas correspondencias astrológicas lo son con las veintidós le-

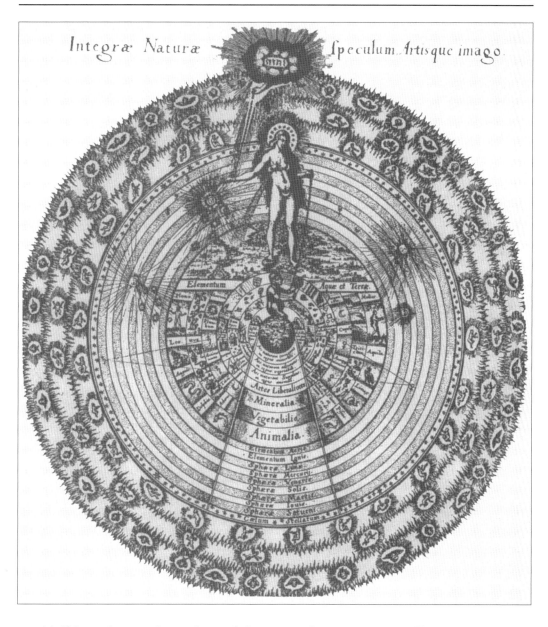

tras del alfabeto y los veintidós senderos cabalísticos, e incluso en este caso, debemos seguir teniendo en cuenta que serán como «muletas», como una ayuda para nuestra comprensión y no atribuciones definitivas e invariables.

En este terreno, podemos considerar como correctas las últimas atribuciones de Crowley, a las que añadiremos la de Plutón para *Daat,* tan especial entre los *sefirot* como lo es Plutón entre los planetas, porque los conceptos de conciencia superior o subconsciente co-

El universo según Robert Fludd (de la obra *Utriusque Cosmi Historia,* 1617).

lectivo atribuidos a *Daat* se corresponden muy bien con las cualidades astrológicas de Plutón.

Hechas estas aclaraciones, volvamos al alfabeto.

LAS VEINTIDÓS LETRAS

Como hemos dicho, el alfabeto hebreo se compone de veintidós letras, tres madres, siete dobles y doce simples, a cada una de las cuales le corresponde un jeroglífico, un valor numérico y un símbolo que refleja su naturaleza y papel en la creación.

Las tres letras madres son *alef, mem* y *schin*, que simbolizan el Aire, el Agua y el Fuego, los elementos primordiales. Las siete dobles son *bet, guimel, dálet, kaf, pe, resh* y *táu*, cada una de las cuales posee dos sonidos, uno fuerte y otro débil, y simbolizan los siete planetas. Las doce simples son *he, vau, záyin, jet, tet, yod, lámed, nun, sámec, ayin, tsáde* y *cof* y simbolizan los doce signos del zodíaco. Por último, cinco de dichas letras, *kaf, mem, nun, pe* y *tsáde*, cambian de jeroglífico y de valor numérico cuando son finales de palabra.

Analicemos ahora las letras en detalle según el *Sefer Yetsirá*.

LAS TRES LETRAS MADRES

En su capítulo tercero el *Sefer Yetsirá* se expresa así:

«1. Tres madres: *alef, mem, schin:* su rasgo fundamen-tal: la copa de la rectitud, la copa de la culpabilidad y la ley que establece el equilibrio entre ambas. Tres madres: *alef, mem, schin,* constituyen el gran misterio, majestuoso, oculto y sellado con seis sellos, y de ellas surgieron el Aire, el Agua y el Fuego; de ellas provienen los padres y de estos últimos los hijos.

»2. Tres madres: *alef, mem, schin;* las trazó, modeló, estableció las combinaciones y las trasposiciones, pesó y creó mediante ellas las tres madres: *alef, mem, schin* en el universo, *alef, mem, schin* en el año, y tres madres en el cuerpo del hombre y de la mujer.

»3. Tres madres: *alef, mem, schin* en el universo; son el Aire, el Agua y el Fuego; el cielo creado del Fuego, la tierra del Agua y la atmósfera del Aire, y ocupa el lugar central entre ellos dos.

»4. Tres madres: *alef, mem, schin* en el año: tiempo cálido, tiempo frío y tiempo lluvioso. El tiempo cálido creado del Fuego, el tiempo frío del Agua; el tiempo lluvioso del Aire ocupa el lugar intermedio entre ellos dos.

»5. Tres madres: *alef, mem, schin* en el cuerpo del hombre y de la mujer: la cabeza, el vientre y el pecho. La cabeza creada del Fuego, el vientre del Agua y el pecho del Aire, y se halla entre ellos dos.

»6. Designó a la letra *alef* para reinar en el Aire, la coronó con una corona, hizo las combinaciones y creó mediante las mismas el aire en el mundo, el tiempo lluvioso en el año y el pecho en el hombre

N.°	Normal	Final	Valor	Nombre	Pronunciación
1	א		1	Alef	H muda; de acuerdo con la vocalización
2	ב		2	Bet	B, V
3	ג		3	Guimel	G, como en ga
4	ד		4	Dálet	D
5	ה		5	He	H aspirada
6	ו		6	Vau	V; como vocal: o, u
7	ז		7	Záyin	Z
8	ח		8	Jet	J
9	ט		9	Tet	T
10	י		10	Yod	Y, I
11	כ	ך	20 500	Kaf	K
12	ל		30	Lámed	L
13	מ	ם	40 600	Mem	M
14	נ	ן	50 700	Nun	N
15	ס		60	Sámec	S
16	ע		70	Ayin	H muy aspirada, J
17	פ	ף	80 800	Pe	P, F
18	צ	ץ	90 900	Tsáde	Ts, Ds
19	ק		100	Cof	K, Q
20	ר		200	Resh	R
21	ש		300	Schin	Sch
22	ת		400	Táu	T

por la combinación *alef, mem, schin,* y en el cuerpo de la mujer por la trasposición *alef, schin, mem.*

»7. Designó a la letra *mem* para reinar sobre el Agua, la coronó con una corona, hizo las combinaciones y creó mediante las mismas la Tierra en el mundo, el tiempo frío en el año y el vientre en el cuerpo del hombre por la combinación *mem, alef, schin,* y en el de la mujer por la trasposición *mem, schin, alef.*

»8. Designó a la letra *schin* para reinar sobre el Fuego y la coronó con una corona; hizo las combinaciones y creó mediante las mismas el Cielo en el mundo, el tiempo cálido en el año y la cabeza en el cuerpo del hombre mediante la combinación *schin, mem, alef,* y en el de la mujer por la trasposición *schin, alef, mem.*»

De lo anterior podemos deducir que además de constituir la primera tríada fundamental de la creación, las tres letras madres contienen otra ley básica: la del equilibrio entre los contrarios.

Además de ser la primera, la más importante de las tres letras es *alef,* que significa buey-guía y encarna la unidad –signo primordial de la divinidad– de la cual derivarán todos los demás números (y letras); es el principio creador y generador, el padre, la primera persona de la Trinidad.

 Su jeroglífico, extraordinariamente equilibrado, representa el acto del creador cuando, según el Génesis, separó las aguas de arriba de las de abajo para crear el firmamento y los mares. En el cuerpo simboliza el pecho, no sólo como zona intermedia entre la cabeza y el vientre, sino también como sede de la respiración y de la purificación de la sangre gracias al aire que respiramos, elemento al que también rige.

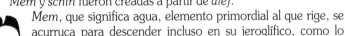
Mem y *schin* fueron creadas a partir de *alef.*

 Mem, que significa agua, elemento primordial al que rige, se acurruca para descender incluso en su jeroglífico, como lo hace el agua al dar vida a la tierra, que según el Génesis nació de sus entrañas; y en el cuerpo rige al vientre, laboratorio del organismo que actúa pasivamente, pues cuanto precisa para asegurar la vida lo recibe del exterior, tanto para la nutrición y asimilación de los alimentos, como para generar nuevas vidas que se desarrollarán en su seno materno y nacerán de sus entrañas. Por último, cuando es letra final su valor numérico se multiplica, y entonces expresa pluralidad y colectividad.

Schin significa diente (y del mismo modo que los dientes se cambian, también significa cambio, mutación y renovación) e incluso su jeroglífico es de formas agudas, elevándose armado con tres lenguas de fuego, elemento primordial al que rige, para dar origen al cielo. Por todo ello, también rige a la cabeza (como opuesta al vientre y sede de la inteligencia), al movimiento, la renovación y la transformación de cuanto existe.

LAS SIETE LETRAS DOBLES

| Bet | Guimel | Dálet | Kaf | Pe | Resh | Táu |

Aun cuando la composición del *Sefer Yetsirá* fuera asignada al patriarca Abraham, en realidad se supone que fue redactado en el siglo III y que en el X ya había sido abundantemente comentado; la primera edición que se conserva fue editada en Mantua en 1532 y contiene dos versiones ligeramente distintas.

Posteriormente se realizaron diversas versiones de cuyo cotejo se deduce que en el *Sefer* Yetsirá existen unos principios fundamentales invariables, como la atribución a las siete letras dobles de las siete bases fundamentales, los siete planetas, los siete días de la creación y las siete puertas o aberturas del cuerpo humano.

Lo que varia de unas a otras versiones son las atribuciones concretas, pues por poner un ejemplo, a la letra *guimel* en una versión se le atribuye Júpiter y el ojo derecho; en otra Júpiter y el ojo izquierdo; en una tercera Júpiter y la oreja izquierda; y en una cuarta Marte y la oreja derecha.

La conclusión lógica es que dichas atribuciones concretas se realizaron por comentaristas de la Edad Media que quisieron completar el texto original con sus deducciones personales. En la actualidad se ha popularizado la versión de Mantua traducida al francés por Papus en 1837 y posteriormente por Meyer Lambert, y al inglés por Isidor Kalisch en 1877, en la que se han basado las atribuciones planetarias a las láminas del tarot, si bien nunca se ha respetado el orden riguroso de las mismas. No obstante, existe la versión seguida por el *Sefer Ha-Zohar,* en la que las atribuciones planetarias siguen el orden correlativo desde Saturno a Luna.

Hechas estas aclaraciones, sigamos con la traducción del *Sefer Yetsirá* de Meyer Lambert:

«Siete dobles: *bet, guimel, dálet, kaf, pe, resh, táu.* Presentan dos pronunciaciones símbolos de flexibilidad y de rigidez, de debilidad y de fuerza.

»Siete dobles: *bet, guimel, dálet, kaf, pe, resh, táu;* su base: la sabiduría, la riqueza, la fecundidad, la vida, el poder, la paz y la belleza

»Siete dobles: *bet, guimel, dálet, kaf, pe, resh, táu;* según su pronunciación y sus permutaciones: a la sabiduría corresponde la ignorancia, a la riqueza la pobreza, a la fecundidad la esterilidad, a la vida la muerte, al poder la servidumbre; a la paz la guerra, a la belleza la fealdad.

»Siete dobles: bet, *guimel, dálet, kaf, pe, resh, táu;* siete y no seis, siete y no ocho; examínalas, coloca el objeto como es debido y al Creador en su lugar.

»Siete dobles: *bet, guimel,* dálet, *kaf, pe, resh, táu,* como frente a siete extremos, de los cuales, seis direcciones: lo alto y lo bajo; oriente y occidente; norte y sur; y en el centro el Santo Templo que todo lo sostiene.

»Siete dobles: *bet, guimel, dálet, kaf, pe, resh, táu.* Las grabó, las talló, efectuó las combinaciones y las permutaciones y creó con ellas siete estrellas en el mundo; siete días en la creación; siete aberturas en el cuerpo del hombre y de la mujer.

»Siete astros en el mundo: Saturno, Júpiter, Marte, Sol, Venus, Mercurio, Luna; siete días en la creación, son los siete días de la semana; siete aberturas en el cuerpo del hombre y la mujer, que son dos ojos, dos orejas, dos ventanas de la nariz y la boca.

»Designó a la letra *bet* para reinar sobre la sabiduría, la coronó con una corona, efectuó las combinaciones y por ellas creó la Luna en el mundo, el día primero en el tiempo (el domingo), y el ojo derecho en el cuerpo del hombre y de la mujer.

»Designó a la letra *guimel* para reinar sobre la riqueza, la coronó con una corona, efectuó las combinaciones y creó por ellas Marte en el mundo, el día segundo en el tiempo (lunes), y la oreja derecha en el cuerpo del hombre y de la mujer.

»Designó a la letra *dálet* para reinar sobre la fecundidad, la coronó con una corona, hizo las combinaciones y creó por ellas el Sol en el mundo, el día tercero en el tiempo (martes) y la ventana derecha de la nariz en el cuerpo del hombre y de la mujer.

»Designó a la letra *kaf* para reinar sobre la vida, la coronó con una corona, hizo las combinaciones y creó por ellas Venus en el mundo, el día cuarto en el tiempo (miércoles) y el ojo izquierdo en el cuerpo del hombre y de la mujer.

»Designó a la letra *pe* para reinar sobre el poder, la coronó con una corona, hizo las combinaciones y creó por ellas Mercurio en el mundo, el día quinto en el tiempo (jueves) y la oreja izquierda en el cuerpo del hombre y de la mujer.

»Designó a la letra *resh* para reinar sobre la paz, la coronó con una corona, hizo las combinaciones y creó por ellas Saturno en el mundo, el día sexto en el tiempo (viernes) y la ventana izquierda de la nariz en el cuerpo del hombre y de la mujer.

»Designó a la letra *táu* para reinar sobre la belleza, la coronó con una corona, hizo las combinaciones y creó por ellas Júpiter en el mundo, el día séptimo en el tiempo (sábado) y la boca en el cuerpo del hombre y de la mujer.

»Siete dobles: *bet, guimel, dálet, kaf, pe, resh, táu.* Por ellas fueron creados siete mundos, siete siglos, siete tierras, siete mares, siete ríos, siete desiertos, siete días, siete semanas, siete años simples, siete años de sábados, siete años de jubileos y el Santo Templo. Por todo ello El amó el septenario en el universo.»

De lo anterior podemos deducir que las siete letras dobles reflejan el mundo del libre albedrío, de la iniciativa humana, capaz de orientar los acontecimientos hacia el bien o hacia el mal. También es curioso constatar que los órganos regidos por las mismas se hallan situados en la cabeza, bajo el dominio de *schin,* símbolo del Fuego, el movimiento, la transformación y la espiritualidad, siendo quizás éste el motivo de que sus regencias sean distintas a las que la astrología asigna tradicionalmente a los planetas.

Y efectivamente, los planetas a los que rigen tampoco permanecen fijos en el cielo, sino que su posición varía constantemente de tal modo que jamás pueden existir dos cielos idénticos, lo que, según la astrología, hace que no existan dos seres humanos con el mismo tema natal, o lo que es lo mismo, con las mismas tendencias congénitas predeterminadas.

También es curioso constatar, aun cuando pueda parecer anecdótico (en la cábala nada lo es), que las letras que rigen órganos dobles sean las más parecidas entre sí: los dos ojos regidos por *bet* y *kaf* (ב כ); las dos aberturas de la nariz por *dálet* y *resh* (ד ר) y las dos orejas por *guimel* y *pe* (ג פ).

Y del último párrafo se desprende que, del mismo modo que podemos atribuir a las tres letras madres todas las correspondencias analógicas del ternario, debemos atribuir a las siete letras dobles las infinitas correspondencias analógicas del septenario.

La segunda versión de las mayormente aceptadas nos limitaremos a resumirla en sus atribuciones más importantes para no alargar excesivamente el presente capítulo:

A la letra *bet* le corresponde el planeta Saturno, el ojo derecho, el primer día de la creación y de la semana, y la vida y la muerte.

A la letra *guimet* le corresponde el planeta Júpiter, el ojo izquierdo, el segundo día de la creación y de la semana, y la paz y la guerra.

A la letra *dálet* le corresponde el planeta Marte, la oreja derecha, el tercer día de la creación y de la semana, y la sabiduría y la ignorancia.

A la letra *kaf* le corresponde el Sol, la oreja izquierda, el cuarto día de la creación y de la semana, y la riqueza y la pobreza.

A la letra *pe* le corresponde el planeta Venus, la ventana derecha de la nariz, el quinto día de la creación y de la semana, y la fecundidad y la esterilidad.

A la letra *resh* le corresponde el planeta Mercurio, la ventana izquierda de la nariz, el sexto día de la creación y de la semana, y la belleza y la fealdad.

A la letra *táu* le corresponde la Luna, la boca, el séptimo día de la creación y de la semana, y el poder y la servidumbre.

Para aclarar cuál de las distintas versiones es la correcta, lo más lógico es reportarnos a la astronomía de la época, por lo cual debemos tener en cuenta que desde la más remota antigüedad hasta el siglo II el orden planetario era el siguiente:

Sol   Venus   Mercurio   Luna   Saturno   Júpiter   Marte

Es en el siglo II, con Ptolomeo, cuando dicho orden se modifica en la siguiente forma:

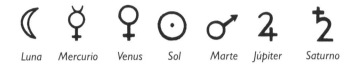

| Luna | Mercurio | Venus | Sol | Marte | Júpiter | Saturno |

y permanece inalterado hasta 1548, cuando Copérnico sitúa al Sol en el centro del sistema planetario, esquema que se ha mantenido igual hasta nuestros días, en que ha sido completado con Urano, Neptuno y Plutón.

Teniendo en cuenta que el *Sefer Yetsirá* fue redactado entre los siglos II y X, no cabe la menor duda de que el orden planetario a tener en cuenta es el de Ptolomeo, que se corresponde con la segunda versión citada.

LAS DOCE LETRAS SIMPLES

| He | Vau | Záyin | Jet | Tet | Yod |
| Lámed | Nun | Sámec | Ayin | Tsáde | Cof |

Al igual que ocurre con las siete letras dobles, también en las distintas versiones del *Sefer Yetsirá* permanece intocable la atribución a las doce letras simples de las funciones del ser humano, los límites del universo, los signos zodiacales y los órganos directores del cuerpo, siendo sus atribuciones concretas a cada una de las letras lo que sufre variaciones, por lo que sigue siendo válido cuanto comentamos anteriormente. Prosigamos con el *Sefer Yetsirá*.

«Doce simples: *he, vau, záyin,* jet, *tet, yod, lámed, nun, sámec, ayin, tsáde, cof.* Su fundamento: la palabra, el pensamiento, la marcha, la vista, el oído, la acción, la copulación, el olfato, el sueño, la cólera, el apetito y la risa.

»Doce simples: *he, vau, záyin, jet, tet, yod, lámed, nun, sámec, ayin, tsáde, cof.* Doce fronteras diametrales: la frontera este-alto, la frontera este-norte, la frontera este-bajo, la frontera sur-alto, la frontera sur-este, la frontera sur-bajo, la frontera sur-oeste, la frontera oeste-alto, la frontera oeste-bajo, la frontera norte-oeste, la frontera norte-alto y la frontera norte-bajo. Se extienden al infinito y son los límites del mundo.

»Doce simples: *he, vau, záyin, jet, tet, yod, lámed, nun, sámec, ayin, tsáde, cof*. Las trazó, esculpió, pesó, hizo las combinaciones y las permutaciones y creó con ellas doce constelaciones (signos del Zodíaco) en el mundo, doce meses en el año, doce órganos directores en el cuerpo del hombre y de la mujer.

»Doce constelaciones: Aries-Tauro-Géminis, Cáncer-Leo-Virgo, Libra-Escorpión-Sagitario, Capricornio-Acuario-Piscis .

»Doce meses en el año: *Nisán, Iar; Sivan, Tamuz, Ab, Elul, Tishri, Marcheshvan, Casleu, Tebet, Shevat, Adar.*

»Doce órganos directores en el cuerpo del hombre y de la mujer: dos manos, dos pies, dos riñones, la bilis, los intestinos, el hígado, los dos estómagos y el bazo.

»Del primero (seguramente se refiere al primer grupo de tres letras) designó a la letra *he* para reinar sobre la palabra, la coronó con una corona, hizo las combinaciones y creó por ellas Aries en el mundo, *Nisán* (marzo-abril) en el año y la pierna derecha en el cuerpo del hombre y de la mujer.

»Del primero, designó a la letra *vau* para reinar sobre el pensamiento, la coronó con una corona, hizo las combinaciones y creó por ellas Tauro en el mundo, *Iar* (abril-mayo) en el año y el riñón derecho en el cuerpo del hombre y de la mujer.

»Del primero, designó a la letra *záyin* para reinar sobre la marcha, la coronó con una corona, hizo las combinaciones y creó por ellas Géminis en el mundo, *Sivan* (mayo-junio) en el año y la pierna izquierda en el cuerpo del hombre y de la mujer.

»Del segundo, designó a la letra *jet* para reinar sobre la vista, la coronó con una corona, hizo las combinaciones y creó por ellas Cáncer en el mundo, *Tamuz* (junio-julio) en el año y la mano derecha en el cuerpo del hombre y de la mujer.

»Del segundo, designó a la letra *tet* para reinar sobre el oído, la coronó con una corona, hizo las combinaciones y creó por ellas Leo en el mundo, Ab (julio-agosto) en el año y el riñón derecho en el cuerpo del hombre y de la mujer.

»Del segundo, designó a la letra *yod* para reinar sobre la acción, la coronó con una corona, hizo las combinaciones y creó por ellas Virgo en el mundo, *Elul* (agosto-septiembre) en el año y la mano izquierda en el cuerpo del hombre y de la mujer.

»Del tercero, designó a la letra *lámed* para reinar sobre la copulación, la coronó con una corona, hizo las combinaciones y creó por ellas Libra en el mundo, *Tishri* (septiembre-octubre) en el año y la bilis en el cuerpo del hombre y de la mujer.

»Del tercero, designó a la letra *nun* para reinar sobre el olfato, la coronó con una corona, hizo las combinaciones y creó por ellas Escorpión en el mundo, *Marcheshvan* (octubre-noviembre) en el año y los intestinos en el cuerpo del hombre y de la mujer.

»Del tercero, designó a la letra sámec para reinar sobre el sueño, la coronó con una corona, hizo las combinaciones y creó por ellas Sagitario en el mundo, *Casleu* (noviembre-diciembre) en el año y el estómago *Keva* en el cuerpo del hombre y de la mujer.

»Del cuarto, designó a la letra *ayin* para reinar sobre la cólera, la coronó con una corona, hizo las combinaciones y creó por ellas Capricornio en el mundo, *Tebet* (diciembre-enero) en el año y el hígado en el cuerpo del hombre y de la mujer.

»Del cuarto, designó a la letra *tsáde* para reinar sobre el apetito, la coronó con una corona, hizo las combinaciones y creó por ellas Acuario en el mundo, *Shevat* (enero-febrero) en el año y el estómago *Kerkevok* en el cuerpo del hombre y de la mujer.

»Del cuarto, designó a la letra *Cof* para reinar sobre la risa, la coronó con una corona, hizo las combinaciones y creó por ellas Piscis en el mundo, *Adar* (febrero-marzo) en el año y el bazo en el cuerpo del hombre y de la mujer.»

También aquí debemos hacer algunas observaciones. En primer lugar, en algunas versiones en lugar de los dos estómagos: *Kerkevok* y *Keva* –división que ya existía entre los romanos con los nombres de *stomachus* y *cargo*– citan un único estómago, lo que ya indica una fecha de trascripción posterior, y en su lugar dividen en dos los intestinos, el abstinente y el ciego, que atribuyen respectivamente a *lámed* y *nun*.

Y una conclusión que se deduce, es que del mismo modo que el ternario es inferior al septenario, el duodenario es inferior al septenario, pues los órganos por él gobernados se hallan en el vientre –bajo el dominio de *mem*– o son extremidades. Pero es que además, los signos zodiacales son fijos, mientras que los planetas son móviles, es decir, tienen una mayor autonomía; y por si fuera poco, es a los planetas a quienes corresponde la regencia de los doce signos.

Conclusión que el propio *Sefer Yetsirá* explicita más adelante, en el capítulo sexto, cuando dice:

«Los doce alineados como en la guerra: tres amigos, tres enemigos; tres resucitan y tres matan. Tres amigos, el corazón y las orejas; tres enemigos, el hígado, la bilis y la lengua; tres que reaniman, las dos aberturas de la nariz y el bazo; tres que matan, dos aberturas principales y la boca; y Dios Rey Fiel reina sobre todos, eternamente en su Santa Mansión. Sólo Dios por encima de los Tres, los Tres por encima de los Siete, los Siete encima de los Doce y todos íntimamente ligados entre sí.»

7. Los veintidós senderos

Cuando estudiamos los *sefirot* los consideramos como emanaciones de la divinidad y, al árbol de la vida, como una imagen metafórica del descenso de la divinidad hacia nosotros, o a la inversa, del camino ascendente que debemos recorrer para lograr el estado de conciencia más próximo al concepto de divinidad que nos es dado alcanzar en esta vida.

También vimos como, según el *Sefer Yetsirá*, las veintidós letras del alfabeto hebreo tenían su origen en el *sefirá* de *Kéter* y unían entre sí a los diez *sefirot*, y el árbol de la vida era la representación gráfica de los treinta y dos senderos de la creación, si bien los senderos propiamente dichos son los veintidós que unen entre sí a los diez *sefirot*.

Si en la práctica debiéramos establecer una distinción básica entre *sefirot* y senderos, diríamos que los *sefirot* constituyen los progresivos estados de conciencia que deben darse en nuestro proceso de interiorización, mientras que los senderos serían la experiencia que debe vivirse para pasar de uno a otro *sefirá*, de uno a otro estado de conciencia.

Así pues, el contenido de los senderos es mucho más que el de la letra que los define, y debe completarse con el simbolismo de los dos *sefirot* a los que unen, del mismo modo que cuando analicemos los arcanos mayores del tarot deberemos añadir el simbolismo astrológico atribuido posteriormente a cada una de dichas letras y las distintas correspondencias analógicas que se derivan.

Por último, y antes de pasar al estudio individual de los senderos, aclararemos que lo hacemos siguiendo su orden descendente, pues si es cierto que en la meditación el orden debe ser inverso, es decir ascendente, en la práctica del tarot, objetivo de nuestro trabajo, ello es indiferente, siendo lo más lógico seguir el orden numérico.

PRIMER SENDERO

Es el que conduce de *Kéter* a *Hojmá,* de la Divinidad a la Sabiduría. En su sentido ascendente constituye la etapa final en la que se alcanza de forma activa la unión o disolución con el Todo; en el sentido descendente es la primera etapa del descenso del Poder, del Principio Generador; es el conocimiento activo y positivo que nos llega directa-mente de lo Alto. Es

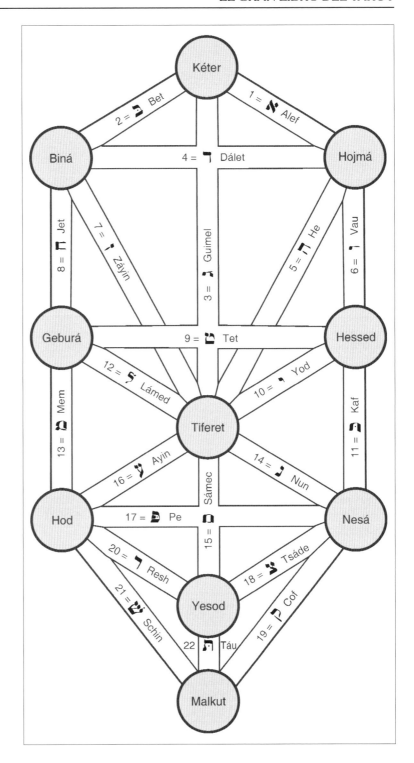

Los 22 senderos.

el centro inmaterial del que irradia el pensamiento; es espíritu y energía. Le corresponde la letra *alef*, que además de buey-guía significa aprender, acostumbrarse, y en su forma inversa enseñar e instruir. Es el elemento Aire, el aliento divino que infunde vida y crea el alma humana.

SEGUNDO SENDERO

Conduce de *Kéter* a *Biná*, de la Divinidad a la Inteligencia. En su sentido ascendente también constituye una etapa final en la que se alcanza la unión o disolución con el Todo, pero en una forma pasiva; si en el primer sendero se «iba» a Dios, en el segundo se «llega» a Dios, se recibe la iluminación. En su sentido descendente es la inteligencia pasiva y receptiva que nos llega de lo Alto. Es el primer arquetipo de forma, materia y substancia; es el principio de interioridad del que irradia la capacidad de meditar y reflexionar, de ver las cosas objetivamente.

Le corresponde la letra *bet*, que significa casa y expresa la idea de lo que contiene; es el Santuario, la casa de Dios y la casa del hombre, pero en su sentido inmaterial, en el de casa del alma humana. Y es también el primer día de la creación en el que se hace manifiesta la dualidad: activo y pasivo, masculino y femenino, energía y materia...

TERCER SENDERO

Enlaza *Kéter* con *Tiferet*, pasando por *Daat*, el *sefirá* invisible. Es el primer paso del mundo arquetípico al mundo de las formas; del concepto de infinitud divina al de bondad y belleza divinas; del concepto abstracto de la divinidad a la toma de contacto con el dios interior que existe en nosotros.

En su sentido ascendente es el camino de los místicos que llegan a Dios por la vía de la purificación; si de alguna forma podemos considerar mentales los dos senderos anteriores, el tercero debemos considerarlo como la más alta expresión del amor y la generosidad, por basarse en la devoción, suprema riqueza interior.

En su sentido descendente, es el segundo día de la creación, la constitución del Universo, la generación de los mundos.

Le corresponde la letra *guimel*, que significa camello, el único animal capaz de atravesar el desierto, como simbolizando el desierto interior que debe andarse, la «oscura noche del alma» de la que nos hablan los místicos; es la travesía de *Daat*, el abismo, la frontera entre el mundo de la creación y el de los arquetipos; es la superación y disolución de la conciencia superior del hombre en la divina, y en este instante, en este paso, el alma se siente infinitamente sola.

Pero del mismo modo que el camello es la máxima riqueza y seguridad en el desierto, también puede simbolizar la riqueza en su concepto más amplio y universal.

CUARTO SENDERO

Conduce de *Hojmá* a *Biná,* de la Sabiduría a la Inteligencia, confluyendo ambas en *Daat,* la conciencia superior del hombre.

Los tres senderos horizontales, cuarto, noveno y decimoséptimo, constituyen los soportes, las bases en las que se sustentan respectivamente las tres partes esenciales del ser: espíritu, individualidad y personalidad. Y al tratar de los *sefirot,* vimos que los tres primeros constituían la tríada de los arquetipos, en el que todo es inmaterial, sin forma ni materia.

Es por dicho motivo que podemos considerar que en el hombre constituyen lo que denominaríamos espíritu, limitado por el cuarto sendero, base sustentadora de dicha tríada; y también es lógico deducir el porqué de su confluencia en *Daat,* pues nos confirma que es en dicho *sefirá* donde la conciencia de Dios dará paso a la conciencia humana en su suprema expresión.

Le corresponde la letra *dálet,* que significa puerta, y en efecto, para pasar del mundo espiritual al mundo de las formas debe existir un límite, pero también una puerta.

Esto nos aclara que de los tres caminos directos para llegar a la unificación con el Todo, los simbolizados por los dos primeros senderos son puramente espirituales, inalcanzables para el común de los mortales, a los que en la práctica únicamente les resta el tercer sendero, el del misticismo y la purificación interior hasta llegar a la puerta de *Daat,* que se abre en el cuarto, entrando así de lleno en el mundo espiritual y accediendo a la conciencia de Dios.

Pero en sentido descendente, el cuarto sendero es la puerta por la que se accede a la forma, a la concentración y a la voluntad. Es el tercer día de la creación, y del texto del Génesis se deduce claramente que se refiere a la fertilidad y la fecundidad, también simbolizadas por la letra *dálet.*

QUINTO SENDERO

Es el que conduce de *Hojmá* a *Tiferet,* de la Sabiduría a la Belleza o corazón de Dios; es la Sabiduría divina que se manifiesta para que nuestra conciencia pueda percibir a Dios y darle cobijo en nuestro corazón. Es la sabiduría divina iluminando nuestro corazón y llenándolo de energía creadora. Al estudiar a *Tiferet* decíamos que en este *sefirá* es donde la Divinidad se manifiesta por la forma y habita entre nosotros y donde la conciencia humana puede percibir a Dios. Pero inversamente, este sendero es la forma de llegar a la sabiduría trascendente gracias a la actividad creadora del amor; es el camino que san Lucas (X, 27) nos define diciendo: «Amarás al Señor tu Dios con todo tu corazón, con toda tu alma, con todas tus fuerzas, con toda tu mente, y al prójimo como a ti mismo».

Le corresponde la letra *he,* que significa ventana y representa la transparencia y la claridad. En hebreo es el artículo definido: el, la, los. Rachi pone de relieve que en el Génesis para enumerar los cinco primeros días de la creación se dice: primer día, segundo día, tercer día, cuarto día, quinto día; sin artículo. Sólo se dice «el» sexto día al finalizar la creación, para hacernos ver que el mundo fue creado a condición de que Israel aceptara observar los cinco libros de la Torá. De aquí nosotros podemos deducir que la letra *he* y el quinto sendero nos indican que es el sendero de la religiosidad.

SEXTO SENDERO

Comunica a *Hojmá* con Hessed, la Sabiduría con la Misericordia. Aquí pasamos de *Hojmá,* padre primordial, origen de todo, a *Hessed,* el padre amante y protector que da vida a la multiplicidad de todo cuanto existe.

Por su posición en el pilar de la Misericordia el paso de *Hojmá* a *Hessed* es la concreción de lo abstracto, el camino más directo en la creación de la individualidad humana, de aquella individualidad que ve, o debería ver el rostro de su Creador. Es el descenso del espíritu divino para crear un reflejo de sí mismo en el espíritu humano, sobre el cual plasmará todas sus manifestaciones posteriores.

En su aspecto ascendente, consiste en la aprehensión por nuestra conciencia del concepto abstracto de la Divinidad creadora. Es el intento de llegar a la conciencia crística, de generar en nuestro propio interior una imagen de Cristo; un modelo de lo que debería ser y una promesa de lo que será.

Le corresponde la letra *vau,* que significa clavo, gancho, encadenamiento, unión, todo lo que une; una idea que puede ayudarnos a definirla es el sentido que incluimos en nuestra «y» cuando unimos varios conceptos o acepciones. Es la letra que reafirma las relaciones existentes entre lo que está arriba y lo que está abajo, entre *Hojmá* y *Hessed;* es lo que une o separa el Ser del No-Ser, el espíritu de la individualidad.

SÉPTIMO SENDERO

Enlaza a *Biná* con *Tiferet,* la Inteligencia con la Belleza, con el centro de nuestra individualidad.

Aun cuando la atribución a la primera tríada sefirótica de los tres miembros de la Trinidad cristiana sea algo forzado, no dudamos de su utilidad para ayudarnos a definir o comprender mejor algunos aspectos del árbol de la vida. Así, a *Kéter* se le suele atribuir el Padre, a *Hoj*má el Hijo y a *Biná* el Espíritu Santo. De buscar semejantes atribuciones, nos parecería más correcto asimilar *Kéter* al Padre, *Tiferet* al Hijo y *Biná* al Espíritu Santo. Desde este punto de vista podemos decir que *Biná* es la madre de la fe y *Tiferet* el Cristo que habita en nosotros, con lo cual el séptimo sendero sería el medio por el cual el conocimiento, la imagen del Espíritu y de su destino desciende a lo más profundo de nuestro ser. Es el sendero que proporciona la fe, que nos permite conocer la existencia de la chispa divina que existe en nosotros, del mismo modo que, a la inversa, es el mismo camino de la fe que nos permite rasgar el velo que nos separa de la imagen de la divinidad y alcanzar la Gracia del Espíritu Santo.

Le corresponde la letra *záyin*, que significa espada, lanza, saeta y, por extensión, arma; es la tendencia, el esfuerzo penetrante dirigido a un fin determinado, a una causa final; pero la espada es también un arma destructora, separadora, y es que en realidad simboliza la separación entre la imagen de Dios que existe en *Biná* y la chispa divina que permanece en nosotros; que para integrarnos en el Todo debemos desaparecer como parte.

OCTAVO SENDERO

Une a *Biná* con *Geburá*, la Inteligencia con el Rigor; es la concreción de la forma arquetípica de *Biná* en un grado de mayor materialidad, como el germen de las formas materiales todavía dentro del mundo del espíritu; es a la vez involución hacia lo físico y evolución espiritual, según lo consideremos en su sentido descendente o ascendente, dado que este sendero actúa como vía de comunicación entre el Espíritu y la parte inteligentemente activa de la individualidad.

Le corresponde la letra *jet*, que significa recinto y vallado, lo que refuerza el sentido materializador de este sendero, y además, por su forma es una *he* cerrada por la izquierda, como si quisiera cerrar el paso a la claridad; es por ello luz y sombra, involución material y evolución espiritual, lo que se acentúa por la correspondencia que tiene con el signo de Cáncer.

NOVENO SENDERO

Al estudiar el cuarto sendero dijimos que los senderos horizontales constituían las bases que sustentan las tres partes esenciales del ser: espíritu, individualidad y personalidad. Es por ello que el noveno sendero, que conduce de *Hessed* a *Geburá*, compensa la Misericordia con la Severidad, el Dios del Amor con el Dios de los Ejércitos, lo positivo con lo negativo; en una palabra, es el que equilibra y sostiene la individualidad en su conjunto.

También es una característica común a dichos senderos horizontales la enorme fuerza que contienen, fuerza latente a causa del equilibrio entre los dos *sefirot* que los limitan; es como si en el relámpago zigzagueante de la creación, la energía que contiene se acelerase en los tramos descendentes para contraerse y permanecer latente en los horizontales; así, la energía espiritual propulsada de *Kéter* a *Hojmá*, se remansa en el cuarto sendero con enorme potencia, si bien al hallarnos en el mundo de los arquetipos todavía no podemos hablar de energía propiamente dicha. Ahora, al descender de *Biná* a *Hessed* ya se alcanza un grado inferior de sutilidad, y es por ello que de *Hessed* a *Geburá* la energía potencial resultante es mucho más perceptible.

Otro factor a tener en cuenta es que constituyendo el límite entre el mundo espiritual y el de las individualidades, en su sentido inverso –de *Geburá* a *Hessed*– es un sendero iniciático en el que culmina un ciclo completo en la evolución espiritual y a partir del cual posiblemente cese la necesidad de reencarnar en la Tierra.

Se corresponde con la letra *tet,* que significa serpiente, símbolo de la sabiduría, del misterio; es la espada flamígera del ángel bajo cuya amenaza Adán y Eva son expulsados del Paraíso Terrenal. «Casualmente», las letras *jet* y *tet* fueron eliminadas de la creación del mundo por el Todopoderoso porque unidas forman en hebreo la palabra pecado, y es precisamente por el pecado que se produce la caída de nuestros primeros antecesores.

A su vez, *tet* se corresponde con el signo de Leo, que aparte de su significado astrológico es el símbolo de la fuerza, y en alquimia representa a las fuerzas incontroladas de la naturaleza.

DÉCIMO SENDERO

Es el que conduce de *Hessed* a *Tiferet,* de la Misericordia a la Belleza.

Si *Hessed* es la imagen más pura del espíritu en su manifestación humana, *Tiferet* es el punto de convergencia del íntegro ser humano, por lo que también se le llama la Inteligencia Mediadora.

Por dicho motivo, el décimo sendero es el patrón sobre el cual la individualidad proyecta la personalidad que adoptará en su vida humana y le enriquecerá para sucesivas encarnaciones. En su sentido descendente es el paso de la individualidad a la personalidad, y en sentido ascendente es el intento de superar la personalidad gracias a la sabiduría adquirida a través de la experiencia y con la mirada fija en la imagen de la Jerusalén Celeste. Es, por así decirlo, el sendero del destino individual. Se corresponde con la letra *yod,* que significa mano. Su gran importancia reside en que todas las demás letras hebreas han sido dibujadas con agrupaciones de la letra *yod,* por lo que es la generadora del alfabeto, siendo además la primera letra del nombre de Dios, del tetragrama sagrado Yod-He-Vau-He. Por todo ello, representa el principio de toda actividad, de toda manifestación, de toda misión individual, de toda causa eficiente.

UNDÉCIMO SENDERO

El undécimo sendero comunica *Hessed* con *Nesá,* descendiendo el último peldaño del Pilar de la Misericordia y creando las emociones superiores de la personalidad, aquellos ideales y aspiraciones que impulsan al hombre a emprender su búsqueda y realización. Es la energía que se concreta e impulsa a la acción y a la aventura; es la Misericordia de Dios que emerge y fluye a través de la Victoria, la Continuidad o la Permanencia, que son los diversos significados de *Nesá*.

En su sentido ascendente es el sendero que impulsa a la búsqueda interior; es el camino de la introspección, el deseo de llegar a la Sabiduría suprema. Es el impulso que, alcanzada la madurez biológica, inclina a muchos hombres a meditar cada vez con mayor intensidad en la vida más allá de la actual y a interesarse por lo oculto y trascendente. Se corresponde con la letra *kaf,* que significa palma de la mano, copa, mortero, matriz, todo aquello que contiene algo; es el acto de tomar y retener; simboliza la asimilación, la energía recibida y retenida, la capacidad de servir de molde, de adaptarse a todas las formas. Es el cuarto día de la creación, cuando se crea el Sol, la Luna y las estrellas, cuando aparece la luz, primera manifestación física de la energía, todavía carente de límites y de forma.

DUODÉCIMO SENDERO

Es el que une a *Geburá* con *Tiferet,* el Rigor con la Belleza.

Conforme descendemos de nivel en el árbol de la vida las consecuencias de lo ascendido o descendido en un sendero adquieren una trascendencia menor. Cualquier cambio en el nivel espiritual comportará cambios en todos los planos, mientras que un cambio en el nivel de la individualidad no afectará al nivel espiritual y sus efectos recaerán sobre la personalidad y el plano físico. De aquí se deriva que en el encadenamiento de causa a efecto las consecuencias kármicas siempre vayan de arriba abajo, de los planos superiores a los inferiores, y de aquí también la importancia de lograr subir evolutivamente o mediante el trabajo interno a niveles cada vez más elevados.

Decimos esto porque podríamos definir el duodécimo sendero como el del ajuste kármico, pues como dijimos al estudiar el noveno, alcanzado dicho nivel ya no existe la necesidad de corregir los errores existenciales mediante el *karma* y cesa también la necesidad de la reencarnación forzosa. Y de los dos caminos que convergen en *Tiferet* por debajo del noveno, el duodécimo, que parte del Rigor y de la Severidad, es el del ajuste kármico.

Se corresponde con la letra *lámed,* que significa aguijón, pero también aprender y estudiar, y su simbolismo se deriva en gran parte de su función gramatical, pues en hebreo, utilizada como prefijo convierte el radical en verbo, es decir, convierte una idea en acción. Y también es cierto que mediante el aguijón del karma nos vemos impulsados a la acción para eliminarlo aprendiendo la lección que representa.

Por último, su grafismo representa el brazo del hombre y el ala del ave, y por extensión, todo lo que se extiende y eleva por sí mismo, significado que se corresponde plenamente con el del sentido ascendente de este sendero.

DECIMOTERCER SENDERO

Une *Geburá* con *Hod,* y representa un grado más en la materialización de la energía. Si la energía pura era limitada y tomaba forma en *Geburá* finalizando con ello un primer ciclo de materialización, a partir de *Geburá* se inicia otro ciclo cuyo primer paso es la ruptura de la forma para dar lugar a la infinitud de las formas. El sendero que conduce de *Geburá* a *Hod* es a la vez muerte y resurrección, destrucción y reconstrucción. En este aspecto *Geburá* es como un prisma a través del cual *Biná* se diversifica del mismo modo que la luz se descompone para dar origen a la infinitud de los colores.

Y en su aspecto evolutivo, es en *Geburá* donde aparece el karma como elemento corrector de errores existenciales, y podemos afirmar que al llegar a *Hod,* este karma se concreta, se materializa y empieza a ser efectivo. Así pues, es un sendero kármico como el anterior, pero como indica su misma disposición en el árbol de la vida, éste es más abrupto, pues los *sefirot* que une son goznes entre distintos planos del ser: *Geburá* entre la individualidad y la personalidad, y *Hod* entre la personalidad y la parte material del ser, aun cuando se trate de una materialidad astral, pues la realmente física no llegará hasta *Malkut.*

Se corresponde con la letra *mem,* que significa agua, y es el agua primordial que fecunda y da vida, es el símbolo de la maternidad, de la fecundación, y del mismo modo que como letra final su valor se multiplica, también implica multiplicidad. Y por último, no debemos olvidar que el agua es el disolvente universal.

DECIMOCUARTO SENDERO

Es el que comunica a *Tiferet* con *Nesá.* Si en el caso anterior *Geburá* actuaba de gozne o prisma entre *Biná* y *Hod,* aquí es *Tiferet* el que hace lo mismo entre *Geburá* y *Nesá,* siendo este sendero como un reflejo inferior del duodécimo; pero si en este último todavía nos movíamos en un plano metal regido por Libra, signo de Aire, ahora lo hacemos en el astral, regido por Escorpión, signo de Agua, de sexo, muerte y transformación.

Por otra parte, al estudiar la formación de los *sefirot* vimos que *Nesá* emanaba de *Tiferet* como un flujo de vida infinita; pero no hay vida sin muerte, y si en su sentido descendente este sendero es dador de vida, en su sentido ascendente lo será de muerte y transformación para pasar a una realidad superior; muerte si es por causas físicas, y transformación si es debido a una iniciación.

Le corresponde la letra *nun,* que significa pez, símbolo del elemento Agua en el que vive, y también del primitivo cristianismo en el cual el bautismo por el agua era la primera iniciación. Ontológicamente es símbolo de vida y fecundidad.

DECIMOQUINTO SENDERO

Conduce directamente de *Tiferet* a *Yesod* y a la inversa, y es la unión más directa de la personalidad con la individualidad.

Si examinamos el Pilar del Equilibrio, veremos que es el camino directo entre la divinidad y el hombre material, siendo en su sentido ascendente el verdadero sendero del místico, cuya primera etapa consiste en llegar a *Tiferet* y percibir la belleza de Dios; para ello debe partir de *Yesod* contando con las solas fuerzas de la fe y del valor, e iniciando la tarea por el dominio de los vehículos inferiores de la personalidad. Esta es la tarea del decimoquinto sendero, culminada la cual podrá ascender por el tercero, que le conducirá directamente a *Kéter.*

En la terminología de san Juan de la Cruz, que es quien mejor ha descrito esta vía directa como «la noche oscura del alma» , este sendero es «la noche de los sentidos», mientras que el tercero es «la noche espiritual». Le corresponde la letra *sámec,* que significa puntal, sostén, apoyo o base y el signo de Sagitario simbolizado por el centauro, medio animal y medio hombre como indicando el nivel inferior del que se parte, y cuya flecha lanzada a lo alto refleja la firme aspiración de alcanzar el fin propuesto.

DECIMOSEXTO SENDERO

Si examinamos el árbol de la vida, veremos que para llegar a *Tiferet* desde el mundo de la Formación tenemos tres senderos, los que parten de *Nesá,* de *Yesod* y de *Hod,* que podemos resumir como el de la muerte y transformación, el del misticismo y la fe, y el del conocimiento y la meditación; y a la inversa, el Corazón de Dios penetra en nosotros a través de estas tres vías del sufrimiento, la fe y el conocimiento.

Así vemos que la imagen pura del espíritu en su manifestación humana *(Hessed)* proyecta y enriquece la personalidad en la Inteligencia Mediadora de *Tiferet* gracias al décimo sendero, y luego sigue su acción descendente a través del decimosexto, para materializar su sabiduría en *Hod,* llenando de contenido el karma que en dicho *sefirá* empieza a ser efectivo.

Y en su sentido ascendente, es el conocimiento y cumplimiento de este karma el que conforma y modifica la personalidad en vista a la siguiente encarnación.

Es por todo ello que al decimosexto sendero le corresponde la letra *ayin,* que significa ojo, pero también la nada. Por su forma nos recuerda los cuernos de la cabra, símbolo del signo zodiacal de Capricornio, al que rige, y cuyo sentido materializador, autoritario y limitador –pero en cierta forma mental por la regencia de Saturno hace a este sendero extremadamente peligroso por la posibilidad de caer en la tentación del poder (el conocimiento siempre es poder), el autoritarismo, el materialismo extremo, e incluso la perversión de la magia.

DECIMOSÉPTIMO SENDERO

Ya hemos dicho que los tres senderos horizontales constituyen las bases sobre las que se sustentan las tres partes esenciales del ser: espíritu, individualidad y personalidad; pero a su vez, al unir dos *sefirot* opuestos, son tensionales y equilibradores.

Pero *Nesá* es el poder masculino y generador, mientras que *Hod* es el poder receptivo que da forma definida y duradera a cuanto *Nesá* genera indistintamente; es por ello un sendero con una potencialidad extraordinaria, mucho más perceptible que en los demás senderos horizontales a causa de su mayor materialidad, aun cuando se trate de una materialidad astral que se concreta prioritariamente a nivel de sentimientos y emociones.

Podemos decir, pues, que la misión de este sendero es lograr el equilibrio de la personalidad como base imprescindible para alcanzar niveles superiores de conciencia.

Le corresponde la letra *pe*, que significa boca y cuyo simbolismo se asocia al verbo creador, o más específicamente, al sonido. Por su forma nos recuerda una boca en la que el *Yod* interno representaría la lengua que nos permite articular las palabras mediante las cuales se manifiesta el verbo; pero a la vez también recuerda a las representaciones hindúes del *yoni* y *ellingam,* otro símbolo de la creación.

Es también el quinto día de la creación, en que Dios creó a los animales del agua y del aire y les confirió la fecundidad.

DECIMOCTAVO SENDERO

En este sendero toda la energía creadora que desciende por el Pilar de la Misericordia y se concentra en *Nesá,* es derramada sobre *Yesod,* el Fundamento, la estructura en la que se concretarán las fuerzas antes de transmitirse al mundo material de *Malkut.*

Esotéricamente, se considera a *Hod, Nesá* y *Yesod* como constitutivos del plano astral, y a *Malkut* del físico. Así pues, existirán dos senderos, el decimoctavo y el vigésimo, que constituirán el límite entre lo astral y lo material, entre consciente e inconsciente.

Quizás para comprender mejor este sendero, sea conveniente decir que se corresponde con la letra *tsáde,* que significa anzuelo o garfio, y con el signo zodiacal de Acuario.

Este signo suele representarse por un aguador derramando un ánfora llena de agua o, como suele decirse, vertiendo el agua del conocimiento para saciar la sed del mundo. Su símbolo son dos líneas onduladas, cuya separación unas veces se interpreta como independencia e individualidad, y otras como la separación entre individualidad y personalidad, entre el consciente y el inconsciente.

Esto nos permite comprender el antagonismo entre los dos significados de *tsáde,* el de garfio o anzuelo, que en el fondo es un lazo que une, y el de independencia y ruptura de Acuario; y con ello, la necesidad de dominar este aspecto negativo que puede ocasionar disociaciones de la personalidad, mediante la intuición certera de Urano, el regente de dicho signo, lo que permitirá lograr el sentido ascendente de este sendero.

DECIMONOVENO SENDERO

Dice el *Sefer Yetsirá* que a este sendero se le denomina el de la Inteligencia Corporal, pues da forma a cada cuerpo creado, y también a su reproducción.

Siendo un sendero que proviene del Pilar de la Misericordia, es decir, energético, y penetrar en el mundo material de *Malkut,* a lo único que puede referirse es a la energía vital y a los instintos, y precisamente por ello –como también ocurre con el sendero vigesimoprimero– lo único que podemos hacer en el mismo es dominar los instintos y la naturaleza inferior, dirigiendo así la energía en un sentido creativo.

Le corresponde la letra *cof,* que significa nuca, e incluso su forma recuerda la silueta de una cabeza prolongada por un segmento de la columna vertebral; y no olvidemos que el cerebelo, situado en la parte posterior de la cabeza, es el encargado de comunicar a los músculos del cuerpo la tonicidad necesaria para una buena coordinación de los movimientos, lo que justificaría la definición de Inteligencia Corporal de este sendero.

Cof también se corresponde con Piscis, último signo del zodíaco, signo de agua e hipersensibilidad, de inmersión en el mundo infrahumano, que en su lado negativo indica el peligro de caer en el mismo, y en el positivo, la especial sensibilidad hacia cuanto existe de superior en el hombre.

VIGÉSIMO SENDERO

En forma paralela a como acontecía con el décimoctavo sendero, pero ahora en términos de materia, ésta se ha ido densificando desde su forma arquetípica en *Biná* para desembocar en *Yesod* bajo su forma astral; pero lo que desciende por el Pilar del Rigor no es sólo forma y materia, sino también inteligencia, conocimiento y mentalidad. Y si el decimoctavo era el de la Inteligencia Corporal, el vigésimo es el de la Inteligencia Colectiva.

Gracias a estos dos senderos, en *Yesod* se focalizan y concentran forma y energía, convirtiéndolo en la verdadera matriz de la que surgirá y tomará forma el cuerpo material de *Malkut.*

La denominación de Inteligencia Colectiva con que el *Sefer Yetsirá* define este sendero, parece hacer alusión a la memoria de la especie, a lo que hemos dado en llamar inconsciente, en el que se recogen los conocimientos y experiencias que genéticamente heredamos, que conforman y enriquecen paulatinamente la evolución de la humanidad, y de los que nunca llegaremos a ser plenamente conscientes.

Le corresponde la letra *resh,* que significa cabeza, con lo cual vemos confirmado su sentido mental, pero también cima, y es en este último sendero que llega a *Yesod* donde culmina la creación del hombre como tal; es por ello que corresponde a *resh* el sexto día de la creación, aquel en que, según el Génesis, Dios creó al hombre y dio por finalizada su tarea.

VIGESIMOPRIMER SENDERO

También aquí volvemos a hallar una complementación con un sendero lateral, el decimonoveno. En efecto, dicho sendero viene regido por la letra *cof* y Piscis, signo de Agua y de materia indiferenciada, mientras que el vigesimoprimero lo está por *schin* y el elemento Fuego; pero si bien en el esoterismo actual Agua y Fuego son elementos opuestos y contrarios, para la Cábala son complementarios, pues según ella el Fuego fue creado del Agua.

Si el decimonoveno sendero se refiere a la materia indiferenciada, a la energía vital y los instintos, gracias a *schin* el vigesimoprimero se referirá al movimiento, la renovación y la transformación de cuanto existe, que en este sendero será la transformación y conjunción de la materia indiferenciada y la energía vital para dar forma al hombre físico como ser individualizado.

Y también ahora podemos comprender que si la tarea a llevar a término en el decimonoveno sendero era la del dominio de los instintos y de nuestra naturaleza inferior, en el vigesimoprimero debemos iniciar la transformación y sublimación de dicha naturaleza inferior como paso previo antes de intentar ascender por el Pilar del Rigor hacia la suprema Inteligencia de *Biná.*

VIGESIMOSEGUNDO SENDERO

Es el último sendero, con el que finaliza la creación, pero es también el sendero que une o separa dos mundos distintos: el de *Yesod* y el de *Malkut;* en *Yesod* el hombre todavía no lo es plenamente, es tan sólo una imagen, una sombra astral de lo que deberá ser; en *Malkut,* el hombre ya es.

Será la letra *táu,* la que le corresponde, la que nos aclare el verdadero sentido de este sendero. *Táu* significa cruz, límite, señal, y efectivamente, ya hemos visto que en *Malkut* llegamos al límite extremo de la creación: al hombre físico. Pero todavía es más importante el significado de cruz, el más profundo y universal de los símbolos.

La cruz simboliza la tierra, pero es a la vez la base de todos los símbolos de orientación, ya sea en relación con uno mismo o con los cuatro puntos cardinales (terrestres o celestes); procedente, según se dice, de un árbol plantado por Set sobre la tumba de Adán, es el puente o escalera por la que las almas suben a Dios.

Pero además, por su travesaño vertical establece una relación primaria entre los dos mundos –celeste y terrestre– en la que a causa del travesaño horizontal –símbolo del nivel– que corta su sentido ascendente, es una conjunción de contrarios en la que el principio espiritual se enfrenta con el orden de la manifestación en la tierra; de aquí su transformación en principio agónico de lucha y en instrumento de martirio. Oswald Wirth, en su obra sobre el tarot (véanse pp. 54-56), al tratar sobre la iniciación dice que se puede alcanzar por dos caminos según su predominancia masculina y activa, o femenina y pasiva, y se expresa como sigue:

«La primera se funda en la exaltación del principio de iniciativa individual, en la razón y la voluntad. Es la que conviene al sabio, que siempre mantiene el pleno dominio de sí mismo y sólo cuenta con las fuerzas de su propia personalidad, sin esperar la menor ayuda de influencias exteriores. Por el contrario, la segunda, lejos de desarrollar lo que posee en sí mismo y de dar en la máxima extensión sus energías íntimas, trata mediante el misticismo de ponerse en estado de recibir en la máxima medida por una receptividad especialmente cultivada.

»Esta distinción fundamental se refleja en el tarot, cuyas dos mitades corresponden en las columnas del binario al Hombre y a la Mujer; al Espíritu, fuego interior actuante, y al Alma, vapor ambiente sensitivo; al Azufre de los alquimistas y a su Mercurio.»

Estos dos caminos, activo y pasivo son los que corresponden respectivamente al Pilar de la Misericordia y al Pilar del Rigor, y se inician en los senderos decimonoveno y vigesimoprimero. Pero Wirth se olvida de que existe un tercer camino, el más directo, el del Pilar del Equilibrio (o quizás con mayor propiedad, el tensional), que se inicia en el vigesimosegundo sendero, y viene magníficamente definido por la *táu,* la cruz egipcia que simboliza la serpiente fijada por una estaca, la muerte vencida por el sacrificio. Es la prueba a la que Dios somete a Abraham cuando le pide a su hijo en sacrificio.

Sin embargo, esta distinción entre caminos activos y pasivos, Wirth la aplica al simbolismo de las láminas del tarot, mientras que aquí la aplicamos (de momento) a los tres pilares del árbol de la vida y sus senderos.

Sin embargo, debemos tener en cuenta que estas divisiones se refieren más al aspecto externo que al interno, pues en realidad todos son activos, de la misma manera que energía libre, energía potencial y materia, tan distintas externamente, en el fondo no son más que distintas manifestaciones (o estados) de la energía.

Por dicho motivo, en la serie de Wirth no puede considerarse como totalmente pasivo al arcano del Sol, ni yo puedo considerar como tal al vigesimoprimer sendero, por poner unos ejemplos.

8. La Numerología

Según la doctrina pitagórica, el número es algo cualitativo que de antemano se halla presente en todo y no se trata de un continuo cuantitativo infinito: el uno, el dos, etc., no son cantidades, sino determinaciones, entre las cuales no existe un intervalo infinitamente divisible sino una oposición en la cual –y sólo en ella– cada uno de los términos es lo que es.

Por ello, todo lo que constituye el ser de algo, es número; en efecto: el uno de los pitagóricos no es la cantidad uno, que es menor que 1,1 y mayor que 0,9, sino que es la unidad fundamental; toda cosa que exista es uno, y dos será la dualidad como otro uno opuesto al primero. Esto es uno, y aquello es dos; por tanto, la dualidad es asumida en la unidad y la unidad remite de nuevo a la dualidad.

De aquí que el número sea la alternancia entre la unidad y la dualidad, entre lo impar y lo par, entre lo limitado y lo ilimitado. También nos dicen que la unidad que sobra en lo impar es lo que constituye su límite, y que el tres es un retorno a la unidad al suponer la alteralidad, la limitación de lo ilimitado. Cuatro es esta misma unidad de ambos términos (unidad y dualidad), pero establecida por el lado de la dualidad, y la suma de estos cuatro términos, 1 + 2 + 3 + 4, forma la *tetraktys*, o sea el número diez, en la siguiente forma:

Y a la inversa, el diez nos retorna a la unidad, pues si sumamos 1 + 0 nos dará 1.

Y lo mismo ocurre con las representaciones geométricas, en las que el punto es la unidad y la línea la dualidad, entendiendo los pitagóricos que línea es la oposición de un algo a otro algo, es decir, representa la distancia que los separa. Con el tres se recupera la unidad al formar algo cerrado en sí mismo, pues tres puntos delimitan una figura plana; pero sólo con el cuatro puede construirse un cuerpo, es decir, una figura en el espacio.

Uno es el punto; dos la línea; tres el triángulo, base de todas las demás figuras planas que siempre pueden descomponerse en triángu-

La ciencia de los números.

los; cuatro la pirámide, base de todas las figuras espaciales que siempre pueden descomponerse en tetraedros.

Así pues, el proceso del número se inicia en la unidad, y ello no sólo por iniciarlo, sino también porque todo el proceso se limita a ir añadiendo uno al número anterior: si a la unidad, al impar, le añadimos uno, tenemos el dos, lo par; y si al dos le añadimos otro uno tendremos el tres, es decir, volveremos a lo impar.

Basándose en ello, los pitagóricos establecían una serie de parejas de contrarios: impar y par, limitado e ilimitado, unidad y multiplicidad, derecho e izquierdo, macho y hembra, reposo y movimiento, recto y curvo, luz y oscuridad, bueno y malo, cuadrado y no cuadrado, etc., etc.

Del mismo modo que hemos visto el desarrollo de la *tetraktys,* también podemos mostrar geométricamente la formación de las parejas de contrarios pares e impares:

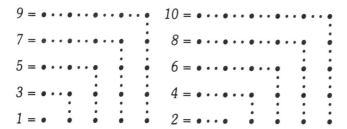

De todas estas agrupaciones, las de la izquierda forman lo que podemos denominar lo positivo, el ser y lo activo, mientras que las de la derecha forman lo negativo, lo otro y lo pasivo.

De este proceso también se desprende que en el universo todo es ritmo, alternancia y geometría, y por ello, las relaciones que se desprenden pueden transmitirse bajo la forma de figuras armónicas de naturaleza vibratoria que actúan sobre nosotros. Y si el Cosmos es número y ritmo, podemos pasar de la armonía de los sonidos a la de las almas. Como dice Proclo, «el número es el glorioso padre de los dioses y de los hombres», y sus seguidores identifican la Causa Primera –la unidad– con Dios.

Es por ello, que a partir de Pitágoras –o quien sabe si desde mucho antes– se considera que cada número posee un valor cualitativo (además del cuantitativo) que le confiere un significado particular, tanto físico, como psíquico y espiritual.

Estos principios tan bien desarrollados por el Maestro de Samos, se incorporaron al pensamiento gnóstico y a la cábala, y gracias a la tradición esotérica han llegado hasta nosotros conformando, tal y como hemos visto en los senderos cabalísticos, un proceso iniciático que culmina en la fusión con la divinidad.

En el período talmúdico se formularon las primeras reglas numerológicas cabalísticas, que en la Edad Media ya habían alcanzado la complejidad con que actualmente las conocemos y que pueden resumirse en tres sistemas distintos y complementarios: la *Gematría,* el *Notarikon,* y el *Temurá.*

La *Gematría* es el procedimiento que se emplea para descubrir las relaciones entre las palabras o el sentido oculto de las mismas sumando y comparando los valores numéricos de sus letras.

El *Notarikon* consiste en considerar cada letra de una palabra como la abreviatura de otra, o a la inversa, se extrae la primera letra, o la primera y la última, de cada palabra y se ordenan para formar otra nueva. Es la técnica que suele usarse para la confección de talismanes y palabras mágicas; así por ejemplo, la palabra AGLA, tan usada en Magia, está formada con las iniciales de una bendición: *Atha Gibor Leolam Adonai,* que significa: «¡Seas Tú poderoso por siempre, Señor!».

El *Temurá* substituye, permuta y traspone las letras y las palabras, con lo cual cualquier palabra puede dar origen a un significado oculto. Si escribimos las veintidós letras del alfabeto hebreo en dos líneas de once, cada letra de la primera línea se corresponde con una de la segunda y puede substituirla; y a la inversa. De esta forma, y mediante distintas ordenaciones de las letras, puede formarse infinito número de variantes y lograr que cualquier palabra o cualquier frase pueda decir lo que se quiera y pueda estarse filosofando sobre la misma hasta la eternidad.

Para nuestro objetivo podemos prescindir del *Notarikon* y el *Temurá* y limitarnos al estudio de la *Gematría;* es decir, al simbolismo de los números, haciendo constar de entrada, que según los pitagóricos y la tradición hermética, todo el simbolismo se concentra en los nueve primeros números, tal y como hemos visto al iniciar el capítulo, pues el cero es la negación del número, y los números superiores a nueve siempre pueden reducirse sumando las cifras que los forman en lo que ha dado en llamarse reducción teosófica.

En la cábala, la cifra de números simbólicos se amplía al otorgar un valor numérico a cada una de las letras, y ya no es lo mismo el valor 5 original –por ejemplo– que el mismo 5 obtenido de sumar $10 + 4$, ni del de sumar $200 + 3$, o $100 + 20 + + 2$, pues en estos segundos casos intervienen dos o más letras, cada una de ellas con un significado propio, si bien por lo general lo que solía buscarse era la equivalencia entre el valor numérico de determinadas palabras en busca de significados ocultos o trascendentes.

Hecha esta introducción, necesaria para la plena comprensión del simbolismo de los números, pasemos a analizarlos individualmente.

CERO

Hemos dicho que el cero, más que un número, es la negación del número, es el número que todavía no es, y ello donde se ve claro es en el árbol sefirótico, en que por encima de los *sefirot* se halla el *Ayn-Sof,* la nada, el vacío; es la divinidad expresada negativamente, ya que en forma positiva es imposible definirla, del mismo modo que es imposible definir lo infinito, el no-ser, lo que contiene al ser en estado virtual y que permitirá su nacimiento gracias al *zimzum,* a la retracción sobre sí mismo.

Es el No-limitado, la potencialidad como raíz oculta de la manifestación; es Dios antes de la creación, y nada expresa mejor este concepto que su forma, que carece de principio y de fin y, como el huevo cósmico, simboliza todas las potencialidades.

La universalidad de este símbolo nos la confirma el hecho de que los mayas lo representaban por una concha o un caracol, símbolo este último de la regeneración periódica; en el Popol-Vuh el cero corresponde al momento del sacrificio por inmersión del dios del maíz antes de su resurrección para subir al cielo y convertirse en el Sol; este momento del proceso de germinación del maíz, es el de la desintegración de la semilla en la tierra antes de que la vida vuelva a manifestarse en forma de pequeño tallo naciente. Y es innegable que este mito de la regeneración cíclica no puede resumirse mejor, del mismo modo que el simbolismo uterino de la concha se relaciona con la vida fetal.

El cero simboliza también todo aquello que careciendo de valor, por su mera posición lo confiere a los demás al multiplicar por diez todos los números colocados a su izquierda.

De hecho, en numerología práctica podríamos prescindir del cero, puesto que en las adiciones teosóficas nunca se nos aparecerá como tal, pero no olvidemos que en el tarot existe el arcano cero y en la cábala el *Ayn-Sof* está por encima de todo.

UNO

Es el símbolo de la unidad indivisible, de la continuidad y la estabilidad; el centro cósmico e inmaterial del que todo irradia; pero además de simbolizar el Ser, simboliza también la Revelación como mediadora que permite al hombre elevarse por el conocimiento a niveles superiores.

Es el primer número impar, creador, iniciador y pionero. De aquí que se asocie al macho como poder generador activo e indique manifestación, creación, impulso, origen y actividad.

DOS

Símbolo de oposición, conflicto y reflexión, indica la consecución del equilibrio o las amenazas latentes. Es la dualidad como contraposición a la unidad, la pasividad como opuesta a la actividad; es el primer número par y como tal, femenino y complemento del principio generador impar y masculino, posibilitando así la continuidad y la multiplicidad. Es el punto que se desplaza dando origen a la línea y marca su comienzo y su fin; en el tiempo y en el espacio indica el inicio de la realización, lo que en la vida indica dirección y destino y en los objetos determina la simetría, reflejo a la vez de trabajo y belleza.

El reino de la dualidad es universal y hace que todo sea ambivalente, que en todo exista una polaridad, que al bien se oponga el mal, a la luz la oscuridad, a la extroversión la introversión, a la vida la muerte, a la energía la materia, y sea la limitación de lo ilimitado. Pero al significar el primero de los núcleos materiales, la naturaleza como opuesta al creador, también implica la imperfección ante la perfección, y por ello, en el fondo, la insatisfacción que impulsa a seguir adelante.

Así pues, el dos expresa un antagonismo latente que se hace manifiesto, una rivalidad y una reciprocidad que tanto pueden ser de amor como de odio, una oposición que lo mismo puede ser complementaria y fecunda, como contraria e incompatible.

TRES

Es el ternario en el que la tensión de los opuestos, entre par e impar, se resuelve dando origen a un nuevo impar; es la Trinidad cristiana del Padre, Hijo y Espíritu Santo; es la *Trimurti* de Brahma, Vishnú y Siva y todas las trinidades existentes; es el símbolo de la generación a partir de la unión entre dos complementarios, del macho y la hembra para dar origen al hijo; la espiritualidad como complemento de cuerpo y alma; es la línea que se desplaza sobre su punto de origen para dar nacimiento a la más simple de todas las figuras: el triángulo, y con él, a todas las figuras planas.

Por cuanto antecede, el tres cierra un ciclo, una primera totalidad que no es más que otro uno, otro impar en el que se iniciará el próximo ciclo; como dice Platón en el Timeo: «Es imposible combinar bien el conjunto de dos cosas sin una tercera, se necesita un lazo que las una». Y en el árbol de la vida, el Pilar del Equilibrio que une y compensa el Rigor y la Misericordia.

Podemos resumir todo ello diciendo que el ternario simboliza la influencia del espíritu sobre la materia, de lo activo sobre lo pasivo, y es su resultante armónica, expresión de la totalidad.

CUATRO

Es a la vez el segundo número par y el regreso a la unidad fundamental en un nivel superior, como lo evidencia su reducción mística en la que:

$$1 + 2 + 3 + 4 = 10 = 1 + 0 = 1$$

Simboliza la potencia por excelencia, pues en él, la unidad completa al ternario al unirse al mismo dando origen a la cruz y al cuadrado, y lo que es más importante, a las cuatro dimensiones del espacio, es decir, la determinación material y corpórea. El ternario generado por la dualidad adquiere en el cuaternario su fundamento sólido y estable. Son los cuatro principios elementales, Fuego, Tierra, Aire y Agua, que conforman el Universo; son los cuatro temperamentos de los antiguos: sanguíneo, bilioso, flemático y linfático; las cuatro funciones psíquicas de Jung: intuición, sentimiento, percepción y pensamiento; los cuatro puntos cardinales; los cuatro pilares del universo; las cuatro fases de la Luna; los cuatro ríos del Paraíso, las cuatro letras del nombre de Dios (YHVH) y del primer hombre (ADAN), y toda la infinitud de cuaternarios que sirven para definir una unidad superior.

Platón decía que el ternario es el número de la idea y el cuaternario es la realización de la idea. Por esta causa, en la séptuple organización de las direcciones del espacio, el ternario se halla situado en la vertical (tres mundos o tres niveles) mientras que el cuaternario se halla dispuesto en la horizontal, en el mundo de lo manifestado.

CINCO

Con el cinco hace aparición una nueva dimensión: el tiempo, lo que también equivale a la animación de la materia mediante la vida al concederle continuidad y sucesión. Los griegos le llamaban el número nupcial por su posición intermedia entre los cuatro primeros y los cuatro últimos números de la década, por lo que también puede considerarse como un número de transición. Simboliza el hombre como entidad completa e intermediaria entre el mundo inferior y el mundo divino. Es el hombre encerrado en el pentagrama revelador de la divina proporción, con sus cuatro miembros regidos por la cabeza, los cuatro dedos regidos por el pulgar, su existencia temporal regida por los cuatro sentidos, y sus cuatro temperamentos o funciones psíquicas regidas por la conciencia.

En hebreo, el número cinco corresponde a la letra *he,* y debemos recordar que Abram estuvo dispuesto a sacrificar a su propio hijo cuando Dios se lo pidió, y ante su obediencia el Eterno se lo impidió y le dijo: «A partir de ahora ya no te llamarás Abram, sino Abraham, pues te haré padre de una multitud de naciones». Esta *he,* este cinco interpuesto en mitad de su nombre, fue el símbolo de su sacrificio. Del mismo modo, los cabalistas cristianos dicen que si en el centro del Tetragrammaton sagrado YHVH incluimos una *schin* (y *schin* simboliza el elemento Fuego y la pasión), se convierte en YHSVH = Yeheshuá = Jesús.

Por dicho motivo el cinco y el pentagrama son el símbolo del amor y la salud, pues Jesús es el Dios Eterno que desciende a lo temporal y se hace hombre para redimirnos. Pero no debemos olvidar que redención es sacrificio y renuncia, y por lo tanto, para alcanzar la eternidad debemos renunciar a la temporalidad. Y tanto por ello como por su carácter de intermediario, el cinco también puede ser un número destructor de lo temporal, mutable y perecedero, y el que puede revertirnos hacia la eternidad. Quizás sea por ello que en el hinduismo el cinco es el número de Siva el Destructor, aquel que destruye para regenerar en un plano superior.

Por último, cuando se representa mediante un cuadrado con un punto en su centro, representa la totalidad material (el cuaternario) y su quintaesencia.

SEIS

Representado por la estrella de seis puntas, muestra el equilibrio entre dos triángulos enlazados y opuestos (Fuego y Agua); es por ello por lo que se descompone en 3 + 3, como conjugación del tres consigo mismo, pero en un orden más complejo. Y es que con la aparición de la conciencia dentro de la temporalidad y la posibilidad de la redención por el sacrificio, surge imperativa la necesidad de la prueba y la elección.

Los dos triángulos opuestos representan el equilibrio entre tendencias o caminos opuestos, es la oposición entre el Creador y su creación en un equilibrio indefinido, oposición que no implica necesariamente contradicción, pero que es la fuente de todas las ambivalencias y tanto puede tender hacia la unión con Dios como a la revuelta; y si además tenemos en cuenta que la creación se completa en seis días, y que es en el sexto *sefirá, Tiferet,* donde la divinidad se manifiesta por la forma y habita en nosotros, es el símbolo del alma humana; pero no debemos olvidar que en el seis finaliza un segundo e importante ciclo que exige decisión, originando a su vez incertidumbre y vacilaciones ante el reto de superar la ambivalencia y no caer en la esterilidad.

Es el número del destino místico, de la prueba entre el bien y el mal, y por ello, en el Apocalipsis el seis es el número del pecado.

SIETE

En la forma de *Gematría* llamada de reducción mística, que consiste en buscar la equivalencia última de los números sumándoles todos los que le anteceden, sólo existen tres, 1, 4 y 7, que nos remitan a la unidad. En efecto:

$$1 = 1$$
$$2 = 1 + 2 = 3$$
$$3 = 1 + 2 + 3 = 6$$
$$4 = 1 + 2 + 3 + 4 = 10 = 1 + 0 = 1$$
$$5 = 1 + 2 + 3 + 4 + 5 = 15 = 1 + 5 = 6$$
$$6 = 1 + 2 + 3 + 4 + 5 + 6 = 21 = 2 + 1 = 3$$
$$7 = 1 + 2 + 3 + 4 + 5 + 6 + 7 = 28 = 2 + 8 = 10 = 1 + 0 = 1$$
$$8 = 1 + 2 + 3 + 4 + 5 + 6 + 7 + 8 = 36 = 3 + 6 = 9$$
$$9 = 1 + 2 + 3 + 4 + 5 + 6 + 7 + 8 + 9 = 45 = 4 + 5 = 9$$

Ya vimos al estudiar el cuatro que su vuelta a la unidad significaba la realización de la unidad en el mundo. Ahora, al llegar al siete, lo que se realiza es la unidad universal, por lo que es el número bíblico

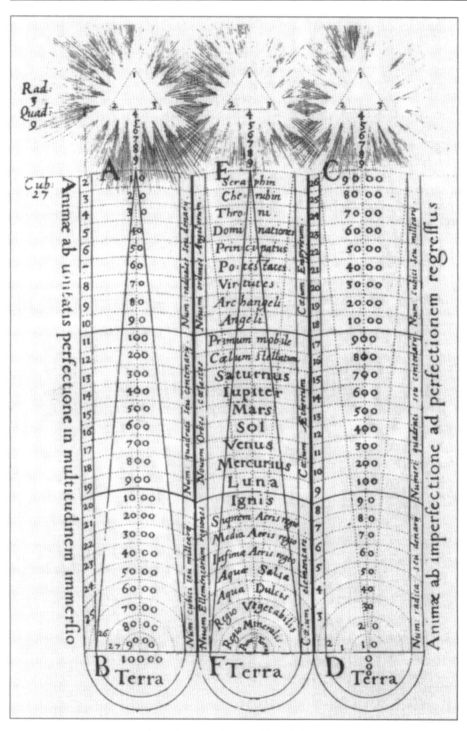

Los números y la ascensión del alma.

por excelencia que explicita la creación y que puede interpretarse según cuál sea el origen que le atribuyamos:

Cuando proviene de 4 + 3 es la unión del ternario con el cuaternario, y tanto implica el triunfo del espíritu sobre la materia como lo inverso, siendo la clave de las grandes realizaciones y de los proyectos abortados, por lo cual también se identifica con el dolor. Adán recibe a su compañera en la hora séptima; es en el siete que se desdobla en Adán y Eva.

Cuando proviene de 5 + 2 relaciona al hombre con la dualidad; es el hombre en busca de una dirección y un destino.

Cuando proviene de 6 + 1, se representa por la estrella de seis puntas con un punto en su centro, es el equilibrio tendiendo a la interioridad, y es también el sello de Salomón, revelando el misterio de la circulación de las fuerzas en la naturaleza.

OCHO

El ocho simboliza la regeneración espiritual y la mediación entre el orden natural y el divino, por ser el intermediario que actúa entre el círculo (símbolo de eternidad) y el cuadrado (símbolo de materialidad). Es por dicho motivo que en la Edad Media el ocho y el octógono fueron el símbolo de las aguas bautismales, a la vez que se correspondían con el octavo cielo, el de las estrellas fijas, el que se halla por encima de los influjos planetarios.

Otra característica del ocho es que siendo número par y pasivo, puede dividirse y subdividirse siempre en números iguales:

$$8 = 4 + 4 = 2 + 2 + 2 + 2 = 1 + 1 + 1 + 1 + 1 + 1 + 1 + 1$$

De aquí que otro de sus significados sea el del equilibrio cósmico, de la equidad y la justicia, por ello es el número de la rosa de los vientos, de la rueda céltica, de la rueda de la ley búdica, y de los trigramas del I Ching.

Según san Agustín, en esta vida toda acción remite al cuatro, o al alma, cuyo número es el ternario. Y más allá del séptimo día, llega el octavo, que señala la vida de los justos y la condena de los impíos. Si el número siete es el del Antiguo Testamento, el ocho es el del Nuevo y anuncia la beatitud del siglo futuro en otro mundo.

NUEVE

En la creación, los mundos son tres: cielo, tierra e infierno, y cada mundo es simbolizado por una tríada; por ello el nueve es el número que cierra el tercer ciclo a partir de la unidad, y con ello la creación. Y es también el número por excelencia de los ritos medicinales al representar la triple síntesis, es decir, la ordenación de los tres planos, físico, intelectual y espiritual.

Avicena decía que todos los números no son más que el nueve o su múltiplo más un excedente, y es que en efecto, si a cualquier número le sumamos nueve o un múltiplo de nueve, por la adición teosófica se reproducirá dicho número. Así:

$$1 + 9 = 10 = 1 + 0 = 1$$
$$2 + 9 = 11 = 1 + 1 = 2$$
$$3 + 9 = 12 = 1 + 2 = 3$$
....
$$4 + 81 \, (9 \times 9) = 85 = 8 + 5 = 13 = 1 + 3 = 4$$
....

Y del mismo modo, según los hebreos, es el símbolo de la verdad, dado que multiplicado por cualquier otro número siempre se reproduce así mismo:

$$1 \times 9 = 9$$
$$2 \times 9 = 18 = 1 + 8 = 9$$
$$3 \times 9 = 27 = 2 + 7 = 9$$
$$4 \times 9 = 36 = 3 + 6 = 9$$
....

El nueve lo hallamos en todas las enseñanzas religiosas y filosóficas de la antigüedad, desde los egipcios a los mayas y los hindúes; incluso en los ritos chamánicos de los pueblos turcomongoles, con frecuencia se asocia la división del cielo en nueve esferas con la creencia en nueve hijos o servidores de Dios que a su vez se corresponden con nueve estrellas a las que adoran.

En la iniciación órfica se admitían tres ternas de principios, la primera de las cuales comprendía la noche, el cielo y el tiempo; la segunda el éter, la luz y los astros; y la tercera el Sol, la Luna y la naturaleza.

Parménides dice que el nueve es el número de las cosas absolutas, y en esta misma línea, debemos hacer constar que las nueve musas representaban la totalidad de los conocimientos humanos, y si desde el Zend Avesta hasta nosotros cumplir una novena es tan importante, lo es por tratarse de un cumplimiento ritual en un tiempo completo y perfecto.

Y si el número seis es el de la creación, pues el hombre fue creado el sexto día, el nueve es el de la perfección, pues el feto humano, que ya está formado al séptimo mes, nace al noveno, ya totalmente perfecto.

Porfirio, en sus *Enneadas* (conjunto de nueve), formadas por 54 tratados, dice: «He tenido la alegría de hallar el producto del seis, número perfecto, por el nueve». Y en esta estructura numerológica intenta simbolizar su visión total, cósmica, humana y teológica. Después de la emanación del Uno con el retorno al Uno se completa el ciclo del universo, y las *Enneadas,* por su mismo título, constituyen el manifiesto global de la escuela de Plotino y de su visión del mundo.

DIEZ

Tiene el sentido de la totalidad, de final, de retorno a la unidad finalizado el ciclo de los nueve primeros números. Para los pitagóricos es la *tetraktys,* el más sagrado de todos los números por simbolizar la creación universal fuente y raíz de la eterna Naturaleza; y si todo deriva de ella, todo vuelve a ella. Es pues una imagen de la totalidad en movimiento.

Como dijimos, la *tetraktys* forma un triángulo de diez puntos colocados en cuatro líneas. En la cima, el primer punto simboliza la Unidad, lo divino, origen y principio de todas las cosas, el Ser todavía inmanifestado; en la segunda línea, los dos puntos simbolizan la díada, el desdoblamiento del punto para dar origen a la pareja, a lo masculino y lo femenino, al dualismo interno de todos los seres; en la tercera línea, los tres puntos simbolizan la tríada, los tres niveles del mundo, celeste, terrestre e infernal, y todas las trinidades; en la base, los cuatro puntos simbolizan el cuaternario, los cuatro elementos, y con ellos la multiplicidad del universo material. Y el conjunto constituye la década, la totalidad del universo creado e increado.

Si tenemos en cuenta que el diez se corresponde con la letra *yod,* y es en base a dicha letra que se originan todas las demás, todavía se hace más patente este sentido de unidad y multiplicidad, lo que además le otorga un carácter de ambivalencia que ya fue observado por muchas civilizaciones; en China por ejemplo, se le describe como el doble de cinco para resaltar el dualismo del ser; para ellos el cinco es un número totalizador y el diez muestra el dualismo interno de todos los elementos que componen el cinco.

Y no deja de ser curioso que en la numeración binaria de los modernos ordenadores, el dos se represente por 10.

OTROS NÚMEROS

Actualmente se conceden atribuciones más o menos reales a muchos otros números, como por ejemplo, considerar el 11 como símbolo del exceso por exceder del 10, número perfecto; que el 13 es un número fatídico, o que el 15 es un número erótico y relacionado con la tentación y el diablo.

Pero en realidad la mayoría de dichas atribuciones carecen de fundamento numerológico, e incluso en muchos casos se derivan de los significados atribuidos a las láminas del tarot, por lo que no podemos aceptarlos antes de estudiar los arcanos mayores. En realidad, las atribuciones a los números superiores al 10 sólo pueden realizarse de cuatro maneras. Primero, por la reducción teosófica, así por ejemplo, el número 21 será igual a $2 + 1 = 3$. La segunda es por sucesión y suma de interpretaciones, así, el mismo 21 significará que un conflicto o una oposición (2) se resolverá en una unidad (1), es decir, se solucionará. La tercera es la derivada del significado de las letras del alfabeto hebreo, ya sea en forma simple o por el proceso de sucesión anteriormente indicado. La cuarta es por causas tradicionales de carácter universal; así por ejemplo, el 50 aparece repetidamente en la mitología griega expresando la potenciación de lo erótico y humano, pues las danaides son 50, y 50 son los hijos de Príamo y los Argonautas, etc., etc.

Conjugando todos estos factores, y especialmente cuando todos ellos concuerdan en un sentido o se complementan, dicho significado se refuerza y puede considerarse como totalmente válido. Así por ejemplo, en el Apocalipsis al 666 se le considera como el número de la Bestia por ser el 6 inferior al 7, y repetirse tres veces; y el 144 es un número muy favorable por sumar nueve, la triple síntesis, y componerse de múltiplos de 10, el número perfecto, y de 4, el cuaternario de la realización.

Más adelante, cuando el estudio de los arcanos lo haga necesario, ya iremos especificando las atribuciones correspondientes a cada uno de los números respectivos.

9. Cábala, Astrología y tarot

Suponemos que el lector se habrá dado cuenta de que al analizar los senderos hemos hecho referencia a los signos zodiacales atribuidos a cada una de las letras simples, pero en cambio hemos omitido mencionar los planetas que correspondían a las letras dobles. Ello es debido a que si bien el significado de los signos es ampliamente conocido por lo mucho que se habla de los mismos, en cambio el de los planetas merece ser analizado detenidamente, dado que el conocimiento de sus rasgos fundamentales es menos conocido y mucho más complejo. Es por ello que hemos optado por hacerlo ahora con mayor detalle.

PLANETAS Y SENDEROS

Al segundo sendero le corresponde la letra *bet*, y se le atribuye la regencia de Saturno, y si bien a primera vista podría parecer una contradicción dado el carácter concreto y materializador atribuido a dicho planeta, debemos tener en cuenta que también rige la mentalidad fría, racional, abstracta y filosófica, aquella que tiende a profundizar en la esencia real de las cosas, siendo Saturno el verdadero dador de las cualidades mentales que caracterizan al investigador sabio y paciente. Si además tenemos en cuenta su carácter pasivo y materializador, veremos que no existe ningún otro planeta que se adapte tan bien a la descripción de este sendero.

El tercer sendero, definido por la letra *guimel*, se corresponde con Júpiter, el planeta de la riqueza y la bondad; pero la bondad de Júpiter se distingue por su impersonalidad, por no precisar de incentivos y extenderse a las ideas, a los principios, a la misma humanidad en su conjunto más que a los seres humanos considerados individualmente; es por ello que tradicionalmente se le asocia a las ideas de justicia, altruismo, religiosidad y espíritu de sacrificio. Como vemos, también aquí sendero y planeta se conjugan armoniosamente.

Si pasamos al cuarto sendero, definido por la letra *dálet* y en correspondencia con Marte, el planeta de la acción y la energía en su forma más pura, veremos que también aquí existe concordancia de significados, pues al tratarse de un sendero horizontal posee una enorme energía, y dada la sutilidad del mundo en que se mueve, se tratará de energía creadora y volitiva.

El undécimo sendero se corresponde con la letra *kaf* y el Sol, cuyos significados esenciales son los de vitalidad, paternidad, unidad, conciencia moral, sentimentalidad, luz, calor e irradiación Creo que no es preciso añadir más para ver la perfecta sintonía entre sendero y luminar.

El decimoséptimo sendero se corresponde con la letra *pe* y el planeta Venus, planeta de la belleza, de la feminidad y las emociones y sentimientos humanos. Se dice que los tres atributos de la Trinidad Manifestada son la suprema belleza, el sumo bien y la verdad absoluta; pues bien, astrológicamente, la verdad absoluta pertenece a Saturno, el sumo bien a Júpiter y la suprema belleza a Venus. Pero Venus también rige la emotividad y los sentimientos amorosos que unen entre sí a los seres humanos. Y también aquí podemos ver como la sintonía entre planeta y sendero es perfecta.

El vigésimo sendero se corresponde con la letra *resh* y el planeta Mercurio, cuya nota clave es mentalidad y pensamiento; es gracias a

Las correspondencias astrológicas de Saturno.

Las correspondencias
astrológicas de Júpiter.

la influencia de Mercurio que conocemos y retenemos cuantas imágenes y conocimientos caen a nuestro alcance; es a Mercurio a quien
debemos la posibilidad de comunicar y perpetuar los conocimientos,
ya sea por la palabra o por la escritura; y si *resh* significa cabeza, es
en la cabeza donde se supone se albergan y acumulan dichos conocimientos y facultades. Una vez más, sendero y planeta se hallan plenamente identificados.

Y por último, al vigesimosegundo sendero le corresponden la letra
táu y la Luna. A primera vista y como ya ocurría con el segundo sendero, parece más difícil hallar la concordancia astrológica, pues solemos asociar a la Luna con la feminidad; pero la Luna engloba muchas
otras cosas. Ante todo, es el primer planeta que define la forma, pero
la forma lunar es la forma cambiante que determina el lugar que ocu-
pan los cuerpos en el espacio, y por ello se refiere al cuerpo en general, desde su forma astral y etérica hasta la definitiva, pasando como

es natural por todas etapas del crecimiento, desde la fetal a la adulta; es por ello que es también el planeta de la feminidad como manifestación de maternidad, fecundidad y generación.

Cabalísticamente, es gracias a este sendero que el hombre nace como tal en el mundo físico, de la misma manera que la Luna rige el paso del mundo astral al físico y le concede la forma. Es a través del sacrificio representado por los dolores del parto que nacemos a la vida terrenal y, del mismo modo, para nacer a la vida trascendente es necesario otro sacrificio, el que simboliza la cruz, significado esencial de la letra *táu*.

LOS PLANETAS TRASCENDENTES

El reciente descubrimiento de Urano, Neptuno y Plutón ha venido a alterar el orden tradicional preestablecido, tanto en cábala como en astrología, pues al parecer no existía un lugar para los mismos. En cábala, por hallarse ocupados todos los senderos; en astrología por alterar las regencias dobles de los planetas clásicos.

Sin embargo, en el árbol de la vida existen tres senderos ocupados por tres de las cualidades elementales: Aire, Agua y Fuego. En astrología existe la posibilidad de compartir alguna de las regencias dobles; así por ejemplo, se otorga a Urano la regencia de Acuario, a Neptuno la de Piscis y a Plutón la de Escorpión.

Cuando estudiamos con detenimiento los nuevos planetas podemos observar que la denominación de trascendentes o de octavas superiores que se les otorgó en un principio no está tan descaminada como puede suponerse.

En efecto, Urano es el planeta más frío y el superior de la serie mental. La mentalidad de Urano es la más objetiva que existe, y lo es precisamente por su frialdad, superior incluso a la de Saturno, que supone carencia total de sentimientos y emociones; es el conocimiento directo e instantáneo de las cosas sin pasar por los sentidos; en una palabra, es la intuición pura.

Curiosamente, al definir el primer sendero, regido por la letra *alef* y el elemento Aire, decíamos: «Es el conocimiento activo y positivo que nos llega directamente de lo Alto. Es el centro inmaterial del que irradia el pensamiento; es espíritu y energía». ¿Puede definirse mejor a Urano?

Neptuno es el planeta superior de la serie de la forma. Las formas de Neptuno adquieren el máximo carácter de sutilidad e inmaterialidad, son las que aparecen en el mundo de los sueños, de la imaginación y la fantasía, en las ilusiones y alucinaciones, en los mundos invisibles; es decir, las formas incorpóreas, nebulosas, confusas, sutiles, todas aquellas cu-yos límites son imprecisos. Además, es un planeta de Agua que en lo material se refiere al agua de mares y océanos y en lo trascendente al *Akasa* o materia primordial precósmica.

Las correspondencia
astrológicas de Marte.

Lo que decíamos del decimotercer sendero, regido por la letra *mem* y el elemento Agua, podríamos aplicarlo a Neptuno y decir que es la ruptura de la forma para dar lugar a la infinitud de las formas.

Plutón es el fuego subterráneo de fuerza y poder incontrolables que estalla súbitamente destruyendo lo existente para dar origen a un nuevo estado de cosas, del mismo modo que lo hacen un volcán o un seísmo sobre la faz de la Tierra. Y a imagen de dichos fenómenos, la acción aparentemente instantánea e imprevisible de Plutón es fruto de una lenta y paciente elaboración interior de la que no nos damos cuenta hasta que todo lo renueva y transforma. A Plutón podemos definirlo pues como renovación y transformación, conceptos con los que también definimos el vigesimoprimer sendero.

ASTROLOGÍA Y TAROT

Al asimilar al tarot con la cábala también se trasladan al mismo las atribuciones astrológicas, lo que inicia Etteilla añadiendo el símbolo de los signos zodiacales a las doce primeras láminas de su tarot, pero sin la menor relación con la cábala y sin atreverse a nada más.

Eliphas Levi es el primero en otorgar a cada arcano mayor una letra hebrea, pero sin incorporar atribuciones astrológicas, y cuando lo hace es en forma circunstancial e inconexa, y sin la menor relación con las enseñanzas cabalísticas al atribuir a La Muerte «el cielo de Júpiter y Marte», a La Templanza «el cielo del Sol», al Diablo «el cielo de Mercurio» y a La Torre «el cielo de la Luna». Por otra parte, asimila a La Papisa con la diosa Isis, y a La Emperatriz con Venus-Urania. Todo ello, como puede comprobarse, sin que concuerde en absoluto con las atribuciones astrológicas cabalísticas de la letra hebrea que otorga a cada arcano. También, como hemos indicado en la página 38, describe al Ahorcado como conformando una *táu,* y luego le otorga la letra *lámed.*

Todo ello es algo que no comprendemos, pues Levi no puede alegar un posible desconocimiento de las atribuciones astrológicas del *Sefer Yetsirá,* pues Papus ya lo tradujo en 1837 y la obra de Levi es de 1854-1856, y aun cuando en la versión de Mantua las atribuciones astrológicas sean distintas (las hemos traducido detalladamente) de las oficiales, tampoco tienen nada que ver con las de Levi. Y su obra póstuma, *El Libro de los Esplendores,* contiene la traducción de fragmentos del *Sefer Ha-Zohar,* por lo que también debería conocerlo.

Es Christian el primero (en 1863) en correlacionar cada uno de los arcanos mayores con las letras hebreas y las atribuciones astrológicas; pero ya hemos dicho que Christian no se andaba por las ramas y lo que no sabía se lo inventaba, de manera que no tiene nada de extraño que si Levi dijo que La Papisa o suma sacerdotisa poseía todos los atributos de Isis, Christian la tradujera por la Luna; y si Levi dice que La Emperatriz es la Venus Urania de los griegos, Christian la traduzca por Venus. Lo que ya es más difícil deducir es de dónde sacó las restantes atribuciones planetarias.

Tras Christian llegan Papus, Stanislas de Guaita y Wirth, que se limitan acopiar sus atribuciones sin detenerse a comprobar su validez, cosa incomprensible en quienes pretenden ser incondicionales de la cábala.

Por último, llegamos a la Golden Dawn y sus seguidores, también todos ellos fervientes cabalistas que para mejorar el tarot pasan El Loco delante de los demás arcanos, alteran el lugar de La Fuerza y La Justicia y «corrigen» el conjunto limitándose asaltar un puesto la mayoría de las atribuciones astrológicas de las letras hebreas, pero sin comprobar antes la veracidad de las mismas ni tampoco si lo que hacían se correspondía con la cábala.

El resultado es que a la letra *bet,* por ejemplo, a la que ya hemos visto le correspondía Saturno, Christian y seguidores le atribuyen La Papisa y la Luna, y MacGregor y sucesores El Mago y Mercurio.

Nosotros nos preguntamos si realmente merecía la pena cometer tales atrocidades con el tarot y la cábala, y si en realidad a cada arcano del tarot le corresponde una letra hebrea (o un sendero cabalístico) y una correspondencia astrológica. En resumen, si cábala y tarot son o no son una misma cosa.

Las correspondencias astrológicas del Sol.

En efecto, si analizamos los arcanos en busca de equivalencias planetarias, podremos reconocer a Saturno en El Ermitaño (en mazos antiguos en lugar de un farol lleva un reloj de arena, e incluso en la Minchiate le acompaña lo que parece una cabra), a Júpiter en El Emperador (lo que se hace más evidente si lo comparamos al Júpiter del tarot de Mantegna), a Marte en El Carro y a Venus en El Enamorado (también muy evidentes en el tarot de Mantegna), y al Sol y a la Luna en los arcanos del mismo nombre. En cambio a Mercurio es imposible identificarlo, por más que muchos autores pretendan verlo en La Rueda de la Fortuna, en El Mundo e incluso en El Mago.

Por lo que a los signos se refiere, La Fuerza nos recuerda a Leo, La Justicia a Libra y La Templanza a Acuario. Con mucha imaginación podemos asimilar La Muerte y El Diablo con Escorpión y Capricornio, y quizás a Virgo con El Sol del tarot de Carlos VI o con La Estrella del de Visconti-Sforza, y a Géminis con El Mundo del mismo tarot de Visconti-Sforza; pero tampoco podremos identificar ningún otro signo.

LETRAS Y ARCANOS

Y si lo que buscamos es reconocer en los dibujos a alguna letra hebrea, quizás podamos identificar el *alef* con la figura del Mago con los brazos abiertos a ambos lados del cuerpo, uno hacia arriba y el otro hacia abajo; también la balanza de La Justicia recuerda algo a *jet*; y en los brazos de La Templanza junto al agua trasvasada a *tet*, aunque vistos de lado también puedan asimilarse a *nun*; La Fuerza, si miramos la posición de los brazos y el pecho del león, tanto puede ser una *cof* como una *ayin*; la figura que cae de La Torre también puede figurar una *ayin*; y las piernas del Ahorcado una *lámed*. Todo ello con mucha imaginación y siempre que nos refiramos al alfabeto relativamente reciente que acostumbramos a ver impreso y dejando de lado el primitivo con la serie de modificaciones que han tenido lugar a lo largo del tiempo. Pero aun así la mayoría de las letras quedan por identificar.

SIMBOLISMO GENERAL

Sin embargo, es innegable que las láminas del tarot encierran un mensaje; es imposible contemplarlas largamente sin sentirse penetrado por un sentimiento indefinido, por la profunda impresión de que contienen un mensaje secreto; pero a la vez es imposible ligarlas a una doctrina concreta. Algunas de dichas láminas, como La Papisa y La Rueda de la Fortuna, poseen reminiscencias egipcias; otras, como El Carro, más bien parecen de origen romano; El Sol y La Luna son claramente astrológicas, esta última incluso con referencias a Cáncer, domicilio de la Luna; El Papa, El Juicio y El Diablo son claramente cristianas; La Justicia, La Fuerza y La Templanza corresponden a las virtudes cardinales, pero no a las cristianas, que eran cuatro, sino como las enume-

Las correspondencias
astrológicas de Venus.

raba Séneca, es decir, omitiendo a la Prudencia; y por último, es indis-
cutible que todas ellas, en su conjunto, son claramente medievales.

Uno tiene la impresión de que su autor o autores hubieran querido
transmitir la idea de la unidad última de todas las religiones, de todos
los credos. Pero también de querer desligarse de las mismas o resu-
mirlas todas; quizás es por ello que el Papa en lugar de vestir de
blanco es policromo, que los vasos de La Templanza son de distinto
color, lo mismo que los caballos del Carro, por poner unos ejemplos
(y si dejamos de lado el simbolismo de los colores).

Otra de las cosas que saltan a la vista es su origen y evolución a
partir de las carticellas, lo que indica que no son obra exclusiva de una
persona, sino de una comunidad o de un grupo –seguramente iniciá-

tico– que va puliendo y seleccionando los dibujos hasta darles su forma definitiva en el tarot de Marsella. Así por ejemplo, EL Loco empieza siendo Mísero, el pobre, para evolucionar a payaso y terminar siendo mitad loco y mitad payaso.

Y lo mismo ocurre con la numeración, inexistente en la mayoría de los antiguos y variable para cada lámina en concreto hasta estabilizarse y reducirse a veintidós arcanos mayores a similitud de los senderos cabalísticos; pero con la diferencia de que falta el veintidós y existe uno sin numerar, como si su misión fuera la de actuar de gozne, de lazo de unión entre el primero y el último, cerrando la cadena.

Puestas así las cosas es cuando llegamos a la conclusión que vamos intentando demostrar en nuestro trabajo, que el tarot es como una gnosis gráfica surgida al mismo tiempo que las demás, e incluso quizás una simbiosis de todas ellas.

¿Cuál debe ser el método a seguir para descifrar lo que los arcanos quieren decirnos? Pues analizarlos uno a uno desde el punto de vista del esoterismo de la época en que fueron creados, que se basa en la interpretación de las partes del cuerpo, de su movimiento, del número y del color, todo ello añadido a lo que el mismo dibujo representa.

EL CUERPO

El cuerpo en su conjunto expresa el tipo de acción y cómo se ejercerá; si el personaje está de pie, nos indicará la posibilidad de una acción que se ejerce enérgicamente, y puede expresarse como energía, mando o actividad; si el personaje está sentado, indica pasividad, inercia, resistencia o meditación.

La orientación también es importante, aun cuando debemos ser muy cuidadosos y sólo tenerla en cuenta cuando sus indicaciones confirman o completan otros datos, pues suelen existir dos versiones de la mayoría de los tarots, una orientada a la derecha y otra a la izquierda, si bien la norma es atenerse al clásico tarot de Marsella.

Cuando la figura está de frente indica acción directa; girada hacia la derecha del espectador, transición, renovación o acciones sucesivas; girada hacia la izquierda, meditación o reflexión. Si el cuerpo está orientado en una dirección y algún miembro –en especial la cabeza– en otro, se analizará cada parte por separado.

LA CABEZA expresa mentalidad y voluntad, que se manifestarán en forma muy diversa según esté cubierta o descubierta, indicando aquello que la cubre el objetivo de dicha voluntad o mando, o las fuerzas que actúan sobre la misma mediatizándola. Cuando está descubierta los objetivos suelen ser menos materiales o hallarse menos mediatizados, expresando los cabellos la irradiación de la mente y la voluntad, cuya fuerza y calidad dependerá de su aspecto y color. Así, despeinados indican gran fuerza de voluntad y poderosa irradiación, mientras que recogidos expresan una voluntad controlada. y lo mismo expresa la barba, pero de una forma más particularizada.

Las correspondencias
astrológicas de Mercurio.

EL CUERPO representa lo anímico, el conjunto de la personalidad, siendo el pecho la parte espiritual y el vientre la material e instintiva, y cuando existe un cinto, refleja un dominio sobre estas últimas tendencias.

EL CUELLO es el lazo de unión entre la personalidad y la mentalidad, y la proporción descubierta del mismo indicará el grado de independencia de la persona, pues de estar totalmente cubierto, el objeto o la prenda en cuestión y su color nos indicarán las diferencias o relaciones existentes entre ambas partes que suponen un freno a dicha independencia.

LOS BRAZOS, y más especialmente las manos, son los encargados de llevar acabo los mandatos de la mente y la personalidad, siendo el derecho quien transmite las decisiones, esperanzas y acciones de carácter volitivo, y el izquierdo los estados de ánimo, los afectos y cuanto tenga su origen en el psiquismo de la persona. El brazo elevado debe interpretarse como una relación con lo alto, o una captación de fuerzas en el mismo sentido, mientras que el brazo dirigido hacia el suelo tanto puede indicar algún impedimento para la acción como el que la misma ya ha tenido efecto, y de existir algún contacto con el suelo, directo o indirecto, puede denotar la existencia de una captación de energía terrestre. Apoyados sobre la cintura indican la relación entre lo físico, lo mental y lo anímico.

LAS PIERNAS indican el apoyo necesario para la acción, y su posición indicará si se lleva a efecto o no; así, ambas apoyadas en el suelo indican un sólido apoyo para la acción, mientras que si algún pie está alzado, ésta ya se ha iniciado o al menos se ha decidido iniciarla; de estar cruzadas es que nos hallamos en una situación de espera.

LOS COLORES

Mientras las láminas del tarot se coloreaban a mano fueron obras de arte en las que no se percibía un simbolismo de los colores, pero apenas se inició su reproducción mecánica gracias a la invención del grabado, los matices fueron desapareciendo y los colores se adaptaron al simbolismo general que durante toda la Edad Media y bien entrado el Renacimiento impregnó el arte bizantino y se manifiesta especialmente en la vestimenta de los personajes.

De acuerdo con este simbolismo, comprobamos el uso exclusivo de seis colores en la decoración del tarot: azul, verde, amarillo, rojo, rosa y negro, cuyo simbolismo es el siguiente:

AZUL. Atributo de Júpiter, el dios del cielo, de los sentimientos y pensamientos religiosos; es el color de la DEVOCIÓN.

VERDE. Color de Venus y de la naturaleza, de la fertilidad, de la simpatía, de la adaptabilidad. Es el color de la SENSACIÓN y la PERCEPCIÓN.

AMARILLO. Atributo de Apolo, dios del Sol; del oro, de la generosidad, de la luz. Es el color del INTELECTO y la MENTE.

ROJO. Atributo de Marte, dios de la guerra; de la sangre burbujeante, del fuego, de la pasión. Es básicamente el color del SENTIMIENTO y la PASIÓN.

ROSA. Es el color de la carne, de la sensualidad, de los afectos. Es la mezcla de blanco (límite, nacimiento y, a veces, extrema vejez) y rojo (pasión y sentimiento).

NEGRO. Tanto puede ser la negación del color, símbolo del vacío absoluto, de la muerte, luto y tinieblas, como la síntesis de todos los colores, y entonces símbolo de la materia prima indiferenciada, del caos original; es el color de las vírgenes negras, de la diosa Kali, y de Krishna, el inmortal.

Las correspondencias astrológicas de la Luna.

Tercera parte

Los arcanos

10. Los arcanos mayores

El estudio de los arcanos mayores que ahora presentamos lo hemos dividido en tres partes fundamentales: una descripción de cada uno de ellos desde el punto de vista del simbolismo medieval, su interpretación práctica desde el punto de vista adivinatorio, y un ejemplo de meditación sobre el mismo.

En la descripción simbólica hemos procedido siguiendo el ejemplo de Paul Marteau, es decir, prescindiendo por completo de las atribuciones cabalísticas y astrológicas que suelen adoptar la mayoría de los autores, si bien resultará curioso comprobar las grandes similitudes que presentan con los senderos cabalísticos, debido en parte a que el estudio numerológico posee las mismas bases en ambos sistemas, y por tratarse además como ya hemos dicho repetidas veces, de gnosis paralelas aparecidas casi simultáneamente y, por lo tanto, con una base común.

La interpretación adivinatoria deriva en gran parte del significado esotérico de la lámina, pero también de la experiencia práctica de cuantos han trabajado con el tarot, y al realizar el estudio comparativo entre los diversos autores hemos podido constatar que en realidad son muy pocas las diferencias entre unos y otros a pesar de sus distintas formas de pensar y concebir el tarot.

Por nuestra parte, y para darle una mayor utilidad práctica, hemos desglosado estos significados por cuestiones de interés: salud, mentalidad, sentimientos, familia, etc., etc., facilitando así la tarea del cartomántico. No obstante, y como ya aclararemos más adelante al estudiar la metodología cartomántica, en la práctica cada uno de nosotros va modificando inconscientemente dichos significados, adaptándolos a la propia personalidad y sensibilidad, con lo que al cabo de los años habrá creado una interpretación exclusivamente personal.

Por último, en la meditación sobre el arcano, nos limitamos a dar una idea de cómo desarrollarla, pero sin pretender hacerlo de forma exhaustiva, siendo el lector quien la realice a su manera. No obstante, le aconsejamos que antes de iniciar el propio trabajo interior procure asimilar el sentido de dicho ejemplo de meditación y lo compare con el del sendero y *sefirá* cabalísticos que más se le asimilan, y comprobará que en muchos casos también existe una identificación con el planeta correspondiente, al menos en su sentido esotérico.

EL MAGO

I. El Mago

En algunos juegos franceses antiguos, este arcano recibía el nombre de «Pagad» nombre derivado de pag = maestro, y de gad = suerte o fortuna. En los modernos se le denomina Le Bateleur, que puede traducirse por mago, malabarista, bufón, acróbata o prestidigitador. Podemos decir que El Mago es el maestro de la suerte, aquel que es capaz de dominarla y realizar lo que parecen verdaderos prodigios.

DESCRIPCIÓN

Si examinamos la lámina, veremos que la figura se halla de frente con los pies firmemente asentados en el suelo y la cabeza inclinada hacia la izquierda, lo que sugiere una acción directa precedida de suficiente reflexión; el suelo es amarillo, por lo que dicha acción se sustentará en una base mental inteligente, y su vestimenta, en la que dominan el rojo y el azul simétricamente alternados, se halla ceñida por un cinturón amarillo, aclarándonos que en el conjunto de su personalidad la religiosidad y la devoción se alternan con el sentimiento y la pasión, pero todo bajo el control de la inteligencia.

Bajo su curioso sombrero, que se ha dicho figura el símbolo del infinito y en el que se alternan los colores rojo, amarillo y verde, indicando la fecundidad de su apasionada mente, dominada y refrenada por la inteligencia, aparecen unos cabellos blancos finalizados en bucles dorados, porque su inteligencia es fruto de la edad y la experiencia.

Su brazo izquierdo dirigido hacia lo alto sostiene una varilla amarilla, mientras que el derecho dirigido hacia abajo sostiene entre los dedos un disco o una bola dorada, indicando que dirige las energías mentales captadas de lo alto hacia el mundo inferior, y mediante las mismas puede ejecutar sus prodigios sobre una mesa rosada, color de la carne y la materia; de dicha mesa sólo se divisan tres patas, siendo el TRES el número de la creación, de la manifestación, de la encarnación.

Sobre la mesa se halla una bolsa, un cubilete y lo que parecen ser los símbolos de los cuatro palos de la baraja: un cuchillo (las Espadas), unas monedas (los Oros) y un vaso (las Copas), siendo la varilla la que representa el palo que falta (los Bastos).

El cubilete amarillo representa el poder mental y puede contener las tres monedas o discos amarillos, símbolos de la trinidad mental, y las cuatro piezas rojas, separadas en dos grupos de dos para simbolizar la doble dualidad o polaridad energética que da origen al cuaternario de la materia.

Las piezas separadas sobre la mesa nos indican que El Mago puede usar indistintamente unas u otras, y si el empleo aislado de las piezas rojas sólo conduce a la búsqueda de la riqueza y la satisfacción de las pasiones, el de las amarillas equivale al trabajo mental e inteligente, y el uso conjunto de las tres amarillas y las cuatro rojas forma el septenario en el que la inteligencia recibida de lo alto se alía con la pasión y lo temporal. Pero si reunimos todos estos objetos dentro de la bolsa amarilla perderán su carácter individualizado para reconstituir la unidad primigenia presidida por lo mental.

El cubilete rojo simboliza el poder temporal que permite realizar las combinaciones, y los dados amarillos indican que en realidad el azar no es tal sino que está regido por una inteligencia.

El cuchillo posee un mango y una funda azules, pues a pesar de su peligrosidad bien utilizado puede servirnos para cortar las ataduras que nos ligan a las cosas materiales, y de nosotros depende hacerlo o renunciar a ello, volviéndolo a su funda y siguiendo esclavos de dichas ataduras.

Si examinamos el rostro del mago, veremos que en lo que hace se refleja una perfecta espontaneidad; es un juego fácil y no un trabajo, ni siquiera mira lo que está haciendo, pues su mirada está perdida en el infinito.

SIMBOLISMO

Ya dijimos que el número UNO era el símbolo de la unidad indivisible, el centro cósmico e inmaterial iniciador y creador de todas las cosas, y que además de simbolizar el Ser simboliza la Revelación que permite al hombre elevarse a niveles superiores. En su *Trilogía de la Rota,* Enel nos dice:

«En el mundo divino este arcano representa el principio de toda vida, al Ser absoluto, a Dios Padre. En el mundo de las fuerzas es el hombre universal, Adán-Eva, chispa divina individualizada para continuar la obra del Creador. En el mundo físico es el hombre, fin de la Creación descendido en la materia para trabajarla, purificarla y liberarse así de sus ataduras para reencontrar el Paraíso perdido, volver a ser Adán-Eva y gracias a él reintegrarse al Principio.

»La cualidad de este arcano es la voluntad, fuerza activa que penetra toda la creación, incluso en sus más profundos abismos, para dar nacimiento al movimiento y la vida.»

SIGNIFICADO ADIVINATORIO GENERAL

Originalidad, creatividad, libertad, confianza y dominio de sí mismo, aptitud para utilizar las propias capacidades, espontaneidad, voluntad fuerte y poderosa, imaginación, seguridad, destreza, ingenuidad, habilidad y flexibilidad, iniciación de cualquier clase de cosas y proyectos. Es una carta de protección y nuevas posibilidades.

Invertida indica voluntad débil, inseguridad, indecisión, falta de imaginación, mal uso de las propias capacidades, posibilidad de engañarse a uno mismo y a los demás y de aparentar lo que no se es. Si al derecho representa al mago, invertida representa al charlatán.

SIGNIFICADOS ADIVINATORIOS CONCRETOS

SALUD. Fuerte vitalidad e inicio de una recuperación en caso de enfermedad, si bien no predice la curación completa, que deberá ser indicada por otras cartas.

Invertida, puede indicar el inicio de una enfermedad, vitalidad defectuosa y estrés. Vigilar ante todo el sistema nervioso.

MENTALIDAD. Muy buena, con gran facilidad imaginativa y combinatoria. Excelente capacidad de concentración. Es el mejor momento para pasar a la acción.

Invertida, la mente es débil, las ideas están dispersas y es muy fácil ser engañado o engañar a los demás.

SENTIMIENTOS. Generosidad y deseo de servir y ayudar a los demás, y en caso de existir problemas sentimentales propios, se hallará la forma de resolverlos.

Invertida, puede indicar el inicio de problemas, discusiones y engaños sentimentales.

FAMILIA. Unidad familiar, y de existir algún problema se tenderá a solucionarlo y recuperar dicha unión. Para un soltero puede indicar el inicio de una relación, unión o matrimonio.

Invertida, presagia el principio de discusiones, por lo general a causa de engaños.

AMISTADES. Inicio de nuevas amistades y mayor compenetración con las ya existentes.

Invertida, discusiones y pérdida de amistades. Falsas amistades.

TRABAJO. Buenas perspectivas y habilidad para realizarlo con eficacia, capacidad de solucionar todas las situaciones gracias al ingenio, flexibilidad y capacidad de convicción. También puede indicar la consecución de un empleo o el inicio de un nuevo proyecto.

Invertida, indica problemas a causa de la dispersión de ideas y del exceso de tareas que quieren realizarse, por falta de sentido práctico o por dudas e indecisiones al actuar.

DINERO. Entradas de dinero, solución de los problemas económicos tanto gracias a alguna ayuda providencial como a la buena administración.

Invertida, gastos por mala distribución; peligro de estafas o malas inversiones.

MEDITACIÓN SOBRE ESTE ARCANO

Si bien en el estudio de los senderos cabalísticos dijimos que el trabajo interior debía iniciarse en el veintidós, en el tarot, por el contrario, dicha tarea debe tener como punto de partida el primer arcano.

Visconti-Sforza.

Court de Gebelin.

Etteilla.

Wirth.

Waite.

Crowley.

La lección más importante de esta lámina es hacernos ver la relación entre el esfuerzo individual y la realidad espiritual, que ante todo debemos aprender a concentrarnos relajadamente, sin esfuerzo, para transformar el trabajo en juego y que todo yugo o karma nos resulte ligero.

El factor decisivo para el verdadero trabajo interior es una voluntad desinteresada y ecuánime; el yoga, por ejemplo, exige la práctica de las cinco reglas de la actitud moral *(yama)* y de las cinco reglas de la mortificación *(niyama)* antes de iniciar las *asanas* (las posturas) y el *pranayama* (respiración controlada) y, como es natural, antes de la práctica de los tres grados del trabajo interior: concentración, meditación y contemplación.

La expresión distendida de El Mago, que ni siquiera precisa mirar lo que está haciendo, es un ejemplo de la verdadera concentración; el mago, el malabarista y el funámbulo están perfectamente concentrados, pero para ello necesitan eliminar toda actividad intelectual o imaginativa y permitir que su inteligencia corporal tome las riendas. Quien desee practicar la verdadera concentración debe aprender antes la relajación para permitir que sea el Ser interior el que vaya aflorando y substituyendo a la actividad mental temporal y consciente.

Otra enseñanza básica de esta lámina reside en su número: la unidad. y no sólo la unidad como representación de lo que es UNO, sino también la unidad de todo lo creado, base de la ley de analogía basada en la *Tabla esmeraldina* de Hermes Trismegisto, que dice:

«Lo que está abajo es como lo que está arriba, y lo que está arriba es como lo que está abajo, para realizar el milagro de una sola cosa.» O como también dice en otras palabras el *Zohar:*

«Lo que está arriba es como lo que está abajo; como los días de arriba están llenos de la bendición del hombre celeste los días de abajo están llenos de bendición merced al hombre justo.»

Y el *Vishvasara Tantra* a su vez:

«Lo que está aquí está allá. Lo que no está aquí no está en ninguna parte.»

Y así como el mago o el malabarista deben trabajar y ejercitarse largo tiempo para conseguir trabajar relajadamente, también nosotros debemos acumular una larga práctica en la concentración, meditación y contemplación para llegar apercibir directamente las correspondencias analógicas, es decir, hasta convertirnos en hombres que han logrado la armonía y el equilibrio entre la espontaneidad de lo inconsciente y la acción meditada de lo consciente.

Si logramos hacerlo así seremos magos, de lo contrario, sólo seremos charlatanes de feria.

Para finalizar, si comparamos cuanto precede con lo dicho al estudiar el primer sendero cabalístico, el *sefirá Hojmá* y el significado astrológico de Urano, veremos que a pesar de existir diferencias también existen notables similitudes.

II. La Papisa

La Papisa es la Isis egipcia, la Artemisa griega, la Kali hindú, la Dama celta, la Virgen Madre cristiana y todas las diosas madres de la humanidad, pues encarna el principio femenino, pasivo y fecundo. Si El Mago era el principio creador masculino, La Papisa será el principio generador femenino, pero a su vez y al igual que Isis, también encarna el misterio, como lo confirma Plutarco cuando nos cuenta que en la ciudad de Sais, en el bajo Egipto, existía una estatua de Isis con una inscripción que decía: «Soy todo lo que ha sido, es y será, y jamás mortal alguno ha alzado mi velo».

Por otra parte y como una prueba más de la imposibilidad del pretendido origen egipcio del tarot defendido por quienes identificaban a La Papisa con una hierofante egipcia, haremos observar que en el antiguo Egipto no existieron hierofantes femeninos, pues las mujeres sólo podían ocupar los rangos inferiores de la escala sacerdotal. Es en los Misterios de Eleusis –y en su época imperial– cuando fue permitida la existencia de una hierofante a la cabeza del sacerdocio femenino, como lo demuestra el que se cite la iniciación del emperador Adriano por una de ellas.

También se ha pretendido que este arcano es la representación gráfica de la leyenda de la papisa Juana, pero ello no es cierto, como lo demuestra detalladamente Van Rijnberk, si bien es posible que dicha leyenda se haya tomado como pretexto para otorgar a La Papisa su ropaje y adornos y así simbolizar mejor sus atributos, como veremos a continuación.

DESCRIPCIÓN

La Papisa está sentada parcialmente girada hacia la izquierda denotando pasividad, calma, concentración y meditación. Su cuerpo vestido de rojo aparece cubierto por un manto azul cuyo cuello, cierre y los cordones que cruzan su pecho son amarillos, indicando que sus pasiones están dominadas por la devoción y el misticismo y todo ello bien controlado por la inteligencia.

Su cabeza se halla cubierta por una tiara amarilla, simbolizando su mente dominada e iluminada por la sabiduría superior en el conjunto de los tres mundos: físico, anímico y mental, representados por las tres zonas o franjas de la tiara. Estas zonas se hallan separadas por dos círculos, el primero ornado de rubíes, representación de la actividad del mundo físico, mientras que el segundo y superior está adornado con esmeraldas, símbolo de la fecundidad del mundo anímico. La zona superior es blanca, indicio de pureza, de lo no manifestado, de lo que existe antes de todo nacimiento y de todo principio, y sobresale del marco de la lámina como indicando que además de hallarse por encima de todo, incluso conecta con lo que está fuera de nuestro mundo.

Bajo la tiara y protegiendo su cabeza se halla un velo blanco, símbolo de pureza, y por detrás del conjunto aparece un cortinaje color carne, revelando que esta inteligencia y sabiduría pasivas pueden permanecer ocultas por el velo de la materia, pero no de una forma permanente y estable, sino que en cualquier momento puede desprenderse el velo y dejarlas al descubierto, pues dicho cortinaje apenas está sujeto y parece flotar alrededor de la cabeza.

Sobre su regazo sostiene un libro color carne que contiene el conocimiento de las leyes de la naturaleza y vida materiales, pero La Papisa permanece con la mirada fija en la lontananza, sin mirarlo, con rostro sereno e impenetrable, como si ya conociese su contenido y estuviera meditando sobre el mismo.

Por último, sus pies permanecen ocultos reafirmando todavía más la pasividad de este arcano.

SIMBOLISMO

El número dos simboliza la dualidad como contraposición a la unidad y posibilitando la continuidad, la multiplicidad y el inicio de la realización. Es el principio pasivo y femenino sin el cual el principio activo y creador sería impotente para dar origen a la pluralidad de cuanto existe. Es, en una palabra, la materia santificada.

La Papisa representa también el misterio que debe descifrarse, la sabiduría oculta que espera al iniciado en el umbral del santuario; la verdad oculta a las miradas de la profana curiosidad que sólo se revela al sabio que sabe meditar en la soledad y el recogimiento; la gestación lenta y pasiva, la fecundación espiritual, las fuerzas secretas de la naturaleza y de la profundidad del inconsciente.

SIGNIFICADO ADIVINATORIO GENERAL

Es una carta de protección que alivia los malos presagios de las cartas que la rodean; también puede representar a una persona intuitiva y clarividente que prestará su ayuda; la espera de un acontecimiento, la reflexión antes de actuar, la maduración de un plan, una situación todavía no revelada. En todos los casos existe un componente de secreto y de misterio o la inminencia de una situación oscuramente presentida, pero indefinible.

Invertida, se acentúan las características de pasividad y lentitud con todo lo que comporta de retrasos y obstáculos para la acción; las personas a las que representa, más que una ayuda son una carga. En cuanto signifique siempre hay que temer la existencia de segundas intenciones.

Visconti-Sforza.

LA PAPESSE

Papus.

la Papesse

Wirth.

The Priestess

Crowley.

THE HIGH PRIESTESS

Waite.

THE HIGH PRIESTESS

LA PAPESSA

Balbi.

SIGNIFICADOS ADIVINATORIOS CONCRETOS

SALUD. Buena salud, y en las mujeres posibilidad de un embarazo.

Invertida puede indicar la posibilidad de algún problema o afección todavía en estado latente, que en las mujeres puede centrarse en los órganos reproductores.

MENTALIDAD. Expresa sabiduría, inteligencia, comprensión, sagacidad, buen juicio, objetividad, intuición, sentido práctico, resolución de los problemas, reserva y discreción, fecundidad mental e intelectual. También indica un período dedicado al estudio.

Invertida falsea la intuición lo mismo que el juicio; indica superficialidad, intolerancia, inhibición, timidez y falta de comunicación.

SENTIMIENTOS. Emotividad controlada, amistad en lugar de afectividad, persona acogedora pero fría; en amor es más mental y leal que apasionada; tendencia al misticismo y la espiritualidad, pues la vida interior es muy importante.

Invertida acentúa la frialdad de sentimientos e incrementa el egoísmo; indica bloqueo emocional, estados depresivos, temores, miedos y angustias.

FAMILIA. No se refiere a la misma de una forma específica, pero de existir problemas familiares indica la búsqueda de una solución consensuada de los mismos.

Invertida ocurre lo mismo, pero no se logra la solución.

AMISTADES. Buenas amistades con las cuales y a pesar de no existir una profunda relación siempre puede contarse cuando se necesitan.

Invertida más bien indica carencia de amistades o amistades frías y egoístas con las que no se puede contar.

TRABAJO. Estabilidad en el mismo; en la juventud suele indicar un aprendizaje que luego será provechoso.

Invertida puede indicar insatisfacción por el trabajo a causa de hallarlo aburrido o pesado. Situación en la que se espera un empleo y éste tarda en llegar.

DINERO. La posición económica es estable pero no evoluciona, parece estancada, aun cuando los augurios para un futuro próximo son buenos.

Invertida se limita a acentuar el estancamiento de la situación, la falta de progreso y de posibilidades futuras.

MEDITACIÓN SOBRE ESTE ARCANO

El reino de la dualidad es universal y hace que todo sea ambivalente, que en todo exista una polaridad, que al bien se oponga el mal, a la luz la oscuridad, a la extraversión la introversión, a la energía, la materia, y por ello, la dualidad sea la limitación de lo ilimitado. Louis Claude de Saint-Martin en su libro *Des nombres,* nos dice al estudiar el DOS:

La papisa Juana. Del libro
De claris mulierbus
de Jacques-Philippe Forest
(1494).

«Cuando contemplamos una verdad importante, por ejemplo la omnipotencia del Creador, su majestad, su amor, sus luces profundas u otro cualquiera de sus atributos, nos volcamos por completo en este supremo modelo de todas las cosas; todas nuestras facultades se suspenden para llenarnos de El, y nos hacemos realmente UNO con El...

»... Pero si después de volcar nuestras facultades contemplativas en esta fuente universal, dirigimos nuestros ojos a nosotros mismos y nos llenamos de nuestra propia contemplación, mirándonos como principio de las claridades o satisfacciones internas que dicha fuente nos ha procurado, desde este mismo instante establecemos DOS centros de contemplación, DOS principios separados y rivales, DOS bases desvinculadas entre sí; en suma, establecemos DOS unidades...»

La dualidad implica, por tanto, el establecimiento de dos centros de contemplación, dos principios separados y rivales.

Al estudiar El Mago, dijimos que era la fuente de la ley de analogía, resumida en la *Tabla esmeraldina*, pero ahora podemos añadir que para que dicha ley pueda actuar es imprescindible la dualidad, es imprescindible que exista el «arriba» y el «abajo», y también que sólo puede existir conocimiento si además de lo conocido existe el conocedor; es decir, existen los dos centros de contemplación, los dos principios separados de la dualidad.

Si ahora acudimos al *Sefer Yetsirá:*

«DOS es el soplo que viene del Espíritu; en él están grabadas esculpidas las veintidós letras, que forman un soplo único.»

El Dos será pues el origen del Libro de la Revelación; el número de la conciencia, del conocimiento de lo absoluto.

Por ello, La Papisa lleva una tiara cuya cima sobresale de la lámina y está dividida en tres zonas separadas por hileras de piedras preciosas, y entre sus manos sostiene un libro abierto.

Con ello nos dice que la cristalización del acto puro cognoscitivo no sólo procede de un plano superior a nosotros, o fuera de nosotros mismos, sino que además se efectúa en tres etapas, descendiendo a través de los tres planos superiores hasta cristalizar en la tradición escrita, representada por el libro.

En efecto, la primera etapa es la reflexión pura, la segunda su fijación en la memoria, y la tercera su conversión en mensaje o palabra interior, que posteriormente, al formularla exteriormente se convierte en mensaje, en libro, en gnosis; es decir, en mística del conocimiento.

Y si El Mago se representa de pie, para indicar que está pronto a la acción, La Papisa está sentada, indicando reflexión y meditación; se refiere, por lo tanto, al desarrollo del sentido contemplativo, del oído espiritual que nos pone en contacto con la verdad inmutable que nos llega de lo alto.

Para finalizar con este arcano y como complemento al mismo, vale la pena repasar cuanto dijimos sobre el segundo sendero y el *sefirá Biná,* con los que hallaremos una gran similitud, y si nos trasladamos al terreno astrológico, será interesante comprobar la identidad que existe con los significados de Saturno en su calidad de planeta mental, e incluso del mismo Saturno en su plano más material con los significados adivinatorios de la lámina invertida.

III. La Emperatriz

Si El Mago simbolizaba el principio creador masculino y la inteligencia suprema, y La Papisa el principio generador femenino y la sabiduría divina, La Emperatriz será el fruto de la conjugación de ambos principios: el poder creador y consciente.

Se ha querido convertir a La Emperatriz en Venus, la diosa de la fecundidad, y sin embargo, si contemplamos la lámina que la representa no hallaremos nada que lo confirme: la única mata de hierba que podría indicarlo no es verde, sino amarilla, lo que revela que su única fecundidad posible es de orden mental e intelectual. La Emperatriz simboliza pues, como dice Enel, el resultado en el Microcosmos de los actos del hombre armado de voluntad y sabiduría; o según Rijnberk, la fuerza motriz gracias a la cual vive todo cuanto vive.

DESCRIPCIÓN

La Emperatriz está sentada de frente mirando a la derecha representando un estado pasivo dispuesto a la acción directa, ya sea en vistas a una renovación o a una multiplicidad de acciones sucesivas. Su asiento es un trono color carne, sólido y masivo, símbolo de la estabilidad del mundo material sobre el que actúa y se apoya; sus pies permanecen ocultos por el ropaje, confirmando todavía más su pasividad.

Su cabeza se halla cubierta por una corona dorada sobre fondo rojo, sobresaliendo también el dorado por su parte superior, revelando al poder mental dominando y controlando no sólo sentimientos y pasiones, lo que de hecho ya viene indicado en su vestimenta, sino también toda clase de energías, que es el simbolismo del color rojo en el mundo de la materia.

Por debajo de la corona surgen sus blancos y sueltos cabellos irradiando la fuerza de su mente y voluntad, y esta unión del blanco del cabello con el amarillo de la corona, es la misma que aparece en la bandera del Vaticano para simbolizar el poder del reino de Dios sobre la Tierra.

Su cuello está casi totalmente descubierto, apenas si el cuello azul de la túnica lo limita ligeramente por ambos lados, lo que indica su gran independencia y la perfecta comunicación entre mentalidad y personalidad.

Su cuerpo esta vestido por una túnica azul cubriendo una ropa interior roja que sólo sobresale por su parte inferior, cubriendo piernas y pies; dicha túnica está ceñida por un cinto amarillo, y un amplio collar o pieza de color amarillo adorna su pecho y se une al cinto. De todo ello se desprende la espiritualidad del conjunto de su personalidad, dirigida y controlada por la inteligencia, y que para actuar debe apoyarse sólidamente en la energía material, en los sentimientos y en las pasiones, lo que se reafirma por la solidez del trono color carne sobre el que permanece sentada.

Con su mano izquierda sostiene un cetro amarillo coronado con una cruz, símbolo del poder supremo e inteligente que procedente de lo alto domina e interpenetra el mundo; en una palabra, la autoridad suprema, el poder absoluto.

Con su mano derecha sostiene firmemente un escudo color carne con un águila dorada, corroborando el poder supremo de la mente sobre la materia, pues el águila es el símbolo más universal del poder; es el ave que vuela más alto y por ello la que mejor expresa la idea de la majestad divina, de aquí su atribución a Júpiter, dios del Olimpo, y su uso simbólico por los emperadores de todos los tiempos; incluso en la Edad Media se la llega a identificar con el Cristo para expresar su ascensión y su reino. Pero además, cuando se la representa con las alas abiertas es para añadirle el simbolismo de las líneas rasgadas del rayo: la acción todopoderosa de lo superior sobre lo inferior, que además de gozar del poder, éste se traduce en acción.

Para finalizar, debemos advertir que Wirth confunde el respaldo del trono con unas alas, y con ello a muchos de sus seguidores; pero ni las alas, ni las estrellas, ni la Luna bajo sus pies, ni ningún otro de los atributos que posteriormente se le añaden tienen la menor razón de ser y sólo inducen a confusión.

SIMBOLISMO

Se desprende de lo que antecede, a lo cual debemos añadir el del número tres, del ternario, de la Trinidad. Es la espiritualidad como complemento a alma y cuerpo; la resultante armónica de la influencia de lo activo sobre lo pasivo: la totalidad, el poder divino transmitido al hombre, y a la inversa, la posibilidad del hombre de llegar a Dios a través del poder de la espiritualidad.

Como dice Christian, en el mundo divino La Emperatriz expresa el poder supremo equilibrado por la inteligencia eternamente activa y la sabiduría absoluta; en el mundo intelectual, la fecundidad universal del ser; y en el mundo físico, la naturaleza en acción, la germinación de los actos que deben nacer de la voluntad.

SIGNIFICADO ADIVINATORIO GENERAL

La Emperatriz puede representar a una persona de gran fuerza de voluntad, posesiva, dotada de un espíritu inventivo o ingenioso y gran inteligencia práctica capaz de despertar confianza, admiración e incluso una ciega sumisión. Tanto puede ser la madre como la esposa o una colaboradora, pero también una persona, sea cual sea su sexo,

Visconti-Sforza.

Court de Gebelin.

Wirth.

Crowley.

Waite.

Balbi.

que sea el cerebro de una comunidad, una familia, un grupo o una banda. De no representar a una persona, se referirá a la concepción de un proyecto, de un acto, de una idea, a la canalización y el éxito de las fuerzas puestas en acción, a algo de próxima realización y cuya espera está llena de esperanza. En algunos casos puede indicar el poder de la magia blanca.

Invertida, las fuerzas y los acontecimientos se escapan del control de La Emperatriz, con lo que todo se tambalea y pueden producirse crisis, obstrucciones y retrasos. En algunos casos, es el tenebroso poder de la magia negra.

SIGNIFICADOS ADIVINATORIOS CONCRETOS

SALUD. Normalmente es francamente buena, pero de existir alguna enfermedad indica su pronta curación.

Invertida indica que se está gestando algún proceso patológico; en algunos casos puede ser de carácter tóxico o depresivo.

MENTALIDAD. Inteligencia, comprensión, concepción abstracta que posteriormente será expresada, idealidad suprema, dominio de lo cognoscible e inteligible, discernimiento, reflexión, ciencia inductiva, saber, erudición.

Invertida es la posibilidad truncada de dichas cualidades, que quedan reducidas a una mera ostentación de nociones superficiales; también, en algunos casos, puede indicar que dichas cualidades existen pero son mal utilizadas.

SENTIMIENTOS. Siempre son elevados, dominando la generosidad, la dulzura y la espiritualidad. En algunos casos puede existir la posibilidad de un próximo romance.

Invertida existe mucha frialdad de sentimientos, dominando casi siempre la envidia y el egoísmo. En el mejor de los casos lo que existe es la imposibilidad de expresar los propios sentimientos.

FAMILIA. Existe excelente comprensión y entendimiento entre los miembros de la familia. En una persona joven o solitaria, puede indicar la próxima formación de un núcleo familiar.

Invertida indica superficialidad y falta de compenetración familiares. A veces soltería o carencia de familia.

AMISTADES. También aquí existe buena compenetración y entendimiento, así como la seguridad de nuevas amistades.

Invertida, lo que se tiene son conocidos, pero no verdaderos amigos.

TRABAJO. Dentro de la estabilidad se están gestando nuevos proyectos y se abren nuevas posibilidades que no tardarán en concretarse.

Invertida indica la existencia de problemas subterráneos que no tardarán en hacer acto de presencia.

DINERO. La situación económica es buena, pero de precisar un crédito es buen momento para solicitarlo.

Invertida indica malas inversiones, créditos cuya consecución se dilata o no se consigue tras mucho esperar, ostentaciones que luego hay que financiar.

MEDITACIÓN SOBRE ESTE ARCANO

Al estudiar la cábala vimos que gran parte de la misma se basa en el ternario, y es así que en el árbol de la vida los *sefirot* se agrupan por tríadas. En la numerología resumíamos el ternario diciendo que simboliza la influencia del espíritu sobre la materia, de lo activo sobre lo pasivo, siendo su resultante armónica la expresión de la totalidad.

De aquí se deduce, que tanto en cábala, como en numerología, como en tarot, y en todas las disciplinas, no basta estudiar unitariamente cada hecho, objeto o cuestión aisladamente, por separado, sino que es imprescindible una visión de conjunto si realmente queremos llegar a conclusiones válidas; y el conjunto más simple es la tríada.

Si desde este punto de vista volvemos al tarot, veremos como El Mago es el principio activo, La Papisa el principio pasivo, y La Emperatriz su resultante, el tercer lado de la primera tríada; si El Mago era la energía pura y La Papisa la materia o substancia fundamental, La Emperatriz será la transformación de la materia; si El Mago era la voluntad y La Papisa la sabiduría, su unión y resultado en La Emperatriz será el poder.

Continuamente se nos dice que saber es poder, o que querer es poder, pero aisladamente esto no es cierto, pues saber sin querer es un saber pasivo, incapaz de resultados efectivos; y querer sin saber es un gasto inútil de energías. El verdadero poder es aquel que alía el saber y el querer, el conocimiento y la voluntad; es así que podemos concluir que en el tarot, El Mago + La Papisa = La Emperatriz.

El poder total tiene un nombre: magia. Según Papus: «La magia es la aplicación de la voluntad humana dinamizada a la rápida evolución de las fuerzas vivas de la naturaleza».

Pero el esoterismo nos enseña que el universo se divide en tres planos o principios fundamentales de existencia: espiritual, astral y físico, englobando en el primero los planos superiores, desde el mental al propiamente espiritual, en el segundo los de materias y energías sutiles, y en el tercero el propiamente físico.

De aquí que existan tres clases de magia según el plano en que actúen: espiritual, astral o físico. La magia que actúa en el plano espiritual es el misticismo, la religión, la magia sagrada; la que actúa en el plano astral es la magia común; y la que actúa en el plano físico es la ciencia.

En la primera, por moverse el hombre en un plano superior a él, el plano divino, el hombre sólo puede rogar, convertirse en intermediario entre el poder supremo y sus resultados, a los que solemos denominar milagros.

En la segunda, en la magia propiamente dicha, gracias al conocimiento de la ley de las correspondencias analógicas el hombre manda, ordena a las fuerzas del mundo astral para que ejerzan en su beneficio sus poderes sobre el mundo material.

En la tercera, en la ciencia, para conseguir sus deseos el hombre actúa directamente sobre el mundo material con medios materiales.

La Emperatriz es la magia total, y en su nivel más elevado es la magia sagrada, y al igual que en el tercer sendero del árbol de la vida, en su sentido descendente, del mundo superior a nosotros, es el poder que recibimos de lo alto, y en su sentido ascendente es el misticismo que nos eleva a la divinidad. Es por ello que el fin de la magia sagrada es el de devolver al hombre su verdadera libertad, su estado primigenio, liberándolo del karma, de la cadena de las reencarnaciones.

IV. El Emperador

Es curioso constatar que de entre todos los Arcanos sólo existen dos casi iguales en todos sus detalles, pero con el color de sus ropajes invertido por representar polaridades contrarías: La Emperatriz y El Emperador.

La Emperatriz es pasiva por hallarse representada por una mujer, pero a la vez activa por pertenecer a un número impar. El Emperador es activo por hallarse representado por un hombre, pero a la vez pasivo por pertenecer a un número par. En ambos arcanos existe una neutralización de resultados que define una energía en estado potencial, un poder controlado, presto a actuar pero sin hacerlo todavía, estado que a su vez se manifiesta externa e internamente de forma distinta. Si La Emperatriz era el poder total, pero dependiente de lo Alto, El Emperador es el poder controlado por sí mismo, la soberanía y el poder de las leyes naturales y humanas.

También puede decirse que si El Mago y La Papisa representaban los dos principios, activo y pasivo, del mundo espiritual, La Emperatriz y El Emperador representan estos mismos principios, activo y pasivo, en el mundo material. Desde este punto de vista, La Emperatriz simbolizaría la potencia pasiva de la materia, El Emperador su poder activo, y entre los dos la realización material.

DESCRIPCIÓN

El Emperador está sentado, lo que indica su carácter pasivo, y por estar totalmente de perfil a la izquierda, se dedica a la reflexión, a la meditación y a enjuiciar. Su trono no es masivo, como el de La Emperatriz indicando su asiento sobre la materia indiferenciada, sino que es pequeño y trabajado, simbolizando el estado más elaborado de la materia en que se asienta, pero en lugar de estar cómodamente sentado apenas se recuesta en el mismo, como si estuviera presto asaltar en cualquier momento.

Sus piernas aparecen cruzadas indicando una especial situación de espera antes de actuar, en una postura única en todo el tarot, pues las láminas que mayor parecido guardan con dicha posición son El Ahorcado y El Mundo, pero en ellas las piernas no están cruzadas, sino una replegada tras la otra.

En lugar de corona, su cabeza se halla cubierta por un casco también insólito, más propio de un gran duque eslavo de la Edad Media que no de un emperador, como queriendo indicar que a pesar de su cualidad activa-masculina, su posición es inferior a la de La Emperatriz. Por lo demás, la distribución de sus colores es la misma que en la lámina anterior, simbolizando también el poder mental dominando y controlando toda clase de energías y pasiones. No obstante, su forma adornada y la mayor cobertura de la cabeza, indican un mayor auto-dominio, del mismo modo que sus cabellos, bigote y barba blancos indican su gran madurez y experiencia, y al aparecer sueltos y libres, la irradiación de su mentalidad.

Su cuerpo se halla vestido con una túnica y calzones azules, deno-tando espiritualidad, pero el cuello de la túnica es blanco y oculta por completo el suyo propio, indicando que su independencia se halla fre-nada por su espiritualidad y experiencia de la vida, así como la clara separación entre mente y personalidad. Sobre la túnica aparece un manto rojo indicando lo mucho de emocional que influye sobre su es-piritualidad, si bien el cinto amarillo indica un buen dominio sobre la parte material e instintiva, y su mano apoyada en dicho cinto que existe una gran relación entre lo físico, lo mental y lo anímico.

Sobre su pecho, un collar trenzado de color amarillo sujeta una es-meralda, y dado que la única mata de hierba que existe a sus pies es de color amarillo, nos indica que toda la fecundidad que podemos es-perar será de carácter mental, y por ello, la joya verde más que fecun-didad indica adaptabilidad y capacidad de percepción.

También el hecho de que su vestimenta azul esté limitada por el color blanco del cuello y de los pies reafirma su esterilidad material o quizás su carácter intemporal.

Ya hemos hablado de sus piernas cruzadas, que indican espera, reflexión o concentración, pero una de ellas está alzada, manifes-tando una vez más que si bien está presto a la acción todavía se halla en una situación de espera.

La Emperatriz empuñaba el cetro con su mano izquierda y lo de-jaba reposar sobre su hombro, indicando un poder absoluto e inteli-gente, pero pasivo; mientras que El Emperador lo sostiene firme con la derecha y alzado frente a su rostro, para indicar que cuando llegue el momento ejercerá su poder con toda firmeza y energía.

Por último, el escudo con el águila reposa a sus pies, indicando un menor aferramiento al poder y una mayor seguridad en sí mismo, pues no lo precisa para su protección; y si ahora ponemos de lado las dos lá-minas, observaremos como emperador y emperatriz intercambian sus miradas, y lo mismo hacen las águilas, lo que equivale a un intercambio de ideas y de poderes, y si el águila de La Emperatriz eleva sus alas a lo alto indicando de dónde le llega su poder, en El Emperador las pliega apuntando hacia abajo, indicando dónde se aplica su poder.

SIMBOLISMO

El cuatro es el segundo número par y el regreso a la unidad funda-mental. Pero si normalmente sería en un nivel superior, aquí será en un nivel inferior, como lo indica el uso del casco en lugar de corona; será el equivalente del Mago en el mundo material.

Visconti-Sforza.

Carlos VI.

Papus.

Vacchetta.

Wirth.

Waite.

También simboliza el cuaternario, la cruz y el cuadrado, es decir, la determinación material y corpórea, los cuatro principios elementales que conforman el universo. y si en la séptuple organización de las direcciones del espacio el ternario se halla situado en la vertical, el cuaternario se halla dispuesto en la horizontal; de aquí que mientras el poder de La Emperatriz (el tres) incluye los tres mundos de la manifestación, El Emperador es este mismo poder en el mundo de lo manifestado.

Es la potencialidad activa del mundo material, el trabajo inteligente, constructivo y ordenado por la voluntad suprema, el conjunto de las leyes que rigen sus cambios, relaciones y transformaciones en todos los reinos de la naturaleza, incluyendo el humano.

Pero su mismo nombre, El Emperador, ya indica claramente lo que representa: el imperio, el dominio, el gobierno, el poder, e incluso, como dice Rijnberk, la transmisión hereditaria de las capacidades y posibilidades, los derechos y deberes que se transmiten de padres a hijos desde los medios más humildes a las dinastías más elevadas.

SIGNIFICADO ADIVINATORIO GENERAL

Siempre indica poder terreno, realización, solidez y estabilidad, y representa a quienes ejercen un poder sobre otras personas, como los jefes de gobierno, de empresa, de familia, jueces, magistrados y demás personas que ejercen autoridad y mando.

Cuando no se refiere a personas indica concreción y realización, pero también estabilización, protección, autoridad, fuerza, riqueza, dominio y orden.

Invertido refleja un endurecimiento de estas cualidades, que llegan a convertirse en defectos, y cuando representa a personas, éstas serán autoritarias, déspotas y materialistas, y en lugar de otorgar protección puede tratarse de adversarios igualmente poderosos y temibles.

SIGNIFICADOS ADIVINATORIOS CONCRETOS

SALUD. Es sólida y resistente, pero en caso de existir enfermedad, augura que la sólida constitución del enfermo lo resistirá todo y se recuperará.

Invertido indica que la enfermedad opone gran resistencia al tratamiento. Vigilar ante todo el hígado.

MENTALIDAD. Lo más notable es la magnífica capacidad de juicio y organización; dominio de la inteligencia y la razón sobre las emociones y pasiones; siempre se está dispuesto a escuchar razonamientos y consejos, pero después de analizarlos las decisiones son firmes y lógicas.

Invertido, lo que falla es la capacidad de juzgar y organizarse, a lo que suele acompañar mucha obstinación y se convierte en motivo de fracasos y pérdida de oportunidades.

SENTIMIENTOS. Los sentimientos y emociones son poderosos, pero dominados por el cerebro; existe un gran sentido paternal y protector, generosidad y benevolencia, pero acompañada de rectitud y firmeza.

Invertido anuncia el peligro de perder el dominio sobre las propias emociones y sentimientos, lo que conduce a arrebatos y reacciones arrogantes y pedantes reveladores de inmadurez.

FAMILIA. Dentro de la familia representa al padre o al cabeza de familia que mantiene su autoridad con firmeza, pero también con generosidad, y sabe dar a cada cual el trato que se merece.

Invertido revela falta de autoridad compensada por un comportamiento tiránico que puede conducir a la disgregación de la familia por exceso de individualismos.

AMISTADES. Suele tratarse de personas revestidas de autoridad o prestigio, que prestarán su ayuda y consejo siempre que sea necesario.

Invertido indica amistades susceptibles que pueden convertirse en enemigos temibles y vengativos.

TRABAJO. Éxito y estabilidad profesional; se ocupa una posición de responsabilidad gracias a excelentes capacidades de mando y decisión. Si debe firmarse algún contrato o ampliación de la empresa, es el momento oportuno para hacerlo.

Invertido revela el peligro de perder la situación a causa de intransigencia o amor propio mal entendido.

DINERO. Es una carta de riqueza, tanto para ganarla como para conservarla y aumentarla.

Invertido significa pérdida de bienes.

MEDITACIÓN SOBRE ESTE ARCANO

En un análisis retrospectivo de los arcanos anteriores es curioso observar como El Mago, cabalística y astrológicamente se asimila casi perfectamente al primer sendero, al segundo *sefirá* y a Urano; La Papisa al segundo sendero, al tercer *sefirá* y a Saturno. Pero en La Emperatriz este orden parece tambalearse, pues su asimilación al tercer sendero, al cuarto *sefirá* y a Júpiter es problemática, y El Emperador es posible identificarlo con el cuarto sendero, pero no con el quinto *sefirá* y Marte.

Pero también hemos observado que La Emperatriz y El Emperador son dos aspectos de una misma cosa, dos facetas del poder, espiritual en La Emperatriz y más material en El Emperador. También en el árbol de la vida los dos senderos, tercero y cuarto, se cruzan entre sí para formar una cruz, siendo el tercero el segmento vertical (Cielo-Infierno) y el cuarto el horizontal (Principio-Fin).

Astrológica y cabalísticamente, es como si en el cruce de ambos senderos –en *Daat*– se abriera una puerta para que la influencia de

Neptuno se uniera a la de Júpiter en el tercer sendero, lo que equivaldría a asimilar a La Emperatriz con el tercer sendero y *Daat* en lo cabalístico, y con Júpiter-Piscis en lo astrológico. En cuanto al Emperador, su equivalencia sería con el cuarto sendero, el cuarto *sefirá* y Júpiter-Sagitario.

En la colección de carticellas que denominamos tarot de Mantegna, existen dos casi iguales: Júpiter y El Emperador.

Júpiter (lámina 46) aparece representado dentro de una mandoria[1] sobre la montaña de Marte[2], con el rayo en su mano derecha y el águila con las alas entreabiertas en la cima de la mandoria. El Emperador aparece sentado en su trono, en lugar del rayo sostiene el cetro, y el águila descansa a sus pies. En esta doble representación del mismo personaje, como Júpiter es un poder activo y hasta cierto punto amenazador; como Emperador, representa un poder pasivo y relajado, casi dormido, pero que puede despertar y actuar en cualquier momento. Como vemos, en las primitivas carticellas ya existe esta separación entre las dos imágenes del Júpiter tonante detentador del poder soberano, y del Júpiter padre, presidente del consejo de los dioses, aquel de quien emana toda ley y autoridad.

Volviendo al árbol de la vida, hemos visto que el tercer sendero es un medio de comunicación, directo y sin intermediarios, entre el mundo de los arquetipos y el mundo de la creación, mientras que el cuarto es el gozne entre ambos mundos, el guardián que los separa. Y *Hessed*, el cuarto *sefirá*, es el primer aspecto de la manifestación en dicho mundo, reflejo de *Hojmá,* el padre primordial; es el padre amante y protector que otorga su realidad a cuanto existe. Ahora sí que podemos asimilar al Emperador con el cuarto sendero, el cuarto *sefirá* y Júpiter-Sagitario.

Y del mismo modo que por su enlace vertical entre los diversos planos de la creación y su significado de poder absoluto La Emperatriz rige la magia en todas sus acepciones, también por dicho poder y por su calidad de padre, protector y maestro, debemos considerar que El Emperador simboliza el dominio de la ciencia hermética, el poder y el conocimiento que concede la verdadera iniciación.

1. A veces se usan dos círculos para simbolizar el mundo superior (Cielo) y el mundio inferior (Tierra). Cuando se interpenetran para indicar la interpenetración de ambos mundos, el espacio interior resultante es la mandoria, simbolizando el sacrificio perpetuo que renueva la fuerza creadora por la doble corriente de ascenso y descenso, de vida y muerte, de evolución e involución.

2. La montaña de Marte, o montaña de dos cimas, representada por dos segmentos circulares uno sobre otro, es el símbolo de la inversión, de la comunicación entre el mundo superior (y lo no formado todavía) con el inferior (ya materializado).

V. El Papa

Una de las posibles definiciones del número cinco es 5 = 2 + 1 + 2, en la que el principio unitario hace de mediador entre los dos aspectos, positivo y negativo, del mundo material. Y en la lámina, vemos como El Papa se halla entre dos personajes, como queriendo resaltar dicho significado. También es curioso observar que en el tarot de Mantegna y en el de Carlos VI El Papa es imberbe, sostiene un libro en su mano izquierda y unas llaves en la derecha, simbolizando su papel de guardián de la sabiduría, mientras que en el de Visconti-Sforza y los siguientes es barbudo y sostiene una cruz de tres travesaños en la mano izquierda, mientras da la bendición con la derecha simbolizando la transmisión de la sabiduría.

Al igual que en las dos láminas anteriores, también existe una inversión en los colores del ropaje de La Papisa y El Papa, pero aquí si las colocamos juntas, en lugar de mirarse se dan la espalda indicando la opuesta dirección de sus objetivos. y por último, el número de La Papisa es par y el del Papa impar, acentuando el carácter pasivo de La Papisa y el activo del Papa.

DESCRIPCIÓN

Lo primero a tener en cuenta, es que contra todas las leyes de la perspectiva los dos personajes del primer término son mucho más pequeños que el Papa, cuando debería ser lo contrario; y tan exagerada desproporción, revela la intención del autor de resaltar la gran importancia del Papa y de la transmisión de la sabiduría trascendente.

El Papa está sentado girado parcialmente hacia la izquierda indicando reflexión y meditación. Su cuerpo vestido de azul está cubierto por un manto rojo ribeteado de amarillo con el cuello, también amarillo, abrochado con un medallón de oro. Esto nos dice que siendo potencial e íntegramente espiritual y devoto se reviste de gran emocionabilidad y capacidad de acción, pues el rojo es el color de la energía, aun cuando sea la mente quien controle eficazmente acción y sentimientos.

Su cabeza se halla cubierta por una tiara amarilla, simbolizando su mente dominada e iluminada por la sabiduría superior en la totalidad de los tres mundos: físico, anímico y mental, representados por las tres zonas o franjas de la tiara. Estas zonas se hallan separadas por dos círculos o coronas, la primera ornada de rubíes, representación de la actividad del mundo físico, mientras que la segunda está ornada de esmeraldas, símbolo de la fecundidad del mundo anímico. Pero a pesar de su similitud con la tiara de La Papisa, su zona superior no sobresale del marco de la lámina y es de color amarillo, o sea, total-mente mental.

Otra característica es que su cabeza parece inclinada o proyectada hacía adelante, como queriendo subrayar su tendencia a la acción mental. Bajo la tiara se desborda su blanca cabellera, y también son blancos bigote y barba, indicando su gran madurez y experiencia, así como la gran irradiación de su mentalidad.

La barba y el cuello del manto cubren totalmente el suyo propio, indicando que son la experiencia de la vida y la mentalidad las que re-frenan su personalidad.

Sus brazos recubiertos de mangas blancas revelan la intemporali-dad de su acción, y la cruz de tres travesaños que sostiene con su mano izquierda, repite el simbolismo de los tres mundos ya expresado por la tiara y el espíritu de sacrificio que debe imperar sobre su psi-quismo; su mano está cubierta por un guante amarillo adornado con una cruz negra, recalcando que todo ello debe estar controlado por la inteligencia y el espíritu de sacrificio.

Con su mano derecha imparte la bendición, lo que equivale a transferir su sabiduría y poderes, pero el gesto de bendecir ha sido di-bujado de tal modo que también puede interpretarse como de adver-tencia, o de ambas cosas a la vez.

Los dos personajes a los pies del Papa poseen cabellos color carne, indicando la materialidad de sus mentes, total en el de la dere-cha por su tonsura del mismo color, y más mental en el de la izquierda por su tonsura amarilla. También este último es mucho más mental por su ropaje amarillo, si bien el capuchón rojo y el sombrero azul revelan que esta mentalidad puede verse cubierta o dominada unas veces por la espiritualidad y otras por la pasión, y su brazo apuntando hacia el suelo tanto puede indicar que sus realizaciones se dirigen hacia lo ma-terial, como que intenta captar las fuerzas inferiores.

El segundo personaje vestido de rojo con una estela amarilla que cubre su brazo izquierdo elevado hacia el Papa, indica que si dentro de su materialidad y dominio de lo pasional quiere elevarse hacia la espiritualidad, debe existir en su psiquismo un mínimo de inteligencia.

También es curioso constatar que el asiento o trono de La Papisa y del Papa no se ven prácticamente, y los pocos detalles que se perci-ben son de color blanco, indicando que se sostienen o apoyan en la intemporalidad y la inmaterialidad, de la que puede surgir todo el es-pectro de lo existente.

Tras el Papa se elevan dos columnas azules, una a cada lado, como las columnas del Templo, *Yakin* y *Boaz,* significando que Dios estableció sólidamente, en la fuerza, el templo y la religión, de la cual Él es su centro. Y también los dos pilares del árbol de la vida, el del Ri-gor y el de la Misericordia, entre los cuales la figura del Papa sería el Pilar del Equilibrio.

Mantegna.

Visconti-Sforza.

Carlos VI.

Wirth.

Waite.

Balbi.

SIMBOLISMO

El Papa o pontífice (de *pontis facere* = hacedor de puentes) es, como su nombre indica, el constructor de puentes, pero a la vez, él mismo hace de puente, de intermediario entre el Cielo y la Tierra, entre el mundo substancial del espíritu y el mundo formal de la materia. Para alcanzar la sabiduría de La Papisa es necesario pasar por El Papa, por la religión organizada, la ritualización de lo espiritual y sagrado.

El *Chandongya Upanishad* enseña que «el verdadero puente es el que une estos mundos para impedir su dispersión. Atravesando este puente la noche se convierte en día, ya que este mundo de la Inmensidad es luz».

Es por todo ello que en los templos sintoístas la travesía del puente –imagen del puente celeste– debe acompañarse de purificaciones rituales, y en muchas iniciaciones secretas se impone el paso simbólico de un puente.

Para los pitagóricos, el cinco es el número nupcial, el número de la unión, del centro, del equilibrio, del matrimonio del principio celeste (3) con el principio terrestre de la madre (2). En el tarot, La Papisa es el 2 y La Emperatriz el 3, con lo cual El Papa es como una síntesis de ambos arcanos.

Y el cinco es también el símbolo del hombre y de la voluntad divina. Por último, sólo existen dos números que dividan simétricamente la década: el dos y el cinco, con lo cual son a la vez números benéficos y maléficos, siendo el cinco aquel filo de la navaja o puente delgadísimo cuya travesía conduce a los puros hacia la santidad y hace caer a los impuros en el abismo.

Podríamos resumir diciendo que si La Papisa es la ciencia oculta heterodoxa que se transmite mediante iniciación, El Papa es la ciencia oculta ortodoxa, la religión externa y la permanencia de la tradición gracias a la inmutabilidad del dogma y la gracia sacramental.

SIGNIFICADO ADIVINATORIO GENERAL

El Papa puede representar a una persona detentadora de un saber o de un poder en cualquier campo del conocimiento, científico, religioso, político, intelectual, etc., que sabe aplicar con autoridad y moderación, ya sea actuando de intermediario y pacificador en toda clase de problemas y disputas, o de guía y maestro.

Cuando se refiere al consultante, tanto puede indicar que se halla maduro para emprender una búsqueda espiritual y necesita un guía, como que ya ha alcanzado la madurez suficiente para ser el guía de otras personas. En todos los casos siempre indica la promesa de un porvenir mejor.

Invertido es una carta muy maléfica, pues deja a la persona a merced de su juicio e instintos, en la oscuridad, sin el menor apoyo espiritual y con una visión parcial de los hechos. El porvenir se presenta incierto.

SIGNIFICADOS ADIVINATORIOS CONCRETOS

SALUD. Sin referirse específicamente a la salud, revela que ésta es estable.

Invertido no es muy desfavorable, pudiendo indicar como máximo un ligero descenso de la vitalidad.

MENTALIDAD. Muy buena, con una clara visión de las cosas y capacidad para penetrar en la razón y causa profunda de los hechos, en hallar los posibles errores o peligros; especialmente apta para la enseñanza y todas las tareas que impliquen reflexión y consejo.

Invertido perjudica la objetividad, sólo se ve un aspecto de la realidad, lo que falsea el diagnóstico; también se peca de superficialidad.

SENTIMIENTOS. Altruismo y benevolencia gracias a la altura de miras y a la vez humildad y amabilidad, pero sin dejarse llevar en ningún momento por el sentimentalismo.

Invertido exagera la amabilidad y conduce a la hipocresía.

FAMILIA. Tampoco la expresa específicamente, pero suele indicar una familia unida y sin problemas entre sus miembros.

Invertido debilita los lazos familiares, sin que los problemas lleguen a alcanzar gravedad.

AMISTADES. Suelen ser de elevada moralidad y religiosidad, pudiendo confiarse en su ayuda y consejos.

Invertido se refiere a aquellas más bien sectarias o superficiales cuya ayuda y consejos no son de fiar.

TRABAJO. Se refiere a educadores, sacerdotes, abogados, diplomáticos, etc., y en todo caso a trabajos estables y de un cierto prestigio. Siempre indica una mejora.

Invertido sigue existiendo la aspiración a un trabajo de prestigio, pero difícilmente se consigue y siempre existe el peligro de perderlo por un exceso de dogmatismo.

DINERO. No existen problemas económicos ni preocupación por el futuro en lo que a dicho tema se refiere, pues las perspectivas son buenas.

Invertido indica un exceso de gastos por mala administración y retrasos en los cobros; las posibles inversiones están mal enfocadas y no rinden.

MEDITACIÓN SOBRE ESTE ARCANO

Hemos dicho que La Papisa era la ciencia oculta que se transmite tras profunda meditación y recogimiento, la que espera al iniciado al umbral del santuario. Y hemos definido el poder de La Emperatriz como el poder de la magia.

Si consideramos al Papa como una síntesis de La Papisa y La Emperatriz, deberemos decir que nos facilita alcanzar la sabiduría gracias a la magia, o puntualizando más, gracias a la magia ceremonial, pues cualquiera que conozca la magia debe reconocer que los sacramentos y ceremonias religiosas, sea cual sea la religión a la que nos refiramos, no son más que ceremonias mágicas destinadas a acercarnos un poco más al reino de la divinidad y, con él, a la sabiduría trascendente.

Mientras nos mantengamos en el dominio de la magia sagrada, lo peor que puede ocurrir, y casi siempre ocurre desgraciadamente, será la pérdida del sentido profundo de la ceremonia mágica para dejarla convertida en una mera rutina vacía de contenido, con lo cual pierde todo su valor real. El verdadero peligro se presenta cuando el enorme poder de la magia ceremonial se emplea para fines egoístas y materiales, descendiendo al nivel de la magia negra.

Porque ya dijimos que el cinco es un número maléfico, cosa que conviene matizar, y para ello nadie mejor que Louis-Claude de Saint-Martin cuando nos dice:

«Mientras los números estén unidos y ligados a la década ninguno de ellos presentará corrupción o deformidad; sólo cuando se los separa se manifiestan estos caracteres. Entre estos números así particularizados, algunos son absolutamente malos, como el dos y el cinco. Incluso son los únicos que dividen a la década.»

Ello nos dice que el cinco es bueno unido y ligado a la década, cuando ésta va ligada a la plenitud de la manifestación, y es malo cuando se separa de ella, es decir, quiere actuar por su cuenta y en su propio beneficio. Dicho en términos de religión o magia, el cinco y el pentagrama son buenos como símbolo y actividad dentro de la magia sagrada, y malos como símbolo y acción dentro de la magia vulgar.

Volviendo al principio, diremos que la diferencia real entre religión e iniciación reside en que la primera es asequible a todos, basta con buena voluntad y deseo de perfección para sacar de la misma un buen provecho espiritual, mientras que la iniciación requiere un gran esfuerzo personal para alcanzar primero un cierto nivel moral e intelectual que nos permita recibirla. Puede decirse que la religión es una cómoda carretera que nos conduce al destino deseado, mientras que la iniciación es un áspero atajo para los que tienen prisa.

Sin embargo, ello no quiere decir que la religión representada por El Papa sea algo pasivo, pues ya hemos visto que es doblemente activo por hallarse representado por una figura masculina y un número impar; y la labor del Papa –o del Sumo Sacerdote, si se prefiere– es la de ir creando y modificando los medios más eficaces para que la religión conserve íntegro su contenido y a la vez se vaya adaptando a las necesidades y circunstancias de cada momento, pues si permite que se anquilose o pierda contenido, dejará de ser efectiva y útil a la humanidad.

Si ahora queremos hallar las correspondencias del Papa, veremos que se asimila bien con el quinto sendero cabalístico, y en astrología, relativamente con Júpiter en Aries.

VI. El Enamorado

Es una de las láminas que mayores modificaciones ha sufrido a través del tiempo, y suele componerse de una figura (a veces dos), ya sea ángel o cupido, lanzando su flecha a un hombre situado entre dos mujeres; o a una o varías parejas, cuya unión algunas veces aparece consagrada por otro personaje.

De hecho simboliza la influencia del Cielo, del mundo causal, sobre los asuntos humanos; y a la vez, la necesidad de escoger entre dos caminos o dos opciones, ya sea en forma de la famosa parábola de Pródico, como la cuenta Jenofonte en sus recuerdos de Sócrates: Hércules debiendo escoger entre la Virtud y el Vicio que pretende ser Felicidad; o refiriéndose a la enseñanza órfica de los Misterios de Eleusis, en la que el alma desencarnada debe elegir entre dos caminos, el uno conduce a la salvación y el otro al desastre; enseñanza ya escrita en versos griegos en la famosa tableta de oro de Petilia, que dicen: «En la morada de Hades encontrarás una fuente a la izquierda y cerca de la misma un ciprés blanco: ten mucho cuidado en no acercarte a dicha fuente».

En el tarot de Mantegna El Enamorado no existe, pero la carticella dedicada a Venus nos muestra a la diosa saliendo del agua con una concha en la mano izquierda y dirigiéndose a tres muchachas, dos de espaldas y una de frente, mientras Cupido permanece a su espalda. Por la posición de las muchachas respecto a Venus y Cupido, la necesidad de escoger un camino, de tomar una decisión ante el problema del amor está mucho mejor definida que en los de Visconti-Sforza o de Carlos VI, que sólo se refieren al amor, pero es innegable que ninguno de ellos, ni de los posteriores, expresa tan bien como el de Marsella la necesidad de escoger entre dos alternativas importantes y mutuamente excluyentes.

Y no olvidemos que en la antigüedad clásica el número seis es el número de Venus-Afrodita, diosa del amor físico, y en el Antiguo Testamento es el número del pecado.

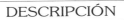

DESCRIPCIÓN

El cupido o arquero es de color carne, para decirnos que su acción es eminentemente material y actúa en dicho plano, si bien sus alas azules muestran que el amor puede ser un medio de elevarse al misticismo, y sus cabellos dorados y libres, que le guía y dirige la inteligencia. Aparece sobre un Sol blanco, síntesis y origen de todos los colores y por ello de todas las posibilidades; para confirmarlo sus rayos son alternativamente amarillos, rojos y azules, clara indicación de su acción en los tres planos: mental, emocional y espiritual. El arco y la flecha son blancos, reflejando lo intemporal de su acción y el amplio espectro de sus consecuencias.

El enamorado viste una túnica ribeteada de rojo para resaltar la parte instintiva y pasional de sus sentimientos, pero la alternancia de sus colores muestra, al igual que sucedía con los rayos solares, la repercusión e influencia de los mismos en los tres planos del ser y en el conjunto de su personalidad.

Ambos brazos son amarillos, si bien sólo el derecho aparece en su totalidad, indicando el predominio de la mentalidad en sus acciones y en la toma de decisiones, y quizás también en el conjunto de su psiquismo, y dado que su mano derecha se apoya en la cintura, un buen control y relación entre lo mental, lo anímico y lo físico.

Su cabeza descubierta, dejando libres sus cabellos amarillos, reafirma el papel mental de su voluntad, totalmente libre para manifestarse según crea conveniente; no obstante, aparece girada a la izquierda, indicando la necesidad de meditar y reflexionar antes de realizar su elección.

Sus piernas desnudas y bien apoyadas en un suelo amarillo indican un sólido apoyo y una amplia libertad de acción, pero basándose en la inteligencia.

La mujer de la derecha representa al amor puro y espiritual que domina ampliamente sobre pasiones e instintos, gracias al predominio del azul sobre el rojo en su ropaje y las mangas blancas que cubren sus brazos; su mano izquierda posada sobre el corazón del hombre, muestra que este amor superior tiene su origen en el corazón (o quiere llegar al corazón del hombre), mientras que su mano derecha apuntando hacía abajo y como intentando estirar el manto azul para cubrir la túnica roja, muestra su deseo de eliminar al máximo lo pasional de su naturaleza. Sus dorados y sueltos cabellos revelan su inteligente y controlada voluntad, y su cuerpo girado a la izquierda, pero mirando casi de frente, revela reflexión, pero con tendencia a la acción directa.

La mujer de la izquierda representa al amor profano en el que lo físico y pasional predomina sobre la espiritualidad a causa de su ropaje rojo, aun cuando sus amplias mangas azules indiquen una ligera tendencia a la espiritualidad al igual que su cabello azul, y el tocado amarillo es el único detalle que indica una cierta mentalidad. Tanto su cuerpo como su rostro mirando totalmente a la derecha, revelan que siempre está presta al cambio y la acción. Su mano izquierda apoyada en el hombro del hombre indica el carácter posesivo de su psiquismo, y el brazo derecho apuntando hacia el suelo sus dificultades volitivas, o bien la expresión de que su actividad ya ha tenido lugar anteriormente.

SIMBOLISMO

Cotejando el orden de los personajes con su carácter activo o pasivo, podemos deducir que 6 = 1 + 2 + 1 + 2, pues el ángel es activo (1), las dos mujeres pasivas (2 + 2) y el hombre activo (1); y si las mujeres

Mantegna.

Visconti-Sforza.

Carlos VI.

Wirth.

THE LOVERS.

Waite.

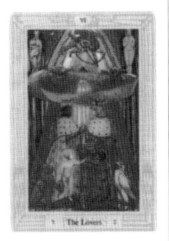

Crowley.

indican la pasividad fecunda, el ángel es la acción de lo superior sobre los actos de lo inferior; es decir, la doble corriente evolutiva e involutiva que si bien nos liga a la materialidad, también nos permite desprendernos de la misma.

Gráficamente, el seis se representa por la estrella de seis puntas que se origina uniendo dos triángulos equiláteros, uno con el vértice hacia arriba y el otro con el vértice hacia abajo, simbolizando respectivamente las cualidades elementales Fuego y Agua, espíritu y materia, y como dijimos al estudiar la numerología, el seis es la necesidad de escoger entre su perfecto equilibrio o el predominio de una de ambas cualidades; es, en una palabra, el número de la prueba entre el bien y el mal.

Como decían los antiguos, el ser humano está sometido a infinidad de fuerzas que lo atraviesan e impelen, pero las mas importantes son dos, una descendente que atrae hacia la materia, y otra ascendente que impulsa a elevarse desprendiéndose de ella; su lugar de encuentro es el corazón.

SIGNIFICADO ADIVINATORIO GENERAL

Siempre representa a una persona inquieta, que desea ser afable, agradable y sociable, pero que duda, reflexiona e intenta ser objetiva ante la necesidad de tomar una decisión; si no se refiere a personas, indica la existencia de dos o más proposiciones o posibilidades mutuamente excluyentes; también puede indicar un amor compartido o no, la entrega, o el sacrificio personal en aras de una buena causa o por un ser querido.

Sin ser una carta favorable, sino más bien neutra, facilita los contactos y las relaciones, si bien el resultado de las mismas dependerá en gran parte de las cartas que acompañan.

Invertida o junto a cartas desfavorables, indica la elección del peor camino o solución, con las consecuencias que ello puede acarrear; también indica debilidad de los lazos afectivos y sociales, e incluso la posibilidad de rupturas o separaciones por un exceso de retraimiento e inseguridad.

SIGNIFICADOS ADIVINATORIOS CONCRETOS

SALUD. En caso de enfermedad suele indicar una situación crítica en la que existen dudas, ya sea de diagnóstico, del tratamiento a seguir, e incluso a veces, sobre la conveniencia o no de una intervención quirúrgica.

Invertida es muy peligrosa, pues puede indicar que el diagnóstico o el tratamiento médico no son correctos, con todas las consecuencias que pueden derivarse. Algunas veces indica la posibilidad de un accidente.

MENTALIDAD. Revela buena capacidad de juicio y confianza en uno mismo; también puede indicar la necesidad de efectuar unos exámenes o alguna prueba similar.

Invertida, indica indecisión, falta de confianza en uno mismo, imposibilidad de concentrarse, y en caso de exámenes o pruebas de aptitud, su mal resultado.

SENTIMIENTOS. Posible inicio de un amor; los sentimientos son profundos, pero se duda si van dirigidos a la persona adecuada. A veces indica la necesidad de escoger entre el amor profano y el sagrado.

Invertida: ruptura de un afecto; frustración en el amor; sentimientos dirigidos a quien no los merece; volubilidad y descontrol emocional.

FAMILIA. Armonía familiar; deseo de fundar una familia, pero existen dudas sobre la oportunidad de hacerlo; a veces un nacimiento o la incorporación de un nuevo miembro.

Invertido indica la debilidad de los lazos familiares; posibilidad de ruptura, separación o divorcio; infidelidad; a veces la muerte o la separación definitiva de algún miembro de la familia.

AMISTADES. Gran afecto con las amistades y posibilidad de hacer alguna nueva; interés por los problemas de los amigos, especialmente si son sentimentales.

Invertido: mala elección de amistades y su posible pérdida; amistades que llevan por el mal camino; dudas sobre la sinceridad de una amistad.

TRABAJO. Necesidad de escoger entre dos o más ofertas de trabajo; dudas sobre la manera de solucionar un problema laboral, o sobre los posibles empleados o colaboradores. A veces necesidad de un reciclaje profesional.

Invertido revela las mismas dudas y problemas, pero escogiendo la mala solución, el camino erróneo.

DINERO. Casi nunca lo indica, y si lo hace es para indicar la necesidad de su distribución y empleo, que será acertada o desacertada según aparezca al derecho o invertido, y según las cartas que acompañen.

MEDITACIÓN SOBRE ESTE ARCANO

El Enamorado muestra al hombre en la encrucijada de dos opciones, de dos caminos: uno es el camino de la incorruptibilidad que le conducirá a la sabiduría y al verdadero conocimiento, pero debiendo renunciar a muchos de los placeres materiales; el otro es la facilidad de una vida pasiva, dejándose llevar por su naturaleza inferior y tendente a una vida aparentemente sin responsabilidades, problemas o angustias.

Sin embargo y a primera vista este arcano nos plantea muchas más preguntas. En efecto, ¿debe elegirse una de las dos opciones, o existe un camino intermedio? y en este caso, ¿son dichos caminos el iniciático, el religioso y el mundano? ¿No significará la presencia de

Cupido que nuestra opción está dirigida o predestinada desde lo alto, y nuestra libertad de elección mediatizada total o parcialmente, lo que implica el problema de la predestinación y el karma?

Examinando juntos los seis primeros arcanos hallaremos la respuesta a tantas preguntas. Vimos que El Mago simbolizaba la voluntad y La Papisa la sabiduría, y su unión o resultado era La Emperatriz, el poder, completando así la primera tríada del tarot. y lo mismo ocurre ahora, pues si El Emperador es la religión esotéríca y El Papa la religión exotérica, El Enamorado simboliza el amor, base y fundamento de todas las religiones, completando y cerrando a su vez la segunda tríada del tarot.

En nuestra limitada percepción de la realidad no podemos evitar pensar y sentir la realidad de nuestra propia vida como algo único y verdaderamente real, mientras que al no formar parte de la misma, los demás seres se nos aparecen como menos reales, como distintos y de menor importancia; nosotros somos el centro de la realidad y los demás deben permanecer alejados de dicho centro. Es lo que constituye el egocentrismo y el *ahamkara* (ilusión del Yo).

La única forma de romper el *ahamkara* y el egocentrismo, es el amor, introducir a otro o a otros en nuestro propio centro, dejarles formar parte de nuestra propia vida y realidad; y lo más fácil es empezar por amar a un único ser, ya sea a otro ser humano o la divinidad, y luego dejar que el amor irradie de nosotros.

Examinado aisladamente, El Enamorado nos muestra las dos opciones iniciales, la del egocentrismo y la del amor, e implícitamente nos define la tentación y su peligrosidad; pero cuando lo consideramos como resultado y unificación de los dos arcanos anteriores, nos muestra claramente cuál es la única opción verdadera: el rechazo de la tentación y el camino del amor que nos conducirá a la unificación con cuanto existe, y en último término, a la unidad con el Todo.

Desde este punto de vista, las restantes preguntas que antes no parecían tener respuesta dejan de ser importantes pues se nos aparece con claridad deslumbrante que descartado el camino descendente, los dos restantes son vías paralelas ascendentes cuya elección sólo dependerá de la personalidad de cada uno, pero tanto la una como la otra nos llevarán a la unidad con el Todo, y si a ello aspiramos realmente, carece de importancia toda posible mediatización desde lo alto y se nos aparece el karma como una preciosa y justa facilidad que se nos otorga de corregir una pasada o presente elección equivocada, y no una injusta predestinación.

En cuanto a sus posibles equivalencias cabalísticas y astrológicas, no puede ser más clara su identificación con el planeta Venus, en su conjunto, sin una clara separación entre sus dos regencias, la de Tauro y la de Libra; es decir, como planeta de la serie emotiva intermedio entre Luna y Júpiter, de la misma manera que también se identifica parcialmente con los senderos sexto y duodécimo, quizás algo más con el sexto.

VII. El Carro

Tanto si queremos ver en este arcano a Ezequiel ganándose la inmortalidad en su carro de fuego, a Anubis, a Hermes, a Marte, o a Alejandro el Magno intentando escalar el Cielo, lo importante es que todas estas imágenes nos presentan a alguien capaz de triunfar, o por lo menos, de seguir avanzando gracias a su valor y energía.

De hecho, si nos remontamos a los orígenes históricos del tarot, veremos que si bien en el de Mantegna no existe El Carro, la carticella de Marte se corresponde perfectamente con El Carro del tarot de Marsella a pesar de notables diferencias, como la inexistencia de caballos; incluso la caja del carro tiene un notable parecido con el pedestal sobre el que descansaban las imágenes de los dioses planetarios de la época, a cuyos lados figuraban, como si fueran ruedas, los símbolos de los signos zodiacales regidos por el planeta. Curiosamente, en el tarot de Vacchetta editado en Turín en 1893, El Carro parece inspirado directamente en la carticella de Mantegna.

En el tarot de Visconti-Sforza ya aparecen los caballos, pero Marte es substituido por una mujer, y en el de Carlos VI el guerrero aparece de pie sobre el pedestal mientras los caballos marchan oblicuamente, cada uno por su lado, y no de frente; otro detalle curioso consiste en el hecho de que en ningún tarot clásico el guerrero empuña las riendas para dirigir a sus caballos.

También es curioso constatar como a partir de Eliphas Levi, que difunde la teoría de Court de Gebelin sobre el origen egipcio del tarot, y a pesar de haberse demostrado muy pronto su falsedad, todavía hoy sigue dibujándose El Carro tirado por esfinges en lugar de caballos.

DESCRIPCIÓN

Dos caballos, uno azul y otro rojo, arrastran una caja provista de dos ruedas y cubierta por un baldaquino, en cuyo interior se encuentra un hombre coronado que sostiene un cetro con su mano derecha.

El hombre se halla de frente y de pie en el interior de la caja con la cabeza ligeramente girada hacia la izquierda, lo que nos indica que a pesar de hallarse encerrado o limitado por la materialidad de la caja, siempre está dispuesto a la acción directa después de la indispensable reflexión.

La corona que cubre su cabeza es la de marqués, siendo curioso comprobar el orden descendente de dicho atributo, pues tras la corona real de la Emperatriz, el casco del Emperador es el de un gran duque, el actual es de marqués, y en lo sucesivo ya sólo aparecerán pequeñas e inclasificables coronas, indicando que también en el tarot

Marte y Júpiter según Nicola d'Antonio degli Agli (Biblioteca Apostólica Vaticana, Cod. Urb. lat. 899).

existe el orden descendente que se observa en los senderos del árbol de la vida.

Tanto la corona como los sueltos cabellos son de color amarillo, indicando el carácter libre y mental de su voluntad, limitada únicamente por la responsabilidad, también mental, de su posición mundana.

El cuello es ancho y visible, lo que reafirma la independencia del ser, y el pecho aparece cubierto por una coraza de color azul, como recordándonos que para seguir adelante debemos revestirnos de una sólida espiritualidad de origen divino e intemporal, a juzgar por el cuello blanco que la limita en su parte superior, y debe ser guiada por la inteligencia, como lo indican las hombreras amarillas y la cintura del mismo color.

Por debajo de la coraza aparece su vestimenta roja que simboliza lo enérgico y pasional de su naturaleza material e instintiva, dominada por la mentalidad de su parte espiritual (el adorno amarillo inferior de la coraza), y limitada por el mundo material en que se halla (la caja del carro).

Su brazo derecho, ejecutor de los mandatos de su mente y personalidad, está enfundado en una manga roja, revelando el dinamismo y la pasión que pone en cumplirlos, y sostiene un cetro amarillo destacando el poder de su mentalidad. El izquierdo, enfundado en una manga amarilla sobre la que penden adornos rojos, y apoyado desmayadamente sobre la cintura, revela que a pesar de los rasgos pasionales que todavía restan en su psiquismo, en su personalidad existe una buena correlación entre lo físico, lo mental y lo anímico.

Sobre sus hombreras aparecen dos máscaras que muestran los dos aspectos fugitivos de la existencia material, el que procede del pasado y el que se crea en el presente, cuya importancia es relativa por su pequeñez; son rojas por haberlas creado las pasiones humanas, y colocadas sobre hombreras amarillas porque la inteligencia puede otorgarles una vida momentánea, aun cuando tarde o temprano podremos prescindir de las mismas del mismo modo que somos capaces de prescindir de todo adorno o circunstancia temporal.

También podemos considerar que en lugar de máscaras se trata de dos Lunas en sus cuartos creciente y menguante, en cuyo caso el significado es prácticamente el mismo, dado que la Luna representa el mundo de las formas y el transcurso del tiempo, a la vez que con sus fases simboliza el proceso de transformación y cambio, en el que el cuarto menguante se refiere al pasado, a lo que finaliza, y el creciente al futuro, a lo que ahora empieza; su horizontalidad, símbolo de pasividad, nos indica que se refiere a estados interiores, subjetivos, y el que estén mirando hacia lo alto, que desde allí arriba se dirige el proceso.

La caja del carro es pesada y al igual que las ruedas es de color carne, salvo el reborde superior que es amarillo, y simboliza que el hombre está encerrado en su materialidad, que lo arrastra y obliga a una actividad incesante a menos que consiga dominar con su voluntad las fuerzas que lo arrastran, simbolizadas por los dos caballos, uno rojo, símbolo de lo pasional, y otro azul, símbolo de espiritualidad, cada uno de los cuales marcha en distinta dirección, aun cuando ambos miren hacia la izquierda, en la dirección de su destino final.

También las ruedas parecen estar excesivamente altas y apuntando en direcciones opuestas, con lo cual la caja se arrastra por el suelo haciendo más difícil la tarea de avanzar, como destacando la enorme dificultad que la materialidad siempre opone a nuestro progreso.

El dosel, de color carne, descansa sobre cuatro columnas iguales que se levantan en las esquinas de la caja, rojas las anteriores y azules las posteriores, y simboliza el velo de la vida material que a pesar de ocultarnos el Cielo es lo suficientemente ligero para poder apartarlo cuando queramos, y las columnas con su igualdad representan el equilibrio entre materialidad y espiritualidad.

El suelo amarillo nos dice que para avanzar el hombre debe hacerlo apoyándose en la comprensión de su destino, y las verdes matas de hierba, representan las fecundas esperanzas en el éxito de su misión sobre la Tierra.

SIMBOLISMO

El siete es el número sagrado en las místicas caldea y hebraica, el número que explicita y completa una etapa de la creación y que puede interpretarse según cuál sea el origen que le atribuyamos. En El Carro, la figura humana dibuja un triángulo y la caja un cuadrado, configurando la suma 3 + 4, el triángulo sobre el cuadrado, el alma asociada al cuerpo, el triunfo del espíritu sobre la materia, símbolo de las grandes realizaciones.

Pero si consideramos que la parte superior está compuesta por cuatro columnas y el hombre, lo que suma cinco, y en la inferior existen dos caballos, tendremos 5 + 2, y siendo el cinco el número del hombre, relaciona a éste con la dualidad, simbolizando la búsqueda de una dirección y un destino.

Si a estos significados unimos el general que se desprende de la lámina, no cabe la menor duda de que El Carro representa el trabajo y la lucha del hombre para dominar las fuerzas elementales y las resistencias materiales dirigido por su voluntad, inteligencia y espiritualidad, cosa que logrará siempre y cuando sepa dominar las tendencias antagónicas de su personalidad.

Todo lo cual resume magistralmente Paul Marteau diciendo: «El Carro representa el peligroso viaje del hombre a través de la materia para alcanzar la espiritualidad mediante el ejercicio de sus poderes y el dominio de sus pasiones».

SIGNIFICADO ADIVINATORIO GENERAL

Este arcano indica movimiento y dinamismo, ya se trate de un simple desplazamiento, un viaje, una empresa, un combate, o un nuevo co-

Mantegna.

Visconti-Sforza.

Carlos VI.

Vacchetta.

E. Levi.

Papus.

mienzo en cualquier plano de la existencia, y a menos de estar maleficiado por otras cartas, siempre significará que se está en el buen camino asegurando el éxito.

Incluso rodeada de cartas desfavorables, asegurará el triunfo, aun
cuando en este caso será tras vencer los obstáculos o adversidades
que las mismas indiquen.

Las cualidades que promete son: energía, autonomía, confianza
en uno mismo, autoridad y capacidad para enfrentarse a las circunstancias y problemas, eficacia, talento, audacia, acción generosa, protección, triunfo, dominio y notoriedad. En resumen, acción enérgica
y exitosa.

Invertida indica que existe la misma actividad, pero mal dirigida y
difícil o imposible de dominar, por lo que existen riesgos mal calculados con peligro de accidentes, ya sean físicos, morales, profesionales
o de cualquier clase, según cual sea la actividad emprendida.

SIGNIFICADOS ADIVINATORIOS CONCRETOS

SALUD. Gran vitalidad, buena salud, excelentes condiciones físicas y
necesidad de movimiento y superactividad.

Invertido indica mala coordinación de la actividad física que puede
ser causa de accidentes con lesiones, fracturas y heridas.

MENTALIDAD. La mente es activa y realizadora, con buenas capacidades de dirección, mando y organización; sin embargo será más
práctica que teórica.

Invertido, la mente sigue siendo activa y dinámica, pero desordenada, lo que puede dar lugar a decisiones precipitadas que comprometan el objetivo deseado.

SENTIMIENTOS. Son cálidos y apasionados, incluso a veces vehementes y expansivos.

Invertido, si bien no pierde dichas cualidades, se exageran, lo que
siempre es peligroso y causa de problemas, por lo cual es necesario
controlar el exceso de emotividad.

FAMILIA. Si bien existe un sentido protector sobre la misma, esta
carta es más benéfica para los amantes o para quienes intentan fundar una familia que para las ya establecidas.

Invertido es francamente desfavorable para los asuntos familiares,
pues propende a discusiones, peleas, infidelidades y rupturas.

AMISTADES. Buen momento para hacer nuevas amistades, para
rodearse de nuevos amigos, pero sin consagrarse a ninguno en exclusiva y con tendencia a renovarlas continuamente. Invertida indica posibles rupturas con pérdida de amistades.

TRABAJO. Es muy buena para todo trabajo que requiera valor,
energía y capacidad de mando, especialmente para deportistas, militares y ejecutivos. Suele indicar nuevas oportunidades, nuevos trabajos, o un nuevo impulso a los ya existentes, y augura el éxito en los
mismos. También es muy posible que aparezca la oportunidad de rea

lizar algún viaje, aun cuando muchas veces no sea por motivos profesionales.

Invertido, indica que se toman excesivos riesgos que no siempre pueden ser superados; en las profesiones anteriormente citadas, riesgo de accidentes.

DINERO. Suele manejarse bastante, o al menos más de lo acostumbrado; sin embargo, el que se gane o se pierda depende de que esté al derecho o invertido.

MEDITACIÓN SOBRE ESTE ARCANO

El número siete simboliza un ciclo completo, una perfección dinámica; cada fase lunar dura siete días y entre las cuatro totalizan 28, cerrando el ciclo. Pero ya Filón de Alejandría hacía notar que la suma de los siete primeros números $(1 + 2 + 3 + + 4 + 5 + 6 + 7)$ es igual a 28, y $2 + 8 = 10 = 1$, lo que nos remite a la unidad.

Pero si el siete es el número de la perfección, es también el número de Satán, que se esfuerza en copiar a Dios, y es por ello que la bestia infernal del Apocalipsis tiene siete cabezas.

Si examinamos detenidamente El Carro, veremos que a pesar de mirar en una única dirección, la misma que el hombre, los caballos marchan diagonalmente en direcciones distintas; no olvidemos que el azul se refiere a la espiritualidad y el rojo a las pasiones y que ambas cosas difícilmente pueden ir en una misma dirección; si a esto unimos la pesadez material de la caja del carro parece casi imposible conseguir que avance.

No obstante, en dinámica se nos dice que si aplicamos dos fuerzas distintas sobre un mismo punto, obtendremos una nueva fuerza que será la conjunción de ambas. Esto es lo que ocurre en nuestro caso, pues para lograr que la resultante del empuje de los dos caballos impulse el carro hacia adelante, será necesario que sus fuerzas sean equivalentes.

Pero también habremos observado que el auriga no empuña ni riendas ni espada, sino un cetro amarillo, lo cual nos indica que su verdadero poder y capacidad de dirección son de carácter mental e inteligente, y si quiere alcanzar la meta propuesta debe ser capaz de equilibrar espiritualidad y pasiones, pues de no hacerlo así, dominará una de ambas condiciones, conduciendo hacia una espiritualidad quizás todavía inmadura, o hacia una pasión excesiva que puede conducir al abismo. Creemos que gráficamente no podía representarse mejor la anterior afirmación de que el siete es a la vez un número divino y diabólico.

Ya hemos dicho que el sentido general y abstracto de este arcano es el de la lucha del hombre para dominar las fuerzas elementales y las resistencias materiales mediante el ejercicio de sus poderes; así pues, ahora ya podemos decir que si El Enamorado era un arcano de encrucijada y tentación, también lo será El Carro, y si el uno se centraba en el amor, el otro lo hace en el poder y el dominio, y en este caso la tentación es la de usarlos egoístamente.

Si después de lo dicho volvemos al grabado, veremos que el triunfador está solo, no lleva armas ni nadie lo aclama; y si en su soledad ejerce un dominio sobre las fuerzas más poderosas de su personalidad, lo hace gracias a su voluntad e inteligencia.

Y como decía un autor anónimo alemán, el triunfo logrado en soledad es la única gloria real, puesto que no depende del favor ni el juicio humanos; pero en él reside también el más real y grave de los peligros espirituales: el del orgullo místico, la megalomanía mística, el divinizarse a uno mismo y creerse un elegido; lo cual es la mayor tentación y peligro en que puede hacernos caer el poder y dominio que otorga el ocultismo práctico.

Si evita esto, el triunfador del séptimo arcano será el verdadero adepto al hermetismo, y las fuerzas opuestas de la espiritualidad y la pasión, de la fe y la duda, de la vida y la muerte permanecerán bajo su dominio, dominio que no significa vasallaje, sino alianza, equilibrio y justicia.

Para finalizar, si buscamos sus equivalencias cabalísticas y astrológicas, hallaremos notables coincidencias con el séptimo sendero, con *Geburá* y con Marte, si bien la dualidad y la mentalidad que encierra, hacen pensar más en un Marte en Géminis que en un Marte puro.

Wirth.

Waite.

Crowley.

VIII. La Justicia

La octava lámina del tarot define un concepto tan antiguo como la propia civilización, encarnado ya en el antiguo Egipto por la diosa Maat en un sentido mucho más profundo que el actual. Maat simbolizaba todo lo jus-to, verdadero y ordenado de acuerdo con la creación, el equilibrio del universo, la armonía de la naturaleza, la regularidad de los fenómenos celestes, la concordia entre los seres vivos, la piedad religiosa, el respeto entre los humanos, la justicia en la sociedad y la verdad en el orden moral.

Se solía representar a Maat como una mujer con la *táu* en su mano derecha y una pluma de avestruz en la cabeza. Según la religión egipcia, cuando alguien moría, Anubis lo presentaba ante un tribunal de dioses compuesto por Osiris, Isis, Neftis y cuarenta y dos divinidades más ante las que debía realizar su confesión; luego, colocado su corazón en el platillo de una balanza, Maat depositaba su pluma en el otro, Anubis comprobaba el resultado de la pesada, Thot lo anotaba, y del mismo dependía si el difunto podía pasar al reino de los dioses o debía ser devorado por un monstruo con cabeza de hipopótamo.

Así pues, en Egipto no era Maat, la justicia, quien manejaba la balanza, sino Anubis; ella, con el simbólico peso de su pluma, decidía el destino final del difunto. Es en Grecia donde la justicia, ahora bajo el nombre de Themis, se representa por primera vez con la balanza en una mano y la espada en la otra, y a veces con los ojos vendados y los oídos tapados, como para indicar que no debe dejarse influir por las apariencias ni las recomendaciones.

Con el gran predominio del cristianismo en los inicios de la Edad Media, es al arcángel san Miguel a quien se atribuye el simbolismo de la justicia emanada de lo alto, con la espada y la balanza, pero no tarda ésta en recuperar su papel, y a mediados del siglo XIII se recupera la clásica representación greco-romana.

La balanza y la espada, la pesada y el castigo, y ello no sólo en esta vida sino también después de la muerte; idea básica de todas las religiones, ya sea mediante la ley del karma con el premio y el castigo en este mundo, o la justicia divina con el cielo y el infierno en el otro. Éste es también el simbolismo del octavo arcano, tan evidente que no precisa mayor aclaración.

Waite cambia su número con el de La Fuerza, lo cual es un grave error, pues desde los griegos hasta nosotros el ocho siempre ha sido el número del equilibrio y de la justicia, así lo afirman por ejemplo san Agustín y Molière, por referirnos sólo a autores clásicos no influenciados por el tarot, mientras que el once implica una confrontación y desmesura, es decir una energía excesiva que lo mismo puede conducir al inicio de una renovación, como equivaler a la ruptura de la dé-

La diosa Maat, en las dos formas bajo las que más comúnmente era representada.

El juicio de los muertos ante
el dios Osiris.

cada y de cuanto significa; es por ello que san Agustín decía que en el
número once se encierran las armas del pecado, y según Schneider es
un número infernal, de conflicto y de martirio.

DESCRIPCIÓN

Entre todos los arcanos del tarot, sólo dos muestran figuras humanas
totalmente de frente: La Justicia y El Ahorcado, pero este último en
posición invertida e inestable. Por ello es el que indica con mayor
fuerza una acción directa y total, pero en un sentido interior y medita-
tivo por tratarse de una figura sentada, lo que nos reafirman sus pies
ocultos bajo la túnica.

La Justicia está sentada en un trono amarillo, grande y sólido, indicando que debe ser inconmovible y estar basada en la inteligencia,
lo que corrobora el suelo amarillo en el que una mata de hierba del
mismo color simboliza la pasividad fecunda de la sabiduría que debe
constituir la base sobre la que se apoye.

Su cabeza está cubierta por un extraño tocado dorado que junto al
collar de oro y el límite dorado de su túnica, forman como una protección total de carácter mental a cabeza y cuello, queriendo indicar que

Themis.

su voluntad e independencia deben hallarse protegidas de toda influencia exterior. Su corona, también de oro, simboliza su soberanía, y el adorno en forma de dos círculos concéntricos sobre su frente parece simbolizar el «tercer ojo», aquella penetrante visión interior a la que nada puede ocultarse.

La túnica roja que viste su cuerpo representa lo enérgico y apasionado de su entera personalidad física y anímica, bien controlada por la espiritualidad del manto azul que la cubre cuando debe desempeñar su actividad juzgadora.

Su brazo izquierdo enfundado en una manga amarilla nos revela el carácter inteligente y mental que domina su psiquismo y estados de ánimo, y su mano apuntando hacia lo alto al sujetar la balanza, que es de allí de donde recibe su facultad de pesar y juzgar, y la balanza, también amarilla, que la inteligencia debe presidir pesada y juicio.

Con la mano derecha sujeta una espada amarilla cuyo puño reposa sobre el borde del trono, indicando el implacable cumplimiento de la sanción merecida, pero también que debe serio con inteligencia y sin espíritu vindicativo.

SIMBOLISMO

En el capítulo dedicado a la numerología vimos como el ocho era el intermediario entre el orden natural y el divino y simbolizaba la equidad y la justicia.

Enel, retomando y mejorando las definiciones de Christian, resume el simbolismo de este arcano diciendo que en el mundo divino representa la justicia absoluta, la recompensa y el castigo merecidos; en el mundo de las fuerzas, la ley de atracción y repulsión que se equilibran en la mecánica del universo; y en el mundo material, la justicia y la injusticia humanas.

Edmond Delcamp nos dice a su vez que la primera virtud del triunfador (simbolizado por El Carro), la que le permitirá llevar acabo su misión con una comprensión inteligente, es La Justicia, y que puede apreciarse a simple vista que no existe nada de común entre la justicia humana y la del tarot.

Resumiendo pues, podemos decir que La Justicia simboliza la ley universal del equilibrio que preside la manifestación y crea el ritmo inmutable de los acontecimientos; es gracias a su acción, más correctora que sancionadora, que cualquier error o desviación del recto sendero puede ser corregida, y tarde o temprano cada uno de nosotros llegará a alcanzar su verdadero destino.

SIGNIFICADO ADIVINATORIO GENERAL

La Justicia se refiere a una persona honesta, pero severa, que desea pesar el pro y el contra de las cosas, mostrarse justa y equilibrada, lo

Mantegna.

Visconti-Sforza.

Carlos VI.

Wirth.

Waite.

Espinal.

que tanto puede constituir una garantía de éxito, de una decisión acertada, como el lastre de la duda ante los acontecimientos y decisiones.

En otro orden de cosas, La Justicia no añade ni quita nada, alude a una situación bloqueada que requiere ser analizada y compensada; es la voz de la conciencia que exige partir de criterios justos, equitativos e imparciales. Es por ello que suele indicar pleitos y juicios, recompensas y castigos; las consecuencias ineludibles de toda acción anterior.

El resultado será positivo o negativo según aparezca del derecho o invertida, pero también se verá afectado por las cartas que la acompañen.

SIGNIFICADOS ADIVINATORIOS CONCRETOS

SALUD. Estable y bien equilibrada, pero quizás algo pletórica a causa de la inmovilidad del arcano, y de existir algún problema puede garantizarse la curación total tras un período estacionario.

Invertida augura problemas de salud, ya sean debidos a un desequilibrio de las secreciones internas, del metabolismo, de la función renal, o en el mejor de los casos a una simple lumbalgia.

MENTALIDAD. Mente metódica, disciplinada, lógica, veraz, minuciosa, independiente, pecando a veces de rígida y severa, pero siempre con claridad de juicio, capacidad para intuir y evaluar las posibilidades y peligros en todas las circunstancias de la vida y para aconsejar y juzgar a los demás.

Invertida, la exageración de estas mismas cualidades las convierte en defectos: el exceso de rigidez y severidad se torna intolerancia e intransigencia, el exceso de minuciosidad paraliza la toma de decisiones, y así sucesivamente.

SENTIMIENTOS. Aun cuando sean rectos y honestos, siempre son excesivamente fríos, secos y legalistas; en resumen, es una carta más bien desfavorable en lo que se refiere a vivir y expresar cualquier clase de sentimientos y emociones. Sólo en personas muy evolucionadas el amor es capaz de fluir y armonizarse con la justicia

Invertida indica falta de sentimientos o la ruptura de lazos sentimentales ya existentes.

FAMILIA. También aquí se hace presente la tendencia a la legalidad y severidad, por lo que propende a aquel tipo de familia tradicional donde cada uno de sus miembros sabía cuál era su lugar, sus deberes y derechos y se atenía a ello, lo cual siempre resulta en detrimento del amor. Cuando aparece en la tirada para alguien que mantiene una relación abierta indica el deseo de legalizarla.

Invertida indica la falta o la ruptura del amor y de los lazos familiares, ya sea por separación, divorcio o cualquier otro motivo, pero legalizando siempre la situación final resultante.

AMISTADES. Existe con las mismas un mayor entendimiento mental que afectivo.

Invertida indica desacuerdos e incluso rupturas por la incapacidad de transigir con las posibles faltas o defectos de los demás.

TRABAJO. Siempre implica la presencia de la justicia y la burocracia, ya sea por ejercer alguna profesión relacionada con las mismas, por presentarse un juicio legal que a la larga se gana, por la legalización de un contrato, o simplemente puede indicar la necesidad de poner al día la documentación y papeleo laboral y profesional.

Invertida puede indicar un juicio que se pierde, un contrato rescindido, o cualquier clase de sanción penal, fiscal o laboral.

DINERO. Es totalmente neutral en cuestiones económicas, excepto cuando llega o se pierde como consecuencia de cuestiones legales en curso.

MEDITACIÓN SOBRE ESTE ARCANO

Contrariamente a lo hecho con los anteriores arcanos, empezaremos por referirnos a la cábala por ser tan evidente la equivalencia de La Justicia con el duodécimo sendero, que si tenemos en cuenta el error de Waite al equiparar El Loco con el primero y correr un lugar todos los demás, era totalmente imposible equiparar La Fuerza con el duodécimo, y en cambio, éste encajaba a la perfección con La Justicia, debiendo relacionarse La Fuerza con un sendero tensional como el noveno.

El árbol de la vida se compone de tres pilares: el de la Misericordia, el del Rigor y el del Equilibrio; en el *Zohar* se considera a los dos pilares externos como el del bien y el del mal (metafísicamente hablando), que deben equilibrarse en el central para mantener la estabilidad de la creación.

De aquí resulta que el mundo de los *sefirot* es como un sistema de balanzas que actúa en los cuatro mundos de la creación; en cada uno de dichos mundos, menos en el último –que es el resultante–, existe un *sefirá* de misericordia y otro de rigor, que además de complementarse entre sí desembocan, al equilibrarse, en otro sobre el pilar central.

En efecto, en el Mundo de los Arquetipos los dos principios complementarios de *Hojmá*, la Sabiduría, y *Biná*, la Inteligencia, se equilibran entre sí para dar como resultado a *Daat*, la conciencia superior, en orden descendente; mientras que en el orden ascendente podemos decir que Sabiduría e Inteligencia bien equilibradas nos permiten llegar a *Kéter*, el concepto de la divinidad.

En el Mundo de la Creación, *Hessed*, la Misericordia, y *Geburá*, la Severidad, se equilibran para conducirnos a *Tiferet*, la Belleza o Corazón de Dios, en su sentido descendente y a *Daat* en el ascendente. y así podríamos seguir con los demás Mundos.

Lo que deseamos resaltar es la necesidad de compensar siempre lo positivo y lo negativo, la misericordia y el rigor, el espíritu y la materia, si queremos llegar al verdadero equilibrio, que en el pilar central nos lleva del hombre a Dios pasando por la conciencia, desde la inferior *(Yesod)* a la superior *(Daat)* y centrada en el corazón de Dios *(Tiferet)*.

Todo esto podemos aplicarlo al tarot a pesar de su estructura lineal, mucho más simple, y es por ello que La Justicia nos recuerda que tras el triunfo del Carro, capaz de hacernos caer en un exceso de rigor, es necesario emplear La Justicia para conseguir el necesario equilibrio, y que este equilibrio sólo lo hallaremos centrándonos en nuestra conciencia. Pero también nos dice que la justicia sigue existiendo más allá de esta vida, y de como juzguemos nosotros dependerá como se nos juzgue, lo que implica la verdad de la ley kármica y de aquellas palabras de la Biblia (San Mateo 6,14-16) que dicen:

«Porque si vosotros perdonáis a otros sus faltas, también os perdonará vuestro Padre celestial. Pero si no perdonáis sus faltas a los hombres, tampoco el Padre perdonará vuestros pecados.»

De lo que se desprende claramente que una cosa es juzgar e inquirir dónde se halla la verdad y otra muy distinta quedarnos en el rigor, pretender aplicar la justicia y castigar por nuestra cuenta, pues más allá de la justicia humana existe una suprema ley equilibradora que tiene la última palabra. También en el Pilar del Equilibrio, por encima de la conciencia humana de *Yesod,* existe la conciencia superior de *Daat;* y *Kéter* por encima de todo.

Casi resulta obvio, después de lo dicho, mencionar la equivalencia de La Justicia con el duodécimo sendero y con Júpiter en el signo de Libra.

IX. El Ermitaño

Otra lámina cuya evolución ha sido notable a través del tiempo, pues si todavía no existe en el tarot de Mantegna, es posible reconocer el mismo concepto en la dedicada a Saturno, donde el padre de los dioses aparece devorando a sus hijos. Sin embargo, la verdadera imagen clásica del Cronos griego o del Saturno romano, era la de un anciano con un reloj de arena en una mano y una guadaña en la otra, pues Saturno es el símbolo del tiempo que todo lo devora en su marcha implacable hacia la eternidad.

El tarot de Visconti-Sforza realiza un cambio a mitad de camino entre el Saturno de Mantegna y su imagen tradicional al transformarlo en un anciano con el reloj de arena en una mano, mientras en la otra sigue manteniendo el bastón en lugar de la guadaña, y en el de Carlos VI abandona el bastón. Es en la Minchiate donde parece pasarse de la imagen de Saturno a la de Capricornio –el signo al que rige– pues para incrementar su apariencia de anciano se apoya en unas muletas y se acompaña de un animal que si bien debería ser una cabra más bien parece un ciervo. En todos los tarots posteriores la imagen que se nos presenta es una mezcla de monje ermitaño y de Diógenes. Como curiosidad mencionaremos que la ortografía con la que aparece en el tarot de Marsella es incorrecta, pues en francés ermitaño se escribe sin H por derivar del griego *eremos* = desierto; es por ello que Robert Grand se pregunta si el hecho de escribir «L'Hermite» no se hizo a propósito en recuerdo de Hermes Trismegisto. No creemos deban llevarse las cosas tan lejos a pesar de las concordancias entre la sabiduría saturnina y la hermética.

DESCRIPCIÓN

El Ermitaño parece estar caminando lentamente hacia la izquierda, totalmente de perfil, expresando gran energía y una actividad interior reflexiva acentuada por sus pies ocultos bajo el hábito; su cabeza girada hacia adelante nos indica que mente y voluntad están prestas para la acción directa. Su cabeza descubierta y sus sueltos cabellos expresan una libre y poderosa voluntad, pero el color carne de barba y cabellos revelan que tiende a centrarla en la vida material, sobre su existencia aquí en la Tierra. Sin embargo, su cuello está totalmente oculto, principalmente por el rojo capuchón finalizado en una borla amarilla, indicando que si bien su libertad de acción se halla limitada por un dinamismo apasionado y material con el que es capaz de cubrírse cuando le conviene, su finalidad última es de carácter mental. Su cuerpo se halla vestido con una túnica roja y cubierto por un

Mantegna.

Visconti-Sforza.

Carlos VI.

Minchiate.

Vacchetta.

Waite.

manto azul forrado de amarillo, lo que nos indica que su entera personalidad, dinámica y apasionada, se mueve en el terreno material, pero controlada por una espiritualidad interiormente inteligente.

Avanza encorvado apoyándose en un bastón color carne que sujeta con su mano izquierda, simbolizando la necesidad de captar las energías materiales sin perder el contacto con el mundo terrenal, como sintiendo pesar sobre su entera personalidad la responsabilidad de una sabiduría secular, a la vez que antes de avanzar desea tantear bien el terreno que pisa.

El derecho, que mantiene alzado, sostiene una linterna y la protege con su manto, como indicando que debe guiarse por la luz de la verdad, luz que sólo puede perdurar en el recogimiento interior, pues dejada a la intemperie no tardaría en apagarse y desaparecer sin provecho; la linterna consta de seis caras de las que sólo son visibles tres, una roja y dos amarillas, lo que indica que la búsqueda o la divulgación de la verdad y el conocimiento deben ejercerse enérgica, pero inteligentemente, lo que reafirma su parte superior totalmente amarilla; además, sostiene la linterna mediante un vástago blanco, revelando que su verdad y sabiduría se basan en la experiencia y son intemporales e inmateriales. Por último, el suelo sobre el que camina y se apoya es amarillo, como indicando que es en la parte inteligente del mundo material donde debe apoyarse.

SIMBOLISMO

El nueve es el número de la gestación y simboliza la coronación de una tarea y el fin de una etapa antes de llegar al diez, de volver a la unidad; los egipcios lo llamaban «la montaña del Sol», por indicar la suprema ascensión, la experiencia máxima, el conocimiento total. Al estudiar la numerología ya nos extendimos en su análisis y recomendaríamos al lector que antes de seguir adelante releyera cuanto allí dijimos para comprender mejor el alcance del noveno arcano.

En el tarot no abundan los ancianos y se limitan a El Emperador, El Papa y El Ermitaño, pues a pesar de su barba El Loco no lo es. En todas las épocas y en todas las civilizaciones la vejez indica experiencia, sabiduría y reflexión; es por ello que en las escrituras sagradas aparecen «El Anciano Amarillo», «El Viejo de la Montaña», «El Anciano de los Días», e incluso algunos maestros taoístas se representan desde su más tierna infancia como viejos para simbolizar que han nacido con la gran experiencia de vidas anteriores.

Otro símbolo importante es el de la linterna, íntimamente ligado a la emanación de la luz y del conocimiento; la lámpara del método –dicen los tibetanos– permite descubrir la sabiduría; la lámpara es a la vez Dios y luz, enseña el esoterismo ismaelita; en el Japón la linterna simboliza la iluminación y la claridad del espíritu; en la antigüedad clásica también simboliza la inteligencia y el espíritu, tanto en el mito griego de Psique como en la leyenda de Diógenes; y considerada como una luz independiente, escindida de la luz universal, simboliza la vida particular frente a la existencia cósmica, el hecho transitorio frente al eterno. Es por ello que en El Ermitaño recuerda a la lámpara de Hermes, a la luz velada de la sabiduría que podría cegar a quienes no están preparados para recibirla. Resumiendo todo lo anterior, concluiremos diciendo que El Ermitaño simboliza la larga, difícil y peligrosa búsqueda interior de aquel que desea alcanzar la verdad y la sabiduría, a la vez que nos advierte de la necesidad de proteger de la curiosidad ajena los conocimientos adquiridos.

SIGNIFICADO ADIVINATORIO GENERAL

El Ermitaño representa a una persona solitaria, por lo general de mayor edad que el consultante, posiblemente célibe, reflexivo e introvertido, sexualmente frío y casto por naturaleza o bloqueado en el terreno afectivo, escéptico y algo misántropo, empeñado en una empresa que tardará mucho en fructificar. Es el hombre sabio y prudente que ha aprendido por su propia experiencia, conocedor de que el tiempo es su mejor aliado y, por ello, un excelente apoyo y consejero.

Cuando no se refiere a personas lo hace al tiempo, el esfuerzo, la tradición, la vejez, la soledad, la espera, la búsqueda del conocimiento, la reflexión, la prudencia, la paciencia, la austeridad, la responsabilidad; en resumen, a todo aquello que requiere tiempo, premeditación y esfuerzo constante. Es por ello que indica que el asunto consultado sigue un curso favorable, pero tardará en resolverse definitivamente.

Invertida todas estas cualidades y factores se exageran, y la castidad se convierte en impotencia, la reflexión e introversión en cerrazón renunciadora de la acción y la sociedad, la paciencia en impaciencia, etc., con lo cual su camino es incierto, las dificultades y obstáculos se multiplican y es imposible predecir cuándo llegarán a resolverse los problemas, y si aparece acompañado de otras cartas desfavorables, es que nunca lo harán.

SIGNIFICADOS ADIVINATORIOS CONCRETOS

SALUD. Augura salud estable pero no precisamente sólida, y de existir actualmente alguna enfermedad, la tranquilidad de que un buen tratamiento médico permitirá recuperar la salud aun cuando sea lentamente. Invertida advierte contra deficiencias de la vitalidad, caídas, fracturas, problemas óseos o vertebrales, de la piel, artrosis, reumatismos y toda clase de enfermedades producidas por el frío y las carencias o excesos de mineralización. De existir en la actualidad algún problema de salud, revela lo lento y difícil de su curación o su carácter crónico e irreversible.

MENTALIDAD. Se refiere a todas las cualidades mentales que hemos mencionado en los significados generales, por lo cual siempre aporta el conocimiento y la claridad necesaria para resolver los problemas, y suficiente fuerza de voluntad para llevar acabo la resolución tomada o el consejo recibido. También puede anunciar el estar entregado a estudios de carácter científico o filosófico. Invertido significa que la mente es estéril, obtusa e incapaz de resolver los problemas planteados, con lo cual se fracasa por falta de decisión, excesiva lentitud, irresponsabilidad o estupidez. A veces indica la inutilidad de los estudios emprendidos o la imposibilidad de finalizarlos.

SENTIMIENTOS. Siempre existe dificultad o incapacidad para expresar los propios sentimientos, e incluso para comprender los sentimientos de los demás, lo que comporta un bloqueo o como mínimo una frialdad emocional y sentimental que conduce a la soledad y el retraimiento, en mayor o menor grado según salga del derecho o invertida y en la forma y motivos que indiquen las cartas acompañantes. En el mejor de los casos es la renuncia al amor en aras de un ascetismo fecundo.

FAMILIA. Nunca es favorable a la misma, a menos que se refiera a familiares ancianos; por lo general y en forma parecida a lo indicado al hablar de sentimientos, se refiere a la carencia o separación de la familia, a la soledad y el celibato, ya sea voluntario o forzado por las circunstancias.

AMISTADES. Las amistades existentes se fundamentan mucho más en la afinidad de estudios, propósitos y forma de pensar que no en un verdadero afecto; a pesar de ello son sólidas, de fiar y extraordinariamente duraderas, incluso de por vida.

Invertido lo que indica es la carencia de amistades, y de existir alguna debe desconfiarse de sus consejos.

TRABAJO. Se refiere en especial a los relacionados con la investigación científica, filosófica o el sacerdocio, pero en cualquier caso siempre implica trabajos de responsabilidad y asesoramiento, que requieran profundidad de conocimientos, prudencia, paciencia, meticulosidad y discreción. También puede indicar que actualmente se está embarcado en una tarea de dichas características aun cuando no se trate de la verdadera profesión. Invertido indica la existencia de problemas laborales o profesionales a causa de retrasos, obstáculos e incluso de trámites burocráticos que se eternizan. A veces se refiere a trabajos pesados, desagradables e interminables.

DINERO. En lo económico existe tendencia al ahorro, al atesoramiento en mayor o menor grado, por lo cual siempre indica un lento, pero regular acrecentamiento de los bienes.

Invertido dicha tendencia se convierte en avaricia, a menos que las cartas acompañantes indiquen pobreza, en cuyo caso es muy difícil que pueda superarla en un futuro inmediato.

MEDITACIÓN SOBRE ESTE ARCANO

Durante mucho tiempo El Ermitaño fue un arcano cuyo simbolismo me resultaba contradictorio, pues examinado detenidamente aparecen algunos contrasentidos. En efecto, siendo un arcano de sabiduría y prudencia lo lógico sería que apareciera antes de La Justicia, como preparación a la misma y no después; y siendo eminentemente mental, ¿por qué el azul de la espiritualidad y el rojo de los sentimientos y pasiones son los colores dominantes en detrimento del amarillo?

Es en el árbol de la vida donde hallé la respuesta, pues aquí ocurre como una exageración de lo sucedido en La Justicia, donde los tres colores aparecen equilibrados sin el esperado predominio del amarillo; y ya vimos que era por la necesidad de equilibrar inteligencia, amor y espiritualidad.

Dentro del árbol de la vida, El Ermitaño sólo puede hallar su equivalencia en *Biná* y los senderos octavo y decimosexto, y salta a la vista que si *Biná* y el octavo sendero pertenecen totalmente al Pilar material del Rigor, y el decimosexto se inicia en *Tiferet* para finalizar también en dicho Pilar, trasladado esto al tarot, que ya hemos dicho es un sistema lineal, se hace necesario destacar de algún modo la necesidad de no caer en la tentación de la pasión fría y egoísta de Saturno y de no encerrarnos tampoco en su helada mentalidad racional.

De aquí el predominio del azul para destacar que por encima de todo ello debemos aspirar a la espiritualidad abstracta de Saturno en Capricornio, aun cuando sólo sea como un ideal fijo en nuestra mente, dado que en la realidad es un patrimonio casi exclusivo de los verdaderos iniciados.

Podríamos decir que El Enamorado, convertido en el triunfal conductor del Carro, al enfrentarse a La Justicia que le recuerda que la ley básica del universo es la del equilibrio, si desea poder seguir adelante debe acogerse al camino que le muestra El Ermitaño, el de la sabiduría y la experiencia, pero evitando caer en la tentación de la materialidad, tanteando prudentemente el camino con su bastón e iluminándose interiormente con la luz velada de la verdad. Será así cuando desligado del mundo y sus pasiones se convierta en el filósofo hermético capaz de alcanzar la verdadera sabiduría.

Así pues, El Ermitaño representa el método y esencia del verdadero hermetismo, del fundado en la concordancia de los tres métodos del conocimiento: el del raciocinio (lámpara), el de las leyes de analogía (manto), y el de la experiencia auténtica e inmediata (bastón).

En cuanto a las equivalencias cabalísticas y astrológicas, debemos descartar la de *Biná* por ser la del Saturno metafísico, el arquetipo de la sabiduría absoluta. También debemos descartar el octavo sendero por equivaler más bien a Saturno en Cáncer, su exilio, donde su tendencia acumulativa (aunque sea de conocimientos) pierde en profundidad lo que gana en extensión y practicidad. Nos queda pues, el Saturno capricorniano, lógico y abstracto, adecuado para la filosofía, la metafísica, la teología y el hermetismo; es decir, para el conocimiento de la esencia última de las cosas, del fin supremo del hombre: el del decimosexto sendero.

X. La Rueda de la Fortuna

La idea que se encierra en este arcano casi es tan antigua como la humanidad, pues desde siempre se ha comparado la mutabilidad de las situaciones y acontecimientos de la vida con los movimientos giratorios de una esfera o de una rueda, en los cuales una parte cualquiera de la misma tanto se halla arriba como abajo, subiendo o bajando.

Fueron los griegos, siempre dispuestos a crear nuevos dioses que cubrieran la necesidad de trasladar sus responsabilidades a un estadio más alto, quienes crearon a una diosa, la Fortuna, capaz de justificar con sus veleidades situaciones y cambios de posición que consideraban imprevisibles y opuestos a la inflexibilidad e inmutabilidad del destino.

Para ello la representaron como una mujer con los ojos vendados, o ciega y calva, con un pie en el aire y el otro apoyado sobre una rueda alada o girando a toda velocidad, y sosteniendo en una mano el cuerno de la abundancia.

A partir de entonces esta imagen ha sufrido infinidad de variaciones, empezando por la clásica sobre un globo o una rueda, o situándola dentro de la misma, haciéndola girar con sus manos o colocándola detrás, hasta dotar a la rueda de un eje y una manivela para hacerla girar con figuras humanas en su llanta que representaban el ascenso y caída mundanos, y terminando por cambiar dichas figuras por las de animales reales o simbólicos e incluso suprimiendo, en algunos casos, la imagen de la diosa Fortuna.

Pero a su vez, la imagen de la Fortuna encierra otro significado más profundo ya evocado en la escuela órfica cuando la define como «*Rota fati* et *generationis*», la rueda de la fatalidad y de la generación, es decir, la rueda de los nacimientos y muertes sucesivos, la fatalidad de la reencarnación. y cómo no, el proceso cíclico de la existencia en todo el universo.

Ni en el tarot de Mantegna ni en el de Carlos VI existe este arcano, o al menos no ha llegado hasta nosotros ningún ejemplar del mismo; aparece por primera vez en el de Visconti-Sforza representando a la Fortuna con los ojos vendados y haciendo girar la rueda desde su interior, con cuatro figuras humanas que reflejan la evolución de la vida, en edad y fortuna: de la infancia a la vejez, y de la miseria al trono para volver a la indigencia.

Un detalle digno de mención, es que en el tarot de Visconti-Sforza, al igual que en las imágenes medievales, la rueda gira en la dirección de las agujas del reloj, y con ello el movimiento de la rueda se dirige a la izquierda de la lámina indicando acciones sucesivas de acuerdo con el simbolismo de la época, mientras que en el tarot de Marsella y los derivados del mismo se invierte el sentido del movimiento, lo cual, según Rijnberk, podría ser debido a que en el siglo XV,

La Fortuna.

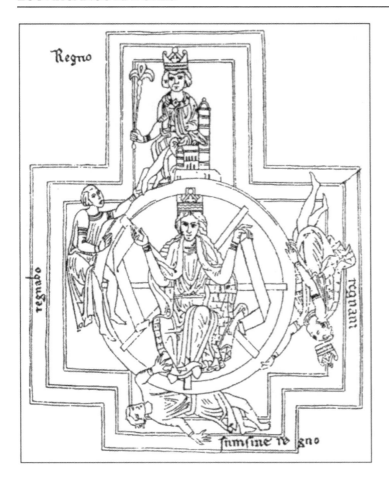

Regno

regnabo

regnani

fumfine regno

La Rueda de la Fortuna
según los Carmina Burana.

cuando se inició el sistema de impresión por grabado, el dibujo original se reprodujese invertido.

DESCRIPCIÓN

La rueda representa el movimiento cíclico que rige el universo y, en
este caso especial, la vida humana; su llanta es de color carne para resaltar que su acción se realiza preferentemente en el plano físico y material; su centro es rojo para indicar el dinamismo que la mueve, y sus
radios son azules y blancos, pues dicho dinamismo parte del mundo
espiritual y se trata de un proceso intemporal, más allá del tiempo y del
espacio, lo que reafirma lo blanco del eje alrededor del que gira y la
manivela que la mueve.

   Se sostiene sobre dos montantes amarillos para indicar que su acción no es fruto de la casualidad, sino de una inteligencia que reside

fuera de la rueda y, por lo tanto, del círculo de las circunstancias y encarnaciones; sus bases, también amarillas, se hallan unidas por dos travesaños color carne, para indicar la indisoluble unión material y mental del proceso, y se apoyan sobre un suelo también de color carne; es decir, que el conjunto de la acción debe desarrollarse sobre el mundo físico y material en que vivimos.

La figura ascendente, seguramente un perro, aparece mirando hacia lo alto, es totalmente amarilla y va vestida con una chaqueta azul de faldones rojos, indicando que para superar la etapa de la animalidad o vida inferior, es necesario desearlo firmemente, ser inteligente, y que dicha inteligencia se recubra con un mínimo de espiritualidad y empiece a relegar y desprenderse de las pasiones y apetitos de su etapa anterior.

La figura descendente, seguramente un mono, aparece mirando hacia el frente, es de color carne y viste una falda roja y azul con predominio de rojo, indicando que desciende por la acción directa de su voluntad, y que sólo en su parte instintiva, dominada por las pasiones, todavía existe un resto de espiritualidad que le hace darse cuenta del destino que le aguarda, según se desprende de la triste expresión de su rostro.

La figura superior, al parecer una esfinge azul con alas rojas, es la manifestación del destino justiciero, inexorable e intemporal, cuya acción es totalmente directa, pues aparece de frente; su voluntad y libre albedrío espirituales están regidos por una inteligencia suprema, como lo indica la corona dorada; sus alas rojas más que a pasión se refieren al dinamismo de la entera personalidad (o manifestación) del destino; la espada blanca que sostiene en su mano izquierda, que al aplicar la justicia lo hace con un estado de ánimo totalmente neutro e imparcial. y se apoya sobre una base amarilla, por encima de la rueda, para indicar que se basa en una inteligencia muy por encima de los cambios y las encarnaciones.

SIMBOLISMO

El diez es el número que cierra un ciclo para iniciar otro, siendo a la vez fin y principio. Es por ello que debemos considerarlo como una imagen de la totalidad del universo en movimiento; además, en hebreo se corresponde con la letra *yod*, origen de las restantes letras del alfabeto, lo que nos ratifica en considerarlo el principio de toda actividad, de toda causa eficiente y de todo destino individual.

Por ello se identifica perfectamente con La Rueda de la Fortuna para simbolizar los diferentes estadios de la evolución humana, así como la rueda cíclica de las existencias; y también nos da a entender que en todo ser humano existe algo, el alma, que persiste a través de las distintas existencias, por lo que el cambio y la evolución tienen lugar en forma de ciclos sucesivos hasta que se logra romper o extinguir la rueda kármica.

Visconti-Sforza.

Minchiate.

Vacchetta.

Wirth.

Waite.

THE WHEEL OF FORTUNE

LA RUOTA DELLA FORTUNA

Balbi.

Pero a la vez, también nos indica que en nuestra actual existencia todo es transitorio y sólo es estable aquello que permanece fuera, por encima de la rueda, y la presencia de la manivela sirve para recordarnos la existencia de algo gracias a lo cual podemos acelerar, retardar o incluso invertir la evolución o involución simbolizada; coger la manivela de La Rueda de la Fortuna, dominar el propio destino, es el deseo de todos los hombres, pero para ello deben ser conscientes de que poseen facultades para conseguirlo si saben cómo despertarlas.

SIGNIFICADO ADIVINATORIO GENERAL

La Rueda de la Fortuna siempre se refiere a una persona dinámica y práctica, con presencia de espíritu, oportunismo y suerte personal, que desea que las cosas se muevan y, por ello, amante del riesgo y la aventura, sabiendo que tanto puede llegar a la cima como despeñarse en el camino.

En lo espiritual indica el fin de un ciclo y el inicio de otro superior; es el destino que trasciende a nuestra voluntad por hallarse condicionado por hechos anteriores a la etapa actual. En lo material debemos tener en cuenta que si con el Ermitaño nos hallábamos ante la influencia del tiempo, la lentitud y la reflexión, La Rueda de la Fortuna representa todo lo contrario, pues ahora nos hallamos ante el cambio, la rapidez, las decisiones sobre la marcha, la evolución de las cosas y asuntos, la suerte o la desgracia, lo imprevisto, la novedad.

Pero incluso invertida no es una carta maléfica, pues en el peor de los casos retarda las cosas posponiendo su realización a un próximo ciclo, a una posterior programación de los acontecimientos, pues todavía no era el momento oportuno de llevarlos a término y nos habíamos precipitado. No debemos olvidar que su movimiento, sin dejar de ser aparentemente imprevisible, es irreversible tanto en la subida como en la bajada, y en este último caso nos indica que antes de volver a ascender, de conseguir nuestros objetivos, debemos pagar la culpa de anteriores errores y aprender a corregirlos.

SIGNIFICADOS ADIVINATORIOS CONCRETOS

SALUD. Se refiere a cambios en la misma, ya sea un nuevo rejuvenecimiento, la crisis favorable y decisiva de una enfermedad que parecía estancada, un nuevo diagnóstico y tratamiento que ahora se revelará eficaz, etc., etc.

Invertida, el cambio es para mal, es una caída del ritmo vital que tanto puede conducir a una gripe como a un problema intestinal de rápida evolución, pero nunca de excesiva gravedad.

MENTALIDAD. Es rápida y práctica, con buena capacidad inventiva, innovadora y oportunista.

Invertida existe un desfase entre el proceso mental y la realidad de los hechos, lo que conduce a deducciones erróneas o falta de previsión, con lo cual en lugar de anticiparse al curso de los acontecimientos y sacar provecho de los mismos, se peca de precipitación o falta de oportunismo.

SENTIMIENTOS. A pesar de la propensión y facilidad para sentir y expresar sentimientos y emociones, éstos no son estables y pueden cambiar rápida e imprevistamente de objetivos y de personas. Es por ello que indica nuevos amores y sentimientos, y en ocasiones un reforzamiento y revitalización de los ya existentes.

Invertida sigue siendo lo mismo, pero en los cambios se sale perdiendo; no es el cambio beneficioso y agradable de sentimientos sino el cambio contra nuestra voluntad y deseos; no es un nuevo amor que llenará nuestra vida, sino la pérdida del antiguo amor a cambio de otro incierto y poco duradero, tras el cual deberemos intentar recuperar el perdido.

FAMILIA. Indica cambios favorables en el entorno familiar, ya sea por matrimonio, por incremento de la familia o simplemente por una mejoría imprevista en las condiciones del hogar o un cambio de domicilio que implica una apreciable mejoría.

Invertida sigue indicando cambios y acontecimientos imprevistos, pero desagradables, si bien de carácter temporal y cuyas consecuencias no serán graves ni duraderas.

AMISTADES. En dicho aspecto ocurre algo similar a lo que sucedía con los sentimientos: nuevas amistades y nuevas relaciones, pero en este caso de carácter circunstancial y oportunista. También aquí existen casos en los que se produce un cambio en la calidad de las amistades existentes; en que nos damos cuenta de su verdadero valor, ya sea por verlas nosotros con mayor objetividad o porque nos lo demuestran con hechos imprevistos dignos de encomio.

Invertida se refiere a la separación temporal de antiguas amistades, o a su substitución por otras nuevas, pero siempre perdiendo en el cambio y añorando el momento de recuperar los contactos perdidos.

TRABAJO. Tanto puede indicar un cambio de trabajo como cambios en el trabajo, pero siempre en el sentido de una fácil e inesperada mejoría; en términos generales es una carta muy favorable para aquellas actividades, como el comercio y los negocios, en las que es necesario saber adaptarse con rapidez y habilidad a las circunstancias cambiantes e imprevisibles del mercado, y también para aquellas que precisan de ingenio e inventiva.

Invertida se refiere a circunstancias imprevistas que ocasionan un retraso o un retroceso en las condiciones profesionales o laborales; puede tratarse de una mala inversión, un mal negocio, una imprevisión, un análisis erróneo de las condiciones de mercado, una idea que no resulta, una decisión equivocada; pero siempre de un carácter circunstancial que no condiciona a medio ni a largo plazo.

DINERO. Es la suerte pura y simple que nos cae cuando menos esperamos; o la pérdida inesperada que por algún tiempo hará tambalear nuestra economía.

MEDITACIÓN SOBRE ESTE ARCANO

Aun cuando el simple título de este arcano ya define claramente su significado, la verdad es que cuando lo contemplamos detenidamente nos causa una impresión indefinida de misterio y trae a la mente infinidad de preguntas, cuya respuesta equivale a desentrañar su significado profundo.

En efecto: ¿Por qué esta esfinge en lo alto? ¿Por qué se le ha añadido una espada y una corona convirtiéndola en una caricatura de la justicia? ¿Por qué se ha escogido a un mono y un perro como acompañantes? ¿Por qué sólo existe un apoyo para el eje de la rueda? y por último: ¿Quién la maneja?

La esfinge es un ser simbólico compuesto por una parte humana y tres animales, la cabeza humana, el torso de toro, las garras de león y las alas de águila, simbolizando así la unión de los cuatro elementos (Fuego, Tierra, Aire y Agua) o los cuatro signos fijos (Tauro, Leo, Escorpión y Acuario) en su quintaesencia o espíritu; pero además, a través de su evolución en el tiempo se ha convertido en el símbolo de lo inevitable, de lo enigmático, y representa aquel destino que es al mismo tiempo misterio y necesidad, a la vez que nos hace la eterna pregunta: ¿Quién eres? ¿De dónde vienes? ¿Adónde vas?

Pero también, según Christian, la cabeza humana, símbolo de inteligencia, nos dice que antes de entrar en acción es necesario adquirir el conocimiento que nos aclare cuál debe ser nuestro objetivo y el camino a seguir; el torso de toro, que para superar las pruebas debemos armarnos de una voluntad fuerte, paciente y perseverante; las garras de león, que no basta con querer, hay que osar y abrirse camino, para lanzarse finalmente hacia las alturas con el impulso irresistible de las alas del águila. Son las cuatro voliciones de la evolución: callar, saber, querer y osar.

Pero como dijimos al describir el arcano, se le ha añadido una espada y una corona, símbolos de dominio y de justicia, para indicar que mientras gire la rueda de la vida y los acontecimientos se sucedan, llegará el momento fatal e inevitable en que la espada de la justicia decidirá el destino individual, precipitándonos hacia abajo, o proyectándonos hacia lo alto, según cuál sea nuestra posición en la rueda en dicho instante.

Para simbolizar la caída se ha escogido un mono, como si el dibujante de aquella época lejana ya conociese las modernas teorías evolutivas en las que el hombre no es un antropoide evolucionado, sino que por el contrario, este último es una degeneración de un antepasado común.

Y para simbolizar la elevación se escogió al perro, aquel animal que ha sabido elevarse a la categoría de mejor amigo del hombre, superando la animalidad dentro de lo posible.

¿Podía escogerse mejor el simbolismo de la caída, de la degeneración, y de la elevación gracias a la superación del instinto animal? Creo que no.

Por último, la falta de un soporte del eje de la manivela debemos interpretarla como una forma de expresar la imposibilidad de su movimiento desde un punto de vista físico; sólo será posible hacer girar la rueda si la sostienen fuerzas invisibles e intemporales más allá de nuestro conocimiento.

Este elemento que falta nos hace pensar que para romper el ciclo interminable de las encarnaciones, es necesaria la existencia de un factor externo, en cuyo caso nos hallaríamos en el triángulo dinámico –destino, voluntad y providencia– al que Fabre d'Olivet reduce la historia del género humano cuando nos dice:

«... estas dos fuerzas entre las que está situado son el destino y la providencia; debajo de él está el destino, la naturaleza sujeta a la necesidad; por encima suyo se halla la Providencia o naturaleza libre; y él mismo, como reino humano, es la voluntad mediadora, la fuerza eficiente situada entre las dos naturalezas para servirles de lazo de unión y reunir dos acciones que de otro modo serían incompatibles...

»... nada se sustrae a la acción de estas tres fuerzas, todo el universo les está sometido; todo, excepto Dios mismo que las envuelve en su insondable unidad, formando con ellas esta tétrada sagrada, este inmenso cuaternario que es todo en todo y fuera del cual no hay nada.»

Esta es la lección de La Rueda de la Fortuna, la necesidad de crear en nosotros esta voluntad mediadora que sirva de unión a destino y providencia, permitiéndonos así romper el círculo interminable de las encarnaciones.

En cuanto a sus equivalencias cabalísticas y astrológicas, es innegable su correspondencia con el décimo sendero y el signo de Libra.

XI. La Fuerza

La idea fundamental de este arcano, la fuerza de voluntad dominando los instintos inferiores, es fácil de reconocer a pesar de que su representación gráfica haya variado a través de los siglos, si bien las formas predominantes han sido cuatro: la de Sansón rompiendo las columnas del templo de los filisteos, la de David agarrando por la quijada al león devorador de las ovejas de su padre y matándolo, la de Heracles (o Hércules) golpeando con su maza al león de Nemea y estrangulándolo finalmente, y la de Cirene matando al león depredador de los bueyes de Euripiles.

Las imágenes con que el tarot nos ha presentado esta alegoría parecen una mezcla de todas ellas (excepto en el de Visconti-Sforza, que es la de Hércules), pues en el de Mantegna la figura de la Fuerza es femenina como Cirene, rompe una columna como Sansón y tiene un león sumiso a sus pies, resumiendo todas las alegorías.

En el tarot de Carlos VI, se simplifica la representación limitándola únicamente a la figura femenina y la columna, mientras que en todas las posteriores es una mujer venciendo al león, idea al parecer ya presente en la Edad Media, pues Rijnberk cita que en un manuscrito de 1295, *Somme du Roi,* en el margen de la página en que se describe la historia de la ninfa Cirene figuran las instrucciones para el pintor que debía iluminar el texto: «Debe representar a una mujer de pie dominando a un león», si bien esta miniatura no llegó a realizarse en dicha obra.

DESCRIPCIÓN

La Fuerza se representa mediante una figura femenina para indicar que su acción debe ser básicamente pasiva, sin violencia, y aparece de pie para significar que a pesar de ello debe ejercerse enérgicamente, con mando y dominio, y por presentarse en una posición intermedia entre el frente y la derecha, deduciremos que esta acción además de directa va dirigida a conseguir una renovación, aun cuando para ello sea necesaria una serie de acciones sucesivas; es decir, no se trata de un acto aislado, sino de una actividad continuamente renovada.

Su cabeza está cubierta por un sombrero de anchas alas que dibujan el signo del infinito (∞), de lo que no tiene principio ni fin, simbolizando que su voluntad es infinita y se extiende a todos los planos de la creación, tanto más cuando sus colores son el amarillo, el azul y el blanco, representando así los tres estadios de la conciencia: inteligencia, espiritualidad e intemporalidad o síntesis suprema. Este símbolo es el mismo que aparecía en El Mago, pero ahora está adornado con una especie de corona dorada, como queriendo indicar que el poder espiritual sólo se alcanza mediante el ejercicio de un saber adquirido a través de los diez primeros arcanos. Sin embargo, a pesar de que su voluntad está controlada, como revelan sus recogidos cabellos, su independencia es total si nos atenemos a su amplio y libre cuello, por lo cual debemos deducir que se trata de un autocontrol, de un autodominio perfecto.

Su cuerpo aparece vestido con una túnica azul sobre un corsé amarillo atado con cordones negros (o quizás se trate de un corpiño azul ribeteado de amarillo, lo que a efectos de simbolismo es equivalente) y cubierto con un manto rojo formado por segmentos aislados y flotantes que no llegan a cubrirlo por completo ni se adhieren a su figura, lo cual nos dice que su entera personalidad es espiritual e inteligente, y que si bien su acción es dinámica y a veces apasionada, cuando adquiere dichas características sólo lo hace de una forma esporádica y sin que nunca llegue a integrarlas en su verdadera personalidad.

Sus brazos, encargados de llevar acabo los mandatos de mente y personalidad, están cubiertos por mangas plisadas de color amarillo con amplios puños superpuestos de color carne, para indicar que sus actos, guiados por la inteligencia, operan en el plano físico y material, y su objetivo, como indica el pie derecho que sobresale por debajo de la túnica, es el de avanzar continuamente hacia la meta propuesta.

El león amarillo representa las fuerzas inteligentes de la naturaleza contra las que debemos luchar y dominar, pero aparece acurrucado y medio escondido tras la Fuerza, sin el menor indicio de agresividad, como si formara parte de la misma; y es que ninguna fuerza puede ser realmente eficaz sin una estrecha unión entre el hombre, la naturaleza y la divinidad; y además, esta misma actitud nos revela que dichas fuerzas naturales e instintivas se limitan a presentar una resistencia pasiva; es la resistencia al cambio, la inercia de la naturaleza instintiva, y tengamos en cuenta que el león está vivo, porque destruir totalmente la parte instintiva del hombre equivaldría a negar algo fundamental; mientras que aquí sólo se nos quiere indicar la necesidad de dominarla, de canalizarla y usar su energía como un motor que nos ayude a seguir adelante.

SIMBOLISMO

Al añadir una unidad a la década, símbolo de la totalidad, el once se convierte en el número del exceso y la desmesura, exceso que tanto puede resolverse en una renovación, un esfuerzo para escalar un ciclo más elevado de la evolución, como equivaler a una ruptura del orden universal y, por ello, ser sinónimo de desorden, conflicto, lucha o enfermedad, y ello en cualquier plano de la existencia.

René Allendy dice que el 11 posee un significado desfavorable por ser el resultado híbrido de sumar dos unidades de orden distinto, una unidad simple y otra de orden decenal. Por ello lo considera como el número de la iniciación individual, pero ejercida por separado de la armonía cósmica.

Mantegna.

Visconti-Sforza.

Carlos VI.

Wirth.

Waite.

Crowley.

En realidad, la adición teosófica de un número de dos cifras será la resultante de asociar una idea universal con una idea elemental, y en el caso del 11, la unión de dos unidades distintas sólo puede producir una oposición o un antagonismo expresado por el 2, resultado de la suma de las dos unidades, pues 1 + 1 = 2.

Esto reafirma el sentido de exceso y desmesura; por ello debemos considerar válido definir el 11 como el número de la iniciativa individual, de la lucha interior, de la rebelión, del pecado humano, de la transgresión y de la rebelión de los ángeles.

Si completamos lo anterior con el simbolismo que se desprende de la descripción del arcano, veremos que este conflicto tiene lugar entre la espiritualidad, el deseo de superación espiritual y la naturaleza instintiva, a la que hay que dominar, pero sin llegar a destruir, pues al fin y al cabo las fuerzas simbolizadas por el arcano no son las que llegan de lo alto, como sucedía en los arcanos del ciclo anterior, sino que son su resultante, la energía personal acumulada a través de aquel ciclo, y las fuerzas instintivas forman parte de dicha energía. Si estas fuerzas resultantes sabemos emplearlas armónicamente y de acuerdo con las leyes divinas, podremos utilizarlas plenamente en todos los planos de la creación dentro de la actual encarnación material.

Podemos resumir este arcano como el de la fuerza en todos los planos: en el espiritual, como aquella voluntad mediadora de que hablábamos en La Rueda de la Fortuna que puede permitirnos romper el círculo de las encarnaciones; en el moral, como la fuerza moral que permite superar cualquier clase de pruebas; y en el físico, el esfuerzo humano para transformar la materia y dominar las fuerzas naturales.

SIGNIFICADO ADIVINATORIO GENERAL

Se refiere a una persona fuerte y resistente en todos los aspectos, tanto físicos como psíquicos, con gran confianza en sí mismo, voluntad de vencer, eficaz y apasionada.

Cuando no se refiere a personas indica una situación difícil para resolver la cual es necesario desplegar una fuerza, física o moral, superior a la normalmente empleada y que el consultante será capaz de resolver con éxito; también puede indicar una situación que se consolida. En personas muy evolucionadas puede indicar la sublimación de los instintos en favor de ideales espirituales.

Cuando aparece rodeada de cartas desfavorables, éstas se refieren a los obstáculos que se opondrán a su labor, y también que a pesar de los buenos deseos y la rectitud de medios empleados, el despliegue de energía será en vano, o sólo se conseguirá parcialmente el objetivo deseado.

Al lado de La Justicia puede indicar las fuerzas del orden, con La Emperatriz, la fuerza de los ideales, con El Enamorado, el final de las dudas y vacilaciones, con La Rueda de la Fortuna, un cambio que se asume voluntariamente, etc.

Invertida, define a una persona psicológicamente vulnerable que reacciona brutalmente ante los acontecimientos y situaciones que no puede dominar; por ello se refiere también a la tiranía, la violencia, la temeridad, la fanfarronería, la crueldad, la rudeza y la grosería; puede resumirse como una rendición ante los instintos inferiores.

SIGNIFICADOS ADIVINATORIOS CONCRETOS

SALUD. Buena salud y excelente capacidad de recuperación en caso de existir algún problema en este terreno.

Invertida se refiere a la posibilidad de excederse en el trabajo o en los esfuerzos, lo que conduce al agotamiento físico; también puede revelar algún problema circulatorio.

MENTALIDAD. La mente es sintética y con excelente capacidad de discernir lo verdadero de lo falso, claridad de juicio, perseverancia y, ante todo, autodominio y fuerza de voluntad.

Invertida, las pasiones y el deseo de poder ofuscan la mente, siendo causa de situaciones violentas que incluso pueden llegar a la agresión de palabra y obra.

SENTIMIENTOS. A pesar de existir un lado pasional y sensual acusado, existe un excelente control sobre las pasiones y los sentimientos, de tal modo que nadie puede sospechar su intensidad, manifestándose con generosidad y siempre atento a proteger al ser amado.

Invertida, por el contrario, los sentimientos y emociones son intensos e imperiosos pudiendo escapar al control de la voluntad y ser causa de graves problemas, especialmente por celos.

FAMILIA. Representa a la persona que es el pilar básico de la familia, y cuyo dominio se ejerce con autoridad, pero ante todo con generosidad y de una forma paternal y protectora. En muchas ocasiones se refiere a una decisión importante que requerirá mucho valor y constancia para llevarla acabo, como puede ser, por ejemplo, la adquisición de una nueva casa o una importante renovación o reconstrucción de la actual.

Invertido también se refiere a la máxima autoridad familiar, pero se trata de una persona violenta, tiránica, irritable y celosa de su prestigio y autoridad, que se hace odiar y temer por el resto de la familia. Como en el caso anterior, también puede referirse a un proyecto importante referente al hogar, pero en este caso con gran esfuerzo y escasos resultados.

AMISTADES. Abundantes, pero la mayoría de ellas a pesar de ser sinceras se apoyan, quizás en exceso, en el consultante. También puede referirse a una amistad concreta que puede servir de gran ayuda en un momento dado al consultante por la fortaleza de su carácter, la solidez de su afecto o incluso su posición social.

Invertida es una mala carta en lo que a amistades se refiere, pues lo que augura son discusiones y peleas con las mismas, que se pierden por exigir de las mismas más vasallaje que amistad.

TRABAJO. Es excelente para el trabajo, en especial para todos aquellos que exigen fortaleza física y moral, así como capacidad de mando. Invertida expone a accidentes y al agotamiento físico, pues se trata de trabajos para los cuales no se está físicamente dotado o que obligan a tratar con personas violentas y tiránicas.

DINERO. Sin ser una carta económica, siempre comporta la posesión del suficiente para aparentar una cierta posición, si bien existe la tendencia a gastarlo al mismo ritmo que se gana.

Invertida, la tendencia al gasto se acentúa por fanfarronería y ganas de figurar, lo que siempre comporta problemas.

MEDITACIÓN SOBRE ESTE ARCANO

Debemos ver en La Fuerza a la virtud cardinal de la fortaleza, de la voluntad aplicada a la consecución de la pureza moral y espiritual base de todo entrenamiento místico, oculto y mágico. En la lámina se nos aparece como una mujer que domina a un león sin esfuerzo aparente para decirnos que no es a la fuerza bruta a la que se quiere exaltar, sino a un poder pasivo, femenino, más poderoso en su dulzura y sutilidad que la más brutal fuerza física en acción.

También nos dice que no hay que matar a la fiera, no hay que eliminar cuanto de instintivo, animal o inferior existe en nuestra personalidad como hacen erróneamente ciertos ascetas y yoguis. Lo verdaderamente sabio consiste en respetar todas las energías e instintos, pues si existen en nosotros lo son para ser captados, dominados, ennoblecidos y utilizados para fines espirituales; es lo que nos dicen los alquimistas cuando nos hablan de la transmutación del plomo, metal innoble, en oro, el más noble de los metales.

Incluso en el organismo, por encima de la infinita diversidad de órganos y funciones, existe una fuerza superior, llámese energía vital, alma orgánica o como se quiera, que coordina y dirige todas sus actividades con vistas a un fin superior: la conservación y mejora de la vida; y también en toda sociedad humana que quiera sobrevivir y desarrollarse armónicamente, debe existir un gobierno que dirija y armonice todas sus actividades, impidiendo que los egoísmos particulares la destruyan anárquicamente.

También, como ya hemos visto, el número once contiene dos unidades, dos fuerzas opuestas, que equivalen a las dos tendencias opuestas de lo individual y lo universal, dualidad que armonizada es infinitamente creadora, pero que de lo contrario es el arma del pecado, como decía san Agustín. Y este arcano nos pone de relieve la existencia de estas dos fuerzas contrapuestas y la necesidad de un constante autodominio que nos permita armonizarlas para usarlas en nuestro provecho moral y espiritual. Esto es aplicable a todos los terrenos, pues como dice Wirth, el verdadero sabio, el iniciado, tiene en cuenta incluso al diablo, para hacerle participar en la Gran Obra, aun cuando sea en contra de su voluntad.

Desde el punto de vista cabalístico y astrológico, La Fuerza se corresponde con el noveno sendero y el signo de Leo.

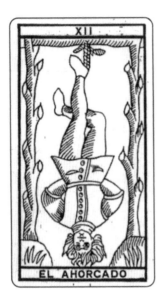

XII. El Ahorcado

El mito fundamental del joven dios solar muriendo y volviendo a renacer, al igual que una semilla que debe descender a la tierra para volver a nacer en la próxima primavera, es común a todos los pueblos de la antigüedad: el egipcio Osiris; el nórdico Odín; el caldeo Dumuzi; el fenicio Adonis; el griego Dionisos; el frigio Atis; e incluso el mismo Cristo crucificado para redimir a los hombres.

Podemos resumirlos en el de Dionisos (Baco entre los romanos), hijo de Júpiter y Perséfone, despedazado y comido por los titanes, pero cuyo corazón es rescatado por Apolo y entregado a Júpiter, quien lo hace renacer bajo la forma inmortal de Zagreus para reinar soberano al lado de su padre.

En Grecia, las imágenes de Dionisos solían colgarse de los árboles para asegurar la fertilidad de las vidas y las cosechas, y esta costumbre pervivió en muchos lugares de Europa; hasta épocas muy recientes en algunos pueblos sajones se continuaba colgando una imagen del «Jack» (¿el Iacco o Baco clásico?) que luego se apedreaba o quemaba.

Que el dios solar sea asesinado para que el sacrificio de su sangre regenere la fertilidad de las cosechas, u ofrezca su propia vida en beneficio de la sabiduría oculta, simboliza el concepto básico del sacrificio de lo mundano y perecedero para lograr lo espiritual e imperecedero.

Sin embargo, como reconoce Rijnberk, en ningún lugar de la antigüedad clásica hallamos la imagen del hombre colgado por un pie a pesar de practicarse ya esta tortura en época de los romanos, y aparece por primera vez en un grabado de finales del siglo XV, en el *Mittelalterliches Hausbuch,* en el cual la otra pierna cuelga flácida como en el tarot de Carlos VI y en la Minchiate. Pero este Ahorcado no es una imagen de Dionisos, sino de Judas, si tenemos en cuenta las bolsas de dinero que sostienen sus manos.

Al igual que Eliphas Levi y Wirth, creemos que la representación con las piernas cruzadas y las manos atadas a la espalda (véase el grabado de la pág. 38), es una alegoría del símbolo (⚗) de la Gran Obra, de la transmutación alquímica, que el anónimo autor de las primeras láminas supo convertir en la imagen del Ahorcado.

DESCRIPCIÓN

La posición del Ahorcado, única en todo el tarot, simboliza una actitud latente, en la cual la decisión final está fuera de su alcance, si bien por aparecer totalmente de frente, indica la existencia de una acción directa que en este caso concreto sólo puede ser interior; pero además, es la lámina del tarot con mayor extensión del color verde, lo que equivale a decir que es la más fecunda de todas.

En efecto, El Ahorcado se halla suspendido de un tronco verde apoyado sobre dos árboles amarillos que nacen de espesas matas de verde hierba y en cada uno de los cuales se aprecian seis ramas cortadas de sección roja. Ello nos indica que los dos árboles reflejan la sabiduría de las leyes naturales basada en su propia fecundidad y cuyo ciclo completo se compone de doce etapas prácticamente equivalentes seis a seis, cuya finalidad es tan energética y dinámica como puedan serlo las doce etapas simbolizadas por los doce signos zodiacales o los doce meses del año.

También es verde el tronco del que se halla suspendido, indicando la fecundidad de su sacrificio, pero no podemos saber si es forzoso o voluntario, pues la cuerda blanca fijada en un punto amarillo, no parece atar, sino sostener únicamente el pie del Ahorcado, como si su posición indicadora de sacrificio se sostuviera en la parte inteligente de la fecundidad superior, y lo fuera por un lazo inmaterial e intemporal; es decir, por algo superior y síntesis a la vez de la acción propiamente dicha.

El Ahorcado aparece vestido con una chaqueta azul de mangas cortas rojas y faldones amarillos, y por debajo, las medias rojas se continúan con calcetines azules. Analicemos dichas prendas.

La chaqueta azul cubre su pecho, parte espiritual de su personalidad, y por su color todavía remarca más dicha espiritualidad mientras que los faldones amarillos que cubren su parte instintiva y material nos indican que dicha parte está totalmente controlada por su inteligencia, lo que acentúa el cinturón, símbolo del dominio sobre dichas tendencias inferiores.

El cuello de la chaqueta es blanco y separa claramente el cuello del cuerpo, acentuando así la perfecta separación entre su voluntad y el resto de la personalidad, voluntad totalmente independiente y sin la menor mediatización por ser visible la totalidad del cuello.

La parte anterior de la chaqueta y los faldones están ornados con nueve botones blancos sobre una zona también blanca; siendo el nueve el número de las cosas absolutas y el blanco el color de la pureza, es fácil deducir que la acción simbolizada por El Ahorcado es de una pureza absoluta, lo que se reafirma por la aparición de unos bolsillos totalmente inoperantes, y las manos, parte ejecutiva de los mandatos de la mente y personalidad, ocultas detrás del cuerpo, indicando la falta de interés material y la decisión de someterse pasivamente a su destino.

Pero la pureza absoluta de la acción simbolizada por los nueve botones, es la suma de seis (los botones de la chaqueta azul) y tres (los de los faldones), para indicar que es una creación (6) espiritual generada (3) en la mente.

También cabe destacar el dominio de lo espiritual del principio al fin, pues incluso la parte más material y pasional, simbolizada por las medias rojas, finaliza en el azul de los calcetines; mientras que los ca-

Visconti-Sforza.

Carlos VI.

Minchiate.

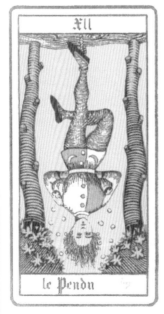

Wirth.

Waite.

Crowley.

bellos azules totalmente despeinados indican una poderosa fuerza de voluntad que irradia espiritualmente.

Y por último, la figura del Ahorcado recuerda globalmente a las crisálidas de ciertas mariposas sujetas a un soporte por finas hebras plateadas, mientras en su interior tiene lugar la maravillosa transmutación de la oruga en mariposa.

SIMBOLISMO

Pocos números poseen un simbolismo tan rico como el 12, tanto en el mundo antiguo como en el cristianismo. Desde siempre se ha considerado que doce es el producto de los cuatro puntos cardinales por los tres planos del mundo, con lo cual divide la esfera celeste en doce sectores, los doce signos zodiacales, origen a su vez de los doce meses del año; pero es también la multiplicación de los cuatro elementos (Fuego, Tierra, Aire y Agua) por los tres principios alquímicos (azufre, sal y mercurio), o, como dice Allendy, los cuatro elementos considerados cada uno de ellos en sus diversas manifestaciones cósmicas y según un triple punto de vista, como podría ser el de los tres *gunas* hindúes: actividad, inercia y armonía. Es por todas estas consideraciones que se considera unánimemente el 12 como el número del desarrollo cíclico espaciotemporal del universo, del cumplimiento de un ciclo completo.

Pero el simbolismo cristiano es quizás todavía más expresivo, por reportar el tres a la Trinidad y el cuatro a la creación, equivaliendo su multiplicación al cumplimiento de la creación terrestre por su asunción en el increado divino. Pero a la vez, es el número de la elección, el de la Iglesia triunfante, el de los doce apóstoles; y 144 (12 x 12) es el número de facetas de la esmeralda caída de la frente de Lucifer que, tallada por los ángeles, recibió la sangre de Cristo, fuente de inmortalidad. y por último, equivale a la pasividad humana (2) ante la actividad (1) de lo Absoluto. Podemos resumir ahora el simbolismo del número y el de la lámina, diciendo que El Ahorcado simboliza al hombre que se sacrifica por sus ideales, sabiendo que tras él vendrán otros que los recogerán y los harán fructificar en su momento; es El Mago que al final de un ciclo, considerando cumplida su misión terrestre, invierte sus objetivos y se orienta hacia lo espiritual en un sentimiento de espera y de abnegada renuncia a todo lo material.

SIGNIFICADO ADIVINATORIO GENERAL

Siempre indica la existencia de una atadura, de una sujeción, física, psíquica o espiritual, que comporta un sacrificio, un dolor, una renuncia en favor de un fin que se considera superior, o un estado de impotencia momentánea, de inacción.

En un plano espiritual puede referirse a una renuncia al mundo en aras del sacerdocio o del misticismo, a la plena asunción de un sacra-

mento, con todas las renuncias que comporta, o incluso a una iniciación esotérica; en el plano psíquico, se refiere a una dolorosa introspección, al descenso al subconsciente en busca de una más amplia expansión de la propia conciencia, de una superación de los límites del
Yo; en el plano físico es la sujeción voluntaria o forzosa a unas normas o condiciones de vida que implican el abandono o el sacrificio de
una posición, de una libertad o de unos bienes, en aras de conseguir
un futuro mejor.

Como es natural, son las cartas acompañantes quienes definen la
causa y las consecuencias, así por ejemplo, junto al Diablo suele indicar
un engaño, una traición o un adulterio; junto al Ermitaño, la soledad,
marginación e inactividad ocasionadas por la pérdida de un empleo o
una posición; con La Luna, la posibilidad de una hospitalización; con
La Torre una reclusión voluntaria o forzosa; junto al Loco la drogadicción o una huida, etc., etc.

Si El Ahorcado aparece en su posición normal, el resultado final
será bueno, o en el peor de los casos, con las peores cartas acompañantes, tras el daño resultará una posterior mejoría; es la hospitalización necesaria para recuperar la salud, o la reclusión voluntaria, por
poner un par de ejemplos.

Cuando aparece invertido, el resultado final suele ser desfavorable
o la situación se ha producido contra la voluntad del consultante, a
menos de ir muy bien acompañado; para seguir con los ejemplos anteriores, sería la hospitalización necesaria por el agravamiento de una
enfermedad, o una reclusión forzosa.

SIGNIFICADOS ADIVINATORIOS CONCRETOS

SALUD. Es deficiente sin ser preocupante, por lo general se refiere a
un período de convalecencia necesario para recuperar la salud. También puede indicar un embarazo, con la disminución de actividad física que comporta.

Invertida indica un estado de desvitalización, de molestias indefinidas y de difícil pronóstico, de pesimismo o depresión; la necesidad de
una hospitalización, o por lo menos de reposo absoluto. También advierte contra el peligro de la drogadicción.

MENTALIDAD. Implica una situación que requiere ser meditada y
analizada cuidadosamente antes de tomar una decisión, lo que se traduce en una pasividad momentánea, pero fructífera. También puede
indicar el período de reflexión, estudio y maduración necesarios antes
de emprender una tarea importante; y en caso de alguna personalidad, la reflexión sobre los propios recuerdos y el trabajo preparatorio
para escribir sus memorias.

Invertida, la pasividad y las vacilaciones son todavía mayores,
pero sin que al final se resuelva nada, resultando una pérdida de
tiempo, energías y oportunidades. El peligro de engañarse o ser engañado siempre está presente.

SENTIMIENTOS. Siempre indica un período crítico en el que hay que enfrentarse a la necesidad de renuncias o sacrificios en aras de un sentimiento elevado y desinteresado, ya sea dirigido a otras personas, a un ideal, o a una vocación espiritual.

Invertida, la situación es similar, pero falta el espíritu de sacrificio o éste resulta inútil; es muy frecuente en los amores no compartidos, en el despertar de falsos misticismos, mediumnidades peligrosas, posesiones o ingreso en sectas destructoras de la personalidad; y en forma similar, la caída en las redes de un falso amor que arruina física y moralmente.

FAMILIA. La situación familiar es inestable, fluida, no existe un verdadero entendimiento con la misma y es el momento de plantearse seriamente cuál es el camino a seguir; de meditar reposadamente si hay que cambiar la propia conducta en aras del mejor entendimiento; si es necesario sacrificar algún privilegio o libertad; si lo que se impone es renunciar a la misma para seguir una vida independiente o, en el caso de una persona soltera, si debe renunciar a las comodidades y ventajas del hogar paterno para fundar otro hogar.

Invertida, la situación es similar, pero sobra egoísmo y falta el sentido práctico y el espíritu de sacrificio necesarios para arriesgarse al cambio, para tomar verdaderas responsabilidades.

AMISTADES. Aun cuando muchas veces no se le reconozca, existe un verdadero sentido de la amistad, no importando los sacrificios que deban hacerse para conservarlas y ayudarlas; sin embargo, en el fondo muchas veces se siente una íntima soledad.

Invertida, lo que se dice verdaderas amistades no existen; falta comunicación con las mismas, por cuya causa se sufren muchos desengaños.

TRABAJO. Es una situación difícil, puede ser la espera ante un cambio de empleo o la pérdida del que se tiene; en los negocios, indica que de momento permanecerán como aletargados, sin prosperar, siendo necesario meditar cuál es el método o camino para relanzarlos, o si será necesario abandonarlos e iniciar otros realmente productivos.

Profesionalmente no es buena por falta de sentido práctico, y sólo es favorable a los psicólogos, sacerdotes, profetas, artistas, y los místicos y soñadores en general.

Invertida, la falta de sentido práctico, de decisión, el vivir en las nubes, es la causa del fracaso laboral y profesional; es el artista incapaz de plasmar en obras lo que siente, son los proyectos irrealizables, los negocios utópicos...

DINERO. No es que falte, es que se piensa poco en el mismo y se es excesivamente desinteresado.

Invertida, significa pérdidas a causa de engaños, estafas y falta de sentido práctico en su manejo.

MEDITACIÓN SOBRE ESTE ARCANO

Hace tiempo leí –no recuerdo dónde, pero creo que fue en el Talmud– que cuando el alma penetra en el vientre de la que debe ser su madre, lo hace custodiada por dos ángeles que la vigilan impidiéndole salir, ya que al alma no le gusta reencarnarse. El Ahorcado me recuerda dicho pasaje, pues también el feto se sitúa cabeza abajo en el vientre de la madre, los dos ángeles guardianes podrían estar representados por los dos árboles laterales, y tanto feto como Ahorcado se encuentran en una situación intermedia entre dos mundos sin poder decidir por sí mismos a cuál de ellos pertenecerán definitivamente.

En los significados generales dijimos que la influencia de un arcano se expresa en los siete planos del ser, pero en aras de la simplificación reducíamos a tres su manifestación práctica; pues bien, ahora, y siguiendo con el símil del feto, diremos que El Ahorcado se encuentra entre dos mundos, el mundo material y el mundo espiritual, como si gravitara entre dos fuerzas de atracción similares esperando algo que le permita superar el equilibrio y decidirse por uno de ellos, y en un estado que es a la vez una bendición y un martirio.

Apareciendo El Ahorcado después de La Fuerza, no cabe la menor duda de que el primer arcano es la resultante de este último; es la situación en que se halla cuando las fuerzas contrapuestas de lo individual y lo universal están equilibradas, y es cuando la voluntad aplicada a la consecución de la pureza moral y espiritual debe entrar en acción para iniciar la Gran Obra alquímica de su transmutación interior, inclinándose por la aparente esclavitud del mundo espiritual o divino en lugar de por la verdadera esclavitud de las pasiones materiales.

Porque la lección de este arcano es que en realidad todos los hombres somos esclavos de algo; todos somos ahorcados taróticos, esclavos de una necesidad imperiosa que actúa como una droga que nos encadena, ya se trate de un ideal, de una pasión, de un deber, del juicio de los demás, de lo que sea; y por lo tanto, lo importante es saber conservar la verdadera libertad, que es, ante todo, la de escoger primero cuál debe ser nuestra servidumbre, y luego, realizada nuestra transmutación interior, ser verdaderamente libres de corazón y cerebro, pues para penetrar en el Santuario de los Elegidos y ser un verdadero iniciado, un verdadero mago, es necesario salir de la esclavitud simbolizada por El Ahorcado, aun cuando sea con el supremo sacrificio, el de la muerte iniciática representada por el siguiente arcano.

Astrológicamente, El Ahorcado se corresponde con Neptuno, el planeta de lo inmaterial e incorpóreo, del amor hecho de renuncia y sacrificio, pero a la vez, mundo de irrealidad y sueño cuyo aspecto más inferior culmina en la esclavitud del mundo irreal de las drogas.

En cuanto a sus correspondencias cabalísticas, dos senderos guardan una cierta similitud con El Ahorcado, el decimotercero y el decimoquinto, si bien el sentido de sacrificio, de tensión interior que supone, nos inclina hacía una mayor correspondencia con el decimoquinto, perteneciente al Pilar del Equilibrio, de la vía directa entre el hombre y la divinidad.

XIII

Éste es el único arcano que carece de nombre, y sin embargo, basta contemplarlo para saber que estamos ante una representación de la muerte. ¿A qué puede deberse dicha carencia, imposible de atribuir a un miedo a la muerte inexistente entre los verdaderos cabalistas y los creadores del tarot? Suponemos que debemos atribuirlo al poder mágico del nombre.

Dice una leyenda egipcia que en los inicios del mundo nada existía pues no se conocía el nombre de las cosas, y una vez conocido el nombre, el peor castigo que podía imponerse era el de destruirlo. Nos dice el Génesis: «Dios trajo ante el hombre todos cuantos animales del campo y cuantas aves del cielo formó de la tierra, para que viese cómo los llamaría, y fuese el nombre de todos los vivientes el que él les diera». Así, gracias al poder del nombre, Adán dominó a los animales, los puso a su servicio.

Entre los judíos, Dios sólo puede ser conocido a través de sinónimos y atributos, pero su nombre no se puede pronunciar, no es posible revelar su verdadero rostro y personalidad. Y en China, cada ser humano posee dos nombres, uno conocido por todos y otro secreto, sólo conocido por los padres para evitar que los diablos o los maleficios puedan hacer presa en él y dañar a su portador.

De todo ello se desprende que lo que no tiene nombre es como si no existiera, y la muerte no existe en el sentido absoluto de la palabra. El mismo Einstein dijo que la muerte no era más que el pasaporte para otra parte, y si aceptamos el principio de la inmortalidad del alma, debemos concluir forzosamente que si la muerte cierra un ciclo de vida, nos abre el acceso a otro. Es por ello que en todas las iniciaciones el neófito debe morir a su vida profana si quiere renacer a la vida sagrada.

La imagen de la muerte ha evolucionado mucho a través de la historia, pues en la antigüedad solía representarse en la forma de Thanatos, un hermoso joven hermano gemelo de Hipnos, el Sueño; es con el cristianismo medieval cuando empieza a aparecer como un ser pobre, débil y miserable, mitad cadáver y mitad esqueleto, armado con un arco, como lo presenta el tarot de Visconti-Sforza, o con cualquier otro instrumento, refiriéndose más al oficio del difunto que a un atributo de la propia muerte.

Es más adelante, sin que podamos decir cuándo, que la guadaña se incorpora al esqueleto y aparece en las posteriores representaciones de este arcano, quizás con una finalidad esotérica, pues la hoz y la guadaña son el atributo de dos dioses agrícolas de la antigüedad: Saturno y Ceres; el primero usando la hoz para podar las vides y castrar el ganado, del mismo modo que su homólogo griego Cronos castró a su padre Urano; y la segunda para cosechar y segar las malas hierbas. Es por ello que a partir del siglo XV la hoz y la guadaña simbolizan la siega y la muerte; pero también la cosecha, con la esperanza implícita en un futuro renacer.

Por último –y sin entrar en el simbolismo del número 13, que dejamos para más adelante– haremos unas consideraciones históricas sobre el mismo.

En la Antigüedad clásica el número 13 era considerado el más fuerte y sublime de todos; por ello según Platón, en el Cielo es Zeus quien avanza el primero en su carro alado seguido de la cohorte de los otros doce dioses; según Ovidio, Zeus se destaca como el decimotercer dios, distinto y superior a los demás; y para Homero, si Ulises escapa a la voracidad del Cíclope que devora a sus compañeros, es por ser el decimotercero del grupo. Incluso podemos aseverar, siguiendo el mismo razonamiento, que el mismo Jesucristo aparece rodeado de doce apóstoles, siendo El, el decimotercero, el más sublime de todos.

Es con el judaísmo y el cristianismo cuando cambian las cosas y se considera al 13 como maléfico; y así, el treceavo capítulo del Apocalipsis es el del Anticristo; en la cábala los espíritus del mal son trece; y en el cristianismo el día de la pasión es el treceavo de su lunación, y se cambia su sentido en la última cena diciendo que Jesús perece por ser el treceavo, sin tener en cuenta que los que mueren son dos y no uno: Jesús y Judas; y mientras el primero resucita y asciende a la Gloria Eterna, el segundo es relegado al más profundo de los infiernos.

DESCRIPCIÓN

La figura principal consiste en un esqueleto con una guadaña segando cabezas, manos y pies. Al aparecer totalmente de perfil a la derecha nos indica que se refiere a una transición o a acciones sucesivas, circunstancia que reafirma al representar una acción –la de segar– y estar andando, indicando que se trata de un paso más en la dirección del destino final.

El esqueleto sólo está cubierto por una piel rosa, color de la carne y la sensualidad, para indicar que representa la muerte de lo más material y aparentemente sólido de nuestro ser, pues la piel y los huesos se hallan bajo la regencia astrológica de Saturno, el más material de los planetas; si bien no debemos olvidar que lo es en su aspecto inferior, mientras que en el superior rige lo abstracto y absoluto y, por tanto, es el que más tiende a profundizar en la esencia real de las cosas. Y el color rosado de la piel indica que la muerte no es total, pues se conserva un mínimo de vida y sensibilidad.

El mango de la guadaña es amarillo para indicar que su acción proviene de una voluntad inteligente, y la hoja es roja para resaltar el dinamismo de una acción que arrasa para renovar lo periclitado, como lo hace el segador cuando el grano ya está maduro y la planta debe morir para dar paso a una nueva cosecha.

Visconti-Sforza.

Carlos VI.

Etteilla.

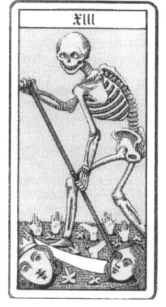

Wirth.

Waite.

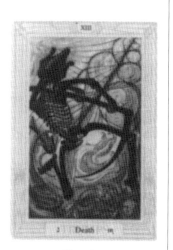

Crowley.

El fondo blanco, símbolo de una acción que tanto puede referirse a un nacimiento (o renacimiento) como a una extrema vejez (o final de vida), o a la promesa de una futura pureza, ocupa las dos terceras partes de la lámina para resaltar la importancia y extensión de su significado, mientras la otra tercera parte la ocupa el negro suelo sobre el que tiene lugar la acción.

La negrura del suelo se refiere a que la muerte siega cosas ya muertas, periclitadas e inútiles: cabezas, pies, manos y hue-sos, símbolos de pensamientos y voluntades, de acciones y movimientos; a la vez que permite surgir por encima de la muerte una nueva vida, nuevos ideales y una nueva espiritualidad, simbolizados por las matas de hierba azules y amarillas.

Por último, sólo vemos un pie del esqueleto, el que queda detrás, mientras que el que inicia el paso desaparece de nuestra vista, como indicando que en este paso trascendental simbolizado por la muerte, sabemos de donde partimos, pero no adónde vamos.

SIMBOLISMO

Podemos interpretar el número trece de dos formas distintas: 10 + 3 o 12 + 1. En el primer caso representa la totalidad de un ciclo humano presto a iniciar el siguiente (3), ejerciéndose en la década, en la totalidad del universo que lo contiene y que, en consecuencia, lo limita. En el segundo, es una acción individual (1), un nuevo comienzo tras el final de un ciclo completo. Pero en ambos casos, 13 = 1 + 3 = 4, y con ello volvemos al cuaternario, a la determinación material y corpórea, a la realización de la idea.

Y dentro del tarot, es El Mago (1) rompiendo el estado latente del Ahorcado (12), desligándole de sus ataduras materiales para permitirle iniciar un nuevo y definitivo ascenso. Es por ello que constituye como una ruptura, una nueva etapa dentro del tarot, de tal manera que –según Jean Vassel– los doce primeros arcanos se corresponden con los pequeños misterios de la antigüedad, y los siguientes con los grandes misterios.

Es por ello que La Muerte es un arcano de metamorfosis, de transmutación alquímica, de rito de paso, de muerte simbólica, o iniciática si así se prefiere, pues el hombre debe morir para renacer purificado, con una nueva virginidad que le permita acometer una verdadera evolución espiritual. Pero no debemos olvidar su carácter ambivalente, pues si por una parte es la introductora al mundo soñado del Paraíso, también puede serlo al temido Infierno.

SIGNIFICADO ADIVINATORIO GENERAL

Indica a una persona que desea –o se ve obligada a– transformar profundamente algo en su vida, tanto puede ser por un deseo de autodeterminación, de liberación, por una iniciativa que requiere profundos sacrificios y mucho valor, o se trate de las consecuencias de una muerte, de una renuncia o de una iniciación sacerdotal u oculta.

Sus interpretaciones pueden ser muy variadas dependiendo de las cartas acompañantes, pero siempre indica una transformación radical, un cambio, una prueba, una ruptura, una separación o una muerte, entendida esta última como el fin de algo, ya sea de una situación, de un proyecto, de una idea o de una persona.

Así por ejemplo, acompañada de La Rueda de la Fortuna anuncia una herencia, mientras que aliado del Diablo indica ruina; junto al As o el cinco de Espadas una muerte, seguramente violenta o repentina; junto al nueve de Espadas, tanto puede indicar un importante cambio de vida relacionado con un sacramento o una ceremonia solemne, como el ingreso en una orden religiosa, un matrimonio (con el Rey de Copas), un bautizo (con el Rey de Bastos), o incluso un funeral (con el cinco de Espadas).

Invertida, el significado es parecido, pero si del derecho la voluntad y la iniciativa personal tenían su importancia, y el cambio, la separación, la transformación o el fin de algo sucedía como resultado de la acción del consultante, invertida se sufren las consecuencias sin poder hacer nada para evitarlas.

Siguiendo con los ejemplos anteriores, el matrimonio estaría forzado por las circunstancias o por otras personas; el bautizo sería el de un niño no deseado; y el funeral podría ser el nuestro.

SIGNIFICADOS ADIVINATORIOS CONCRETOS

SALUD. En términos de salud, siempre indica enfermedad, y en el caso de que ya exista, se producirá una crisis o una intervención quirúrgica cuyas consecuencias serán para bien o para mal según las circunstancias del caso.

Invertida, el pronóstico es el mismo, pero con mayor gravedad, y muchas veces anuncia caídas o accidentes acompañados de fracturas que deberán ser intervenidas. Acompañada de otras cartas maléficas puede indicar incluso la muerte física.

MENTALIDAD. Se produce una renovación, total o parcial, de las ideas a causa de una intervención externa que actuará de catalizador o revulsivo de muchos de los conceptos hasta ahora aceptados como válidos. Algunas veces puede indicar el inicio de alguna tarea de investigación acerca de temas ocultos o trascendentes; otras se refiere al afloramiento a la superficie de problemas psíquicos que permanecían en el subconsciente, permitiendo eliminar algún complejo o bloqueo, ya sea mental o psíquico; y por último, en un estudiante puede limitarse a un cambio de carrera o de centro de estudios.

En todos los casos, el proceso puede ser más o menos doloroso en un principio, pero luego resultará positivo.

Invertida, sigue existiendo la necesidad del cambio, y a lo mejor termina produciéndose, pero, o es incompleto y no produce el resultados esperado, o se fracasa el estudio emprendido; en el caso de un proceso psíquico todavía se agravan las cosas, finalizando muchas veces en problemas psíquicos y mentales, casi siempre una crisis de pesimismo y melancolía.

SENTIMIENTOS. También aquí son de esperar rupturas y distanciamientos; supone el final de un amor, de una relación, de un cambio de sentimientos. Son aquellos momentos en que se impone una limpieza sentimental en profundidad, en la que deseos, emociones y lazos sentimentales sean revisados, reorganizados e incluso trascendidos, si hay lugar.

Invertida incrementa sus efectos negativos: las rupturas son muy dolorosas ya veces la revisión es consecuencia de un fracaso sentimental, cuando la persona amada nos abandona o se rompe definitivamente el pedestal en que la habíamos colocado.

FAMILIA. Tanto puede indicar una ruptura familiar, una crisis del orden establecido dentro de la misma, como un alejamiento, ya seamos nosotros quienes la abandonemos o sea otro miembro de la misma quien lo haga. En algunos casos puede indicar el abandono de la familia para entrar en una orden religiosa o iniciática.

Invertida, la ruptura es más dolorosa, y a veces se trata de la muerte de un familiar.

AMISTADES. Al igual que con la familia y los sentimientos, siempre indica una ruptura, la pérdida de una amistad, cuando no la renovación total de amistades e incluso del entorno inmediato. En algunos casos puede tratarse simplemente de reanudar una amistad que creíamos perdida desde hace muchos años.

Invertida, la ruptura es más total, dolorosa y difícil de asumir.

TRABAJO. Siempre existe un cambio de trabajo o al menos un cambio dentro del mismo, ya sea de contenido o por el traslado a otro departamento. Generalmente es para mejorar, pero a pesar de ello el cambio siempre resulta traumático.

Cuando se refiere a profesiones sigue indicando que su finalidad última es la muerte o la transformación; así por ejemplo, puede tratarse del trabajo en una empresa de pompas fúnebres, en una fabrica de transformación de materias primas en productos elaborados, o incluso en una planta de energía atómica.

Invertida, es un trabajo mal realizado que ocasiona pérdidas, que incluso pueden llegar a la del empleo; otras veces es un negocio perdido, la ruina o una empresa que se hunde por causas imprevisibles, como una huelga salvaje, una revolución, un atentado o una catástrofe natural.

DINERO. Siempre existe un cambio de fortuna, bueno o malo según las cartas acompañantes; tanto puede tratarse de una herencia, una ganancia fortuita e inesperada, como de un cheque devuelto, la inmovilización de una cuenta bancaria, o una estafa que cause una pérdida difícil de remontar.

MEDITACIÓN SOBRE ESTE ARCANO

Al estudiar el simbolismo de este arcano decíamos que el grano maduro debe sepultarse en la tierra para morir como tal y metamorfosearse en el germen de una nueva planta, y también el hombre debe morir en la Tierra para renacer purificado a una vida superior.

Por ello, nos dice Wirth –y tras él todos los estudiosos del tarot–, al igual que Saturno poda el árbol de la vida para intensificar el poder de su savia, La Muerte siega la humanidad para favorecer su persistencia y fecundidad; es por ello que el iniciado reconoce en La Muerte el indispensable agente del verdadero progreso y no la teme, y el sabio se encamina a la tumba feliz de liberarse de las ataduras que retienen a su espíritu atado a la materia.

La muerte no es un final definitivo, sino la puerta de entrada al reino del espíritu, a la vida verdadera; esotéricamente, es la muerte del estado de imperfección, el profundo cambio interior que se sufre con la iniciación y sin el cual es imposible todo progreso iniciático.

Todo ello es cierto, pero existe un punto que conviene aclarar aun cuando se trate de una cuestión secundaria y referida al simbolismo astrológico.

En la mitología se identifica al Saturno romano con el Cronos griego, lo cual sólo es cierto hasta un cierto punto, pues en su origen, Saturno es el héroe civilizador que enseña el cultivo de la tierra, mientras que Cronos era el tiempo que todo lo consume y devora. Y astrológicamente, Saturno encarna el principio de concentración, de abstracción y de inercia; la fuerza que tiende a cristalizar, a fijar rígidamente todo lo existente. Por ello, en su aspecto superior confiere una gran profundidad, constancia, perseverancia en el esfuerzo, fidelidad, castidad, ciencia y religión.

En cambio, ya dijimos que Thanatos, la Muerte, era hermano de Hipnos, el Sueño, ambos hermosos jóvenes hijos de la Noche y habitantes del Tártaro, dominio de Plutón, el Señor de las profundidades y de las fuerzas ocultas.

De aquí, que a pesar de que en la iconografía se ha transformado al hermoso joven Thanatos en la esquelética muerte con la guadaña saturnina, la verdadera correspondencia astrológica de La Muerte no es con Saturno, sino con Plutón, o mejor dicho, con Escorpión, su morada, signo de Agua, sexo, muerte y transformación, en correspondencia a su vez con la VIII casa, la de la muerte y el más allá, gozne entre este mundo terreno y aquel otro, temido y desconocido, que existe más allá de la muerte; y con el mundo del inconsciente, también temido e ignorado, donde residen y se agazapan temores, frustraciones y deseos reprimidos.

En cuanto a las correspondencias cabalísticas, no cabe la menor duda que le corresponde el decimocuarto sendero.

XIV. La Templanza

Tanto la imagen como el nombre de este arcano nos remiten a la virtud cardinal de la templanza, que –según el diccionario– consiste en la moderación de los apetitos, y tradicionalmente se representa en forma de una mujer rebajando el vino de una vasija al adicionarle el agua de otra similar.

Todas las colecciones de arcanos clásicos la representan en dicha forma, pero a partir del tarot de Marsella se substituye a la mujer por un ángel para añadirle un significado muy distinto, pues no olvidemos que en simbolismo el ángel es un mensajero celestial encargado de llevar a cabo la unión entre el Cielo y la Tierra, así como el incesante intercambio entre ambos mundos.

Otro detalle curioso es que en dichos tarots anteriores, el agua se vierte de la vasija sostenida con la mano derecha sobre la de la izquierda (téngase en cuenta que del tarot de Mantegna y de las Minchiate existen distintas versiones, por lo que en algunas copias la posición de las manos aparece invertida), mientras que en el tarot de Marsella y los posteriores, el agua se vierte desde la vasija izquierda; y en simbolismo brazo y mano izquierdos son los encargados de transmitir cuanto se relaciona con el psiquismo de la persona, mientras que el derecho transmite las decisiones y acciones de carácter volitivo.

De aquí que podamos deducir que en el tarot de Marsella la imagen clásica de la virtud cardinal de la templanza se modifica para ocultar implícito un significado mucho más elevado que nos retrotrae a la antigua Grecia, donde el dogma de la reencarnación y transmigración de las almas se solía representar simbólicamente mediante el acto de trasvasar agua de una jarra a otra; era como el paso de una vida, una dimensión o un tiempo, a otra vida, dimensión o tiempo.

DESCRIPCIÓN

La figura es la de un ángel para indicar que su acción es de un orden superior a lo puramente humano, y su rostro es femenino para otorgar un carácter pasivo o interno a dicha acción; aparece de frente con el busto y el rostro ligeramente girados hacia la izquierda, sin mirar lo que está haciendo, y su mirada permanece fija en la lejanía.

Al hallarse de frente nos revela que la acción representada se ejerce enérgicamente y de forma directa, pero con una cierta dosis de reflexión y prudencia en lo que se refiere a su voluntad, mentalidad y espiritualidad.

Su cabeza, inclinada hacia abajo, nos dice que su voluntad es la de actuar sobre un mundo más inferior, y su expresión inmutable con la mirada perdida a lo lejos, que no se trata de una acción aislada, sino constante, bien meditada, y que puede realizarse incluso con los ojos cerrados, como suele decirse.

Sus largos y azules cabellos aparecen sueltos, pero bien peinados y adornados con una flor roja de cinco pétalos en su parte central, sobre la frente, expresando una gran fuerza de voluntad controlada por la espiritualidad, pero capaz de centrar su acción con energía y dinamismo; sin embargo, su cuello se halla totalmente cubierto por un echarpe amarillo, indicando el freno y las limitaciones que inteligencia y mentalidad imponen sobre la voluntad.

Su vestimenta roja y azul apartes casi iguales, nos indica el equilibrio que debe existir entre devoción e idealismo y pasión y dinamismo, con cierto predominio de lo primero sobre lo último, y sin olvidar que incluso la parte más espiritual de nuestra personalidad posee un mínimo de vida y sentido materiales, como lo indica la parte rosada del pecho, y el que las alas también sean de dicho color.

Las mangas rojas que cubren sus brazos indican el sentimiento y dinamismo inherentes a la acción que están ejecutando sus manos: la izquierda sostiene una vasija azul desde la que vierte un fluido blanco dentro de otra vasija roja sostenida por la mano derecha (o quizás la hace fluir entre ellas).

Las dos vasijas significan la renovación perpetua que equilibra materialidad y espiritualidad, esta última vertiéndose eternamente sobre la primera, sin llegar a colmarla jamás; el fluido de color blanco tanto puede ser el alma inmaterial que debe entrar en un nuevo cuerpo, el fluido de la vida, o la paz y pureza espirituales con las que debemos diluir sentimientos y pasiones.

Los pies se hallan cubiertos por los pliegues del ropaje, resaltando la pasividad o interioridad de su acción, apoyada sobre una fecunda mentalidad e inteligencia, como lo demuestra el suelo amarillo del que brotan dos matas de verde hierba.

SIMBOLISMO

Analicemos ahora numerológicamente el número 14. Si lo consideramos igual a 12 + 2, equivaldrá a encerrar un período evolutivo completo en una polaridad, en un circuito cerrado; y si lo hacemos equivalente a 13 + 1, será El Mago (1) surgiendo totalmente renovado de La Muerte (13). Pero en su reducción teosófica, 14 = 1 + 4 = 5, nos hallamos ante el número de la divina proporción, destructor a su vez de lo temporal y perecedero para revertirlo hacia la eternidad.

Si a todo ello añadimos que La Templanza aparece después de La Muerte, no puede caber la menor duda sobre la intencionalidad de los creadores del tarot de definir con este arcano la continuidad de las cosas, y más especialmente de la vida; hacernos ver que la muerte no es un fin, sino una etapa más en un largo proceso, el paso de una vida a otra, tal vez igualmente transitoria, pero en otra dimensión o en otro

Mantegna.

Carlos VI.

Visconti-Sforza.

Minchiate.

Wirth.

Waite.

nivel evolutivo, y dentro de una misma vida, es el continuo fluir del tiempo y los acontecimientos, el momento presente, puente entre pasado y futuro.

Como dice Wirth, la muerte se limita a disolver el continente para liberar el contenido, que puede representarse como un fluido, como agua trasvasada de un recipiente perecedero a otro sin que se pierda ni una sola gota.

Pero La Templanza nos dice también que en la vida debemos tener la cualidad de adaptarnos suave y disciplinadamente a toda clase de condiciones o situaciones, del mismo modo que el agua se adapta siempre a la vasija que la contiene, pues al fin y al cabo la virtud cardinal que simboliza consiste en esta suave adaptación en ser felices sin desear más de lo que ya tenemos, en ser capaces de vivir tranquila y serenamente dentro de nuestros límites.

Y por último, además de simbolizar los dos polos opuestos de devoción y pasión, de espíritu y materia, las dos vasijas simbolizan también todas las demás polaridades y contradicciones humanas, que deben ser armoniosamente integradas para conseguir un equilibrio interno estable y sereno.

SIGNIFICADO ADIVINATORIO GENERAL

La Templanza es una carta benéfica que simboliza la necesidad de equilibrio, integración y unificación; pero no es el equilibrio decisorio y compensador de La Justicia, sino el resultante de armonizar contradicciones, conjuntar opuestos y transmutar energías, y ello en todos los planos de la vida y de la personalidad.

Es por ello que cuando designa a una persona, ésta será conciliadora, tolerante, optimista, equilibrada y capaz de adaptarse a todos los medios y circunstancias; sabiendo lo que quiere y concentrando sus esfuerzos para conseguirlo, pero con moderación, sin avasallar a los demás, confiando más en la negociación y la conciliación que en el poder o la fuerza, y por todo ello demasiado cauta y moderada para alcanzar metas lejanas, pero feliz con lo que consigue.

Por lo demás, se refiere a toda clase de intercambios, tanto físicos, como morales, intelectuales e incluso de energías sutiles, al trabajo de adaptación a una nueva actividad o situación, a situaciones que requieren tranquilidad y paciencia, en dar tiempo al tiempo.

Invertida, el equilibrio se hace interminable y no soluciona nada, lo que debía ser una evolución se convierte en un freno, una incapacidad de resolver, de colaborar, de comunicar y de adaptarse; es el continuo dar vueltas sobre lo mismo, con lo cual las situaciones empeoran y se pudren.

SIGNIFICADOS ADIVINATORIOS CONCRETOS

SALUD. Curación de enfermedades gracias a terapéuticas energéti-
cas, ya se trate de acupuntura, de curación magnética, de cualquier
clase de ondas y radiaciones, e incluso de transfusiones sanguíneas
o de otros fluidos vitales, Como trasplantes de médula ósea en el caso
de leucemias. A veces indica un parto.

Invertida se refiere a enfermedades de larga duración o incurables,
especialmente a las desvitalizantes ya los estados comatosos. A veces
indica un parto muy laborioso.

MENTALIDAD. Es conciliadora, carente de pasión en los juicios y
con gran capacidad de adaptación, meditación y comprensión, tanto
de las nuevas ideas y tecnologías, como de los problemas ajenos; es el
tipo de mentalidad necesario en toda tarea o misión que implique colaboración y entendimiento, en especial para el trabajo en equipo.

Invertida, la mente se convierte en rutinaria e incapaz de comprender a los demás, se limita a dar vueltas y más vueltas sobre un
mismo concepto o idea sin llegar asacar las consecuencias pertinen-
tes, lo que siempre conduce al fracaso ya la frustración.

SENTIMIENTOS. Son tranquilos y más bien maternales hacia los
demás, pero poco efusivos y nada apasionados, lo que hacen a la persona muy apreciada y estimada, y sin llegar a despertar grandes pasiones puede gozar de un amor correspondido y de una tranquila felicidad.

Invertida, los sentimientos se concentran en uno mismo, se limitan y estancan; sin embargo no causa infelicidad, sino tranquila resignación y conformidad; es una especie de abulia sentimental.

FAMILIA. Muy unida y compenetrada, las decisiones siempre se
toman por consenso, tras una deliberación comunitaria tranquila y reflexiva, buscando la mejor solución para todos y limando al máximo
las diferencias y conflictos de intereses. Algunas veces indica algún
cambio feliz, como un nacimiento en su seno, por ejemplo.

Invertida, los problemas surgen por la incapacidad de armonizar
intereses, de colaborar y ponerse de acuerdo; y si bien a pesar de
todo la familia se mantiene externamente unida, dentro de la misma
existe falta de comunicación.

AMISTADES. Numerosas, sinceras y fieles; pero más apropiadas
para gozarlas charlando y compartiendo mutuamente experiencias,
ideales, conocimientos y opiniones, que para correr juergas y emociones fuertes. También puede indicar una renovación en las mismas. Invertida, sin ser contraria a las amistades, las limita, las hace superficiales
y aun cuando puedan durar toda la vida es poca la verdadera compenetración que existe con las mismas.

TRABAJO. Estabilidad y progreso en el trabajo, que se realiza a
entera satisfacción propia y de los demás, por lo que muchas veces indica una mejoría, una promoción o una subida en el escalafón, con
todo lo bueno que ello comporta y sin despertar envidias ni resenti-

mientos. A veces también puede indicar un viaje de negocios o una fecunda correspondencia profesional.

Invertida, sin ser demasiado perjudicial y, por tanto, permitir la estabilidad en el trabajo, impide la promoción por incapacidad de adaptarse a las nuevas tecnologías, a los nuevos métodos, así como por falta de comunicación con los compañeros de trabajo, lo que puede conducir al ostracismo.

DINERO. Estabilidad económica acompañada de una moderada, pero agradable mejoría.

Invertida se limita a indicar estabilidad sin mejoría, pero sin pérdidas.

MEDITACIÓN SOBRE ESTE ARCANO

En el arcano anterior La Muerte era como un rito de paso, una muerte simbólica o iniciática, y nos enseñaba que el hombre debe morir para renacer purificado con una nueva virginidad que le permita acometer una verdadera evolución espiritual.

Ahora, La Templanza nos reafirma en la realidad de este renacimiento, y del mismo modo que El Carro representaba una victoria después de una crisis de identidad o un cruce de caminos, La Templanza representa una nueva victoria tras superar la prueba del trabajo en profundidad simbolizada por La Muerte, haciendo posible una verdadera reestructuración interna que integre las contradicciones de la vida.

Y la hace mediante el agua, elemento original de toda vida, tanto en la evolución material de las especies, cuyo origen se remite a dicho elemento, como en nuestra propia vida individual, en la que el nacimiento debe ir precedido por la ruptura de aguas, o en la vida espiritual, iniciada simbólicamente con las aguas bautismales.

Simbólicamente, el agua es el elemento constitutivo del mundo emocional, de carácter pasivo, que no debemos confundir con el pasional, de carácter activo, distinción muy importante que la Astrología pone de manifiesto cuando hace corresponder al primero con los signos de Agua y al segundo con los de Fuego. Una de las enseñanzas más importantes de La Templanza, es hacernos comprender que la parte excesivamente pasional y activa de nuestra personalidad (vasija roja) puede transmutarse en pasiva y serena emotividad aplacándola mediante la devoción y la espiritualidad (vasija azul).

Pero el arcano todavía es más expresivo, pues quien realiza dicha transmutación es un ángel, Cuyo distintivo primordial son las alas, miembros destinados a contactar con el Cielo del mismo modo que los brazos lo están a contactar con los hombres y las piernas con la tierra. Y si también simbólicamente la ley de las piernas es el amor a la naturaleza terrena y la de los brazos el amor al prójimo, la de las alas es el amor a Dios y a la humanidad en general. Es por ello que La Templanza es el único arcano cuya figura única y principal es un ángel.

Y dentro de los signos de Agua, Neptuno representa el amor a la humanidad que se desborda e inflama el corazón de todos los instructores del mundo, especialmente evidente en Cristo por las características amorosas de su predicación y sus simbolismos del pez y del bautismo.

Finalizaremos esta meditación diciendo que si nos hemos extendido tanto en dejar clara la Correspondencia de La Templanza con la elementalidad de Agua, y más especialmente Con Neptuno, el exponente astrológico más elevado del mundo de las formas y las emociones, es para evitar el frecuente error de atribuirle la regencia de Urano, quien –como ya veremos en su momento– se corresponde con el arcano XVII, La Estrella.

Después de Es dicho no creo que quede la menor duda acerca de la similitud de su contenido con los senderos decimotercero y decimoquinto, quizás algo mayor con el primero, del mismo modo que también deberíamos aclarar que la diferente influencia de Neptuno en ambos arcanos podríamos definirla diciendo que en el El Ahorcado se trataría de Neptuno en Piscis, signo que cierra el ciclo zodiacal y donde Neptuno puede expresar su sentido más elevado, mientras que en La Templanza, se trataría de Neptuno en Cáncer, también signo de Agua, pero más práctico y adaptable.

Vacchetta.   Crowley.   Balbi.

XV. El Diablo

La figura del diablo tarótico es el resultado final de una serie de tradiciones y mitos que se inician en el misticismo mitraico de los antiguos persas con Zervan Akarana, el dios despótico del tiempo, de cuerpo alado y cabeza de león o humana, si bien en este último caso su cabeza aparecía coronada con una aureola solar de la que sobresalían dos cuernos curvados y desde su pecho nos contemplaba un rostro de león, pues en los cultos solares el león es un emblema del tiempo por representar destructividad y devoración, y la serpiente enroscada el curso del sol en la órbita celeste, otra acepción de la dualidad y eternidad del tiempo.

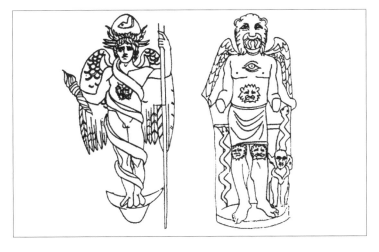

Dos aspectos de Zervan Akarana.

En la mitología griega aparece otro personaje, Pan, dios de los cultos pastorales, mitad hombre y mitad macho cabrío, barbudo, Cornudo, velludo, vivo, ágil y astuto, cuyos cuernos expresan la fuerza instintiva de la naturaleza y sus patas velludas la vitalidad de lo inferior, de la tierra, las plantas y los instintos animales. Y al igual que Zervan Akarana, es un aspecto de Saturno, en este caso del Saturno introductor del cultivo de la tierra.

Como curiosidad citaremos que del nombre de Pan deriva la palabra «pánico», por el terror que su presencia expandía entre todos los demás seres, turbando los sentidos y ofuscando el espíritu Y también es curioso comprobar la verdad de aquel axioma que afirma que a menudo los dioses de una religión vencida se convierten en los demonios de la que le sucede, pues es así que de Zervan y de Pan pasamos al diablo medieval, cambiando las alas de Zervan (que eran de ave, es

Estatua romana del siglo
primero de nuestra era
del dios Pan.

El diablo según Eliphas Levi.

decir, de espíritu benigno) en alas de murciélago, de espíritu maligno. En el tarot de Visconti-Sforza el diablo es claramente un Pan hermafrodita con alas de murciélago acompañado por dos sátiros, lo que nos reafirma en lo dicho, y en el tarot de Marsella se viste su parte inferior y se adorna su cabeza con el yelmo chamánico tradicional con cuernos de venado. Luego, Eliphas Levi le añadirá toda una serie de símbolos mágicos y ocultos convirtiéndolo en la imagen más popular de la iconografía satánica.

DESCRIPCIÓN

La figura del diablo está de frente y de pie, indicando una acción directa y dominadora, mientras que las figuras secundarias de menor tamaño están giradas mirando hacia el centro y sujetas al pedestal por una cuerda, indicando que las fuerzas activas y pasivas del ser están dominadas y sujetas por una voluntad superior.

Su cabeza está cubierta por un casco con cornamenta de venado bajo el que sobresalen algunos cabellos, todo ello de color amarillo para indicar que su origen se debe a una inteligencia y voluntad naturales.

Su cuerpo andrógino de color rosado con alas azules de murciélago representa la fecundidad masculina y femenina de las fuerzas vitales de la naturaleza material, cuya finalidad última es la de elevarse y adquirir una cierta espiritualidad, como es reafirma su brazo alzado hacia lo alto, mientras que su otro brazo armado con una hoja de espada blanca sin empuñadura (la peligrosa arma de pe todavía no manifestado que puede herir al mismo que la maneja), y sus garras, de las cuales las inferíores se apoyan en un suelo también rosado, nos indican que mientras se agarre a la materia no podrá actuar en planos superiores por más que intente elevarse.

Sus piernas están cubiertas por una malla azul que deja transparentar su sexo, indicando su plena capacidad de acción, y curiosamente constituyen junto a las alas lo más elevado de su ser, como si su verdadera finalidad fuera la de elevar y sutilizar sexualidad y materia, tarea prácticamente imposible a causa de su cintura roja, lo más pasional de su entera personalidad, así como por el hecho de que la materia sobre la que se apoyan sus garras descansa sobre un zócalo rojo, símbolo del dinamismo del mundo material.

Los dos pequeños seres atados al pedestal son la representación de su polaridad sexual que no sólo se halla encadenada a la parte más pasional de la materialidad (el zócalo) sino también por el dominio que ejerce lo pasional sobre su mente, como lo revelan sus cascos rojos; no obstante, sus orejas, rabos y garras animales (lo mismo que las alas y mallas azules) nos revelan que el diablo simboliza una fuerza necesaria para la evolución humana aun cuando los cuernecillos negros y el suelo del mismo color nos indiquen que parte de un caos, de una materia prima indiferenciada que puede dificultar enormemente dicha evolución.

Visconti-Sforza.

Minchiate.

Papus.

Wirth.

Waite.

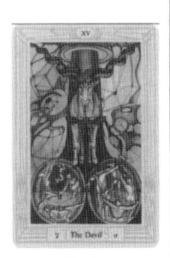

Crowley.

SIMBOLISMO

Numerológicamente el número 15 puede analizarse de diversas formas para hallar su sentido profundo, siendo la más simple considerar $15 = 10 + 5$, lo que equivale a la destrucción temporal de la década para revertirla hacia la eternidad, es como el final de una vuelta en la espiral cíclica de la evolución para iniciar otra en una nueva dimensión temporal y haciendo tabla rasa de lo anterior; pero 15 es también $1 + 5 = 6$, con lo que dicho nuevo ciclo tanto puede tender a la unión con Dios como a la revuelta, siendo una nueva prueba entre el bien y el mal.

Pero además, es la suma de los cinco primeros números, $1 + 2 + 3 + 4 + 5 = 15$, representando la expansión de la vida; como 5×3 es la multiplicación de las encarnaciones en el tiempo, y como $11 + 4$ la suma o conjunción de fuerza y materia.

También es curioso constatar que 15 es la suma en todas direcciones del cuadrado mágico de Saturno, cuyo centro es el 5:

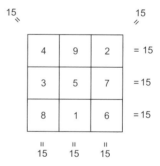

Como vemos, lo miremos por donde lo miremos siempre llegamos a la conclusión de que el 15 es el número que mejor puede expresar y corresponderse con lo que solemos denominar diablo, pero teniendo en cuenta que en realidad con dicho nombre intentamos definir la atracción de las fuerzas más ocultas o primitivas de nuestra naturaleza, las más evidentes de las cuales son la libido pura –que los antiguos simbolizaron en el dios Pan– y las fuerzas del mundo Astral.

Y volviendo a la leyenda de Pan, recordemos que para huir de Tifón se transformó en el macho cabrío pisciforme de la constelación de Capricornio, domicilio de Saturno; con lo cual siempre volvemos a lo mismo.

No obstante, tampoco debemos olvidar que Pan no es malo, sino simplemente amoral y natural, y que el miedo que sentimos por Pan (o si se quiere por el diablo) es el miedo a nuestros propios impulsos naturales y el sentimiento de culpabilidad ante lo que consideramos vergonzoso o inmoral porque así se nos ha inculcado desde nuestra infancia.

Sin embargo, la energía malgastada inútilmente en luchar contra dichos impulsos y sentimientos puede ser extremadamente útil si nos atrevemos a mirar a Pan cara a cara, si logramos enfrentarnos a los aspectos inferiores de nuestra personalidad sin falsos pudores ni vergüenzas, si llegamos a comprender la enorme concentración de fuerzas que existe en la sexualidad.

Si dicha energía o concentración de fuerzas sabemos emplearla en el propio autodominio nos abrirá el camino al conocimiento íntimo del Yo y con él a una mayor evolución y poder espiritual; pero si las empleamos en el dominio sobre los demás o en la posesión de lo externo, quizás consigamos el poder temporal y la riqueza, pero irá acompañada por una avidez imposible de colmar y el extravío de la propia realidad y destino.

SIGNIFICADO ADIVINATORIO GENERAL

Ya hemos dicho que El Diablo representa una gran fuerza, aun cuando se trate de una fuerza natural, terrestre, instintiva, que tanto puede ser constructora como destructora, tanto puede ayudar como destruir. Es por ello, que si se refiere a personas revelará que son pugnaces, egoístas, interesadas, calculadoras, dotadas de extraordinario magnetismo y atracción animal, pero sin que necesariamente deban ser malas o perjudiciales; puede tratarse de un financiero, de un mago, de un ocultista, de un capo mafioso, de lo que sea, mientras su rasgo dominante sea el poder material o el dominio de lo astral.

Cuando no se refiere a personas lo hace a potencias y poderes materiales y astrales y a su utilización y manejo, Como el dinero, el sexo, lo oculto, la magia, las maquinaciones, las traiciones, la lujuria, el genio y la locura, las fuerzas incontroladas de la naturaleza y del mundo astral, la fatalidad, la autodestrucción, etc., etc.

El Diablo es uno de los arcanos a los que el cartomántico debe prestar mayor atención a causa de su significado casi siempre nefasto, por lo cual todas las cartas cercanas adquieren gran importancia por matizar y aclarar su interpretación, y puede decirse que la única diferencia entre que salga del derecho o invertido, consiste en que de momento el perjuicio aparente sea mayor o menor y en que a la larga el resultado final pueda ser considerado como beneficioso o perjudicial.

Así por ejemplo, aliado de La Justicia puede referirse a una organización oculta, ya sea política, mafiosa o sectaria, o a ser víctima de una de ellas; próxima a La Muerte, una grave crisis en una enfermedad maligna, que puede superarse o no; junto a La Torre, una catástrofe o la prisión; junto al As de Bastos invertido, la caída en una pasión destructora si es joven, o la decrepitud si es de cierta edad; y así sucesivamente.

SIGNIFICADOS ADIVINATORIOS CONCRETOS

SALUD. Incluso en el mejor de los casos en que puede indicar un gran magnetismo personal, siempre es en perjuicio de la salud, que nunca será muy fuerte, por lo cual es muy importante dominar y reprimir la tendencia natural a los excesos, especialmente los sexuales. En algún caso muy raro, ha indicado una curación milagrosa. Invertida incrementa y complica las enfermedades existentes. De lo contrario, anuncia enfermedades de difícil diagnóstico y sintomatología engañosa, de origen vírico o de transmisión sexual; también se refiere a pérdida de salud por actividades autodestructoras, como vicios o drogadicción.

MENTALIDAD. Siempre existe gran actividad mental, pero egoísta, sin la menor preocupación por la ética o la justicia. A veces existe verdadera genialidad o conocimiento de las artes ocultas, paciencia, tenacidad, autodominio y magnetismo personal, pero salvo raras excepciones, todo ello –en lo que hay que incluir la demagogia, la revolución y el dominio de las masas– se emplea en provecho propio.

Invertida siguen existiendo las mismas características, que se utilizan con mayor egoísmo, excepto la genialidad, que suele estar substituida por la megalomanía, la posesión fluídica, o el emplear o sufrir consecuencias de artes mágicas malignas.

SENTIMIENTOS. Se caracterizan por su pluralidad, inconstancia y tendencia al libertinaje, ya que se busca en todas direcciones y se abusa sin preocuparse de los sentimientos ajenos ni del mal que pueda causarse. Invertida aboca a las decepciones, los lazos pasionales autodestructores, el juego y las perversiones.

FAMILIA. Es contrario a la misma, pues siempre existen tensiones internas con problemas de incomprensión y egoísmo.

Invertida puede llegar a la disolución de la familia o a la separación de la misma. En un caso anunció la imposibilidad de conseguir un divorcio imprescindible para un posterior matrimonio.

AMISTADES. Las verdaderas no existen, pues las que hay se basan en la comunidad de intereses lúdicos, pasionales o económicos, con lo que tarde o temprano la traición estará asegurada. En algunos casos anuncia una desgracia acontecida a una amistad, o la pérdida de la misma.

Invertida, la diferencia sólo es de grado y cantidad.

TRABAJO. La mayoría de las veces se muestra favorable, especialmente en los que tienen relación con la diplomacia, las finanzas, la usura o las actividades ilícitas, o simplemente cuando se trata de triunfar sin preocuparse de la ética; en todos estos casos puede significar el triunfo actual, aun cuando las consecuencias se paguen tarde o temprano, en esta vida o en la otra.

Invertida, es similar, quizás con métodos más inmorales, pero la mayoría de las veces indica la imposibilidad de triunfar por culpa de maquinaciones o traiciones; y en algunos casos el tener que desempeñar algún trabajo que entra en contradicción con nuestros principios.

DINERO, Se refiere a la fortuna adquirida en negocios sucios, por medios deshonestos o por lo menos censurables.

Invertida, incrementa la deshonestidad propia o se es víctima de la ajena; también puede referirse a la pérdida de riqueza por catástrofes naturales, políticas o sociales.

MEDITACIÓN SOBRE ESTE ARCANO

Quizás la mejor meditación sobre este arcano es la que puede realizarse repitiendo las palabras de Van Rijnberk cuando dice:

«El Ahorcado muestra su deber al Iniciado. La lámina XV advierte de los peligros que la enseñanza oculta acarrea para sus adeptos. El Astral posee extraños torbellinos, traidoras atracciones, engañosas ilusiones. Es el dominio de la Fata Morgana; y mucho cuidado de no caer en su poder, pues una caída es una caída aunque sea en brazos de la reina de las hadas. La imagen homérica de Circe transformando en animales a sus amantes de un día contiene la misma enseñanza bajo una forma algo más estética, menos grotesca de como la imparte El Diablo con alas de murciélago, sexo descubierto y cabeza cornuda. Quien aspire al Saber oculto debe mantenerse en equilibrio como El Mago, mantener en jaque a las tendencias opuestas del Abismo como el héroe del Carro, adquirir la paz interior como El Ermitaño, o ser vencedor altruista de sus propios deseos como El Ahorcado, repartir los beneficios de su Ciencia; de El contrario caerá víctima de las Corrientes fluídicas desordenadas que ha evocado o proyectado, pero no ha sabido dominar. Ante lo Oculto hay que dominar o resignarse a servir. Vencedor o vencido, es imposible tratar de igual a igual con las fuerzas de la Nada.

»La literatura abunda en ejemplos terribles de hombres que no han sabido vencer al Guardián del umbral y han sido expulsados del Edén por el Ángel de la espada flamígera, víctimas de las ilusiones del más allá.

»Todos los dominios de las ciencias ocultas presentan esta clase de peligros, ya sea el ejercicio del magnetismo, del espiritismo vulgar o de la magia ceremonial.»

En cuanto a las correspondencias de este arcano, creemos que en el árbol de la vida su mayor similitud es con el decimonoveno sendero, pero en cuanto a las astrológicas, la cosa es mucho más complicada e indeterminada.

En efecto, la descripción y representación del Diablo se ha basado casi exclusivamente en los dioses Zervan Akarana y Pan, lo que debería corresponderse lógicamente con Saturno y Capricornio; pero lo que mitológicamente resulta cierto no lo es en el dominio astrológico, pues si algunas de sus características pueden corresponderse con las facetas inferiores de Saturno y Capricornio, El Diablo posee, como Pan, un fondo instintivo y pasional totalmente incompatible con ellos.

En realidad, es casi imposible una atribución astrológica Correcta, y si debemos buscar alguna correspondencia, deberemos decantarnos por una mayor similitud –que no identidad– con Plutón.

XVI. La Torre (La Casa de Dios)

Como nos recuerda Rijnberk, uno de los símbolos más antiguos del orgullo es el constituido por un hombre cayendo de cabeza desde lo alto de una torre, y antes de la era cristiana Horacio ya dijo en unos versos que se han hecho famosos:

«Nada es inaccesible para los mortales. En nuestra locura y con nuestros crímenes incluso atacamos al cielo, no permitiendo que Júpiter guarde sus rayos vengadores.»

Así como:

«Las torres más elevadas son las que caen más pesadamente, y es en la cima de las montañas donde prefiere caer el rayo.»

Esto es lo que quiere representar el XVI arcano del tarot, pero además si nos remitimos al de Visconti-Sforza observaremos que la lengua de fuego arranca un remate almenado de la torre –una corona que en realidad es ajena a su estructura, y los personajes que caen de la misma son un hombre y una mujer, con lo cual la evidente referencia al orgullo se generaliza y hace extensiva a toda la humanidad, hombres y mujeres, tal y como ocurría en la leyenda bíblica de la Torre de Babel.

En el tarot de Marsella, este claro simbolismo acerca del orgullo y prepotencia con que se pretende coronar tantas obras humanas, se pone de manifiesto mediante la desproporción entre el remate almenado y el resto de la torre, y también en los tarots de la Golden Dawn y de Waite se resalta claramente lo postizo de la Corona, cosa que no hacen los de Carlos VI, Minchiate, Vacchetta y Wirth, entre otros muchos.

Otro dato objeto de controversia es el nombre del arcano, que en el tarot de Marsella es el de «La Casa de Dio» en lugar de «La Torre», como si quisiera aludir a la vez a la Torre de Babel y al Templo de Salomón o, como dice Wirth, «más que de un templo, casa de Dios, se trata de un edificio divinizado, de un cuerpo abusivamente identificado con Dios», en clara referencia al pecado de Adán.

DESCRIPCIÓN

No podemos analizar la orientación de la torre a causa de su forma redondeada, pero el conjunto del grabado es suficiente para indicarnos que nos hallamos ante una acción directa y hasta cierto punto brutal sobre una construcción humana y material, como indica su color rosado, si bien sus tres ventanas azules nos revelan que quienes la construyeron conservaban en su interior un fondo de espiritualidad, aun cuando ésta fuera ocultada o enmascarada por el interés material y una mente dominada por un orgullo y vanidad desmesuradas, como lo indica el remate almenado de color amarillo que la corona sin guardar la debida proporción con el resto de la construcción.

El curioso rayo que la decapita es rojo y amarillo, revelando la energía e inteligencia superior que lo dirige, y las bolas que caen del cielo representando el influjo celeste, son rojas, azules y blancas, para señalar que junto a la ira del Cielo coexiste el deseo de infundir a los creadores de la torre una mayor espiritualidad y pureza.

Los dos hombres que caen de la torre van vestidos de azul y rojo, para indicar la pasión y el idealismo con que la construyeron, aun cuando su misma pasión y orgullo los impulsara a acometer una tarea imposible y superior a sus fuerzas.

No obstante, la torre se halla sólidamente apoyada en un suelo amarillo del que brotan verdes matas de hierba, indicando que la inteligencia en la que se basa la construcción es fecunda, con lo cual será posible recomenzar de nuevo la tarea, aun cuando siga existiendo la posibilidad de cometer nuevos errores y sufrir nuevas caídas.

SIMBOLISMO

La reducción teosófica $16 = 1 + 6 = 7$ nos reconduce al siete, clave de las grandes realizaciones y de los proyectos abortados, por lo cual lo identificábamos con el dolor, lo que concuerda muy bien con el significado de este arcano. Pero si consideramos el 16 igual a 4×4, es la potencia multiplicada por sí misma que puede conducir a la desmesura material, a una voluntad de poder incontrolable y a la prepotencia y exaltación del orgullo. Como $8 + 8$ nos conduce a una justicia duplicada, doblemente eficaz y severa; y finalmente, como $10 + 6$, es El Enamorado cuya elección pone en marcha La Rueda de la Fortuna, o lo que es lo mismo, la ley kármica. Finalmente, tengamos en cuenta que 16 es divisible por 1, 2, 4 y 8, cuya suma o valor secreto es 15, el arcano del Diablo, precisamente el anterior a La Torre.

Por todo ello, podemos concluir que La Torre simboliza una prueba, una dolorosa purificación: la asunción del karma. Es la advertencia de que toda obra humana basada en lo material está destinada a desaparecer, y que la evolución y el progreso se basan en un eterno construir y demoler, en errar y rectificar.

Como dice Enel: «En el mundo divino La Torre expresa la destrucción de los seres que se apartan del camino preestablecido. En el mundo de las fuerzas es el castigo consecutivo al pecado original, el hundimiento del hombre universal en los males procedentes de la materia. En el mundo físico es la ruina, el hundimiento del edificio construido por el hombre y al que consideraba indestructible».

Visconti-Sforza.

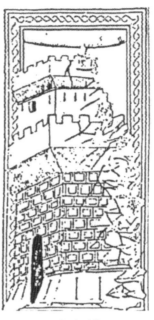

Carlos VI.

Etteilla.

Wirth.

Papus.

Waite.

SIGNIFICADO ADIVINATORIO GENERAL

Siendo uno de los arcanos cuyo significado práctico es más catastrofista, antes de pronunciarnos deberemos averiguar si sus efectos recaerán sobre el consultante o sobre otras personas, y tener en cuenta que el resultado final no siempre es malo, pues a veces la ruptura que anuncia es la de una situación que mantenía bloqueada toda posibilidad de progreso, con lo cual se convierte en liberadora; y también puede ser el aviso salvador de un peligro insospechado que todavía puede evitarse. Todo esto nos lo revelarán las cartas inmediatas y el conjunto de la tirada.

Cuando se refiere a personas, nos indica que nos hallamos ante alguien que se encuentra en unos momentos duros y difíciles, con tendencia a actuar impulsivamente, contra corriente, a querer cambiarlo todo, acometer imprudencias y jugárselo todo a una carta. A veces revela un estado temporal de megalomanía, de ambición y orgullo desmesurados con resultados desastrosos. En este caso, y dado que precisamente por lo brusco y brutal de su influencia los efectos de este arcano son temporales y pasajeros, debe aconsejarse –siempre que sea posible– la máxima prudencia y evitar toda acciión o decisión, dejando que los acontecimientos se desenvuelvan por sí solos, pues no es el momento adecuado para la acción personal.

Cuando no se refiere a personas, lo hace a acontecimientos bruscos e imprevistos de carácter destructor en todos los terrenos, a errores de apreciación, a excesos, violencias, ruinas, peligros, caídas físicas, materiales o morales; en resumen, presagia toda clase de catástrofes y experiencias dramáticas cuyo resultado final, como ya dijimos anteriormente, tanto puede ser beneficioso como perjudicial.

Invertida, La Torre se convierte en una prisión, en una incapacidad, en un callejón sin salida, en una continua opresión de la que es imposible escapar.

SIGNIFICADOS ADIVINATORIOS CONCRETOS

SALUD. Si bien más que a la salud se refiere a la posibilidad de accidentes, revela la existencia de un estado de sobreexcitación capaz de derivar en crisis, convulsiones y ataques, como el infarto, la apoplejía, los ataques febriles, etc., cuando no se trata de una operación quirúrgica o de lesiones y heridas por culpa de hechos violentos que sobrevienen inesperadamente, como incendios, guerras, revoluciones, explosiones, atentados, fenómenos naturales violentos, etc.

Invertida, el significado es similar, si bien suele inclinarse por crisis neuróticas de carácter ciclotímico, en cuyo caso los ataques son depresivos y pueden llegar, en el peor de los casos, al suicidio o la autolesión. En caso de operación quirúrgica, si en el caso anterior podía derivar en una curación, cuando aparece invertida casi siempre resulta inútil y sólo sirve para confirmar un mal pronóstico.

MENTALIDAD. También aquí más que de mentalidad debemos hablar de ofuscación de la mentalidad, del peligro de perseverar en una dirección errónea y excesiva a causa de un egoísmo exacerbado o un exceso de confianza en las propias posibilidades, lo que conduce a crasos errores de juicio de los que se derivan precipitaciones, excesos, temeridades y obstinaciones de peligrosas consecuencias, o por el contrario, de un brusco cambio de opinión igualmente nefasto.

Invertida amenaza con los mismos problemas, pero más acusados y con mayor perseverancia en el error.

SENTIMIENTOS. Son básicamente egoístas y dominadores, en ocasiones incluso brutales, lo que ocasiona la ruptura de relaciones y los rechazos afectivos; siempre se trata de algo transitorio, como un ataque de celos o una pasión devoradora; cosas fugaces, pero siempre peligrosas.

Invertida, los mismos sentimientos se hacen más reconcentrados, menos evidentes, pero más peligrosos.

FAMILIA. Rupturas y problemas familiares por cuestiones de interés material, de autoridad, o simplemente por una explosión temperamental.

Invertida es de efecto similar, si bien es el consultante quien queda excluido del ambiente familiar o es la víctima pasiva del conflicto.

AMISTADES. En todos los aspectos es muy parecido a lo que ocurre con la familia, pero en el ámbito de las amistades, que se pierden por idénticos motivos.

TRABAJO. Es un proyecto que se hunde, un empleo o un trabajo que se pierde, un negocio que quiebra, un contrato o una asociación que se rompe, una empresa en peligro a causa de un incendio, una guerra, una revuelta, una huelga, un atentado o cualquier otra causa similar.

DINERO. Siempre indica pérdidas.

MEDITACIÓN SOBRE ESTE ARCANO

Sólo en dos arcanos mayores aparecen construcciones humanas, en La Torre y en La Luna, y sólo en el primero dicha construcción ocupa el lugar preferente, es la protagonista de la acción. El motivo de tal preferencia es que la torre fulminada por el rayo simboliza el hundimiento de las estructuras, internas y externas, que nosotros mismos nos construimos, ya sea como defensas ante los aconteceres de la vida, como un medio de ocultar nuestras debilidades y defectos, o para alcanzar objetivos que consideramos inalcanzables sin su ayuda.

Es decir, son las estructuras que construimos en el mundo externo para alcanzar nuestros objetivos, olvidando que para llegar a lo alto, en lugar de construir (que es algo artificial) debemos crecer (que es lo natural) armónicamente en todos los planos: físico, mental y espiritual.

De hecho, si La Torre cae fulminada lo es para volver las cosas a su verdadero lugar, a su justo nivel; y si el castigo es brutal es porque debe demoler el más duro y resistente de los defectos humanos, el peor de los pecados: el orgullo.

El orgullo es la rebelión del hombre contra su creador, es la semilla de una perpetua insatisfacción por la que cuanto más edifica, cuanto más cree crecer, mayor es su necesidad de seguir haciéndolo en un insensato deseo de igualarse a Dios. Y si ello es un peligroso defecto en la vida normal y corriente, todavía lo es más en quien pretende seguir la vía esotérica, pues como dice Rijnberk:

«El orgullo es el peor de los peligros que amenazan a quien se dedica a la ciencia oculta o a la mística. El mago egoísta puede rectificar y convertirse en un benefactor caritativo; quien ha sido cegado por los espejismos de lo Astral puede recuperar la vista, romper sus cadenas y bajar a su maestro del falso altar en que lo tenía. Pero quien pierda la medida de su propia insignificancia, quien haya adquirido una brizna de ciencia oculta o entrevisto a través de una rendija un pequeño rayo de la Luz Inefable, y por dicho motivo se crea superior a los demás y se enorgullezca en su locura, tarde o temprano este insensato se hallará ante el ángel que le recordará: *¿Quis sicut Deus?* (¿Quién es como Dios?). Y el rayo lo precipitará de la torre desde cuya cima creía poder pavonearse por encima de sus semejantes.»

Y ahora, una última reflexión. Si consideramos que el pecado original del orgullo condujo a la expulsión de Adán y Eva del Paraíso y a su entrada en el mundo terrenal, podemos deducir que a su vez La Torre simboliza la encarnación del hombre, el descenso del espíritu a la materia.

En cuanto a las Correspondencias de La Torre, hallaremos muchas similitudes con el vigesimoprimer sendero cabalístico, y si bien se hace muy difícil asimilarlo astrológicamente a un planeta determinado, en cambio posee muchas características de Marte, Sol y Plutón, todos ellos pertenecientes al elemento Fuego.

Vaccheta.   Crowley.   Balbi.

XVII. La Estrella

Este Arcano no existe ni en el tarot de Mantegna ni en el de Carlos VI, haciendo su aparición en la Minchiate y el de Visconti-Sforza. De la primera existen dos versiones, una de las cuales representa a una mujer rogando a una corona, y la otra a los tres Reyes Magos sosteniendo una corona por encima de la cual aparece una estrella de ocho puntas. En el de Visconti-Sforza, una mujer intenta alcanzar una estrella.

La corona siempre simboliza elevación, poder y triunfo, y adornada con puntas, luz e irradiación. Tanto es así, que como vimos al estudiar la cábala, *Kéter,* la Corona, es la representación de lo Absoluto, del *Ayn-Sof,* y en el cristianismo simbolizará la presencia de Cristo, el poder divino.

En cuanto a la estrella –en singular– tanto puede referirse al planeta Venus, estrella de la mañana, como a la estrella polar, pues en las religiones primitivas esta última era considerada como el trono de Dios, el centro alrededor del cual gravitan todos los astros como una corte alrededor de su rey. Esto nos lo confirma el hecho de representarla con ocho puntas para hacerla corresponder con el octavo cielo, el de las estrellas fijas, el que se halla por encima de los influjos planetarios, y todavía más que en una de las versiones de la Minchiate aparezca sobre la corona y se convierta en la estrella divina que guió a los Reyes Magos.

Las dos versiones
de la Minchiate.

Tampoco debemos olvidar que en la escritura de los caldeos el ideograma (✳) significaba Dios, lo cual fue mantenido por los asirios en forma genérica anteponiéndolo al nombre de un dios concreto para manifestar su divinidad, pero referido a Istar, la que luego sería la diosa Venus, cuando aparecía solo.

Como vemos, la idea básica es la misma, ya sea con la estrella o con la corona, pues se refiere a la solicitud y recepción de la gracia divina, al acatamiento de la divina voluntad.

Pero en el tarot de Marsella y los posteriores se introducen nuevos elementos. Se añaden otras siete estrellas que tanto pueden referirse a los siete planetas clásicos como al influjo de lo alto (simbolismo genérico de las estrellas), y una mujer vaciando el agua de dos ánforas en lo que tanto puede ser un lago como el nacimiento de un río, en lo que parece ser el inútil trabajo de llevar agua a la fuente, como dice el refrán, o simplemente tirar un agua que ya no sirve.

Sin embargo, su significado es mucho más profundo y nos retrotrae hasta el antiguo Egipto, donde Hapi –el dios del Nilo– se representaba como un ser hermafrodita con una vasija en cada mano de las que brota agua, fuente de la vida agrícola y espiritual de Egipto. Y es en la figura de dicho dios como aparece representado el signo de Acuario en el zodíaco de Dendera, revelándonos que a través de dicho signo recibimos el agua primordial del conocimiento y de la vida espiritual.

El dios Hapi.

DESCRIPCIÓN

Tanto el título del arcano como el distinto tamaño y estructura de la estrella central ya nos indican su superior importancia, y sus colores amarillo y rojo la convierten en fuente y representación de la inteligencia y energía divinas; las restantes estrellas, amarillas, azules y rojas, simbolizan el influjo celeste que desciende sobre nosotros para otorgarnos vida, inteligencia y espiritualidad,

Una mujer –principio femenino y fecundo– con una rodilla en tierra sostiene una jarra en cada mano y vierte su contenido en lo que tanto puede ser un lago o el nacimiento de un río, yendo completamente desnuda, lo que revela pureza e inocencia (la nuditas virtualis primigenia) y aparece ligeramente girada hacia la izquierda, revelando una acción reflexiva, una pasividad tendente a la realización.

Su cabeza descubierta revela una voluntad y mentalidad no mediatizadas, y sus azules cabellos caen libremente sobre los hombros indicando gran fuerza e irradiación de su voluntad, esencialmente espiritual. Su mirada se dirige hacía abajo, a la masa de agua azulada, indicando que su acción va dirigi-da a llenar de contenido espiritual el mundo material que la sostiene y cobija.

Sólo su rodilla izquierda se apoya en el suelo amarillo –la inteligencia material– indicando su sumisión a la voluntad divina; pero no de una forma totalmente pasiva (como sería con ambas rodillas en tierra) sino manteniéndose presta a la acción.

Visconti-Sforza.

Etteilla.

Vacchetta.

Wirth.

Waite.

Crowley.

Las dos jarras son rojas, resaltando el dinamismo de la acción, y el líquido vertido por la que sostiene con su mano derecha, la que transmite las voliciones, cae directamente en el lago, mientras que el de la jarra de su mano izquierda, la que transmite los estados de ánimo y del psiquismo en general, cae en el suelo amarillo, como si subconscientemente deseara impregnar de espiritualidad el substrato mental y material antes de incorporarse a su propio elemento.

Del suelo brota una mata de hierba y dos arbustos verdes, revelando su fecundidad, y sobre uno de ellos se posa un pájaro negro con las alas desplegadas, símbolo de vida individual indiferenciada y de libre albedrío.

SIMBOLISMO

De todas las interpretaciones numerológicas que pueden hacerse del número 17, dos son las que mejor se corresponden con la representación gráfica del arcano: $17 = 10 + 7$, o lo que es lo mismo, $17 = 10 + 4 + 3$, y $17 = 1 + 7 = 8$.

Con la primera nos hallamos ante la creación universal, la totalidad en movimiento actuando sobre la materia y el espíritu, el que equivale a la acción de la evolución sobre el Cosmos. Con la segunda, volvemos al 8 en su máximo significado de regeneración espiritual y de mediación entre el orden natural y el divino, de aguas bautismales y de cuanto se halla por encima de los influjos planetarios.

Viniendo La Estrella después del Diablo y La Torre, es indudable que este simbolismo numérico, añadido al que se desprende del propio grabado, es una clarísima referencia a una nueva oportunidad, a la nueva posibilidad de regeneración y pureza que se ofrece a quien aprendida la lección de los arcanos anteriores y como en un nuevo bautismo, deja fluir en su interior el influjo celestial que recibe de lo Alto. Tras el paso por el infierno llega el perdón universal, la paz y la esperanza.

SIGNIFICADO ADIVINATORIO GENERAL

Es uno de los arcanos más felices, de esperanza, éxito y protección, tanto en el plano material como en el espiritual, mejorando el sentido general de la tirada y dulcificando el sentido nefasto de las cartas maléficas que puedan acompañarla.

Cuando se refiere a una persona nos indica que la misma se halla en unos momentos de euforia, creatividad y buen carácter, con tendencia a irradiar ternura, armonía, entusiasmo, buen humor e idealismo.

De no ser así, siempre procura amor, ternura, sociabilidad, sentido estático, esperanza, fe, inspiración, optimismo, satisfacciones y buenas perspectivas en todos los terrenos. También aporta ayuda y protección ocultas y puede referirse a las influencias astrales, premoniciones, presentimientos, inspiraciones e interés por dichas materias.

En el peor de los casos, cuando aparece en un mal contexto o invertida, puede indicar esperanzas frustradas, desilusiones, mala suerte, intenciones generosas pero incomprendidas o mal aceptadas, o simplemente un estado de excesiva sensibilidad o sensiblería. En ocasiones se limita a poner en guardia contra una esperanza ciega que incita a esperar, en lugar de actuar.

SIGNIFICADOS ADIVINATORIOS CONCRETOS

SALUD. Mas que a salud se refiere a bienestar, a una mejoría del estado general que permite gozar tranquilamente de las satisfacciones de la vida.

Invertida, más que enfermedades indica molestias indefinidas, estados de nerviosismo injustificados, de atonía física.

MENTALIDAD. Más que gran inteligencia indica buena intuición y capacidades artísticas, sensibilidad y buen equilibrio mental, así como el suficiente tacto y claridad de juicio para conseguir lo deseado sin despertar envidias ni perjudicar a nadie. Es el mejor momento para seguir las intuiciones.

Invertida, las intuiciones pueden ser equivocadas y la mente parecer brillante sin serio realmente, o perderse por senderos erróneos, por lo cual las realizaciones son menores de lo esperado. Es lo típico de aquellas personas cuya inteligencia y capacidad mental hacen concebir muchas esperanzas, pero luego todo queda en promesas incumplidas, en proyectos abortados. En estos momentos debe desconfiarse de la intuición, que puede gastar una mala pasada.

SENTIMIENTOS. Es el mejor momento para sentirlos, gozarlos y expresarlos. Son serenos y elevados a pesar de ir acompañados de gran sensualidad; no se trata de amores intensos y apasionados, sino tranquilos, felices y espirituales, que muchas veces se exteriorizan a través del arte y la belleza.

Invertida, sin perderse la calidad de los sentimientos, lo que se hace más difícil es su expresión y disfrute; puede perderse un amor, truncarse una felicidad, pero siempre quedará la esperanza de encontrar un nuevo amor y una nueva felicidad a corto plazo.

FAMILIA. Es feliz y equilibrada, capaz de adaptarse a las necesidades de cada miembro y de cada momento con confianza y hasta con cierto fatalismo; si algo caracteriza al hogar en estos momentos, es el buen gusto, la comodidad y la felicidad conyugal.

Invertida, sin dejar de permanecer unida y saber adaptarse a las circunstancias y necesidades, el fatalismo es mayor y a veces incluso va acompañado de cierto pesimismo; el hogar resulta algo incómodo, la estética excéntrica, y quizás exista algún problema conyugal.

AMISTADES. Abundantes y fieles, unidas por compartir ideales estéticos, humanitarios e idealistas, muchas veces relacionados con el ocultismo, la astrología y el misticismo. Es muy posible que en estos momentos su ayuda resulte muy importante.

Invertida, las amistades siguen siendo del mismo tipo, pero se cambian con facilidad, son menos duraderas, y es posible que actualmente se sufra algún desengaño, se pierda alguna.

TRABAJO. Para un artista indica que ha llegado el momento de crear, de plasmar cuanto se siente y cree. En términos más generales, indica una clara preferencia y capacidad para desempeñar todas las profesiones y trabajos relacionados con el arte, en especial de carácter vanguardista, con las nuevas profesiones, e incluso con la videncia, la mediumnidad o las técnicas de predicción, como astrología, quiromancía, cartomancia y similares.

Invertida, sin ser claramente desfavorable dificulta temporalmente el desarrollo de las verdaderas capacidades, ya sea por falta de oportunidades, por una mala elección, o por los peligros y dificultades inherentes a tales profesiones.

DINERO. No existe verdadera preocupación por las cuestiones económicas, por lo cual se es feliz tanto si se tiene como si se carece del mismo, lo cual no es obstáculo para que siempre se disponga del necesario, o que en estos momentos la suerte se muestre generosa.

Invertida, la misma despreocupación por las cuestiones económicas, y en algunos casos la excesiva generosidad hacen que se pasen algunas estrecheces temporales, pero cuando esto ocurre se toma con cierta fatalidad y resignación, sin preocuparse demasiado, como puede estar sucediendo ahora.

MEDITACIÓN SOBRE ESTE ARCANO

Al estudiar La Templanza ya hicimos notar la existencia de una similitud entre dicho arcano y el de La Estrella, y ahora profundizaremos en sus diferencias más importantes.

En primer lugar, en La Templanza el ángel ocupa casi totalmente el espacio disponible remarcando la gran importancia que se le otorga; en La Estrella el mayor espacio se reserva al cielo y las estrellas, para indicar que lo más importante no es un ser –humano o angélico– sino el influjo celestial que llega de lo alto.

En segundo lugar, en ambos arcanos existe un fluido en movimiento, que en La Templanza se mueve en un circuito cerrado, entre dos vasijas, mientras que en La Estrella lo hace en circuito abierto. El simbolismo acuático se mantiene, pero adopta un nuevo significado: ya no es la renovación perpetua que equilibra materialidad y espiritualidad, sino la vida espiritual que se derrama para que mente y materia participen de la misma en un proceso creador y fecundo.

En tercer lugar, La Templanza aparece vestida y La Estrella desnuda, libre de toda traba y de todo impedimento anterior; su desnudez, además de inocencia y pureza, revela la predisposición a aceptar unos nuevos ropajes, una nueva forma o etapa de la vida, una nueva esperanza. Porque del mismo modo que La Templanza aparece después de La Muerte iniciando una nueva etapa tras una dolorosa prueba, también La Estrella aparece después de otra prueba, la de La Torre, e inicia otra etapa haciéndose plenamente receptiva a la influencia celestial, a la que rinde acatamiento y respeto al hincar la rodilla en el suelo, y con el único bagaje de ingenuidad y esperanza.

Pero no es sólo la esperanza en hechos externos más o menos pasajeros, es la esperanza que surge de lo más profundo del alma, la hermana de la fe. De aquí que podamos decir con P. Christian: «Despójate de pasiones y errores para estudiar los misterios de la verdadera ciencia; entonces un rayo de la divina Luz surgirá del Santuario oculto y disipará las tinieblas del porvenir mostrándote el camino de la felicidad. Ocurra lo que ocurra en tu vida, no marchites jamás la flor de la esperanza y recogerás los frutos de la fe».

En cuanto a sus correspondencias cabalísticas es innegable una cierta equivalencia con el décimoctavo sendero cabalístico, y de igual manera que en dicho sendero existía una aparente contradicción entre sus significados esenciales, también en La Estrella existe una aparente contradicción entre las partes superior e inferior del dibujo y entre sus equivalencias astrológicas, que podemos cifrar en Venus para la superior y Acuario para la inferior, pero perfectamente asimilables como Venus en Acuario, si combinamos las cualidades superiores de planeta y signo.

XVIII. La Luna

La representación de este arcano ha sufrido muchas variaciones; así, en el de Mantegna aparece la clásica imagen de la Luna cruzando el Cielo sobre su carro; en el de Visconti-Sforza es una figura femenina sosteniendo el cuarto lunar; en el de Carlos VI, nos muestra a dos astrólogos calculando la posición de la Luna; en las Minchiate, a semejanza del de Carlos VI también aparecen uno o dos astrólogos; y en el de Marsella se inicia la separación del dibujo en tres espacios distintos: en el superior el Cielo con la Luna, en el intermedio la Tierra con dos perros aullando entre dos torres, y en el inferior el agua con un cangrejo en un estanque, en lo que ya será la representación dominante hasta nuestros días.

Más adelante ya expondremos el simbolismo de la Luna, de los perros con las torres, y del agua y el cangrejo; ahora debemos destacar otro importante detalle a tener en cuenta: en los tarots anteriores al de Marsella, la Luna aparece en cuarto menguante, mientras que a partir del de Marsella lo hace en cuarto creciente. Si tenemos en cuenta la asimilación clásica de los cuartos lunares a Jano bifronte, el dios de las puertas de paso, de las transiciones entre el pasado y el porvenir, de un estado a otro, de un universo a otro, este cambio equivale a pasar del Jano negativo al Jano positivo, de la puerta del Infierno *(Janua Inferni)* a la puerta del Cielo *(Janua Caeli),* de Hécate a Selene, del destino inexorable al crecimiento fecundo.

DESCRIPCIÓN

Teniendo en cuenta que la Luna es un astro pasivo que se limita a reflejar la luz solar, debemos modificar el simbolismo de los colores adoptando también un significado pasivo y reflejo; así, el azul, más que al espíritu o la espiritualidad se refiere al alma y al psiquismo; el amarillo, más que a la mentalidad a la imaginación, el rojo a emociones y no apasiones, y el blanco a ingenuidad en vez de pureza. Hecha esta aclaración, pasemos a la descripción de la lámina.

En la parte superior aparece un creciente lunar azul rodeado por veintinueve rayos, siete blancos, siete azules y quince rojos, y de la misma se desprenden diecinueve lágrimas invertidas, ocho azules, cinco amarillas y seis rojas. Todo ello se refiere a la influencia de la Luna sobre la Tierra, pues el influjo que nos llega de lo alto solía representarse en forma de esferas, copos o lágrimas. En La Torre dicho influjo era indiferenciado, no veíamos de dónde procedía, y por ello estaba formado por esferas; en El Sol, como veremos, toma la forma de lágrimas que caen desprendidas o disparadas; aquí, las lágrimas aparecen invertidas, como si fueran la imagen refleja de las emitidas por el astro rey. Pero si tomamos la Luna como símbolo de lo astral, podría referirse a la interacción entre los planos astral y físico, y dicha influencia se ejercería en una dirección gracias a los rayos lunares y en la contraria por las lágrimas invertidas.

En el plano intermedio vemos a dos perros de color carne y de perfil, cara a cara, con la lengua fuera y como aullando, en clara referencia a los instintos materiales inferiores, origen de la mayoría de los problemas humanos; el accidentado suelo amarillo sobre el que se hallan revela que se apoyan sobre el poder de la imaginación y las quimeras de la mente, del mismo modo que las dos torres amarillas y las dos matas de hierba del mismo color, se refieren a las creaciones transitorias y artificiales de dicho mundo ilusorio y a la fertilidad de la imaginación. En la parte inferior, y dentro de un estanque azul estriado de negro, aparece un gran cangrejo, símbolo de Cáncer, signo zodiacal regido por la Luna, poniendo en un primerísimo plano el papel del psiquismo indiferenciado, de lo que ahora ha dado en llamarse el inconsciente colectivo.

SIMBOLISMO

El 18 es un número que revierte al 9, pues $18 = 1 + 8 = 9$, lo que equivale a gestación y finalidad; al Mago (1) ante La Justicia (8), lo cual conduce a la solitaria búsqueda interior del Ermitaño (9). Pero también es igual a $10 + 8$, el equilibrio que sigue a un ciclo completo, una paralización, un estado de inercia temporal; y en otro sentido es 3×6, la generación por el pecado.

Vimos que los dos arcanos anteriores se referían al mundo material (La Torre) y al mundo divino (La Estrella) en su relación con el hombre; ahora nos hallamos ante un mundo intermedio que los relaciona y por ser una imagen reflejada los deforma y subjetiviza. Es así como este arcano representa y simboliza la imaginación y fantasía humanas, los sueños quiméricos infantados en las sombras de la noche donde habitan los deseos, obsesiones e instintos primordiales reprimidos a la luz del día.

La simple observación de la lámina nos revela con toda claridad su simbolismo esotérico y nos hace recordar unos pasajes de la obra de Plutarco De *facie in orbe lunae,* que dicen:

«La Luna es la morada de los hombres después de la muerte, donde llevan una vida que no es divina ni bienaventurada, pero exenta de preocupaciones hasta su segunda muerte, ya que el hombre debe morir dos veces.

»El hombre es un ser compuesto, pero no sólo de dos partes, cuerpo y alma, sino de tres: cuerpo, alma y espíritu. Es tan erróneo considerar al espíritu como una parte del alma, como creer que el alma forma parte del cuerpo. Tan superior es el espíritu sobre el alma como lo es el alma sobre el cuerpo.

Mantegna.

Carlos VI.

Visconti-Sforza.

Minchiate.

Wirth.

Waite.

»Tres elementos constitutivos conforman el ser humano. La Tierra suministra el cuerpo; la Luna el alma; el Sol el espíritu; y ello en armonía con lo que acontece en la naturaleza, donde la Luna recibe la luz del Sol.

»Cuando el hombre muere, empieza por dejar su cuerpo a la Tierra, pero persiste el lazo entre alma y espíritu. La separación entre cuerpo y alma se efectúa rápida y violentamente, pero entre el alma y el espíritu se produce lentamente. Es la segunda muerte.»

Así, según Plutarco, la Luna es la morada del alma humana entre la muerte física y la segunda muerte, que será el preludio de un nuevo renacer. Si ahora observamos la lámina bajo este punto de vista, concluiremos que las lágrimas invertidas son las almas que «suben» de la Tierra a la Luna. Y también nos daremos cuenta que a su vez la Luna simboliza el plano astral de la creación.

También hemos mencionado anteriormente la analogía de la Luna con Jano bifronte, las puertas del Cielo y del Infierno, con Selene y Hécate. En la lámina, esta analogía se hace patente por las dos torres que conforman una puerta, el paso entre ambas, que puede conducir a cualquiera de dichos mundos; astrológicamente dichos pasos vienen definidos respectivamente por los signos de Cáncer y Capricornio, en los cuales la puerta de Cáncer, el solsticio de verano, conduce al calor y a la vida terrestre, y la de Capricornio, el solsticio de invierno, al frío, la muerte y la otra vida. Por la representación gráfica del cangrejo, símbolo de Cáncer, y de la Luna en cuarto creciente, es indudable que la referencia de la lámina es a la puerta de la vida en la Tierra y a la faz amable de Selene; a la encarnación del espíritu en la materia.

Pero aun cuando preferentemente se refiera a la cara luminosa de la Luna, a su aspecto más positivo, no debe olvidarse que ambas caras son inseparables y tras Selene se oculta Hécate, por lo que este arcano también previene de los peligros inherentes al mundo astral y a las potencias del sueño y de la noche.

SIGNIFICADO ADIVINATORIO GENERAL

Cuando se refiere a personas, nos revela que se trata de personas emotivas, soñadoras y pasivas, más bien superficiales, excesivamente dependientes o preocupadas por cuestiones familiares u hogareñas, o simplemente por cuestiones relativamente intrascendentes; o a personas con molestias físicas o psíquicas. Cuando se trata de mujeres deberemos añadir a todo ello un profundo sentimiento maternal, pero en todos los casos pasando por unos momentos de inquietud e indecisión, de descenso en su capacidad de reacción.

De no referirse a personas, revela superficialidad, estados emotivos, pasividad, desilusiones, caprichos, fantasías, credulidad, indiscreción, exceso de imaginación, impresionabilidad, falsa seguridad, multiplicidad de pequeñas cosas, situaciones equívocas, tendencia a dejarse llevar por los instintos primarios, como la gula, la pereza, la sensualidad..., y en algunos casos sentimientos de culpa, melancolía, traumas, complejos, alucinaciones y tendencia a la mediumnidad y la videncia pasiva.

Invertida, todas estas tendencias se agudizan y convierten en enfermizas, así por ejemplo, la sensibilidad e impresionabilidad en hipersensibilidad, y la pasividad en abulia, con lo cual el peligro de errores, querellas, calumnias, fraudes, acción de los enemigos ocultos, deshonestidad, falta de sinceridad e incapacidad de hacer frente a situaciones y problemas se ve notablemente incrementado.

SIGNIFICADOS ADIVINATORIOS CONCRETOS

SALUD. Arcano de fecundidad y gestación, se refiere a los líquidos orgánicos, la vida vegetativa, el psiquismo y el inconsciente colectivo; también se refiere al estado de los órganos corporales, pero no a su vitalidad, es por ello que bien acompañada indicará su excelente estado y en una mujer puede anunciar un embarazo o la lactancia y crianza de un hijo, mientras que junto a cartas negativas revelará problemas debidos casi siempre a una mala circulación de los líquidos orgánicos, como el sistema linfático, las vías lacrimales, los jugos digestivos, las secreciones glandulares, etc.; en consecuencia también puede referirse a la hidropesía, la obesidad y la astenia.

Invertida acentúa las deficiencias orgánicas ya reseñadas y su acción sobre el sistema digestivo, en especial el estómago, y en las mujeres muchas veces afecta al sistema mamario. Este arcano también suele aparecer cuando existen crisis de histeria, epilepsia, neurastenia, estados depresivos y problemas de sueño.

MENTALIDAD. No es un arcano de mentalidad y cuando se refiere a la misma lo hace en el sentido de imaginación, fantasía, curiosidad, indiscreción y memoria visual, pero siempre de forma superficial y propensa a errores de apreciación por exceso de credulidad y tendencia a dejarse engañar.

Invertida, la mente se pierde en ensueños y quimeras, acentuándose además todos los defectos anteriormente citados.

SENTIMIENTOS. Mas que a sentimientos se refiere a las sensaciones, al sentimentalismo, a la lágrima fácil, al desorden, a los celos, a las relaciones sentimentales superficiales y cambiantes.

Invertidas, la inestabilidad sentimental se hace más acusada, los desengaños amorosos son frecuentes y los celos irracionales hacen acto de presencia, pero son celos pasivos, lacrimales, más bien neuróticos.

FAMILIA. Lo más acusado en este sentido es el sentimiento y el amor al hogar y a los niños. Es quizás en lo que más positivamente se manifiesta este arcano.

Invertida, equivale al desorden e incluso la falta de higiene en el hogar y la familia.

AMISTADES. Abundancia de amistades entre las cuales se goza de simpatía y popularidad; no obstante, más que de amigos se trata de conocidos, de amistades superficiales que aparecen y desaparecen sin dejar rastro ni sentimiento por su pérdida, y con las cuales gusta dedicarse al cotilleo y a la crítica inmisericorde.

Invertida, las amistades además de superficiales son de escasa duración y casi siempre se pierden por un propio temperamento lunático que hace indisponerse con las mismas por cualquier tontería o indiscreción.

TRABAJO. Indica trabajos que precisen de mucha imaginación, memoria visual y facilidad para contactar con el gran público, en los cuales de ir acompañada de cartas favorables o neutras indicará éxito y popularidad.

Invertida, el exceso de imaginación y fantasía, así como la pereza y la abulia, suelen ser fatales y ocasionar multitud de errores y problemas.

DINERO. No abunda pero tampoco falta y se gasta tal como entra, si bien por lo general tiende al pequeño ahorro casero.

Invertida, se gasta más de lo debido en chucherías, artículos de fantasía y moda, pese a lo cual no siempre se acierta en su selección.

MEDITACIÓN SOBRE ESTE ARCANO

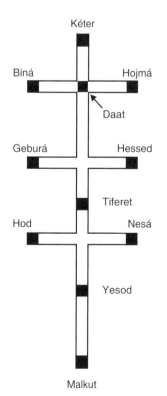

Ya hemos aclarado anteriormente la identificación de este arcano con el plano astral en lo genérico y con el cuerpo astral en lo particular, con aquel mundo cambiante y engañoso en que emociones, sensaciones e instintos se funden para generar entidades dotadas de una vida quizás irreal e ilusoria, pero que habitando en lo profundo de nuestro inconsciente es el motor de la mayoría de aquellos actos que tildamos de irracionales o instintivos.

En el árbol de la vida, vimos como el camino que va de *Kéter* a *Malkut* forma una cruz de tres travesaños con los senderos cuarto, noveno y decimoséptimo, que se corresponden respectivamente con El Emperador, La Fuerza y La Luna, senderos que marcan los límites, las bases en que se sustentan los mundos del espíritu, de la individualidad y de la personalidad; pero a su vez, senderos de un gran poder potencial, basado el del cuarto, El Emperador, en la inteligencia; el del noveno, La Fuerza, en la voluntad; y el del decimoséptimo, La Luna, en el instinto.

Es quizás por ello que la cruz de tres travesaños o cruz papal es el símbolo de la más alta jerarquía eclesiástica y de la iniciación Completa.

Para lograr una evolución armónica, para dejar abierto el canal ascendente que va de *Malkut* a *Kéter*, es necesario conseguir un perfecto equilibrio entre los dos travesaños extremos: el cuarto y el decimoséptimo, la inteligencia y el instinto.

Cuando domina la inteligencia pueden Cometerse los mayores disparates, pues al analizar un problema el más ligero error en el planteamiento o en los datos de partida conduce inexorablemente al desastre, del mismo modo que si domina el instinto, pueden cometerse verdaderas locuras. Pero si ambos, inteligencia e instinto, trabajan hermanados, sin anularse el uno al otro, el instinto permitirá ir modificando el rumbo de las decisiones y corregir los posibles errores del razonamiento lógico, mientras que la inteligencia evitará los impulsos irracionales instintivos.

Porque no debemos olvidar que en el árbol de la vida, *Daat* y *Yesod* eran los dos polos superior e inferior de la psique, y por ello, el instinto es el polo inferior de la intuición, su contraparte inferior, la intuición material, por decirlo de alguna manera.

Después de lo dicho no creo exista la menor duda en la atribución de La Luna a *Yesod* y al decimoséptimo sendero cabalístico, así como a la Luna en astrología.

Falconnier.									Crowley.										B.O.T.A.

XIX. El Sol

Igual que en el firmamento, la mitología y el esoterismo, también en el tarot el Sol y la Luna aparecen juntos para ilustrarnos sobre la evolución de la vida humana, la muerte y la reencarnación, pues desde siempre se ha comparado la salida del sol con el nacimiento del hombre y su puesta con la muerte; y del mismo modo que el Sol renace cada mañana, si un día perecemos es para volver más tarde, pues tanto el Sol como el hombre son entes inmortales.

También como sucedía con La Luna, la representación gráfica de este arcano ha sufrido profundos cambios con el paso del tiempo.

El tarot de Mantegna nos muestra a Helios (a Febo, si se prefiere) recorriendo el firmamento montado en su carro; en el de Visconti-Sforza, el pequeño dios sostiene el disco solar, mientras en el de Carlos VI, quizás el más explícito de todos, el Sol brilla en lo alto mientras Cloto, la más vieja de las Parcas, con su rueca va hilando la vida humana. Más tarde aparecerá la pareja humana en la Minchiate, y la de niños en el de Marsella, que nos remite a los hermanos Haroeris y Harpócrates (los dos aspectos de Horus), o a los gemelos Cástor y Pólux, que compartían el don de la inmortalidad.

DESCRIPCIÓN

Dos niños aparecen de pie delante de un muro, bajo el Sol con rostro humano del que se desprenden trece lágrimas.

El Sol es de color amarillo y está representado con una cara humana, indicando así que la inteligencia y la generosidad divina pueden revestir una apariencia humana; y la vemos totalmente de frente porque su influencia sobre nosotros es directa.

Del disco solar emanan setenta y cinco rayos, dieciséis de ellos en forma de triángulos alargados, ocho rectos y ocho ondulados, y cincuenta y nueve bajo el aspecto de simples trazos negros. De los ocho rayos grandes rectos, cuatro son amarillos, dos rojos y dos verdes, como indicando que la acción más visible y directa es generosa e inteligente en primer lugar, y luego, fecunda y dinámica; de los ocho ondulados, tres son azules, tres rojos y dos blancos, pues sin ser tan directa, su influencia también puede seguir siendo dinámica y espiritual, pero acompañada por lo no manifestado, lo que ya existe antes de todo nacimiento y de todo principio, después de todo límite y vejez.

Y todas estas influencias van cayendo sobre el género humano representado por los dos niños, en forma de las trece lágrimas azules, amarillas, rojas y blancas. Del mismo modo, los cincuenta y nueve trazos negros nos revelan que mucho menos visible, pero quizás mayor, es la importancia de la materia prima indiferenciada e inmortal de la que surge toda vida, y a la que debe retornar una vez finalizada su misión actual. Los dos niños, al parecer varones, son de color rosado y van totalmente desnudos excepto en el bajo vientre, cubierto por una amplia faja o tela de color azul, para indicar que la acción espiritual y vital se desenvuelve en el mundo material y tanto se aplica en lo activo como en lo pasivo, por cuyo motivo no es visible su sexo.

Los dos niños aparecen de frente, ligeramente girados el uno hacia el otro para indicar su interdependencia; el niño de la derecha apoya su mano derecha en la nuca del otro, que a su vez extiende su mano izquierda hacía el plexo solar del primero, haciendo resaltar el perfecto equilibrio y compenetración que existe entre ambos.

El suelo es amarillo, para demostrar que se basa en la inteligencia y generosidad, y detrás de los dos niños un muro bajo de color amarillo y reborde superior rojo separa el Cielo de la Tierra jugando un papel protector o limitador, también basado en la inteligencia sobre la cual la energía, el dinamismo y la pasión deben completar su labor creadora.

SIMBOLISMO

El número 19 es igual a 10 + 9, lo que equivale al final de un ciclo completo al que se añade la perfección de lo absoluto, pero como 1 + 9 = 10 = 1 + 0 = 1, es también la suma del primero y del último de los números, la potencia de la unidad en todas sus posibilidades que vuelve a retornar a la unidad primigenia en un ciclo más elevado de su evolución; por último, recordaremos con René Allendy, que es la suma del círculo duodenario con el cuadrado del cuaternario y el triángulo del ternario.

En el arcano anterior recordábamos a Plutarco y su obra *De facie in orbe lunae*, y ahora debemos añadir que en la misma también se refiere a la segunda muerte diciendo:

«La separación del alma y del espíritu se efectúa por el deseo, la nostalgia innata del espíritu hacía el Sol, en el que resplandece cuanto es deseable, hermoso, divino y bienaventurado; todo aquello a lo que de una u otra forma todos aspiramos, así, el espíritu remonta al Sol, de donde procedía, y se reúne con la divinidad...»

En cuanto antecede, Plutarco resume las ideas y creencias de su época sobre la vida después de la muerte y la resurrección o reencarnación del hombre, y lo hace mediante los simbolismos del Sol y de la Luna, donde el primero representa el foco de expansión espiritual y vital, y la Luna el anímico y formal. Es prácticamente lo mismo que se encierra en las palabras de Hermes cuando dice:

«El Sol es su padre, la Luna su madre; el viento lo llevó en su seno, y la Tierra es su nodriza.»

Esotéricamente, el Sol va ligado de forma indisoluble a las ideas de luz, luminosidad e iluminación, de calor y vitalidad, de poder y conoci-

Mantegna.   Carlos VI.   Visconti-Sforza.

Minchiate.   Wirth.   Waite.

miento en su sentido más amplio, y como astro de fijeza inmutable, revela la realidad de las cosas y no sus aspectos cambiantes, como lo hacía la Luna; y se relaciona con las iniciaciones, purificaciones y pruebas porque la finalidad de las mismas es eliminar la opacidad de los sentidos que impide la comprensión de las verdades superiores.

Es el símbolo de la inteligencia cósmica, al igual que el oro lo es de la transmutación alquímica, y por ello, de la transmutación espiritual, con la idea implícita de resurrección y de vida eterna; pero es también un principio activo y vital, centro y origen de nuestro sistema planetario, imagen y representación del padre, del rey, de Dios, en una palabra, de la autoridad, del espíritu, de la inteligencia y del conocimiento espiritual.

SIGNIFICADO ADIVINATORIO GENERAL

Cuando se refiere a personas deben ser del sexo masculino, el padre, el marido, el amigo, el protector o el jefe, o por lo menos dotadas de aquellas características que suelen atribuirse al sexo masculino, y las define como poseedoras de gran confianza en sí mismas, con una autoridad innata y acusada personalidad que les permite afrontar la vida con valor y decisión, ocupando puestos de responsabilidad y mando que saben ejercer de forma paternal y afable, pero manteniendo siempre la distancia necesaria con quienes de él dependen. Son personas que irradian vitalidad, seguridad y bienestar, siempre dispuestas a compartir alegrías, ideas y afinidades.

Cuando se refiere a hechos o circunstancias, siempre aportan el éxito y el honor, o una clarificación útil y necesaria para la resolución favorable de las circunstancias.

Pero en todos los casos indica capacidad de síntesis y objetividad, éxito, altruismo y nobleza de sentimientos, sinceridad, afectos cálidos y humanos, capacidad de aceptar las cosas buenas y malas de la vida con buen humor, paternidad responsable, felicidad material, claridad, franqueza y necesidad de brillar y destacar por encima de los demás.

Invertido o desfavorable, aparece el lado negativo de las características solares, como la autosuficiencia, el orgullo, la fatuidad, la afectación, el despotismo, la cólera, el enojo, la infelicidad, el éxito que llega retrasado o disminuido.

SIGNIFICADOS ADIVINATORIOS CONCRETOS

SALUD. Buena salud; se está en un momento de plenitud vital en el que se irradia felicidad y ganas de vivir; en un enfermo, indica rápida y feliz recuperación.

Invertida revela un estado transitorio de disminución de la energía vital; acompañada de cartas muy maléficas puede indicar una grave afección de la vista o del sistema circulatorio, como cataratas, ceguera, anemia, infarto o apoplejía.

MENTALIDAD. La mente es brillante y dotada de una notable capacidad de síntesis, más influenciada por el sentimiento y la pasión que por la lógica pura, pero no obstante con una elevada dosis de objetividad. Las ideas se expresan franca y noblemente, y se mantienen con intrepidez y valentía, sin miedo al que dirán ni a las consecuencias.

Invertido o desfavorable, sin perder su brillantez, pierde su objetividad por exceso de apasionamiento, y se pierden ocasiones y oportunidades por exceso de fatuidad y arrogancia, por cóleras súbitas y discusiones acaloradas que no conducen a nada, o simplemente, por negarse a reconocer los errores.

SENTIMIENTOS. Son cálidos, generosos, altruistas y apasionados, irradiando amor, felicidad y alegría. El Sol expresa la felicidad de aquel que siempre sabe estar de acuerdo con la naturaleza

Invertido, revela una frustración amorosa o sentimental, un amor apasionado no correspondido, pero que pronto será olvidado y substituido por otro con igualo mayor ilusión y apasionamiento.

FAMILIA. Es el arcano del padre ideal, protector y amante, de la felicidad conyugal, de la unión familiar.

Invertida, indica un posible conflicto familiar por exceso de autoritarismo, o una discusión conyugal por celos o cuestiones de prestigio mal entendido. De todas formas, a pesar de su espectacularidad, dichos problemas suelen carecer de gran trascendencia.

AMISTADES. Son cálidas, alegres, afectuosas y sinceras, con las que puede contarse en todo momento; entre ellas siempre existen personas de reconocida valía y prestigio. Invertida puede indicar la pérdida de una amistad o su distanciamiento temporal, por cuestiones de prestigio, autoridad o discusión ideológica.

TRABAJO. Éxito en el trabajo, sea éste cual sea, si bien suele indicar situaciones o empleos de mando, gestión y autoridad. Es el mejor momento para firmar un contrato, conseguir un ascenso, un honor, un premio o una condecoración. Invertida revela la frustración de un éxito, una promoción o un premio honorífico, que ya se daban por descontados.

DINERO. Es un arcano de riqueza, de beneficios y de lujo. Invertido, a pesar de seguir indicando riqueza y beneficios, los gastos superfluos o el deseo de aparentar más de lo que se puede superan a los ingresos y pueden ocasionar situaciones delicadas y comprometidas.

MEDITACIÓN SOBRE ESTE ARCANO

En la antigua Babilonia, tres eran los dioses del Cielo: Istar, la Estrella o Venus; sin, la Luna; y Shamash, el Sol, y se enunciaban en este mismo orden ascendente. Son los tres astros más visibles, los que apareciendo y desapareciendo periódicamente simbolizan la vida eterna y la reencarnación, el eterno morir para volver a nacer. Y también en el tarot aparecen La Estrella, La Luna y El Sol en el mismo orden, al que les sigue El Juicio, o sea el arcano de la resurrección de la carne, corroborando su significado conjunto y la importancia otorgada a la enseñanza que comportan.

Si ahora nos vamos a las Sagradas Escrituras, la cuarta parte del Apocalipsis, la que trata de la encarnación del Hijo de Dios y las encarnaciones del Dragón, empieza (12,1):

«Apareció en el cielo una señal grande, una mujer envuelta en el Sol, con la Luna debajo de sus pies, y sobre la cabeza una corona de doce estrellas.»

Según los comentaristas bíblicos, esta mujer es la Iglesia del Antiguo Testamento, pero Iglesia y enseñanza sagrada eran una misma cosa, y vale la pena meditar sobre la similitud entre esta imagen de la Iglesia, de la Sagrada Enseñanza, con la descripción conjunta de los tres arcanos del tarot y la enseñanza que de los mismos se desprende.

Pero todavía existen otros detalles a considerar sobre el arcano que ahora nos ocupa. Wirth asocia los dos niños que aparecen en la lámina con el signo de Géminis, el cual aceptamos como cierto considerando que sus dos grandes estrellas sólo son visibles por separado, pues cuando aparece una desaparece la otra, lo cual es otro dato a añadir al significado de muerte y resurrección.

En cambio, no debe confundirse este significado simbólico con el de mentalidad que astrológicamente se otorga al signo de Géminis, dado que la mentalidad de Géminis es totalmente distinta de la mentalidad solar. Géminis es el fluir tranquilo de la mente, la mente conceptiva, objetiva y realista, rápida y fría, en la que los pensamientos se suceden velozmente; pero poco reflexiva, razonable o juiciosa, pues su misma rapidez no le permite Someterse a la disciplina lógica que requieren juicio y razonamiento. En cierto modo, es similar a lo que hace la Luna con la imaginación, a diferencia de que la Luna trabaja con imágenes, y Géminis con ideas, La mentalidad solar es sintética, total, pero ante todo, cálida, generosa y humana; en la mentalidad de Géminis los sentimientos no tienen cabida, mientras que en la solar son ellos los que dominan; la mentalidad de Géminis es dispersiva, mientras que la solar es unitaria.

En el nivel interno –y en el evolutivo– El Sol es el complemento natural y la antítesis de La Luna; es el impulso hacía el conocimiento total y el deseo de librarse de la esclavitud de la naturaleza oscura de los impulsos ancestrales, de los errores y engaños de La Luna. Las sombras de la Luna son como los terrores nocturnos infantiles en que nos sentimos pequeños e insignificantes, incapaces de hallar el camino en la oscuridad, por más que sepamos de su proximidad.

El Sol con su luz brillante disipa las sombras y nos ilumina el camino; es la fe en el ideal y el espíritu indomable que conduce al conocimiento y la verdad, es la esperanza en la continuidad de la existencia y de una nueva vida; pero como todos los arcanos, también es ambivalente, pues el exceso de luz puede cegar, y el conocimiento prematuro o mal asimilado es peor que la ignorancia asumida y reconocida.

En el árbol de la vida, El Sol se corresponde con *Tiferet* y el undécimo sendero.

XX. El Juicio

Con este arcano se complementan los dos anteriores que nos hablaban de la muerte y la reencarnación, y lo hace mediante la representación del Juicio Final según el cristianismo, que afirma que el mismo Dios juzgará a cada uno de nosotros según su comportamiento en la vida terrenal.

Dicha representación ha ido evolucionando a través del tiempo, pues en un principio, en la parte superior aparecía la imagen de Cristo sentado en un arco iris entre dos o cuatro ángeles tocando la trompeta, mientras que en la inferior los muertos iban saliendo de sus tumbas. Posteriormente, se eliminó la imagen de Cristo y varió el número de ángeles que podían ser dos o cuatro, uno en cada esquina, o simplemente uno en la parte superior, mientras que en la inferior se iba reduciendo el número de personajes que salían de la tumba.

Esta evolución también se hace patente en el tarot, pues el de Visconti-Sforza nos presenta la imagen de medio cuerpo de un anciano rey (seguramente en representación de la divinidad) con el cetro y la espada dispuesto a impartir justicia, flanqueado por dos ángeles que con el sonido de sus trompetas despiertan de sus tumbas a tres figuras humanas: un anciano, y un hombre y una mujer jóvenes.

En el de Carlos VI se elimina la imagen de Cristo y se multiplican las figuras humanas; en la Minchiate y en el tarot de Etteilla aparece un ángel con dos trompetas y en el tarot de Marsella y la mayoría de los posteriores figura un solo ángel y una sola trompeta.

DESCRIPCIÓN

El Juicio Final según
un grabado del siglo XV.

En el Cielo, dentro de una nube, un ángel sostiene una trompeta mientras en la Tierra tres personajes desnudos –uno de ellos dentro de un sarcófago– están rezando.

El ángel está rodeado de un círculo de nubes azules de las que salen veinte rayos, diez amarillos y diez rojos, revelando el medio espiritual del que procede y que su influencia sobre los humanos ante todo es dinámica e inteligente, lo que reafirma el color rojo de sus brazos y el amarillo de la trompeta, cuyo sonido está destinado a despertar la conciencia dormida del hombre y anunciarle el acontecimiento trascendental de la reencarnación y del juicio divino. Quizás es por ello que la trompeta está adornada con una banderola blanca con una cruz amarilla, siendo el blanco el color de lo todavía no manifestado, del carácter abstracto e intangible del plan divino, que sólo podemos intuir gracias al generoso espíritu de sacrificio que todo lo ilumina simbolizado por la cruz amarilla.

Resurrección de los muertos (*Libro de horas de Fernando el Católico*).

El ángel es de color rosado para indicar su naturaleza material, aun cuando ésta sea tan extremadamente sutil y elevada que roza lo inmaterial, como lo revela la existencia de sus alas y el color blanco de cuello y pecho; sus cabellos amarillos y sueltos definen una voluntad e inteligencia totalmente libres, aun cuando el halo blanco que corona su cabeza nos revele la existencia de una voluntad superior de carácter divino que la dirige y gobierna.

De una especie de sepulcro sale un ser humano con la cabeza tonsurada, y a ambos lados del mismo, pero fuera de la tumba, visibles hasta la cintura y girados mirándole, se encuentran un hombre barbudo a la derecha y una mujer a la izquierda, con las manos juntas en actitud de orar. Los tres están completamente desnudos, son de color rosado y cabellos azules para indicar que aun revistiéndose de materia sus voliciones son de orden espiritual.

El sepulcro es verde, revelando que la muerte puede ser fecunda y dar origen a una nueva vida, y el personaje que sale del mismo aparece de espaldas indicando la posibilidad de una acción que permanece oculta, paralizada temporalmente, como esperando el veredicto o la orden del ángel. Los dos que aparecen de frente representan a la humanidad, hombres y mujeres, y si sólo hay uno de cada sexo, es para indicar que la acción a realizar debe ser individual y no colectiva, del mismo modo que con su actitud revelan la necesidad de recogimiento interior, de un profundo examen de conciencia y una entrega total para conseguir encarnarse de nuevo.

El suelo es amarillo indicando que para salir de la Tierra es necesario apoyarse en la inteligencia y generosidad divinas, y con grandes desigualdades para indicar que el camino de la evolución también puede ser muy desigual y sumamente difícil.

SIMBOLISMO

Entre los antiguos mayas, el número 20 representaba al dios solar en su función arquetípica de hombre perfecto, y todavía hoy en la numeración de los quichés al número 20 se le denomina hombre, pues el conjunto de los veinte dedos de manos y pies representan la unidad humana. También el alfabeto *ogham* de los celtas irlandeses se compone de 20 caracteres agrupados en cuatro familias de cinco caracteres cada una, a imagen de los cinco dedos de cada mano y cada pie.

Todo esto concuerda también con nuestro simbolismo tradicional en el que el número 20 equivale a la dualidad del 10, al ciclo universal que se repite y polariza para expresar por un lado lo individual (el primer 10) y por el otro lo universal (el segundo 10) que se neutralizan para expresar un estado de pasividad en el cual el ser se prepara para una nueva evolución, ya sea en el nivel actual o en otro más elevado.

Pero si consideramos a $20 = 2 + 0$, nos hallamos en presencia de dos campos opuestos, el del binario cósmico y el del mundo de lo no manifestado, de la potencialidad como raíz oculta de la manifestación,

Visconti-Sforza.

Carlos VI.

Minchiate.

Etteilla.

Wirth.

Waite.

es decir, en una encrucijada entre ambos mundos y su posible evolución. Y en el alfabeto hebreo, el número 20 se representa con la letra *kaf,* que simboliza el acto de tomar y retener, la capacidad de adaptarse a todas las formas; pero a su vez, la vigésima letra es *resh,* que significa cabeza, es decir, el asiento del espíritu, y también cima, que equivale a llegar al punto más alto, a la culminación de una etapa o de una vida. Como vemos, existe una total concordancia entre el simbolismo numerológico y la representación gráfica del arcano.

Si ahora volvemos a la serie correlativa de los arcanos, es indudable que El Juicio se refiere a la posible reencarnación tras la segunda muerte; es el período de recapitulación de una existencia para remontarse y reunirse con la divinidad o para volver a reencarnarse en la Tierra si todavía no se ha alcanzado el nivel suficiente y es necesario iniciar otro período evolutivo.

SIGNIFICADO ADIVINATORIO GENERAL

Siempre revela una transformación, un cambio implicando una decisión definitiva sobre el pasado en vista a una nueva planificación del futuro, que puede ser tan trascendental como un cambio total de vida, de actitud e incluso a veces de personalidad, todo ello en vistas a una liberación de cuanto significaba la etapa anterior.

Cuando se refiere a personas, indica que se encuentran en unos momentos de mutación, que se enfrentan a la necesidad de enjuiciarse así mismos o a los demás, de arrepentirse o perdonar; que desean escapar de su rutina, renovar circunstancias de su vida cotidiana o de su destino, liberarse de una servidumbre o de otras circunstancias que nos revelarán las cartas acompañantes. En personas con un cierto grado de evolución puede indicar el despertar a la vida espiritual o una iniciación esotérica.

De no ser así, se referirá a una situación que se recupera, regenera o reinicia sobre nuevas bases, sólidas y favorables; el resultado final y exitoso de un esfuerzo o trabajo; un estado de gozosa exaltación interna; una intuición acertada o profética; una visión más justa y objetiva de las cosas; el triunfo sobre las contradicciones internas o las dificultades externas.

Existen arcanos, como El Ermitaño, que retrasan los acontecimientos, en cambio, El Juicio siempre los adelanta o precipita; así, por ejemplo, junto a La Torre nos anunciará un acontecimiento brutal e inesperado que rompe la rutina habitual, ya sea para bien o para mal.

Invertida o desfavorable, revela la posibilidad de un juicio erróneo, ya sea sobre uno mismo o sobre los demás, la incapacidad de enfrentarse con la realidad, un estado de exaltación interna artificial o un grave conflicto íntimo.

SIGNIFICADOS ADIVINATORIOS CONCRETOS

SALUD. En caso de enfermedad asegura la recuperación de la salud tras un cambio feliz e inesperado, ya sea una crisis de la misma o un nuevo tratamiento. Si la salud ya era buena, indica un período en el cual la persona se siente como si hubiera madurado y rejuvenecido a la vez, alcanzando sus máximas posibilidades físicas y vitales. En caso de drogodependencia, puede anunciar la liberación de la misma.

Invertida anuncia una caída de la vitalidad, un cambio orgánico o fisiológico que condicionará el futuro sin que por ello deba considerarse patológico (puede anunciar la menopausia, la prohibición médica del tabaco, alcohol o determinados alimentos por la aparición de síntomas de alguna enfermedad crónica, como enfisema, cirrosis o diabetes, por poner unos ejemplos); en caso de enfermedad actual puede indicar un cambio en su tratamiento, que no produce los efectos esperados.

MENTALIDAD. Siempre indica el fin de dudas, contradicciones y estados más o menos neuróticos o ambivalentes; es el momento en que uno se da cuenta de como ha usado sus capacidades y ahora ya sabe lo que quiere y hacia dónde debe dirigirlas. Es el anuncio de ideas o intuiciones válidas, del inicio de nuevos estudios o proyectos, de la finalización de una carrera o profesión, con lo cual ha llegado el momento de planificar el futuro.

Invertida, revela que ha llegado el momento de realizar un análisis en profundidad de las posibilidades mentales, pero se es incapaz de valorarlas correctamente y de concretar hacía dónde deben ser dirigidas y empleadas a partir de ahora. En un estudiante es un examen suspendido.

SENTIMIENTOS. Surgen nuevos hechos y circunstancias que cambian el panorama sentimental de la persona, ya sea un nuevo amor o un cambio importante y decisivo en los actuales sentimientos. Es el momento de detenerse, analizar honradamente nuestras emociones y vida sentimental y tomar una decisión definitiva (quizás el noviazgo o el matrimonio).

Invertida, sin cambiar para nada su significado, los resultados son distintos, y es por ello que en lugar de matrimonio puede significar el fin de un noviazgo, un divorcio, o una ruptura sentimental.

FAMILIA. También implica cambios favorables y estabilizadores en la familia. En la juventud puede indicar que ha llegado el momento de independizarse del hogar, en la madurez la necesidad de asentarse definitivamente, y en la vejez que ha llegado el momento de pasar a otras manos las responsabilidades familiares; pero en todos los casos sabiendo que es en bien de todos.

Invertida, sin variar loS hechos, es muy probable que la decisión se tome forzados por las circunstancias, quizás por la propia incapacidad de afrontarlas.

AMISTADES. Siempre indica renovación de amistades y de contactos, ya sea por el cambio de ambiente, de trabajo, o simplemente por considerar que finalizada una etapa de la vida también es necesario realizar una selección para decidir qué amistades hay que conservar, cuáles abandonar y cómo deben ser las que a partir de ahora iniciemos.

Invertida, sigue existiendo el cambio de amistades y contactos, pero la decisión definitiva seguramente no será nuestra, sino forzada por las circunstancias.

TRABAJO. Es el momento de una promoción o cambio de trabajo, de hacer que nuestras opiniones y esfuerzos sean reconocidos. En el caso de trabajos independientes es el momento de analizar su marcha y, de ser necesario, cambiar de orientación o clientela, o de actualizar la publicidad. En un artista, puede indicar un cambio de inspiración, el inicio de un nuevo estilo y, a veces, de la obra maestra y definitiva; en un científico, un descubrimiento importante, una nueva línea de investigación.

Invertida, puede anunciar una crisis laboral cuyo resultado es imprevisible.

DINERO. Suele referirse al dinero que está pendiente de una resolución, de un juicio, de una decisión, cuya solución será favorable o desfavorable según El Juicio aparezca del derecho o invertido, así como de las cartas acompañantes.

MEDITACIÓN SOBRE ESTE ARCANO

Simbólicamente, los ángeles son los mensajeros de la divinidad, quienes nos advierten de su presencia, y la trompeta acentúa dicha advertencia por su carácter anunciador de grandes acontecimientos: recordemos las trompetas de Jericó, del Juicio Final, de las procesiones griegas y de los desfiles de la antigüedad clásica.

Y lo que ángel y trompeta anuncian nos lo describe la lámina, donde el personaje de espaldas se levanta de su tumba mientras los otros dos, hombre y mujer –quizás sus padres–, oran y contemplan extasiados dicho prodigio en la clásica representación del Juicio Final, de la resurrección de la carne.

El mismo nombre del arcano nos revela un paralelismo con el VIII, La Justicia, y es que si la justicia es el principio fundamental de toda ley, el juicio es su puesta en acción, el dinamismo mediante el cual se pone en práctica; es el acto de tomar conciencia de los hechos y decidir el destino que tras los mismos se deriva.

En un nivel psicológico, el arcano se refiere al proceso de recapitulación que se produce en algunos momentos de la existencia, cuando en el fondo de nuestro subconsciente se recogen y analizan una serie de conocimientos y experiencias y se llega a una conclusión, que al aflorar en nuestra conciencia nos abre una nueva visión de las cosas. Es lo que ocurre cuando nace una idea o una intuición genial; o cuando tras años de andar incierto por la vida, de dudas y vacilaciones, de pronto vemos claro cuál es nuestro verdadero camino, como si renaciéramos a una nueva vida.

Es, como dice Kaplan, «la reexhumación del pasado en vistas al juicio y valoración de los propios esfuerzos y de las propias conquistas. Esta carta sugiere no sólo la idea del renacimiento y del despertar de los individuos, sino también la llamada a la expiación de todo lo que ha sido y es advertencia para el futuro. La tumba puede ser el símbolo del secreto receptáculo de los pecados pasados, expuestos ahora a la vista y al juicio de los demás».

Pero El Juicio representa también la muerte del hombre a la vida ordinaria y su resurrección a un nivel superior gracias a la Iluminación iniciática. Desde este punto de vista El Juicio es el aspecto positivo de un proceso psíquico del cual La Muerte es su aspecto negativo; si La Muerte es la destrucción del pasado, todo cuanto hay que dejar atrás, El Juicio simboliza todo aquello que se presenta en el horizonte del futuro, lo que espera al iniciado en su nueva existencia.

En el terreno cabalístico, es muy clara la correspondencia del Juicio con el vigesimosegundo sendero, mientras que astrológicamente es prácticamente imposible hallar una correspondencia clara con un planeta o un signo zodiacal determinado.

Balbi.   Crowley.

XXI. El Mundo

El Mundo, también llamado algunas veces La Corona de los Magos, simboliza a la vez la totalidad del mundo y del hombre, el resultado final de la creación y del esfuerzo humano.

En el tarot de Visconti-Sforza dos ángeles sostienen un globo que contiene pintada una isla sobre la que se eleva un castillo, mientras arriba en el Cielo brillan las estrellas, quedando así representados los cuatro elementos aristotélicos por la tierra, el mar, el aire y las estrellas. En el de Carlos VI, aparece una figura femenina de aureolada cabeza sosteniendo un globo en su mano izquierda y un cetro en la derecha, de pie sobre una rueda a través de la cual se divisa un paisaje; en el tarot D'Este (del siglo XV), es un querubín quien se sienta sobre la rueda; y en la Minchiate, un ángel con una corona y una saeta se sostiene sobre el globo terráqueo mientras cuatro cabezas de querubines soplan desde los cuatro puntos cardinales.

En el tarot de Marsella y posteriores, la rueda se ve sustituida por una mandorla (símbolo de la unión entre el Cielo y la Tierra) de hojas, y las cabezas de querubín por las imágenes de las cuatro criaturas vivientes de Ezequiel, símbolos de los cuatro puntos cardinales (y también de los cuatro elementos y los cuatro evangelistas, si bien la figura del toro más bien parece un caballo), tal y como se hacía en la Edad Media con multitud de imágenes religiosas como la que acompañamos, procedente de una talla en marfil del siglo XI reproducida en el libro de Kaplan.

La presencia de la rueda en los tarots más antiguos, hace pensar a Wirth en la posibilidad de que en su origen este arcano representase a la Fortuna Mayor de los geománticos, y como tal prometa mucho más que los éxitos efímeros de la Fortuna Menor, la cual se correspondería con el arcano X, lo que nos parece muy aventurado. Sin embargo –y sin negar el sentido favorable del arcano– es mucho más verosímil una evolución como la que ilustramos, en la que la imagen de Cristo del tarot de Jacques Vievil (de 1643 o 1644) se convierte primero en una figura femenina en el de Jean Noblet (también del siglo XVII) para finalizar en el de Heri de 1718, con la figura ya familiar del tarot marsellés.

Por último, es de destacar que en el tarot de Marsella la figura humana posee rostro y cabellos de hombre y senos de mujer, siendo muy plausible que quiera representar al hermafrodita, la perfecta unión de lo masculino y lo femenino, símbolo de la naturaleza humana en su totalidad.

| Vievil. | Noblet. | Heri. |

DESCRIPCIÓN

Dentro de una guirnalda ovalada danza un personaje desnudo, mientras en los cuatro ángulos de la imagen, cuatro figuras evocan las representaciones simbólicas y tradicionales de los cuatro evangelistas, ángel, águila, león y toro, aun cuando aquí el toro desprovisto de cuernos más bien parece un caballo.

La figura humana posee cabeza de hombre y cuerpo de mujer, quizás para representar lo andrógino, perfecta unión de lo masculino y lo femenino, símbolo de la naturaleza humana en su conjunto, sin el menor predominio de un sexo sobre el otro. Es de color carne para indicar su completa materialidad, y aparece de frente revelando su disposición a la acción directa; su pierna izquierda se apoya sobre una base amarilla pues dicha acción se basa y procede de una manifestación inteligente, mientras que la derecha está plegada por detrás, reafirmando su tendencia al movimiento.

Con su mano izquierda sostiene una vara y en la derecha un objeto indeterminado que la mayoría de autores identifican con otra vara, aun cuando es muy posible que del mismo modo que en la figura se destacaba la dualidad masculino-femenino, aquí se resalte la dualidad vara-cetro, símbolos del poder, en algo indeterminado que parece una mezcla de ambas cosas. No obstante, por la posición de las manos que sostienen dichos objetos –una hacia arriba y la otra hacia abajo– representan a la vez un orden evolutivo e involutivo. La guirnalda está formada por hojas simples, oblongas (seguramente de laurel, símbolo de la victoria), y por su forma oval de mandorla, simboliza la unión de Cielo y Tierra, de espíritu y materia, de lo que está arriba con lo que está abajo, así como la renovación perpetua de la fuerza creadora por la doble corriente de ascenso y descenso, de vida y muerte, de evolución e involución. Y en la misma aparecen los tres colores básicos, azul, amarillo y rojo, para indicar su pertenencia a los tres planos de la creación: espiritual, mental y físico.

Las cuatro figuras de los ángulos simbolizan el cuaternario de las fuerzas superiores en un perfecto equilibrio resaltado por su posición en los cuatro ángulos de la imagen; del mismo modo que la posición central de la figura humana revela que el hombre ha adquirido el pleno dominio de sus fuerzas interiores.

El ángel, vestido de blanco y azul, aparece sobre una nube y sus alas y aureola son rojas, mientras rostro y cabello son rosados. Representa el elemento Agua y es la forma superior de la humanidad, el espíritu que se integra y adapta en la materia, representado también por el evangelista Mateo.

El águila, de cuerpo amarillo, alas azules y aureola roja, también se sustenta en una nube blanca, y representa la sabiduría de lo alto, el elemento Aire, siendo el animal del evangelista Juan.

El león amarillo aureolado de rosa, representa el Fuego, plasmación concreta del pensamiento divino, activo como su santo patrón, el evangelista Marcos.

El toro, de color carne, simboliza el elemento Tierra, el equilibrio, la estabilidad, y al evangelista Lucas, y es el único que carece de aureola, pues siendo esencialmente material carece de luz espiritual.

SIMBOLISMO

Pocos números poseen un simbolismo tan complejo como el 21, pues en su forma más simple (21 = 2 + 1 = 3), es un conflicto (2) que alcanza su solución unitaria (1) en la totalidad (3); la resultante armónica de la influencia del espíritu sobre la materia.

Pero lo es en un nivel mucho más complejo que en la formación de la primera trinidad, pues es también el resultado de 3 x 7, siendo el 7 la clave de las grandes realizaciones y de los proyectos abortados, y por ello el apogeo de un proceso evolutivo lo que le convierte en el número de la madurez y responsabilidad, siendo quizás por ello que inconscientemente la mayoría de los países adoptaron los 21 años como la mayoría de edad; y quizás también tenga algo de simbólico que entrados en la era de la confusión de las creencias, sean ahora los 18 años, número de la engañosa e instintiva Luna, y quizás lo sean pronto los 16, número de la prepotencia y desafueros del orgullo humano.

Totalmente concordante con ello, en la Biblia el 21 es el número de los atributos de la sabiduría divina «emanación pura de la gloria de Dios omnipotente..., resplandor de la luz eterna, espejo sin mancha del actuar de Dios...» (Sab. 7, 25-26).

Visconti-Sforza.

Carlos VI.

D'Este.

Minchiate.

Wirth.

Waite.

Y tampoco es casualidad que El Mundo, arcano 21, sea el último de los numerados, designando por lo tanto el fin, el cumplimiento, la plenitud, el objetivo logrado, la creación, ya sea humana o divina; en resumen: el mundo como resultado de una acción permanentemente creadora.

Si creyéramos en la casualidad, nos parecería muy casual que el 12 y el 21 sean el mismo número, pero invertido, y los arcanos correspondientes también tengan sus imágenes invertidas. La figura del Ahorcado puede sintetizarse como formando una cruz sobre un triángulo invertido, indicando la sujeción del espíritu ante la materia, mientras que en El Mundo es el triángulo el que se sobrepone a la cruz, revelando que ahora es el espíritu el que ejerce su dominio. El Ahorcado es el hombre que se sacrifica por sus ideales sabiendo que tras él vendrán otros que los recogerán y harán fructificar; El Mundo nos muestra el fruto, el resultado final de la tarea de redención del Ahorcado.

Examinando los arcanos por septenarios y alineando el último de ellos, veremos como después de hacer frente al Diablo y sus tentaciones, en La Torre el hombre corre el peligro de ser alcanzado por la ira divina si cede a las mismas, pero ayudado por La Estrella, atraviesa las aguas fecundas, llenas de trampas y engaños de La Luna para recibir el fuego iluminador del Sol, tras lo cual se halla preparado para la resurrección prometida por El Juicio, último rito de paso que le abrirá la puerta del Mundo, de la sabiduría interior, de la realización espiritual.

SIGNIFICADO ADIVINATORIO GENERAL

Es el arcano de la plena y libre realización, de aquellas situaciones en las que está en juego la plena realización personal y se está en condiciones de lograrla con éxito, pues todos los factores internos y externos –incluido el destino– son favorables.

Cuando se refiere a personas puede tener relación con alguien que consigue que sus deseos se conviertan en realidad, con una persona feliz, expansiva, con cierta dosis de oportunismo y capaz de sacarle el jugo a sus cualidades y talentos, que tanto puede ser el consultante como alguien que está lejos y en quien se piensa o que piensa en el consultante.

Siempre es un arcano favorable, incluso cuando aparece junto a cartas maléficas, en cuyo caso mejora notablemente el pronóstico. Por lo general indica una situación bien controlada y totalmente favorable, una vida exterior que prima sobre la vida interior, popularidad, buenas relaciones, creciente vida social, honores, ayudas, riquezas, reconocimiento de los méritos personales y, en personas evolucionadas, transmutación espiritual que conduce a la plenitud, al reencuentro con la unidad.

Invertido, multiplica las dificultades y los obstáculos, impidiendo muchas veces la realización y abortando los proyectos, pero a pesar de ello nunca es realmente maléfico, amenos que salga junto a otras cartas desfavorables. Además, podríamos añadir que el mundo es muy pesado y cargar con él resulta abrumador, pero no imposible; la vida mundana, los viajes e incluso la popularidad, cuando no se asumen bien o van contra la propia naturaleza y modo de ser pueden llegar a ser una maldición.

SIGNIFICADOS ADIVINATORIOS CONCRETOS

SALUD. Siendo un arcano de comportamiento y circunstancias, no se refiere expresamente a la salud ni a la enfermedad; no obstante, su sentido general favorable también puede hacerse extensivo en el sentido de buena salud general, sin problemas físicos ni fisiológicos.

Invertida tampoco indica problemas de salud.

MENTALIDAD. Es muy favorable en dicho terreno, implicando tendencia a la perfección, multiplicidad de recursos mentales y gran facilidad para comunicarse con los demás, incluso para el estudio de otras lenguas.

Invertida, no se pierde ninguna de las tendencias apuntadas, si bien surgen circunstancias y dificultades que impiden su normal desenvolvimiento, que no llega a ser total ni plenamente satisfactorio.

SENTIMIENTOS. Siempre son elevados y altruistas, pero mas generales que particularizados; es decir, se tiende más a los buenos sentimientos y al amor a la humanidad, que a la pasión sensual, egoísta y personalizada. Dado que la figura representada en el arcano es andrógina, podríamos decir que se es autosuficiente en amor, pues se tiende a su sublimación. De hecho es en el terreno espiritual donde mejor se revela su influencia, pues permite alcanzar la plena realización.

Invertida, revela posibles desengaños sentimentales, ya sea por elegir mal en quién se centran los sentimientos y atenciones, o por la incomprensión ajena sobre sus intenciones altruistas; existe un cierto peligro de terminar por encerrarse en uno mismo y reprimir los sentimientos, en quedarse íntimamente solo.

FAMILIA. Es favorable, pero si bien se es feliz en el ambiente familiar, existe una cierta preferencia por la vida social y de relación, lo cual motiva un cierto distanciamiento familiar. Podría decirse que la relación familiar es más de conjunto que personal, de grupo familiar y de fiestas de familia que de las verdaderas relaciones íntimas, como las que deben existir entre marido y mujer, padre o madre e hijos, de los hermanos entre sí.

Invertida hace peligrar el verdadero concepto de familia por un exceso de dispersión: la vida social –y muchas veces los viajes– priva sobre la vida familiar, que languidece.

AMISTADES. Muchas, agradables, pero superficiales; puede decirse que más que amistades son conocidos, miembros del club o sociedad que se frecuenta y a los cuales siempre se está dispuesto a escuchar y si conviene ayudar, pero con los que no se intima de verdad. También en ocasiones pueden ser la causa de una promoción, de una oportunidad, de un éxito, pero sin que ello signifique un mayor lazo o atadura.

Invertida, se extrema la superficialidad, corriendo el riesgo de hallarse íntimamente solo en medio de la multitud social que se frecuenta; a veces, es el exceso de movilidad, de desplazarse de un lugar a otro, de un ambiente a otro, lo que no permite poseer amistades duraderas.

TRABAJO. Éxito en el trabajo y la profesión; se alcanzan todos los objetivos propuestos tanto por trabajar duramente como por la habilidad, iniciativa personal, inteligencia y don de gentes. Es el arcano de los honores y reconocimientos públicos, y en un artista es el mejor indicio de una acertada inspiración que puede llevar a la consecución de una obra maestra.

Invertida revela el fracaso laboral o profesional a causa de circunstancias que lo obstaculizan; pueden ser impedimentos propios como una falta de intuición cuando más se precisaba, o externos como el topar con impedimentos burocráticos, o cualquier otro obstáculo que impida alcanzar el objetivo propuesto. Si al derecho era el arcano de los honores públicos, invertido lo es del deshonor público.

DINERO. Es una carta de riqueza, de plenitud, de liberación económica.

Invertida, se hace patente su condición de todo o nada, y por ello puede acarrear la pérdida de cuanto se posee.

MEDITACIÓN SOBRE ESTE ARCANO

La figura central del Mundo es un andrógino, ser que en el fondo no es más que una figuración antropomórfica del huevo cósmico, de la unidad fundamental en la que se confunden los opuestos, tanto si todavía lo son potencialmente, como si ya se ha logrado su integración final y armónica; y lo más frecuente es que a esta imagen de la unidad primera o final se la represente con la dualidad de los atributos sexuales integrados armónicamente, ya sea como inocencia o virtud primera, o como una meta, una edad de oro a reconquistar.

Así pues, el andrógino, signo de totalidad, tanto aparece en el principio como en el fin de los tiempos; a Siva, divinidad andrógina por identificarse con el principio informal de la manifestación, suele representársele abrazando a Shakti, su propia potencia representada como una divinidad femenina. Y también por ello el Adán primordial no es macho, sino andrógino hasta que se produce su diferenciación en Adán y Eva. Pero en todos los casos esta unidad original debe reintegrarse al final de una evolución, ya sea *post mortem*, o un objetivo a lograr mediante una superación individual, como en el yoga y técnicas similares, o en las iniciaciones secretas.

En el tarot, al aparecer El Mundo como último arcano numerado, este andrógino se refiere al andrógino final, al resultado de una creación y de una evolución unificadoras, a la totalidad del mundo y del hombre; del mundo incesantemente creado por el equilibrio de los elementos que lo componen, y del hombre al final de su ascensión espiritual.

Pero además, la mandorla que rodea al andrógino confirma esta totalidad con su simbolismo de unión de Cielo y Tierra, y estando formada por una corona de hojas de laurel, nos reafirma su sentido de triunfo final tanto por su significado de inmortalidad (por cuyo motivo se coronaba con ella a los emperadores romanos) como por el de premio, recompensa y consagración.

Finalizaremos recordando que el Tetragrammaton es uno aunque conste de los cuatro elementos que representan su nombre, que es el carro de Dios. El *Zohar* dice que los cuatro vivientes de la visión de Ezequiel tenían rostro de hombre:

«...el cual es la síntesis de todos los rostros puesto que lleva la impronta del Santo Nombre, grabado en cuatro letras que corresponden a los cuatro puntos cardinales del mundo: Este, Oeste, Sur y Norte. Miguel permanece en el Norte, y todos los semblantes están vueltos hacia él...

»Asimismo el rostro del hombre, compuesto de varón y mujer, se halla grabado en el carro de Dios, que rodean miríadas *(schin'an)* de ángeles. La palabra *schin'an* expresa mediante las iniciales que la componen los cuatro rostros de los ángeles: la letra *schin* inicia *schor* (toro), la letra *nun* es la inicial de *nesher* (águila), la letra *alef* es la inicial de *'ryeh* (león), y la *nun* final designa al hombre con el cuerpo en posición vertical que es místicamente macho y hembra.»

Cabalísticamente, El Mundo se corresponde con el *sefirá Malkut,* en el que la manifestación finaliza al llegar al plano físico.

Etteilla.   Crowley.   Balbi.

El Loco

Después del arcano 21 parece que nada falte por decir; el Mago, finalizada su andadura ya posee o es El Mundo, habiendo coronado su obra. Sin embargo, el tarot todavía nos presenta otro arcano: El Loco, carente de numeración, es decir, de lugar en el sendero evolutivo del tarot; es como si quisiera decirnos que todo es evolución, movimiento sin fin, y que El Loco es el eslabón que reconduce del Mundo al Mago, o une directamente, por fuera de espacio y tiempo, al Mago con El Mundo.

En el tarot de Mantegna, El Loco recibe el nombre de Mísero, el pobre, y lo muestra como un mendigo, que al igual que el *sannyasín* hindú, no tiene dónde posar su cabeza ni nada ni a nadie que pueda considerar suyo, como no sean sus harapos y su bastón, ya quien incluso ladran y muerden los perros callejeros. En el de Visconti-Sforza, más que mendigo es loco, con sus medias destrozadas y plumas en la cabeza. En el de Carlos VI aparece con la panoplia completa del bufón, pero su enorme tamaño le hace sobresalir dominador por encima de las demás figuras humanas. En el de Marsella, es un bufón mendicante que no mira adónde va ni hace caso de quien le ataca.

Otro enigma es el nombre francés: *Le Mat*. ¿Proviene dicho nombre del italiano *matto,* que significa loco? ¿O del árabe *mat* que significa muerte? En ajedrez, *mat* (mate en castellano) tiene éste último significado. Pero no olvidemos que un objeto mate es aquel que no está pulido, y que en francés antiguo, *mate* es fatigado, agotado, domado o humillado.

¿Quiere recordarnos con su papel de loco que las Santas Escrituras dicen «la sabiduría de los hombres es locura a los ojos de Dios, y la sabiduría de Dios es locura a los ojos de los hombres»? Parecer loco es el secreto de los sabios –decía Esquilo–, pues el loco se sale de las normas convencionales, de los sistemas, de lo racional, de lo corriente.

Otro detalle curioso: en todo el tarot sólo dos figuras aparecen andando: La Muerte y El Loco; la primera carece de nombre, la segunda de numeración. Si las ponemos de lado su posición es prácticamente la misma; quizás su función también sea semejante, y si La Muerte es un arcano de metamorfosis, de transmutación y rito de paso indispensable para renacer purificado, quizás El Loco sea otro arcano de transmutación, de rito de paso, tras el cual se renazca liberado de toda atadura y sujeción temporal.

Y quizás también, para aquellos que no han conseguido la liberación total, sea el enlace que les permita reconvertirse en El Mago y reiniciar en una nueva vuelta, en una nueva vida, todo el proceso de evolución y purificación.

DESCRIPCIÓN

Con un bastón en la mano, un hombre, con el rostro vuelto hacia arriba y a la derecha, camina sin preocuparse del perro que le ataca rompiéndole la media derecha, pudiendo verse parte de su muslo a través de lo rasgado. Va vestido al estilo de los bufones de antaño y sobre el hombro, al extremo de un palo, lleva una bolsa con sus escasas pertenencias.

El Loco camina hacía la derecha, pero con la cabeza girada hacía adelante y arriba, revelando que se halla en un estado de transición, de renovación, pero con voluntad de actuar y miras elevadas. No obstante, su cabeza se halla totalmente cubierta con un curioso gorro amarillo finalizado en una borla roja, y su rostro, incluida la barba, es de color carne; todo ello nos indica que aun cuando su voluntad todavía es material se halla totalmente controlada por la inteligencia y quizás también por cierto dinamismo. Podría decirse que la inteligencia (el gorro) le impulsa a elevarse, pero lo más inferior de sus querencias (la barba), desea permanecer unido al mundo de la materia.

Curiosamente carece de cuello, o por lo menos éste debe de ser muy corto y cubierto por la vara de color blanco, indicando que su independencia se halla muy limitada, no sabemos si a causa de su inocencia y candor, de su vejez, o por hallarse en una situación límite en la que personalidad y mentalidad se obstaculizan mutuamente.

Dicha vara blanca la sujeta con la mano izquierda (la encargada de transmitir los impulsos de su psiquismo) que tiende hacia lo alto, aun cuando la bolsa color carne que pende del otro extremo representa lo que conserva de su anterior experiencia material, quizás el principal impedimento a su independencia, pues es para conservarlo que debe sostener la vara sobre su hombro.

Su brazo derecho lleva un bastón amarillo del que se sirve para andar, y se halla cubierto por una manga azul bordeada de amarillo que sale de otra ancha media manga amarilla. Todo ello nos habla de sus esperanzas y voluntad de seguir adelante, pero que para ello y aun cuando disponga de suficiente inteligencia y espiritualidad, debe mantener un constante e inteligente contacto con el mundo físico, extrayendo del mismo las fuerzas necesarias para proseguir su andadura.

Viste una chaqueta roja bordada de amarillo, limitada en su parte superior por un cuello azul guarnecido de cascabeles y ceñida en el talle por un cinturón amarillo igualmente ornado de cascabeles. Esto nos revela lo apasionado de su entera personalidad, bien dominada por la inteligencia y la espiritualidad, no sólo por el cuello azul y los cascabeles blancos, cuyo sonido le recuerda constantemente su actual renacer y lo que existe antes de todo principio, sino también por el cinturón amarillo que contribuye al perfecto dominio sobre sus tendencias instintivas, y cuyos cascabeles, también amarillos, le recuerdan con su tintineo que sólo el poder de la mente es capaz de controlarlas.

Mantegna.

Visconti-Sforza.

Carlos VI.

Vacchetta.

Wirth.

Waite.

La posición de sus piernas nos revela que ya se ha decidido a iniciar la acción, la cual debe de ser eminentemente espiritual a juzgar por las medias azules, y que lo hará con toda su energía es algo que se desprende de sus calcetines rojos; pero no obstante, el perro que le ataca por detrás desgarrándole la media, nos revela que todavía le persigue un resto de los errores e instintos animales del pasado, que, de tanto en tanto, abren brecha en su espiritualidad dejando al descubierto la materialidad que todavía se encierra en su interior y le impide avanzar con la libertad que anhela.

El suelo también es amarillo, pero muy torturado, indicando que a pesar de las dificultades que encontrará en su marcha, ésta es inteligente y muy fecunda, no sólo aquí y ahora (por las matas verdes), sino también en el mundo inmaterial de lo no manifestado (por las matas blancas).

SIMBOLISMO

Algunos autores otorgan al Loco el número cero, otros el veintiuno, y todavía hay quien dice el veintidós.

El cero es el número que todavía no es, y tanto es así que la numeración antigua no la conocía y hasta el siglo VI no apareció en la India. Y no se nos diga que el cero, bajo su forma de círculo es anterior a toda noción de número, pues se trata de conceptos totalmente distintos, y lo mismo podría decirse de la rueda o de cualquier objeto redondo. En numerología, el cero es la negación del número, y cabalísticamente es la nada, el vacío, la divinidad expresada negativamente; es, en una palabra, el *Ayn-Sof*.

Tampoco puede otorgársele el veintiuno, pues dicho número corresponde al Mundo con toda propiedad, como quedó demostrado al analizar dicho arcano; y cambiar la numeración o alterar el orden de los arcanos, es alterar el verdadero sentido del tarot con el único objeto de hacer cuadrar lo que no nos cuadra, lo que equivale a anteponer nuestros intereses a los originales en lugar de intentar averiguar por qué no nos cuadra.

En cuanto al veintidós, es el resultado de la suma de dos pasividades (22 = 2 + 2), lo que implica una total inmovilidad, algo absolutamente contrario al sentido del arcano.

Raymond Abellio recuerda que el alfabeto hebreo consta de veintidós letras, tres de las cuales son letras madres: la primera *(alef)*, la decimotercera *(mem)*, y la vigesimoprimera *(schin)*; en el tarot las dos primeras se corresponderían con El Mago y La Muerte, pero ¿y la tercera? ¿Sería El Mundo o El Loco? Si otorgamos el 21 al Loco y el 22 al Mundo, cerramos la serie, pues este último arcano no sirve para enlazar El Mago con El Loco y mantener abierta la perpetua espiral evolutiva de la creación.

Es cierto que el alfabeto hebreo posee 22 letras, que existen 22 libros en el Antiguo Testamento, 22 capítulos en el Apocalipsis y tam-

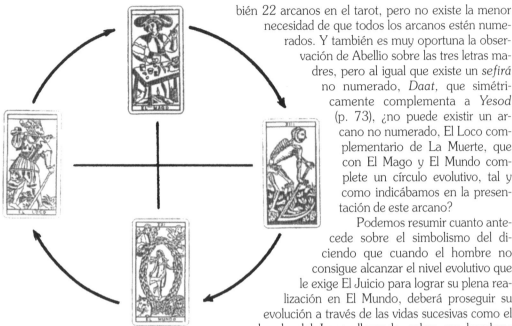

bién 22 arcanos en el tarot, pero no existe la menor necesidad de que todos los arcanos estén numerados. Y también es muy oportuna la observación de Abellio sobre las tres letras madres, pero al igual que existe un *sefirá* no numerado, *Daat,* que simétricamente complementa a *Yesod* (p. 73), ¿no puede existir un arcano no numerado, El Loco complementario de La Muerte, que con El Mago y El Mundo complete un círculo evolutivo, tal y como indicábamos en la presentación de este arcano?

Podemos resumir cuanto antecede sobre el simbolismo del diciendo que cuando el hombre no consigue alcanzar el nivel evolutivo que le exige El Juicio para lograr su plena realización en El Mundo, deberá proseguir su evolución a través de las vidas sucesivas como el vagabundo del Loco, llevando sobre sus hombros el lastre de sus vidas anteriores, asaltado por la animalidad de sus instintos inferiores, estimulado por los cascabeles que le recuerdan constantemente sus deseos de una vida mejor, y obligado a recorrer el tortuoso camino de la vida terrenal, pero siempre con la esperanza de conseguirlo en la próxima encarnación.

SIGNIFICADO ADIVINATORIO GENERAL

Cuando se está al final de un ciclo, de una etapa, y todavía no se ha entrado en el siguiente, la situación es totalmente indeterminada e inestable, existiendo una sensación de fracaso, de objetivo no alcanzado, y no se sabe por dónde empezar o cómo actuar.

Es por ello que cuando El Loco se refiere a personas, define a alguien que no sabe qué debe hacer, ni qué iniciativas tomar. Como suele decirse, o se limita a dar vueltas y más vueltas sin sentido, o pasa de todo; no desea cargarse de responsabilidades, sino que huye de las mismas, y además, desearía poder cambiar el rumbo de los acontecimientos, aun cuando no sepa cómo ni en qué dirección, pues carece en absoluto de planes.

En el mejor de los casos, puede ser alguien cuya indecisión se deba precisamente a hallarse pletórico de nuevas ideas, de nuevos proyectos, pero todavía confusos, sin coordinar, que le impiden concentrarse en el mundo real dándole un aspecto aturdido, de persona irresponsable y con la cual es imposible contar, de sabio distraído o de poeta un poco loco. Y tampoco cabe descartar la posibilidad de hallarnos ante alguien que está por encima de todos los valores y leyes terrenales: un santo o un iniciado; un ser que ya no precisará reencarnar.

Si se refiere a acontecimientos o estados de ánimo, indica un estado de ansiedad, insatisfacción, nerviosismo, de imperiosa necesidad de moverse, de dispersión, pero al mismo tiempo también puede indicar un abandono forzado de posición, de lugar o de bienes, sin la menor posibilidad de retornar a la situación inicial. En resumen, se trata de aquellas situaciones en que los acontecimientos se precipitan ineluctablemente sin que sea posible controlarlos ni detenerlos, ya sea para bien o para mal.

Una característica general es el tratarse de las consecuencias de actos anteriores seguramente ya olvidados, o de acontecimientos totalmente fuera de nuestro alcance, como guerras o catástrofes naturales, así como de la necesidad de empezar de nuevo, a partir de cero, en el peor de los casos.

Invertida, la situación es la misma, pero en lugar de sabio distraído o poeta loco, se trata de un iluso, de un loco, de un vagabundo o de un inadaptado, de alguien que se niega a reconocer los hechos y permanece en una actitud irresponsable; y en cuanto a los acontecimientos, siempre toman un cariz desastroso.

SIGNIFICADOS ADIVINATORIOS CONCRETOS

SALUD. Siempre se refiere a aquellas perturbaciones de la salud tendentes a desequilibrar a la persona, tanto física como psíquicamente, apartándola de la normalidad, y cuyo diagnóstico o curación se hace muy difícil; por ejemplo, la embriaguez, la locura, el sonambulismo, las neurosis, los estados angustiosos, las obsesiones, la amnesia, el exhibicionismo, etc., etc.

Invertida, la situación que al derecho podía ser pasajera o de poca gravedad, se convierte en mucho más peligrosa y duradera; también advierte contra los accidentes.

MENTALIDAD. De hecho, cuanto hemos dicho referente a la salud es aplicable a las anomalías de la mentalidad, pero por lo general y en el mejor de los casos, se refiere a la tendencia a dejarse llevar por la intuición en lugar de la reflexión, lo cual si bien junto a cartas favorables incluso puede conducir al genio distraído o al poeta loco como dijimos anteriormente, también puede conducir a engañosos optimismos y a la irreflexión, con sus lógicas consecuencias. Lo más frecuente es un estado de incertidumbre mental a causa de la multiplicidad de las preocupaciones o de los planes que se aglomeran en la mente.

Invertida, a todo lo anterior se añade la incapacidad de reconocer los propios errores, la incoherencia y, a veces, la abulia, el dejarse llevar por los acontecimientos sin hacer nada para evitar sus fatales Consecuencias.

SENTIMIENTOS. Tanto puede referirse a sentimientos exacerbados, como odio, celos y pasiones incontroladas, como a superficialidad e inestabilidad sentimental, dependiendo su importancia de que salga del derecho o invertido, así como de las cartas acompañantes. En algunas ocasiones lo que indica es la marcha o la pérdida de la persona amada.

FAMILIA. Es quizás el arcano más desfavorable en dicho sentido, pues tanto conduce a la dispersión o alejamiento de la familia, como a la incapacidad de formarla, ya sea por falta de responsabilidad, o por exceso de independencia y deseos de cambiar constantemente de lugar y ambiente. Acompañado de cartas favorables puede indicar un cambio inesperado y ajeno a nuestra voluntad cuya causa dependerá de las mismas, como un cambio de domicilio, el ingreso de un nuevo miembro, o la marcha de otro, sin que por ello pueda considerarse algo desfavorable.

Invertida, es cuando las consecuencias de hechos y circunstancias similares son realmente desfavorables y traumáticas.

AMISTADES. Tanto puede existir abundancia de amistades como carencia de las mismas, pero de haberlas, no serán duraderas ni profundas, y se tratará de personas irresponsables, tal y como las hemos descrito en las consideraciones generales.

TRABAJO. También resulta muy desfavorable, excepto quizás en aquellos trabajos personales e independientes –como el artístico por ejemplo– en los que importa más el genio o la inspiración que el orden y la organización. En los demás casos, revelará el fracaso en los negocios o la pérdida del trabajo por falta de decisión, de orden y de dinamismo.

Cuando sale al derecho se tratará de un hecho aislado y circunstancial sin graves consecuencias, e incluso algunas veces favorable, como una idea genial todavía pendiente de concretar, o el traslado a un nuevo empleo con los naturales trastornos e incertidumbres. En cambio, invertido, El Loco puede indicar hechos cuya consecuencia sea irreparable.

DINERO. Siempre indica pérdidas, extravíos y robos, o incapacidad temporal para ganarlo.

MEDITACIÓN SOBRE ESTE ARCANO

Para comprender plenamente al Loco, primero es necesario comprender el porqué de la situación tan especial de este arcano sin número, fuera del orden establecido.

Pasado El Juicio y llegados al Mundo, es decir, finalizada una etapa de la evolución, sólo existen dos posibilidades: El Juicio ha sido favorable, la evolución ha terminado y ya no existe la necesidad de nuevas encarnaciones, o ha sido desfavorable y es necesario volver a encarnarse para conseguirlo la próxima vez.

En el primer caso, se habrá alcanzado la perfección y es el único caso en que podríamos aceptar para dicho arcano el número 22 en su forma de $22 = 3 + 7 + 12$, lo que lo convierte en la suma de los tres aspectos de la creación, es decir en una totalidad final; y a pesar de que su suma total sigue siendo 4, la estabilidad perfecta, ahora podemos aceptarlo como estabilidad o perfección definitiva, fuera del espacio y del tiempo.

En el segundo caso –el más corriente– la evolución deberá proseguir volviendo al Mago, y es aquí cuando podemos hacer una comparación muy ilustrativa.

En efecto, mientras El Mago es libre e intenta lograr la armonía y el equilibrio entre la espontaneidad de lo inconsciente y la acción meditada de lo consciente, lo que le permite conocer, seguir, e incluso aprovecharse de las leyes humanas y naturales, El Loco no lo es, pues se mueve en un mundo –por llamarlo de alguna manera– donde dichas leyes todavía no existen, y mientras El Mago intenta ser dueño de su propio destino, al Loco le es totalmente imposible, pues éste todavía se está determinando y dicha determinación está totalmente fuera de su alcance. De aquí su falta de equilibrio y orientación, que sólo alcanzará cuando se convierta en El Mago.

En el primer caso, El Loco será un iluminado, un santo, un genio; en el segundo, un Quijote inconsciente para el cual pasado y futuro se confunden sin que nada le alcance ni motive, juguete de las corrientes del destino.

Por todo esto podemos considerar al Loco como un modelo o una advertencia; un modelo sobre el poder de aquella libertad de conciencia que trasciende las cosas de este mundo, pero también la advertencia del enorme peligro que encierra intentar dicha trascendencia sin haber alcanzado el nivel de conciencia necesario, con lo cual se cae en la irresponsabilidad y la locura.

En nuestra opinión, El Loco carece de correspondencias tanto cabalísticas como astrológicas.

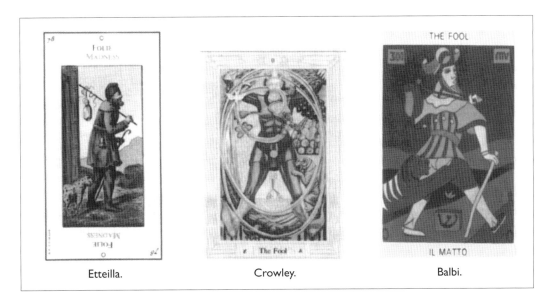

Etteilla.   Crowley.   Balbi.

Conclusión

Finalizado el estudio sistemático de los arcanos mayores del tarot, parece llegado el momento de ver si realmente constituyen una vía iniciática, la plasmación gráfica de una doctrina esotérica, o una descripción simbólica de la posible evolución del ser humano en su camino hacia la perfección, aun cuando en realidad sólo se trata de distintos aspectos de una misma cosa, pues al fin y al cabo la vía iniciática no es más que un atajo y la doctrina esotérica su formulación.

Y a el mismo Wirth intenta agrupar los arcanos para estudiarlos, ya sea en dos hileras de once, en tres de siete, o de otras formas, para estudiar luego comparativamente los arcanos; luego los distintos autores retoman dichas fórmulas citando o no su fuente. Sin embargo, ni Wirth ni los demás autores consiguen hacer ligar del todo dichas comparaciones o analogías, pues en realidad –y como hemos pretendido demostrar– los arcanos forman una serie lineal evolutiva cerrada en forma de círculo o de espiral.

Lo realmente importante y la lección global que se deriva, es que cada arcano, como cada hecho y decisión de la vida real, lleva implícitas dos posibles opciones, una acertada y otra errónea, y si bien ambas opciones quedan claramente descritas, sólo la acertada posee verdadera continuidad, dado que la errónea conlleva el volver atrás para reiniciar el camino, pues en el tarot y en la vida existen distintas opciones, distintos caminos, y también muerte y reencarnación, pero no existe Cielo ni Infierno, sino sólo, y como final definitivo, la vuelta a la unidad primigenia.

11. Los arcanos menores

A lo largo de nuestro trabajo hemos manifestado nuestra creencia de que el tarot tuvo su origen en unas carticellas muy especiales (que luego serían los arcanos mayores) creadas a principios del siglo XIII con el fin de preservar y transmitir una enseñanza esotérica que en realidad era una simbiosis de las gnosis existentes en aquel tiempo, en especial de la cábala y el hermetismo.

También dejamos clara su inclusión en un inocente juego (primitivamente los arcanos menores y posteriormente la baraja de juego), seguramente ideado por los mismos creadores de dichas carticellas tomando como bases de partida un juego de puro azar, como los dados, y otro de cálculo y competición, como el de los soldados o el ajedrez, con el objeto de que pasaran desapercibidas de los inquisidores, aun cuando éstos las tuvieran ante sus propias narices.

Partiendo de esta base, no podemos compartir la opinión de quienes pretenden atribuir una profunda enseñanza esotérica a los arcanos menores, como sucedía en la escuela de San Petersburgo a principios del siglo actual, donde se enseñaba que los arcanos menores suponían un mayor grado de conocimiento que los mayores, los cuales se utilizaban como contexto para la enseñanza general de la cábala, la astrología, la magia y la alquimia, mientras que los menores se usaban para la práctica psicúrgica, es decir, para la transformación progresiva de la conciencia.

Como máximo y dado su origen común, podemos aceptar que sean como una derivación de los arcanos mayores, en especial El Mago y El Mundo, como si fuese otra forma de enlazarlos; pero también del árbol de la vida, sintetizado en los cuatro mundos de la creación, *Atsiluth, Briá, Yetsirá y Assiá,* especialmente en las figuras de los arcanos menores. Y sobre todo, podríamos considerar los arcanos menores numerales como una ampliación o desarrollo del arcano XXI, El Mundo.

Por ello, si bien los arcanos mayores muestran las etapas o grandes eventos en la evolución e iluminación del alma, los arcanos menores de figura nos mostrarán personalidades humanas, y los numerales se limitarán a ilustrarnos sobre los pequeños eventos y situaciones objetivas que acontecen en el mundo material en que vivimos.

LOS PALOS O SERIES

En efecto, en El Mago ya hallamos representados los cuatro palos de la baraja en la vara, el cubilete, el cuchillo y los discos o monedas, mientras que en El Mundo vemos representadas en sus esquinas a las cuatro figuras del cuaternario; es en base al simbolismo de dichos objetos y figuras, que se originan y desarrollan los cuatro palos de los arcanos menores.

Pero antes de entrar en su estudio detallado aclararemos que es muy frecuente confundir Bastos y Espadas, y que para evitarlo debe tenerse en cuenta que los Bastos son rectilíneos y se cruzan por su centro, mientras que las Espadas, en cambio, son curvilíneas y se cruzan por los extremos.

EL PALO DE BASTOS (o Tréboles), relacionado con la vara del Mago, la de Hermes y la de Moisés, y con el león del evangelista Marcos, representa el Mundo Arquetípico de *Atsiluth* y el elemento Fuego, que, según se decía, puede alterar y transformar cuanto toca sin ser transformado a su vez; energía en acción generadora de vida y concreción del pensamiento divino, punto de partida indispensable a toda evolución, a la vez creador y destructor de vida.

Y es también la función psíquica de la imaginación creadora, que puede sacar imágenes de la nada, dar sentido a los objetos del mundo real y percibir conexiones que la mente sería incapaz de ver sin su ayuda.

Otras analogías serán el Sur, el verano, lo cálido, el mediodía, el espíritu, el temperamento sanguíneo, el poder civil, el mundo empresarial, los políticos, el mundo del trabajo y de la actividad, los agricultores y el pueblo en general, la voluntad, la audacia, la expansión y la irradiación, lo masculino y el padre.

Como Fuego, se referirá a los tres signos de dicha elementalidad: Aries, el fuego incipiente y primaveral; Leo, el fuego veraniego en la plenitud de su poder; y Sagitario, el fuego otoñal, energía sublimada y espiritual.

En el terreno adivinatorio, los Bastos se refieren al hogar, la autoridad y el trabajo,

EL PALO DE COPAS (o Corazones), relacionado con el cubilete del Mago, con la copa del Santo Grial que contuvo la sangre de Cristo, con la que contiene el vino, sangre de la tierra, en la Santa Misa y en las ceremonias iniciáticas, y con el ángel del evangelista Mateo, representa a *Briá,* el Mundo de la Creación, y el elemento Agua, del que, según se dice, surgió toda vida y es fluida, informe, cambiante e impalpable, pero real y poderosa, principio de concepción y fecundidad, creador y destructor a la vez de todas las formas.

Y es la función psíquica y fluida de los sentimientos y emociones, que varían y dependen de las situaciones que los rodean y de la fun-

Etteila.

Wirth.

Waite.

Golden Dawn.

Crowley.

Balbi.

ción catalizadora de otra u otras personas; y es también la creación artística y los ideales.

Otras analogías serán el Oeste, el otoño, la humedad, el atardecer, la feminidad y la madre, el mundo de la familia y del amor, el temperamento linfático, el cuerpo astral, los artistas y sacerdotes, el poder sacerdotal.

Como Agua, se referirá a los tres signos de dicha elementalidad: Cáncer, el agua fecunda creadora de las formas físicas claramente delimitadas y de las emociones simples y primitivas; Escorpión, el agua generadora de los sentimientos humanos y pasionales, de las cosas

Etteila.

Wirth.

Waite.

Golden Dawn.

Crowley.

Balbi.

escondidas, del misterio, la sexualidad y la muerte; Piscis, el agua cuyos límites se pierden en el infinito, por el cual libera de todo impedimento y permite alcanzar lo que se encuentra más allá de la muerte,
creador de los sentimientos místicos y trascendentales.

En el terreno adivinatorio las Copas se refieren al amor, la felicidad, las emociones y los sentimientos.

EL PALO DE ESPADAS (o Picas), relacionado con el cuchillo del
Mago y el águila del evangelista Juan, representa a *Yetsirá,* el Mundo

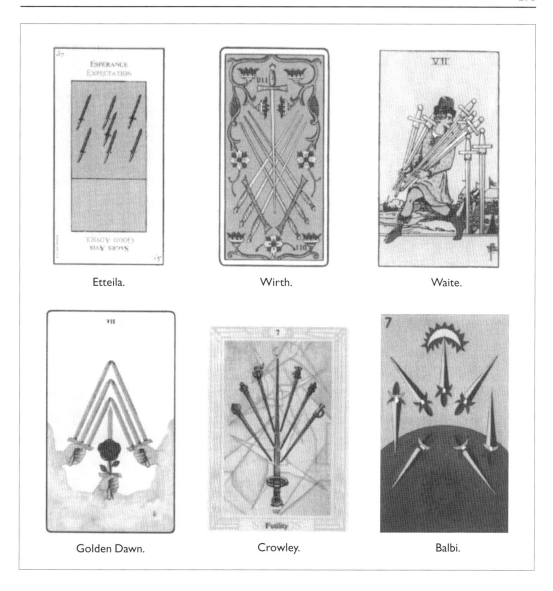

Etteila.

Wirth.

Waite.

Golden Dawn.

Crowley.

Balbi.

de la Formación y el elemento Aire, que, al ser invisible, se considera como el aliento del espíritu que penetra la materia. La espada es el arma mágica por excelencia, pues quien quiera regenerarse debe matar al viejo hombre que habita en su interior, lo que constituye la base de toda iniciación, en la cual el neófito muere simbólicamente a su vida anterior para renacer libre y fuerte.

Con su doble filo, la espada es la imagen perfecta del poder ambivalente de la mente, de la función psíquica del pensamiento, que, con su agudeza, puede penetrar lo más oscuro e incomprensible, pero también herir profundamente con el poder de la palabra, ya sea escrita o hablada.

Otras analogías serán el Este, la primavera, lo frío, el amanecer, el alma, el temperamento flemático, la interrelación, el poder militar, apoyado por la fuerza, y el mundo intelectual y cuanto signifique mediación, comunicación y transformación. Si los Bastos representaban el padre o principio masculino y las Copas la madre o principio femenino, las Espadas representan el resultado de su fusión: el hijo.

Como Aire, se referirá a los tres signos de dicha elementalidad: Géminis, el aire inestable, la mente brillante, pero superficial, egoísta y cambiante; Libra, el aire equilibrado, la mente amable, ponderada y justa; Acuario, el aire helado y penetrante, la mente aguda que desea lanzarse a una búsqueda cósmica, y la intuición, que trasciende los sentidos.

En el terreno adivinatorio las Espadas se refieren a las guerras, luchas, conflictos y penas.

EL PALO DE OROS (o Diamantes, o Pantáculos), relacionado con los discos o monedas del Mago y con el toro del evangelista Lucas, representa a *Assiá,* el Mundo Material, y el elemento Tierra, el barro primordial del que hemos sido formados y al que deberemos volver, la tierra que puede ser cultivada y modelada una y otra vez.

Como moneda, representa el poder material del dinero y del oro, íntimamente relacionados con nuestro sentido del valor, del precio y el pago por las cosas, energías o servicios prestados; pero no olvidemos que si el dinero puede corromperlo y comprarlo todo, el oro, cuando es puro, es incorruptible y la base de los talismanes de protección.

Y es también la función psíquica de la percepción, que nos vincula con el mundo práctico, la realización concreta y la continua adaptación a los desafíos, problemas y recompensas del mundo material en que vivimos.

Otras analogías serán el Norte, el invierno, lo seco, la noche, las concentración y la introversión, el temperamento bilioso, el cuerpo físico, el poder económico, la burguesía, el comercio, la rutina, la perseverancia, la hija.

Como Tierra, se referirá a los tres signos de dicha elementalidad: Tauro, la tierra arable y fecunda, posesión primaria del hombre; Virgo, la tierra fructificada por el trabajo y el sacrificio, posesión secundaria de intercambio y riqueza, simbolizada por el dinero; Capricornio, tierra sublimada, posesión o riqueza del conocimiento y la sabiduría.

En el terreno adivinatorio los Oros se refieren a la riqueza y el poder material.

Todos nosotros participamos de los cuatro elementos, y en cierto sentido de las cuatro distintas formas de adaptarnos a la evolución y a las necesidades de la vida representadas por estos cuatro elementos,

Etteila.

Wirth.

Waite.

Golden Dawn.

Crowley.

Balbi.

siendo por ello que todos nuestros actos y experiencias tienden a seguir los modelos arquetípicos simbolizados por los cuatro palos de los arcanos menores.

En el terreno evolutivo, el camino empieza en el mundo de las construcciones intelectuales y los ideales imaginados, en el cual la conciencia dispone de toda una trama de experiencias, fórmulas y esquemas intelectuales, valores-imágenes que corresponden a la realidad y cuyo símbolo son los Oros; pues del mismo modo que el dinero no es por sí mismo alimento o cobijo pero puede llegar a convertirse en dichas cosas, las formulas y esquemas intelectuales que representan realidades, también pueden convertirse en dichas realidades.

Ahora bien, este mundo de los Oros simboliza por una parte la riqueza adquirida por la conciencia, pero también aquello a lo que se deberá renunciar si se desea alcanzar la perfección espiritual, pues –siguiendo el símil del dinero– para transformar este último en cosas reales, para adquirirlas, hay que pagar; es decir, desprenderse del mismo.

Del mismo modo, para poseer el Reino de los Cielos, hay que convertirse en pobre de espíritu, y este desprendimiento de la propia riqueza de espíritu viene simbolizado por las Espadas. En ellas, los valores-imágenes (los Oros) logrados gracias al esfuerzo moral, intelectual y material, son destruidos uno tras otro para que nuestro espíritu se convierta primero en el receptáculo del Ser (las Copas) y luego en su cooperador activo (los Bastos), en iniciado.

Como vemos pues, todo esto se corresponde perfectamente con las etapas de la vía tradicional. La primera de ellas consistía en la adquisición de una serie de conocimientos y experiencias a través de la observación, el estudio, el raciocinio y la disciplina, y constituye la *etapa de la preparación* (Oros). En la segunda, dichas adquisiciones son expuestas a la luz de la Realidad Superior; es la *etapa de la purificación* (Espadas), que elimina cuanto no sea realmente esencial y verdadero. En la tercera, cuanto resta tras la purificación se convierte en virtud, facultad o cáliz (Copas) apto para recibir la luz de lo alto; es la *etapa de la iluminación.* En la cuarta, el alma se eleva de la conceptuosidad a la cooperación activa (Bastos) con la Divinidad; es la *etapa de la perfección* .

LAS CUATRO FIGURAS

Cada palo de los arcanos menores se compone de diez cartas numerales y cuatro figuras. Las primeras se refieren a las experiencias normales de la vida y a los estados pasajeros de la mente y sentimientos, mientras que las segundas encarnan tipos de carácter o dimensiones de una determinada esfera de la vida que se pueden describir o encarnar en figuras y jerarquías humanas, y si bien representan hombres y mujeres (y en su sentido adivinatorio generalmente describen a personas del sexo representado), no describen cualidades limitadas a un solo sexo, sino masculinas o femeninas en un nivel cualitativo y profundo, es decir, como reflejo de los dos principios fundamentales del Cosmos: el uno positivo, activo, masculino, espíritu y energía, y el otro negativo, pasivo, femenino, materia y substancia.

Pero por otra parte, también existe una correspondencia analógica entre las cuatro figuras y los cuatro elementos; así, el Rey se corresponde con el elemento Fuego y cuanto éste significa, tal y como lo indicamos al estudiar el palo de Bastos, la Reina con el Agua, el Caballo con el Aire y la Sota con la Tierra, si bien a partir de la Golden Dawn y de Aleister Crowley existe la tendencia a alterar las co-

Etteila.   Wirth.   Waite.

Golden Dawn.   Crowley.   Balbi.

rrespondencias del Rey y del Caballo, otorgando el Aire al primero
y el Fuego al segundo, pues creen que este último parece expresar
mejor la idea de la energía primitiva por ser activo y montar en un
caballo.

Por nuestra parte preferimos seguir ateniéndonos a las atribuciones tradicionales, pues el Caballo más que actividad representa movilidad, y la crueldad y dureza que muchas veces le acompaña se identifica mucho más con el frío Aire y las Espadas, que con el cálido Fuego
y los Bastos.

Etteila.   Wirth.   Waite.

Golden Dawn.   Crowley.   Balbi.

EL REY puede ser considerado como un modelo de personalidad activa, generosa, apasionada, impetuosa, orgullosa e impulsiva; es el padre, poder generador, y su corona es el símbolo universal de la realización, de la obra concluida, de dignidad y mando, de culminación individual y, por lo general, de la plenitud. En personas indica hombres maduros y responsables.

LA REINA (o Dama) es el modelo de la personalidad pasiva, reflexiva, receptiva, adaptable, tranquila, amante y generosa; es la madre, la

Etteila.

Wirth.

Waite.

Golden Dawn.

Crowley.

Balbi.

capacidad conceptiva femenina, y como en el caso del Rey su corona también revela realización, dignidad, mando y plenitud, aun cuando aquí sea a través del amor. En personas indica madres y amantes.

EL CABALLO (o Caballero) es el modelo de la personalidad influenciable, ágil y fuerte, que tiende a actuar impulsivamente, pero con tendencia a la indecisión y al cambio. Simbólicamente, el concepto de cabalgadura se relaciona con el de intermediario, ya sea entre el mundo superior y el inferior, o entre distintos poderes; psicoló-

Etteila.

Wirth.

Waite.

Golden Dawn.

Crowley.

Balbi.

gicamente se refiere a los estados intermedios o transmutatorios. En personas indica funcionarios e intermediarios.

LA SOTA (o Valet) es el modelo de la personalidad práctica y estable, encargada de materializar y llevar a la práctica las resoluciones de los demás. Como último eslabón jerárquico, es el equivalente del criado, del obrero, del niño, del inicio de las cosas.

La combinación de los significados anteriores de las figuras con los de cada palo nos permitirá deducir la interpretación individual de cada una de las dieciséis figuras anteriores; para dar una idea de cómo hacerlo adjuntamos un cuadro resumen en el que para simplificar nos limitamos a la correspondencia adivinatoria más elemental.

PALOS / FIGURAS	BASTOS Fuego = Acción	COPAS Agua = Sentimiento	ESPADAS Aire = Pensamiento	OROS Tierra = Materia
REY Poder activo	Fuego + Fuego Poder creador	Fuego + Agua Poder amable	Fuego + Aire Poder mental	Fuego + Tierra Poder económico
REINA Poder pasivo	Agua + Fuego Poder amoroso	Agua + Agua Sentimiento puro	Agua + Aire Amor estéril	Agua + Tierra Ambición
CABALLO Factor intermediario	Aire + Fuego Cambios y viajes	Aire + Agua Conquista y cambios en amor	Aire + Aire Pensamiento frío e impersonal	Aire + Tierra Transacciones económicas
SOTA Inicio de las cosas	Tierra + Fuego Espíritu creativo	Tierra + Agua Inicio del amor	Tierra + Aire Espíritu inventivo	Tierra + Tierra Sentido práctico

LOS ARCANOS NUMERALES

Como dijimos, las cartas numerales se refieren a las experiencias normales de la vida ya los estados pasajeros de la mente y sentimientos, por lo cual juzgamos excesiva la pretensión de asimilarlas a los se*firot* cabalísticos como intentan muchos autores, pues para su interpretación es suficiente su simbolismo numerológico, que al combinarse con los significados de cada palo nos permitirá deducir el significado unitario de cada uno de los cuarenta arcanos numerales, de la misma forma que la combinación del significado de las figuras con el de los palos permitía hacerlo con los arcanos de figura.

Al igual que hicimos con las figuras, y antes de pasar al estudio individual de los arcanos menores, adjuntamos un cuadro resumen en el que también nos limitamos a las correspondencias adivinatorias más elementales.

Analizando este cuadro resumen, llegaremos a la conclusión de que en la vida todo acto (BASTOS), sentimiento (COPAS), lucha (ESPADAS) o interés material (OROS), se origina e inicia (UNO) hacia, junto o contra algo o alguien (DOS), dando origen a un resultado (TRES) tras

PALOS NÚMEROS	BASTOS Trabajo	COPAS Sentimientos	ESPADAS Luchas	OROS Dinero
1 INICIO	Origen Nacimiento	Posibilidad sentimental	Preparación para la lucha	Riqueza Prosperidad
2 DUALIDAD	Polaridad Conflicto	Matrimonio Amistad	Rivalidad declarada	Dualismo financiero
3 RESULTADO	Realización inicial	Dicha Preñez	Sufrimiento Dolor	Realización financiera
4 ESTABILIDAD	Relajación Descanso	Estabilidad sentimental	Soledad Exilio	Conservadurismo Avaricia
5 SACRIFICIO	Luchas Sacrificios	Arrepentimiento Remordimiento	Derrota Desgracia	Pérdidas Bancarrota
6 ALTERNATIVA	Equilibrio Espera	El pasado Nostalgia	Camino Viaje	El presente Ahora
7 TRIUNFO	Éxito Triunfo	Amor Felicidad	Éxito intelectual	Éxito material
8 TRANSFORMAC.	Transformación Vida campestre	Crisis Divorcio	Pleitos Prisión	Aprendizaje Reciclaje
9 PERFECCIÓN	Potencialidad Superiodidad	Placer Satisfacción	Interiorización Sufrimiento	Realización Cumplimiento
10 TOTALIDAD	Opresión Fatiga	Hogar Familia	Dolor Ruina	Prosperidad Suerte

el cual es necesario tomar un descanso (CUATRO) para mirar hacia atrás (CINCO) y decidir un nuevo rumbo o camino, acertado o erróneo (SEIS), que nos conduzca al triunfo (SIETE). Triunfo –o derrota, según los casos– que implica un análisis o juicio interno (OCHO) del que resultará una mayor experiencia, evolución o perfección (NUEVE) tras la cual solo restan dos opciones: o se ha logrado la plenitud deseada, o deberá reiniciarse de nuevo todo el proceso (DIEZ).

As de Bastos

AL DERECHO = *Origen. Nacimiento*. Principio. Fecundación. Creación. Fuente. Extracción. Raza. Familia. Condición. Casa. Hogar. Línea familiar. Posteridad. Causa,

Hace referencia al nacimiento, al principio de una creación, tanto si se trata de un hijo como de una empresa, de un trabajo, de una nueva idea, de una aventura o de una experiencia, a lo que se añade un significado intrínseco de fecundidad, siempre y cuando los arcanos próximos no alteren esta segunda acepción.

AL REVÉS = *Caída. Decadencia*. Declinación. Cascada. Deterioro. Disipación. Aminoración. Disminución. Fallo. Abandono. Abatimiento. Descorazonamiento. Meta no alcanzada. Avería. Abismo. Precipicio. Bancarrota. Ruina. Quiebra.

Si al derecho se refería al principio de los hechos, al revés se refiere al fin abortado y perjudicial de las cosas, y su significado más evidente es que el consultante está próximo a sufrir una caída en cualquier aspecto de la vida: físico, de salud, económico, moral, espiritual, etc., y en el caso de no existir otras indicaciones aclaratorias en el resto de la tirada, lo más normal es deducir que se dará un paso en falso en cualquier asunto, con la consiguiente pérdida de intereses materiales o morales.

Dos de Bastos

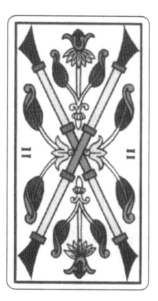

AL DERECHO = *Polaridad. Conflicto*. Dualidad. Colaboración. Comunidad de objetivos en el trabajo. Personalidad dominante. Madurez y coherencia.

Como toda dualidad, se refiere a las relaciones entre dos personas o Cosas, en especial a la colaboración profesional, en cuyo caso el consultante desea adoptar un papel regulador o preponderante; pero nada dice del resultado de la misma, que dependerá de los arcanos vecinos, y si éstos no aportan aclaraciones, lo más frecuente es que lleguen a convertirse en conflictos a causa del carácter dominante del consultante.

AL REVÉS = *Conflictos y dificultades*. Pena. Inquietud. Melancolía. Tristeza. Pérdida de la fe. Remordimientos. Limitaciones impuestas por los demás. Obstáculos que impiden actuar.

Dejando aparte los conflictos y obstáculos que resultan de la confrontación con otras personas, o de la sujeción a que puedan someternos –que es su principal significado– es un arcano de difícil interpretación, pues si bien son infinitas las causas que pueden causar pena, aflicción o melancolía, las que aquí se indican son aquellas inexplicables, sin motivo aparente, pero debidas a una falta de entendimiento, aun cuando la mayor parte de las veces no seamos conscientes de ello.

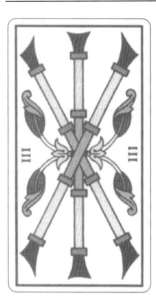

Tres de Bastos

AL DERECHO = *Realización inicial.* Posibilidades de evolución profesional. Espíritu emprendedor. Iniciativa. Negocios que se concretan. Temeridad. Valor. Esfuerzo.

Es el arcano de los audaces que son capaces de jugárselo todo a una sola carta, ya sea en los negocios o en cualquier otra actividad vital. Por sí solo ya incluye el éxito inicial en lo que se emprende, pues se dispone de la energía y valor necesarios, pero no especifica los medios ni dónde o por qué se realizará tan arriesgada empresa, y además, otros arcanos desfavorables pueden invertir el significado.

AL REVÉS = *Falsedad. Traición.* Segundas intenciones. Superficialidad. Cese de las adversidades.

Nos advierte de cuál es el peligro que puede comprometer el éxito de nuestros esfuerzos, y que es el de relacionarnos con falsos amigos o colaboradores cuya ayuda oculta segundas intenciones y nos traicionarán cuando menos lo esperemos. También puede tratarse de personas superficiales en las cuales no puede depositarse la menor confianza. Lo positivo de este arcano, es que si se es suficientemente prudente y se saben tomar las debidas precauciones, será posible eludir este peligro y pronto cesarán las adversidades que nos amenazaban.

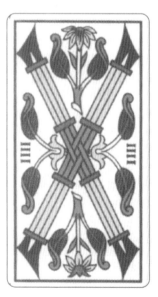

Cuatro de Bastos

AL DERECHO = *Descanso. Relajación.* Armonía. Tranquilidad. Sociedad. Comunidad, Reunión. Relaciones sociales.

En la alternancia entre arcanos impares y pares, indicando acción los primeros y reposo los segundos, el cuatro de Bastos es quizás el más amable, pues después de la realización tras duro trabajo representada por el tres, permite la consolidación de lo conseguido, disfrutar de un agradable descanso, y a la vez reafirma que no estamos solos, sino que vivimos, trabajamos y nos divertimos relajadamente en medio de la sociedad a la que pertenecemos.

Sus significados –salvo si lo desmienten otros arcanos– siempre son favorables, e incluso al lado de los muy desfavorables, los suaviza y dulcifica.

AL REVÉS = *Felicidad incompleta.* Inseguridad.

Pero no siempre se triunfa, y a veces incluso triunfando no es posible entregarse al anhelado descanso y disfrutar relajadamente de la compañía de los demás. Por ello, cuando aparece el cuatro de Bastos invertido, nos anuncia que en nuestro interior todavía no nos sentimos seguros, que nuestra felicidad no es completa; pero también predice que se trata de algo temporal, sin mayor trascendencia.

Cinco de Bastos

AL DERECHO = *Luchas. Sacrificios.* Esfuerzos. Obstáculos. Conflictos. Dificultades.

En la vida no es posible permanecer mucho tiempo inactivo, aunque sea meditando la siguiente etapa, el camino a emprender. Por ello, cuando sale el cinco de Bastos, nos revela que el consultante ya tiene claro lo que desea y sus proyectos están bien meditados; está dispuesto a luchar y sacrificarse, a ser duro con él mismo y con los demás. Es el arcano de la lucha por la vida, de los momentos difíciles, de los obstáculos y dificultades que deben superarse; en este sentido, la lucha, a pesar de ser dolorosa, resulta fecunda y productiva.

AL REVÉS = *Engaños. Injusticias.* Contradicciones. Proyectos abortados.

En la lucha por la vida unas veces se triunfa limpiamente, y otras veces la lucha es injusta o surgen complicaciones, traiciones y engaños que hacen fracasar los proyectos mejor elaborados. Cuando el cinco de Bastos aparece invertido nos revela esta situación, y será el contexto de la tirada el que nos revelará si es el consultante quien actúa deslealmente o es la víctima de engaños e injusticias; pero si los arcanos próximos son benéficos los perjuicios serán limitados y temporales, en uno o en otro sentido.

Seis de Bastos

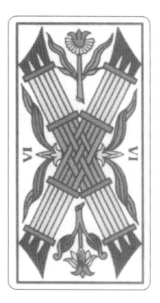

AL DERECHO = *Equilibrio. Espera.* Indecisión. Inercia aparente. Retrasos. Prudencia excesiva.

Todos los seises representan dos ternarios opuestos que se equilibran entre sí dando lugar a un potencial, a unas reservas a las que acudir cuando sea necesario. Pero en el mundo de la acción, el de los Bastos, es necesario decidir qué dirección escoger y qué salida debe darse a esta energía potencial. En cartomancia se refiere a aquellos momentos de prudencia excesiva, de inercia e indecisión aparentes, capaces de hacer perder buenas ocasiones, de retrasar los resultados, mientras en el fondo de la conciencia van germinando proyectos que tanto pueden convertirse en realidades fructíferas como resultar sueños imposibles. También previene contra la tentación de buscar caminos demasiado fáciles.

AL REVÉS = *Falta de energía. Inconstancia.* Indecisión. Miedo. Aprensión.

La diferencia consiste únicamente en que el equilibrio es la consecuencia de una falta de armonía entre consciente e inconsciente, en que optimismo y pesimismo se alternan continuamente, y la aprensión y el miedo a errar impiden llegar a una decisión definitiva, perdiéndose gran parte de lo conseguido hasta ahora.

Siete de Bastos

AL DERECHO = *Éxito. Triunfo.* Determinación. Progreso. Deseos realizados. Poder de decisión. Actividad desbordante.

Es el arcano del triunfo y la fortuna por tener las ideas claras y confianza en uno mismo; es el éxito gracias al esfuerzo y al trabajo en cualquier empresa, profesión o modalidad de la actividad humana. Al estudiante le garantiza el éxito en sus exámenes; al militar la consecución de grados y honores; al comerciante buenos negocios; al escritor éxito literario; al político el favor de las masas; al artista el reconocimiento de sus méritos; y a quien sólo desee la vida hogareña, felicidad y vida desahogada.

AL REVÉS = Candor: *Simplicidad.* Temor. Ansiedad. Timidez. Ingenuidad. Sinceridad.

Incluso saliendo invertido el siete de Bastos sigue siendo un buen arcano, pues indica buenas cualidades y la posibilidad del éxito y el triunfo si se obra con sinceridad y buena fe; pues aun cuando puedan surgir temores, dudas y pequeños contratiempos, ya sea debido a falta de suficientes conocimientos, aciertas dudas sobre la mejor manera de proceder, o a una innata timidez o simplicidad, al final el éxito está asegurado.

Ocho de Bastos

AL DERECHO = *Transformación. Vida campestre.* Proyectos. Crisis. Retrasos. Campo. Calma. Tranquilidad.

El número ocho conlleva dos significados al parecer contradictorios que no lo son en la vida práctica: transformación y calma absoluta. En efecto, por ser el ocho intermediario entre el círculo (la eternidad) y el cuadrado (la materialidad), tanto simboliza la regeneración como el equilibrio cósmico, lo que se halla por encima de toda influencia. Es por ello, que en el terreno de la acción y el trabajo, se referirá al *esfuerzo interno* para comprender y asimilar las reacciones del mundo externo, adaptarse a ellas y transformar cuanto sea necesario en vistas a la propia actividad; y ello debe realizarse en la máxima tranquilidad, como la del campo y la naturaleza. Ello explica por qué tradicionalmente se asocia el ocho de Bastos con las fiestas y jiras campestres, la paz del campo y la tranquilidad en comunión con la naturaleza.

AL REVÉS = *Dispersión de la energía.* Estancamiento. Falta de resolución.

Su significado es muy similar al seis de Espadas invertido, pero en lugar de falta de objetividad mental, existe un exceso de pasividad improductiva; no es descanso y reflexión, sino vagancia.

Nueve de Bastos

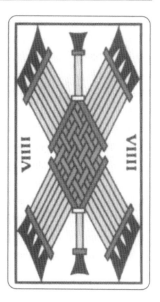

AL DERECHO = *Potencialidad. Superioridad.* Evolución interior. Fuerza de reserva.

Expresa aquella fuerza de reserva que existe en nuestro interior y nos impulsa a buscar la perfección, a no dar por finalizada nuestra obra aun cuando ya lo esté para los demás. Es la misma fuerza que nos permite superar cualquier obstáculo postrero que pudiera presentarse. Por poner un símil, diremos que no es la fuerza impetuosa de la juventud, sino la potencialidad sosegada de la vejez, lenta pero firme, que se basa más en el conocimiento y la propia superioridad que en la fuerza. Es la misma fuerza interior que permite seguir marchando al Ermitaño, y se dirige más al propio interior que al mundo externo.

AL REVÉS = *Adversidad. Debilidad.* Mala salud. Jubilación. Retiro. Postergación.

Pero la evolución que impone la vida no siempre es positiva, sino que a veces la adversidad tuerce el rumbo de los acontecimientos y al final en lugar de potencialidad lo que existe es debilidad y mala salud, lo que inevitablemente conduce a la imposibilidad de superar los últimos obstáculos. Éste es el significado del nueve de Bastos invertido, y por ello se refiere a la postergación y sus derivados, como el fracaso, la jubilación o el retiro.

Diez de Bastos

AL DERECHO = *Opresión. Fatiga.* Agotamiento. Final feliz.

En el proceso de alcanzar la cima, ya sea en la profesión o en cualquier otra actividad humana, se produce la evolución ya descrita por las cartas anteriores, pero llega un momento en que la tarea se ha cumplido y sobreviene el tedio, el cansancio y el agotamiento; uno se da cuenta de haber abarcado más de lo que podía, o de que ahora ya no se es capaz de seguir haciéndolo. Esta situación, que suele traducirse en una sensación de opresión y fatiga, revela que ha llegado el momento de abandonar todo o parte de lo conseguido, para una vez repuestos reiniciar el ciclo emprendiendo una nueva tarea tras el final feliz de la anterior. Es por ello, que se trata de un arcano de doble significado, bueno y malo a la vez, de logro y de abandono.

AL REVÉS = *Dificultades. Intrigas.* Duplicidad.

Invertido siempre es maléfico, pues el abandono, la opresión y el agotamiento que hacen abandonar son debidos a influencias negativas externas, que tanto puede tratarse de intrigas y traiciones, de dificultades imposibles de superar, o cualquier motivo similar, que han malogrado la consecución del objetivo que se deseaba lograr.

Sota de Bastos

AL DERECHO = *Espíritu creativo.* Impulsión. Energía. Lealtad. Amistad fiel. Mensajero. Extranjero.

Corresponde a una persona perteneciente a la combinación Tierra-Fuego, siendo por ello de carácter fuerte, pero estable; activa, enérgica y ambiciosa, pero práctica y leal; que se entusiasma con facilidad, no olvida y difícilmente perdona. En su interior existe un poderoso potencial creativo incipiente que necesita ser formado y desarrollado.

Puede tratarse de un amigo, un aprendiz, un joven mensajero portador de buenas e importantes noticias, e incluso un extranjero, tomando este último significado en su sentido más amplio, pues incluso alguien que vive a nuestro lado, en la actualidad puede ser un desconocido, un extraño.

AL REVÉS = *Inestabilidad.* Infidelidad. Superficialidad. Portador de malas noticias.

En posición invertida todas las Sotas tienen algo en común: son malas; siempre anuncian algo desagradable. En este caso, lo desagradable pueden ser las noticias, pero también puede ocurrir que el joven descrito por la Sota al derecho, todavía sea alguien inestable y superficial en quien no puede depositarse la confianza; no obstante, esto será algo temporal, accidental y nunca definitivo.

Caballo de Bastos

AL DERECHO = *Cambios y viajes.* Impulsión. Partida. Agente comercial. Intermediario. Atracción por lo ignoto. Cambio de residencia.

Corresponde a una persona perteneciente a la combinación Aire-Fuego, en la que se aúnan mentalidad y pasión y, por ello, sentimentalmente activa, sociable, que reacciona con vivacidad ante los estímulos externos; muy hábil, sutil, e incapaz de permanecer mucho tiempo en el mismo sitio, busca continuamente nuevos desafíos. Es por ello que cuando se refiere a personas, lo hace a las dotadas de dichas cualidades, y si es al consultante, es que ya las posee o se le desarrollarán en breve; en los demás casos, se referirá a viajes, cambios de residencia o profesiones y circunstancias que obligan a viajar continuamente, especialmente en carácter de intermediario.

AL REVÉS = *Indecisión.* Discontinuidad. Ruptura. Discordia. Vehemencia. Cambios inesperados.

Si al derecho era un arcano neutro, o más bien benéfico, cuyas causas y consecuencias debían buscarse en los arcanos adyacentes, al revés es maléfico por anunciar separaciones y rupturas violentas e imprevistas a las que hay que atenerse con todas sus consecuencias, muchas veces por exceso de vehemencia e indecisión.

Reina de Bastos

AL DERECHO = *Poder amoroso*. Cordialidad. Comprensión. Inteligencia. Dignidad. Afabilidad. Seducción. Sensualidad. Virtud. Sincero interés por los demás. Maternidad. Capacidad de mando.

Corresponde a una persona perteneciente a la combinación Agua-Fuego, y por ello, adaptable, enérgica, muy afectiva y apasionada, unas veces tranquila y otras impaciente, sensual, pero virtuosa, digna y condescendiente. Es la pura imagen de la fidelidad del corazón, de la seducción y el magnetismo personal; pero también de la esposa, de la madre amante y defensora de la familia. y por último, es la mujer capaz y emprendedora, que del mismo modo que gobierna a su familia, es capaz de dirigir un negocio o una empresa, o desempeñar cualquier otra tarea directiva.

AL REVÉS = *Posesividad*. Vanidad. Inconstancia. Envidia. Dogmatismo. Infidelidad.

Existe una contradicción entre las cualidades pasivas y emotivas del Agua y la impulsión expansiva y dominadora del Fuego; de aquí que si bien armonizadas nos daban a la mujer ideal y madura, ahora nos hallaremos ante la otra cara de la moneda, y lo que debía ser el poder amable del amor, se convierte en celos y envidia, dogmatismo y posesividad, inconstancia y presuntuosidad.

Rey de Bastos

AL DERECHO = *Poder creador*. Mando. Autoridad. Dominio. Jefe de empresa. Paternidad.

Corresponde a una persona perteneciente a la combinación Fuego-Fuego, es decir, energía pura y acción creadora, de lo que resulta una personalidad activa, generosa, magnética, apasionada, impulsiva, dominante y autoritaria; de temperamento sanguíneo y una clara concepción de la vida, en la que se refleja la nobleza de su corazón, su ambición personal y un fuerte orgullo que más que al simple dominio le impulsa a ser un guía paternal para quienes de él dependen. Cuando aparece en la tirada y no se refiere a otras personas, indica que ha llegado el momento de asumir el liderazgo.

AL REVÉS = *Dogmatismo*. Autoritarismo. Severidad. Austeridad.

Incluso invertido, el Rey de Bastos sigue siendo un buen arcano; se refiere a una persona quizás demasiado severa, austera y algo dogmática; puede ser el padre, un jefe, un maestro o una persona madura de nuestro entorno; pero siempre será alguien dispuesto a dar buenos consejos y ejemplos, y a cuyo lado puede aprenderse mucho. De lo contrario, indica que debemos empezar a tomar la vida menos en serio, con algo más de generosidad y tolerancia hacía nosotros mismos y los demás.

As de Copas

AL DERECHO = *Posibilidad sentimental.* Inicio de un sentimiento, de un amor, de una amistad. Clima afectivo. Felicidad. Alegría. Noviazgo. Goce. Satisfacción. Perfección. Plenitud emotiva. Fertilidad. Abundancia. Productividad. Belleza.

Presagia el inicio de una relación afectiva, ya sea de amor o de amistad, y en caso de existir una relación de este tipo que haya sufrido una ruptura o separación, se tratará de la reconciliación o reanudación de la misma. Ello implica siempre satisfacción, goce o plenitud, del mismo modo que una preñez implica el inicio de un sentimiento afectivo hacía un nuevo ser.

AL REVÉS = *Imposibilidad sentimental.* Esterilidad. Amor insatisfecho. Goce frustrado. Inestabilidad emotiva. Inconsecuencia. Contrariedades. Decepciones.

Predice toda clase de disgustos y decepciones de orden sentimental, con la inestabilidad emocional consiguiente, y suele salir muy a menudo cuando se fracasa en el intento de iniciar o reiniciar una relación afectiva, ya sea de amor o de amistad, así como en aquellos otros casos en las que se ve frustrada la esperanza de un posible embarazo, aun cuando todo ello, se trate de lo que se trate, sólo sea temporalmente.

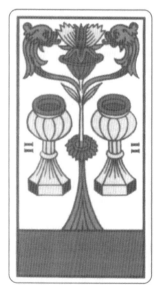

Dos de Copas

AL DERECHO = *Matrimonio. Amistad.* Amor. Unión. Pasión. Afinidad. Relación satisfactoria. Placer. Colaboración. Inclinación. Comprensión. Ternura.

Es un arcano extremadamente favorable para aquellos asuntos en que interviene el amor, el deseo o la amistad y su significado es el de complemento de la polaridad, por lo que se refiere esencialmente a la atracción entre los sexos, tanto desde el punto de vista físico como anímico, e incluso en cierto sentido deja intuir la posibilidad de elevar el amor a su máximo nivel, a la comunión del espíritu con la divinidad.

AL REVÉS = *Amor insatisfecho.* Falsa amistad. Relaciones turbulentas. Divorcio. Separación. Celos. Insatisfacción. Rivalidad amorosa. Pasión no correspondida.

Es la cara opuesta de la moneda, pues si bien sigue existiendo el deseo y la necesidad de una complementación afectiva y sentimental, ésta no es posible por una serie de circunstancias que seguramente revelarán los arcanos circundantes; es por ello que se despiertan todos aquellos sentimientos que acompañan al amor y la pasión no correspondidos, como los celos, por ejemplo. En el caso de existir previamente una relación consolidada que se desmorona, puede conducir a la separación y el divorcio.

Tres de Copas

AL DERECHO = *Dicha. Preñez.* Placer puro y simple. Fertilidad. Alivio. Curación. Satisfacciones.

En la vida sentimental las primeras realizaciones son un festival de amor y vida, pero una etapa inicial también es el presagio de posteriores desarrollos; y todavía queda una vida por delante, con todo lo bueno y todo lo malo que comporta.

Cuando no existen a su lado otros arcanos que modifiquen o aclaren su significado, éste deberá deducirse de las circunstancias del consultante, pues a un (o una) joven le pronosticará dicha y placeres, a un matrimonio un embarazo feliz, a un enfermo alivio o curación de sus males, a una persona mayor las satisfacciones de una amistad sincera y, en ciertos casos, la paz del alma y el goce interno.

AL REVÉS = *Placeres excesivos.* Sensualidad. Incomprensión. Superficialidad. Frivolidad. Retrasos.

Es el arcano de la niñez, de quienes empiezan a vivir y gozar, pero no con el significado de principio, que corresponde al As de Bastos, sino con el de falta de madurez, experiencia y conocimientos, lo que predispone a la falta de contención, a los excesos en el placer y la sensualidad, malgastando, por lo tanto, un tiempo y unas energías merecedoras de mejor destino.

Cuatro de Copas

AL DERECHO = *Estabilidad sentimental.* Saciedad. Cansancio. Deseo de alcanzar amores más espirituales.

Si exceptuamos el cuatro de Bastos todos los cuatros son ambivalentes, pues el ser humano no es capaz de permanecer estable largo tiempo; siempre necesita renovarse y mejorar. Por ello, cuando en la tirada aparece el cuatro de Copas, pueden suceder dos cosas: que permanezcamos felices en la estabilidad sentimental conseguida, o que el placer y la felicidad lleguen a saciarnos y ocasionen una íntima insatisfacción que tanto puede desembocar en el anhelo de un amor espiritual, místico, o nos incite a un análisis en profundidad de nuestra relación actual, para obrar en consecuencia.

AL REVÉS = *Desilusión.* Desencanto. Crisis espiritual. Sentimientos de infelicidad.

Suele salir muy a menudo cuando se produce una ruptura de relaciones sentimentales o amistosas; casi siempre porque ya no pueden dar más de sí y empiezan a resultar decepcionantes, quizás a causa de que esperábamos demasiado de las mismas. También aparece cuando existe una crisis espiritual, por lo cual es necesario analizar con cuidado toda la tirada para saber cuál será la dirección resultante, su verdadero significado.

Cinco de Copas

AL DERECHO = *Arrepentimiento. Remordimiento.* Disputas internas. Sublimación del amor.

El cuatro de Copas era un arcano pasivo que incitaba a una reflexión sobre la situación emotiva y sentimental; el cinco es como la puesta en práctica de dicha reflexión cuando existe insatisfacción, cuando se descubre que el otro no es el ideal soñado o somos nosotros los excesivamente idealizados y es necesario reconocer y arrepentirse de los errores pasados que han dado lugar a esta situación, lo que siempre va acompañado de dolor, sacrificio y disputas. Pero sea cual sea el resultado, comportará una lección y experiencia fecunda para un futuro. En algún caso puede indicar el sacrificio por amor o el sacrificio de un amor mundano en aras de un amor superior, místico.

AL REVÉS = *Indecisión. Enemistad.* Ruptura sentimental. Ruptura familiar.

Exteriormente existe mucha más indecisión, pero debida a la disconformidad con la situación creada, por el egoísmo de no querer renunciar a nada ni reconocer lo irremediable, y ello en un clima de violencia generador de discusiones y rupturas, destruyendo temporal o definitivamente –lo que indicarán los arcanos próximos– la unión familiar, o la anterior relación de amor o amistad.

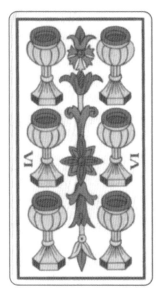

Seis de Copas

AL DERECHO = *El pasado. Nostalgia.* Lo anterior. Recuerdos. Sentimentalismo. Sentimientos marchitos.

Muy ligada al sexto arcano mayor, El Enamorado, también comporta la dualidad entre el bien y el mal, pero aquí lo hace recordando aquellos sentimientos pasados cuya nostalgia puede impedir una visión clara del futuro y, lo que es peor, con cierta abulia sentimental, con un lacrimoso recrearse en el pasado, deseando recuperar goces y placeres marchitos, lo que puede hacer caer en la tentación de un amor fácil y puramente material.

AL REVÉS = *El futuro.* El porvenir. Renovación. Reiteración. Perspectivas futuras.

Este arcano, que en su posición natural representa el pasado y sus consecuencias paralizantes o conducentes a caminos fáciles y erróneos, cuando sale invertido se refiere al porvenir, y lo hace con la promesa de nuevas oportunidades, de volver a empezar renovando el curso de la vida. También existe la nostalgia del pasado, pero ahora con la notable diferencia de que la experiencia y el recuerdo de dicho pasado permitirán elegir mejor el camino hacia un futuro en el que los sueños podrán realizarse, y seguramente mucho más pronto de lo imaginable.

Siete de Copas

AL DERECHO = *Amor. Felicidad.* Plenitud sentimental. Buenas amistades.

Es un arcano extremadamente favorable para todos aquellos asuntos en que interviene el amor, la amistad y los sentimientos elevados. Se refiere a una felicidad que ya nada tiene que ver con los recuerdos del pasado, que se considera plenamente superado; es la plenitud del amor y la amistad que se viven intensamente superadas todas las dudas, vacilaciones y nostalgias que en algún tiempo turbaron la tranquilidad del espíritu. En cierto modo es muy similar al dos de Copas, pero aquí existe un mayor conocimiento de causa, más experiencia, más imaginación, clarividencia y voluntad; ahora el amor prevalece sobre las exigencias materiales, sobre la mera necesidad de complementación.

AL REVÉS = *Sujeción.* Amor o amistades esclavizadoras.

No siempre el amor y los nobles sentimientos son compartidos generosamente, a veces exigen demasiado y esclavizan, y lo mismo sucede con las amistades. Por ello, cuando en la tirada sale el siete de Copas invertido, se refiere a la esclavitud amorosa, a la sujeción impuesta o que uno mismo se impone para servir a quien se ama. Sólo cuando aparece próximo el diez de Copas puede esperarse que se restablezca pronto el equilibrio sentimental.

Ocho de Copas

AL DERECHO = *Crisis en la pareja. Divorcio.* Transformación afectiva. Depresión.

Cuando en el terreno afectivo no sólo no se avanza, sino que por el contrario hay que detenerse a reflexionar sobre una relación, ya sea de pareja o de amistad, es que las cosas no marchan, pues en el terreno sentimental corazón y cerebro son antagónicos. El ocho de Copas nos advierte que hay que aceptar que dicha relación ha llegado a su fin y hay que estar preparado para dejarla; pero pase lo que pase y aun cuando esta renuncia venga acompañada de la natural depresión, comportará una transformación interior, pues equivaldrá a aceptar la decisión de una voluntad superior y estar dispuesto seguir nuestro destino con el corazón abierto y disponible.

AL REVÉS = *Perseverancia.* Felicidad. Continuidad.

Como en la mayoría de los casos, cuando el ocho de Copas sale invertido pronostica lo contrario que al derecho, lo cual no implica sea mejor o peor. En este caso, lo que pronostica es la continuidad de la relación, aun cuando ahora también exista una íntima transformación y, dejando atrás los arrebatos de la pasión, se mantenga estable, en un clima de tranquila y serena felicidad.

Nueve de Copas

AL DERECHO = *Placer. Satisfacción.* Bienestar interno. Altruismo. Evolución sentimental y espiritual. Amor tardío.

Es la misma evolución y maduración interna que vimos en el nueve de Bastos, pero en el terreno emotivo y sentimental; es el amor profundo y maduro basado en la verdadera comprensión y compenetración, más de almas que de cuerpos; es el placer y la satisfacción que acompaña a un amor altruista en el que la felicidad de la pareja es la mejor recompensa. y es también el amor tardío, el que nace en el otoño de la vida, cuando las experiencias del pasado han sido la mejor lección, han dado el perfecto conocimiento de a lo que podemos aspirar. Pero es también el puro amor al arte y a la belleza; y en su aspecto más elevado, el amor y la entrega a la divinidad.

AL REVÉS = *Separación. Renuncia.* Desengaño.

Es el final de un amor; pero un final hecho de renuncias y desengaños, en que se reconoce la imposibilidad de seguir adelante. En el ocho de Copas se anuncia una crisis de pareja que hace inevitable la separación; el nueve es el final, el cumplimiento inexorable de lo que se anunciaba, y lo que es peor, con la seguridad de que ha sido la última oportunidad, de que el adiós es definitivo.

Diez de Copas

AL DERECHO = *Hogar. Familia.* Felicidad. Paz. Saciedad. Virtud. Creación artística. Unión consolidada.

Es el arcano del amor, la bondad, la serenidad y la relación armoniosa en todos los planos de la existencia, de la plena expansión y colaboración con los demás, especialmente dentro del ambiente familiar, pues el amor más total y completo es el que además de abarcar toda la unidad familiar dejándola saciada, todavía resta el suficiente para expandirlo en otros niveles, como la creación artística o el amor a la belleza, e incluso el simple y puro amor a la vida. Dado que una de sus acepciones es el de familia, también puede significar la legitimación de uniones de hecho.

AL REVÉS = *Infelicidad.* Litigio familiar.

En su sentido natural, el diez de Copas es el cumplimiento de la promesa contenida en el As, pero no siempre es así; son muchas las ocasiones en las que no es posible mantener definitivamente la dicha y amor prometidos. Cuando sale invertido, lo que anuncia es dicha imposibilidad, ya sea por nuestros propios errores o a causa de los demás, es decir, por la aparición de litigios y problemas familiares que conducen a su disolución, o por lo menos, impiden la felicidad que parecía haberse conseguido.

Sota de Copas

AL DERECHO = *Inicio del amor.* Espíritu apasionado. Reflexivo. Leal. Servicial. Enamoradizo. Nacimiento.

Corresponde a una persona perteneciente a la combinación Tierra-Agua, y por ello, voluptuosa, amable, emotiva, sentimental, romántica, fiel y afectiva, amante de la belleza, el arte y la poesía, más reflexiva, meditativa, tímida y callada que activa, pero a pesar de todo ello, práctica. También puede referirse al nacimiento de una nueva relación afectiva, de una nueva calidad de sentimiento, de una nueva capacidad de amar si ha existido algún fracaso sentimental anterior, e incluso en algunos casos, del nacimiento de un niño.

AL REVÉS = *Seducción.* Engaño. Inclinación. Desviación. Susceptibilidad. Adulación.

Aun cuando la primera impresión que pueda causar la persona descrita sea la misma que al derecho, en el fondo es muy distinta y usa sus agradables maneras con el fin de seducir y engañar, pues en realidad es egoísta e indolente, pero será fácil descubrir sus verdaderas intenciones a causa de su susceptibilidad. No obstante, no debe olvidarse que todas las Sotas representan algo juvenil, incipiente, no definitivo, y por lo tanto, temporal y superable.

Caballo de Copas

AL DERECHO = *Conquista. Cambios.* Amante. Entusiasmo. Amabilidad. Consejero matrimonial. Llegada. Proximidad. Atracción. Proposición.

Corresponde a una persona perteneciente a la combinación Aire-Agua en la que se unen mentalidad y sentimiento, y siendo dos cosas muy difíciles de aunar y siempre en movimiento, suele predominar una u otra, lo que motiva inestabilidad emocional e inconstancia. Es una persona activa, hábil, amable, sociable y sensible, y como en todos los arcanos de Caballos, existe la tendencia a servir de intermediario, por lo que es un buen consejero matrimonial o correo amoroso. Cuando no define a personas, indica que ha llegado el momento de experimentar la llegada impetuosa y romántica del amor; pero no del amor maduro, sino del amor joven e impetuoso. Es el arcano de la transformación de los amores, de los deseos y de las ideas.

AL REVÉS = *Engaño. Infidelidad.* Falsas promesas.

Resulta del caso extremo en que mente y sentimientos siguen caminos opuestos y sale a flote lo peor de ellos, con lo cual la inestabilidad emocional es máxima, y con ella, la infidelidad, el engaño y las falsas promesas. No obstante debe analizarse cuidadosamente la tirada para ver si se es víctima o agente causal.

Reina de Copas

AL DERECHO = *Sentimiento puro.* Persona amante. Devota. Tierna. Poética. Adaptable. Amante de la belleza. Romántica. Soñadora. Desinteresada. Maternal.

Corresponde a una persona perteneciente a la combinación Agua-Agua, en la que todo es sentimiento y pasividad. Es el prototipo de la persona soñadora y romántica para quien la vida se reduce a amor y sentimiento; es comprensiva, dulce, tierna, poética, afectuosa, maternal, relativamente fiel, no necesariamente muy seductora, pero sí extrañamente madura y perturbadora, que despierta sentimientos profundos y emociones desconocidas. Por último, cuando la Reina de Copas no se refiere a otra persona, anuncia también la profundización y desarrollo de la vida interna, de la capacidad de amar.

AL REVÉS = *Inconstancia. Inmoralidad.* Deshonestidad. Deslealtad. Vicio.

Si bien la sensualidad y el amor constituyen la parte más amable de la vida, cuando constituyen la única finalidad vital, son el origen de la mayoría de los males, vicios y perversiones; esto es lo que nos revela la Reina de Copas cuando sale invertida. Como siempre, es necesario comprobar por el resto de la tirada quién es la víctima y quién el vicioso.

Rey de Copas

AL DERECHO = *Poder amable.* Generosidad. Sensibilidad. Humanitarismo. Adaptabilidad. Fidelidad. Profesión liberal. Interés por artes y ciencias.

Corresponde a una persona perteneciente a la combinación Fuego-Agua, y por ello, sensible a las influencias externas y sentimentales, capaz de entusiasmarse con facilidad, pero también de deshincharse con la misma facilidad. Es buena, amante de la paz y el equilibrio, y si bien gusta de ayudar a los demás, jamás termina de confiar del todo en ellos, prefiriendo mantener una cierta distancia y reserva personal. Es capaz de dominar los sentimientos, siendo consciente de su valor, y sabe provocarlos y usarlos cuando le conviene. Suele ser una persona ya madura que goza de público respeto y consideración: abogado, maestro o sacerdote.

AL REVÉS = *Hipocresía.* Ascetismo. Astucia. Intriga.

En esta posición lo que se destaca y exagera es el dominio sobre los sentimientos –propios y ajenos–, y muchas veces bajo la bandera del ascetismo o de la compasión y el amor al prójimo los usa hipócritamente, en su provecho o profesionalmente; es el caso del abogado o sacerdote que sabe conmover astutamente a jueces y jurados en favor de su cliente, o a los feligreses, para aligerarles la bolsa.

As de Espadas

AL DERECHO = *Preparación para* la *lucha.* Espíritu brillante. Fecundidad intelectual. Creación artística. Competición. Creación de enemistades. Acción determinante. Exceso de energía. Vigor sexual exacerbado. Autoridad. Poder. Determinación.

Pronostica una explosión de energía, el despertar de poderes y facultades mentales, de un nuevo punto de vista; todo ello conduciendo en la práctica a una colisión con el orden de cosas o intereses establecidos, siendo inevitable se generen toda clase de conflictos. Por ello, a la vez que presagia un incremento de poder, es el preludio e inicio de luchas y rupturas.

AL REVÉS = *Temperamento violento.* Furor. Arrebato. Tiranía. Debacle. Desastre. Destrucción. Autodestrucción. Mutilación. Desgracias imprevistas.

El significado primordial es el mismo que al derecho, si bien llevado al límite y en sentido peyorativo, tanto desde un punto de vista material como mental, de lo cual se derivan todos los males mencionados, entre los que incluso podríamos incluir la muerte, considerada como el peor de todos, y no nos referimos aquí a los conflictos silenciosos y ocultos a la vista de la gente, sino a los que se desarrollan dentro de un contexto violento y rupturista.

Dos de Espadas

AL DERECHO = *Rivalidad declarada.* Conflicto soterrado. Fuerzas equilibradas, pero opuestas.

La polarización simbolizada por todos los doses se manifiesta en las Espadas como un conflicto entre principios opuestos y está llena de tensión y ansiedad. Es el arcano del dualismo sectario, militante, intransigente y brutal; pero al tratarse de un número pasivo, estas dos fuerzas opuestas de similar potencia son incapaces de actuar y mantienen un estado de inestable y precario equilibrio temporal que, tarde o temprano, desembocará inevitablemente en confrontación y lucha declarada.

AL REVÉS = *Disimulo. Doblez.* Enemistad. Desaires. Deshonor. Mentira. Impostura. Duplicidad. Deslealtad.

También aquí sigue existiendo conflicto entre principios opuestos, equilibrio de fuerzas e incapacidad de iniciar una confrontación declarada, pero en este caso, ante una igualdad de fuerzas que impide la lucha cara a cara con un mínimo de posibilidades de triunfo: lo que no se puede realizar abiertamente se emprende soterradamente. Es la forma cobarde de intentar romper una situación equilibrada a través de malas artes, la traición y el engaño, la duplicidad y el disimulo.

Tres de Espadas

AL DERECHO = *Sufrimiento. Dolor.* Desilusión. Retraso. Insociabilidad. Misantropía. Desdén. Repugnancia. Rencor. Incompatibilidad. Contrariedad. Dispersión. Ruptura. Oposición.

Como todos los treses, el de Espadas indica la realización, el resultado de las dos cartas anteriores; pero tratándose de un palo de luchas y conflictos, el resultado sólo puede ser el sufrimiento, con cuanto ello comporta y aquí definimos en el enunciado.

No obstante, no es un arcano definitivo, irremediable, y su significado siempre queda muy modificado por las arcanos adjuntos, pero permaneciendo latente el trasfondo de sufrimiento y pesar.

AL REVÉS = *Extravío. Alejamiento.* Partida. Ausencia. separación. Confusión. Desorden. Error. Alienación.

Los resultados son todavía peores y los dos primeros significados ya expresan claramente cuánto puede dar de sí: los extravíos de la mente y el alejamiento de los demás; en el mejor de los casos se limitará a hacer desaparecer de nuestra vida algo o a alguien que ya no volveremos a ver, o simplemente supondrá el alejarse de algo o alguien que nos repele, nos disgusta, pero eso sí, con el trasfondo de sufrimiento y pesar que siempre acompaña a este arcano.

Cuatro de Espadas

AL DERECHO = *Soledad. Exilio.* Retirada. Reclusión. Convento. Monasterio. Prisión. Enfermedad. Convalecencia. Estabilidad intelectual. Introversión.

Es un arcano que pronostica la soledad física, intelectual o moral; desde el retiro voluntario al forzado, desde lo que el poeta llama «la triste soledad de dos en compañía» hasta la máxima soledad, la de los muertos, incluyendo también todos aquellos casos en que es debida a la necesidad de conseguir o conservar la estabilidad intelectual, moral o espiritual; y los más penosos, cuando es debida a una enfermedad que requiere hospitalización, aislamiento o tranquila convalecencia.

AL REVÉS = *Sepultura. Destierro.* Misticismo extremo.

Es un incremento negativo de los significados anteriores, en que la soledad es extrema; si en el caso anterior podía ser un período de tranquila introversión, de recuperación física o psíquica, ahora es mucho más grave, es una decisión que a poco que colaboren los arcanos adyacentes puede convertirse en definitiva, ya sea como prisión, destierro, monasterio, establecimiento médico o, en último lugar, la sepultura. Sin embargo, y como en todos los casos similares, debe analizarse atentamente el resto de la tirada, que puede modificar la gravedad del pronóstico.

Cinco de Espadas

AL DERECHO = *Derrota. Desgracia.* Destrucción. Pérdida. Fracaso. Desamparo. Degradación. Plagio.

Si todo reconocimiento de las propias limitaciones y el remordimiento por los errores cometidos obliga a sacrificar muchas cosas, en el terreno de la lucha, ya sea ideológica o material, el resultado siempre es mucho peor que en los otros niveles de la vida. Intelectualmente, cuando se defienden las ideas propias, la inseguridad y las contradicciones internas hacen triunfar las del adversario; en el terreno militar o puramente material, sólo pueden conducir a la derrota. Por ello, este arcano, realmente malo, predice toda clase de pérdidas y calamidades de las que el enunciado sólo es una muestra.

AL REVÉS = *Muerte. Sepultura.* Luto. Entierro. Pena. Aflicción Desconsuelo. Calamidad.

Como en todos los arcanos invertidos, también aquí se produce un empeoramiento del pronóstico, por lo cual las pérdidas y calamidades son máximas. Por ello, de entre los varios arcanos que pueden indicar muerte o luto, éste es el más claro de todos, ya que su significado es esencial y no derivado; no obstante, para saber quién protagoniza este entierro y cuáles son sus causas y circunstancias, deberemos recurrir a los arcanos próximos.

Seis de Espadas

AL DERECHO = *Camino. Viaje.* Paseo. Medio. Encargo. Traslado. Desplazamiento. Impotencia.

Revela la impotencia frente a hechos imprevistos, ya sean materiales o psicológicos, así como la lucha interior por lograr el equilibrio entre materialidad y espiritualidad, entre instinto y razón. Es necesario detenerse y ver las cosas desde la distancia, alejarse para reflexionar y decidir. Es por ello que en el plano adivinatorio presagia un viaje, un desplazamiento, un camino o un simple paseo; y este significado de camino es tan amplio que incluso se refiere a cómo podemos hacer llegar algo, cosas o ideas, de un lugar a otro, incluso a través de intermediarios, como el correo, por ejemplo.

AL REVÉS = *Estancamiento.* Desorden mental. Falta de soluciones.

Si al derecho no era un arcano feliz, pero gracias al alejamiento conducía a cierta serenidad y a ver clara la decisión a tomar, cuando se presenta invertido la situación es mucho más difícil; se hace imposible un verdadero alejamiento, una visión objetiva de las cosas, lo que conduce al desorden mental, a la imposibilidad de hallar una solución válida, y con ello, a las decisiones erróneas de las que siempre se sale disminuido o amputado.

Siete de Espadas

AL DERECHO = *Éxito intelectual.* Astucia. Diplomacia. Claridad de ideas.

Revela la aplicación de la inteligencia de una manera prudente, astuta y diplomática para conseguir el objetivo propuesto. Ahora, en lugar de la fuerza se usa la mente; sin embargo, se trata de un arcano ambivalente, pues la mente es fría, impersonal, carente de sentimientos, y por ello, no podemos saber si sus objetivos son moralmente buenos o malos, o si lo serán los medios empleados, cosa que deberán aclarar los arcanos próximos; lo único cierto e indudable, es que se conseguirán dichos objetivos.

AL REVÉS = *Consejos. Críticas.* Reprimendas. Traiciones. Calumnias. Ideas obtusas.

Incluso invertido sigue siendo ambivalente y más mental que físico, pues excepto en el caso de presagiar alguna calumnia o traición inesperada, los consejos y reprimendas pueden ser críticas constructivas encaminadas a corregir una mala decisión o el producto de una obcecación mental que nubla las ideas. Pero incluso en el peor de los casos, indica que en lugar de víctima se es el autor de traiciones y calumnias, amenos que lo desmientan muy claramente los arcanos adyacentes.

Ocho de Espadas

AL DERECHO = *Pleitos. Prisión.* Juicio. Críticas. Reprobación. Depresión. Enfermedad. Situación crítica.

Se trata de un arcano condenatorio incluso en aquellas acepciones que pueden parecer neutras. Indica al consultante que está siendo observado, criticado, juzgado y seguramente condenado, a menos que indique enfermedad. Cuando los arcanos restantes no especifican el porqué, debemos deducir que se vive una situación en la que la persona se encuentra como paralizada, incapaz de reaccionar, pues sabe que haga lo que haga saldrá perjudicado, dado que la situación actual es la consecuencia de anteriores errores, omisiones o falsedades.

AL REVÉS = *Fatalismo. Soledad.* Estados depresivos crónicos. Desesperación. Trabajo duro y pesado. Contradicciones.

Es la misma situación anterior vista desde otro frente. Aquí es uno mismo el que se juzga y se condena, lo que conduce a la depresión, el abatimiento, el fatalismo y la desesperación; y no sabiendo cómo actuar ni qué hacer, se encierra en una austera soledad o se realizan trabajos duros y pesados que casi nunca conducen a nada o no son productivos, sino más bien una autoexpiación. Sin embargo; muchas veces el resultado final –que depende de los demás arcanos– es positivo, pues se aprende la lección.

Nueve de Espadas

AL DERECHO = *Interiorización. Sufrimiento.* Ansiedad. Temor al futuro. Desesperación. Venganza. Drogadicción. Enfermedad consuntiva.

Es uno de los peores arcanos, pues en el contexto negativo del palo de Espadas, cuando las cosas van mal y se mira hacia adentro, cuando la introspección es sincera y uno se da cuenta cabal del verdadero estado de las cosas, es imposible no sentir el miedo de un futuro angustioso. Será el contexto de la tirada lo que revele a qué se tiene miedo, si es al fracaso, a la soledad, a la muerte, a la vejez..., pero sea a lo que sea, muchas veces es inevitable una reacción desesperada contra el destino o contra quienes creemos culpables de nuestra situación. De aquí se derivan las acepciones de venganza y drogadicción.

AL REVÉS = *Ruina. Fin.* Dudas. Sospechas. Timidez.

Incluso invertido el nueve de Espadas sigue siendo nefasto, pues tiene un marcado acento decreciente; es decir, las cosas indicadas por los arcanos contiguos favorables están perdiendo fuerza, o en el caso contrario de arcanos desfavorables, su sentido está próximo a realizarse. Siempre, e incluso en el mejor de los casos, indica algo que amenaza ruina o está finalizando.

Diez de Espadas

AL DERECHO = *Dolor. Ruina.* Aflicción. Infortunio. Desgracia. Lágrimas. Sufrimiento físico y moral.

Sintetiza y resume el conjunto del palo de Espadas; es la conclusión lógica de la hostilidad, luchas, revoluciones y toda clase de violencias físicas o mentales creadas por uno mismo o por los demás, y de las que sólo puede derivarse dolor y sufrimiento en todos los niveles de la existencia.

AL REVÉS = *Incertidumbre.* Final de ideas o situaciones.

Al igual que sucedía con el arcano anterior, incluso invertido el diez de Espadas sigue siendo doloroso y lleno de incertidumbre, aun cuando en el fondo no sea tan malo como pueda parecer, pues en realidad significa el final de una situación difícil, la superación de un problema material o ideológico que al final de esta etapa se ha convertido en algo caducado que hay que abandonar aunque sea a costa de dolor, desengaño y sufrimiento. Revela la necesidad de iniciar una nueva etapa, de adaptarse a nuevas ideas y a nuevas luchas, aun cuando no pueda evitarse la íntima incertidumbre sobre lo que nos reserva el destino.

Sota de Espadas

AL DERECHO = *Espíritu inventivo*. Perspicacia. Agilidad. Investigación. Curiosidad. Estudio.

Corresponde a una persona perteneciente a la combinación Tierra-Aire, dotada por ello de una mentalidad práctica, escudriñadora y paciente, firme y agresiva, con gran sabiduría práctica y hábil para solucionar asuntos controvertidos; es de una curiosidad innata y posee gran capacidad de estudio. Destaca también por su capacidad de engendrar nuevas ideas e investigar sin conceptos preconcebidos. La Sota de Espadas expresa, ante todo, la elaboración interna y el atento análisis de las situaciones antes de actuar, pero una vez ha tomado una decisión, su acción es rápida y eficaz.

AL REVÉS = *Astucia. Murmuración*. Espionaje. Alcahuetería. Imprevisión. Crueldad.

La acción esencial de este arcano es la de observar y vigilar, analizar y estudiar, pero como dicha acción puede ser dirigida en todos los sentidos, cuando sale invertido se refiere al astuto espía o alcahuete; pero además, expresa miedo y vacilación ante los fuertes y crueldad con los débiles, y quizás lo más sobresaliente sea su innata propensión a la murmuración y la calumnia, la forma más solapada y eficaz de crueldad usada por los débiles.

Caballo de Espadas

AL DERECHO = *Pensamiento frío e impersonal*. Intelectual. Militar. Abogado. Aventurero. Valor. Bravura. Lucha. Habilidad. Ímpetu juvenil. Heroísmo.

Corresponde a una persona perteneciente a la combinación Aire-Aire, la más mental y fría de todas, es decir, altamente intelectual, fría, calculadora, llena de ideas, inteligente y racional; pero a la vez, su práctica carencia de emotividad la convierte en extremadamente valerosa, capaz de las mayores audacias y acciones heroicas, y si añadimos la tendencia al movimiento y la mediación, la convierte en el perfecto aventurero, militar, abogado, político o propagandista, siempre capaz de los cambios más repentinos, físicos o ideológicos.

AL REVÉS = *Vanidad*. Estupidez. Imprudencia. Agresividad. Fanatismo. Extravagancia.

Existe un *exceso de teoría y de abstracción*, por lo cual la persona se cree en posesión de la verdad absoluta, cuando en realidad todavía es bastante inexperta, necia e ignorante, lo cual le hace caer en el fanatismo, la agresividad y la extravagancia. No obstante, tanto puede ser alguien con quien deba tratarse, como caer uno mismo en dichos defectos, por lo que deben consultarse los arcanos adjuntos.

Reina de Espadas

AL DERECHO = *Amor estéril.* Frío. Luto. Ausencia. Soledad. Separación. Espíritu sutil, abstracto e incisivo.

Corresponde a una persona perteneciente a la combinación Agua-Aire, y si en el Caballo de Copas el cálido sentimiento del Agua lograba caldear la frialdad del Aire, aquí es el Aire quien enfría el sentimiento y convierte al amor en estéril. Si antes asistíamos a la llegada impetuosa del amor, ahora asistimos a su muerte; es por ello que puede tratarse de una persona viuda o separada, pero sea cual sea el caso, siempre irá acompañada de luto, soledad, ausencia y dolor; se habrá convertido en una persona fría, distante, autoritaria y severa. Por último, podemos decir que este arcano expresa el poder de separar y dividir, el predominio de la amistad pura y de los ideales sobre el amor erótico.

AL REVÉS = *Engaño. Falsedad.* Calumnia. Socarronería. Malignidad. Venganza. Rencor.

En esta ocasión la frialdad de la mente llega a matar los sentimientos, los envenena; si no es posible amar, si debe sufrirse soledad y dolor, justo es que también padezcan los demás, y a ello se dedica este arcano, a usar todos los medios lícitos e ilícitos para vengarse y hacer sufrir a los demás seres humanos.

Rey de Espadas

AL DERECHO = *Poder mental.* Autodominio. Liderazgo intelectual. Capacidad analítica. Lucha. Crueldad. Severidad. Inflexibilidad. Médico. Cirujano. Juez. Militar.

Corresponde a una persona perteneciente a la combinación Fuego-Aire, que junto al poder implícito a los arcanos de Reyes, dará como resultado agudeza y vigor mental, autodominio, capacidad analítica, cierta crueldad mental y emocional, y el valor y la inflexibilidad precisos para realizar cualquier acción que considere justa y necesaria. Todo ello le otorga un liderazgo intelectual que le convierte en el prototipo del militar, juez o cirujano, cuya mano no tiembla al redactar una sentencia, ordenar una carnicería o empuñar el bisturí.

AL REVÉS = *Crueldad.* Sadismo. Inhumanidad. Barbarie.

Es la fría acción llevada al límite, hasta el punto de llegar a disfrutar con el dolor ajeno, lo que define a una persona violenta, excesivamente analítica y severa, que llega a convertirse en inhumana y sádica; puede tratarse también de un fanatismo mesiánico llevado al extremo. Cuando aparece en la tirada es una de las más graves advertencias de peligro, y si no existen otros arcanos que especifiquen a quién se refiere, aconseja una sincera introspección.

As de Oros

AL DERECHO = *Riqueza. Prosperidad.* Dinero. Realización. Bienestar. Euforia. Satisfacción y éxito material.

Siempre anuncia la posibilidad de una conquista material, siendo el arcano más favorable de la baraja, al extremo de que antiguamente, cuando salía en la tirada se daba por terminada, considerando que al pronosticar el éxito total y el cumplimiento de los deseos del consultante ya no valía la pena proseguir la consulta.

No obstante, si bien modifica y mejora notablemente el posible significado nefasto de los demás arcanos, cuando aparece a mitad de la tirada sólo suele pronosticar la culminación victoriosa de los hechos, mientras que los arcanos restantes condicionarán el resultado final o aportarán detalles suplementarios.

AL REVÉS = *Prosperidad sin felicidad.* Riqueza mal empleada. Corrupción. Codicia. Avaricia.

Si bien sigue siendo pronosticadora de riqueza, no implica la consecución de la dicha y felicidad que deberían acompañarla, pues hace aflorar los defectos y vicios que muchas veces pervierten la riqueza, ya sea al disfrutarla, en la manera de conseguirla, o impidiendo y anulando la capacidad de sacar de la misma todo el provecho que cabría esperar.

Dos de Oros

AL DERECHO = *Dualismo financiero.* Dificultad en la elaboración de nuevos proyectos. Turbación. Agitación. Indecisión. Dudas. Situaciones difíciles.

En los Oros el dualismo se desplaza al terreno económico, y lo hace bajo la forma de emociones o estados paralizadores cuyas causas hay que buscar en los arcanos inmediatos. El resultado se concreta en un mar de dudas y vacilaciones, en no poder decidir cuál es el mejor camino a seguir o qué decisión tomar, con lo cual la situación económica queda en un estado de inacción temporal

AL REVÉS = *Documentos.* Libros. Cartas. Misivas. Llamadas telefónicas. E-mail. Fax. Contratos. Asociaciones.

Cuando sale invertido, este arcano es de mal agüero, significando ignorancia, injusticia o ligereza en asuntos relacionados con contratos o asociaciones comerciales y financieros que resultarán ser más o menos insidiosos y, lo más frecuente, con el recibo de misivas o documentos judiciales: citaciones, demandas y similares.

También puede indicar problemas causados por la correspondencia escrita u oral, y debe tenerse mucho cuidado con toda clase de gente relacionada con la justicia y el fisco, pues el interesado puede ser víctima de una persona: relacionada con alguno de dichos estamentos.

Tres de Oros

AL DERECHO = *Realizaciones financieras.* Especulaciones. Inversiones. Habilidad comercial o financiera. Inicio de la fortuna. Dignidad. Consideración.

Anuncia los primeros triunfos en algún esfuerzo o empresa, ya sea un proyecto que empieza a rendir beneficios, una inversión rentable o una buena especulación. De hecho, no pronostica la realización total e inmediata, pero sí que ya está trazada una acertada línea de conducta a seguir y los demás empiezan a reconocer nuestros méritos, por lo que procura fecundidad en el plano económico y libera de preocupaciones materiales acuciantes.

AL REVÉS = *Mediocridad.* Falta de habilidad. Contrariedades. Superficialidad. Chapucería. Pérdidas. Problemas económicos.

Es muy similar al tres de Copas, pero aquí la mediocridad, la falta de madurez, de experiencia y conocimientos, se traslada al terreno económico, por lo cual surgen problemas de los cuales el único responsable es uno mismo, ya sea por realizar inversiones desafortunadas, prestar dinero sin suficientes garantías, o por lanzarse alegremente a llevar una empresa o negocio sin estar preparado. Esta carta aconseja frenar antes de que sea tarde, aceptar con ecuanimidad los reveses actuales y prepararse mejor para el futuro, que ya surgirán nuevas oportunidades.

Cuatro de Oros

AL DERECHO = *Conservadurismo.* Estabilidad financiera. Riqueza. Opulencia. Suntuosidad. Lujo. Esplendor.

Se refiere a la riqueza, pero no a la del alma, sino a la estrictamente material y más especialmente a su ostentación externa. En el fondo, revela un excesivo conservadurismo o apego al dinero y a la posición social, o lo que es lo mismo, al lujo y la ostentación, pues en su sentido más material el dinero encarna nuestro propio valor y estimación tal y como externamente lo ven los demás. Por ello es un arcano muy sutil, revelador de un aferramiento a lo material que provoca un estancamiento e inmovilización de nuestras energías, y con ello, la imposibilidad de futuros avances.

AL REVÉS = *Avaricia.* Tacañería. Usura. Avidez.

Cuando el apego a los bienes materiales es extremo, incluso será capaz de superar el conservadurismo para incurrir en la avaricia y la tacañería, pudiendo llegar a los peores extremos. Por ello, la mayor parte de las veces que el cuatro de Oros aparece en la tirada, indica que el consultante se verá comprometido en un asunto de usura ya sea como culpable o como víctima, lo que dependerá de los arcanos acompañantes.

Cinco de Oros

AL DERECHO = *Pérdidas. Bancarrota.* Errores. Contrariedades.

Cuando en el mundo material se produce un aferramiento a las posiciones del pasado, difícilmente puede tenerse éxito, pues para conseguirlo hay que sacrificar muchas comodidades; si se duda en hacerlo, los reveses y las pérdidas son inevitables, con lo que sólo quedará el recurso de arrepentirnos de nuestra conducta y empezar de nuevo.

Por ello, el cinco de Oros siempre presagia un período de crisis y dificultades financieras, casi siempre acompañadas de la pérdida de fe en uno mismo, en el que se impone reconocer lo inevitable, pero interrogándonos sobre cuál fue el error cometido, intentar recuperar la fe e iniciar una nueva orientación interna y externa.

AL REVÉS = *Caos. Desorden.* Ruina. Suicidio.

El empeoramiento del pronóstico es debido a la negativa a reconocer los propios errores, a empecinarse en seguir adelante hasta la ruina inevitable, o en querer atribuir a los demás, o al destino implacable, lo que seguramente sólo es fruto de unas decisiones erróneas; ahora ya son posibles toda clase de males, desde el caos y la ruina al suicidio.

Seis de Oros

AL DERECHO = *El presente. Ahora.* La actualidad. Alternativas. La suerte.

En su sentido más estricto revela que sólo puede contarse con lo presente, y que nada es estable ni definitivo. Por lo tanto, se refiere a la situación actual del consultante, que sólo puede contar con sus propias posibilidades, siendo además él mismo quien disponga del uso y destino de su riqueza y posibilidades económicas. Como todos los seis, es un arcano ambivalente, de equilibrio y alternativas, con la necesidad de detenerse para realizar una elección; en este caso entre la avaricia y la generosidad, lo que siempre comporta un sacrificio. Por último, revela que la suerte (la inesperada generosidad del destino) puede jugar un papel importante.

AL REVÉS = *Ambición desmedida.* Egoísmo. Envidia. Vanas ilusiones. La desgracia.

Hace temer que el consultante ya ha realizado su elección y ésta ha resultado ser la peor, la del egoísmo y la avaricia, lo cual motivará la falta de acierto en sus ambiciosos proyectos, que pueden llegar a serle funestos. También indica que caso de haber prestado dinero difícilmente recuperará lo que era suyo, y además, la desgracia (la avaricia del destino) puede acompañarle.

Siete de Oros

AL DERECHO = *Éxito material.* Progreso. Dinero. Riqueza. Ganancias. Suerte en negocios y en los juegos de azar. Buena salud.

El siete de Oros refleja siempre una decisión arriesgada en la que hay que decidir entre asegurar lo ya conseguido o aventurarse en la obtención de mayores beneficios; confiar de alguna manera no sólo en la propia capacidad organizadora, en el empleo racional de las posibilidades económicas en las transacciones financieras, sino también en la suerte, que siempre acompaña cuando este arcano sale al derecho. y como en todos los Oros favorables, la salud será inmejorable.

AL REVÉS = *Prodigalidad.* Pérdidas. Inversiones irreflexivas. Mala suerte. Mala salud.

Cuando el siete de Oros sale invertido, casi siempre anuncia que el consultante es víctima de temores e inquietudes causadas por una situación financiera desfavorable de la que sólo él mismo tiene la culpa, ya sea por un exceso de prodigalidad, por haber realizado irreflexivamente inversiones financieras desastrosas, por pérdidas en juegos de azar, o por cualquier otra causa similar. Como es natural, la salud siempre se resiente.

Ocho de Oros

AL DERECHO = *Aprendizaje. Reciclaje.* Trabajo manual. Esfuerzo personal. Transformación en el campo financiero.

También aquí existe un paro, un alto para analizar dónde y cómo se está. Después del éxito material del arcano anterior, es natural detenerse y ver si vale la pena lanzarse a nuevos horizontes, a nuevas empresas, o limitarse a consolidar lo ya realizado. Pero en cualquier caso lo más importante es comprobar si todavía se conserva la capacidad de aprender, de adaptarse a nuevas técnicas, a nuevos métodos de producción o nuevas necesidades del mercado. No es el aprendizaje de quien se inicia en la conquista de la riqueza o de una posición, es el reciclaje de quien ya goza de una profesión, negocio o riqueza personal.

AL REVÉS = *Vanidad.* Jactancia. Falta de ambición. Usura.

Pero a veces falta capacidad de trabajo o ganas de aprender y sobra vanidad y jactancia, con lo cual se acude a otros modos de seguir generando riqueza, aun cuando no sean precisamente honestos. Por ello, la mayoría de las veces que en la tirada sale el ocho de Oros invertido, suele indicar que el consultante se verá involucrado en algún problema de usura, ya sea como agente o como paciente; ello dependerá de los demás arcanos.

Nueve de Oros

AL DERECHO = *Realización. Cumplimiento.* Prudencia. Bienestar material. Seguridad. Administración.

Es el arcano de la recompensa material a todos los esfuerzos realizados, de la seguridad de un bienestar material asegurado; pero lo es en un nivel interior, sin importar que los demás lo sepan o no. Pero por encima de todo, es la satisfacción de la propia estima, de sentirse realizado; es el placer de sentirse autosuficiente, de haberse formado uno mismo, de saber que ya no se depende de nada ni de nadie.

Pero también revela la capacidad de emplear la riqueza inteligentemente, tanto para su disfrute como para hacerla fructificar, y ello gracias a su sabia administración.

AL REVÉS = *Disipación. Pérdida.* Vida disoluta. Fraude. Engaño. Decepción. Infidelidad. Estafa. Abuso de confianza.

Se refiere a todos los males que pueden sobrevenir –sea por la causa que sea– a quien por haber logrado una cierta riqueza o posición ya se cree perfecto y superior a los demás, y que se derivarán del contexto en que se encuentre este arcano.

No obstante, si los restantes arcanos que lo acompañan son favorables, su sentido maléfico queda bastante suavizado.

Diez de Oros

AL DERECHO = *Prosperidad. Suerte.* Expansión material. Éxito financiero. Sentido práctico. Seguridad. Herencia. Legado.

Siendo un arcano muy favorable, no por ello deja de ser tan ambivalente como los demás dieces, pues indicando suerte, prosperidad permanente, éxito material y financiero, no deja de ser el fin de una etapa, de un negocio, de una empresa. Este significado benéfico de final también se refiere a las herencias y legados, que al fin y al cabo y desde un punto de vista material son lo único bueno que puede llegarnos tras el fin de otra persona. Sin embargo, también puede referirse a lo que nosotros mismos podemos legar a los demás o a la posteridad.

AL REVÉS = *Probable pérdida.* Azar adverso. Pérdida de una herencia o legado. Despilfarro.

Es la culminación de lo que pronosticaba el nueve de Oros invertido; pero si entonces otros arcanos podían suavizar su sentido maléfico, ahora no pueden hacerlo, pues es la jugada final de esta etapa y la pérdida es segura e inevitable, tanto si es debida a circunstancias adversas como si es el propio consultante quien despilfarra su fortuna. y por su significado de final, también puede indicar la pérdida de un legado o herencia.

Sota de Oros

AL DERECHO = *Sentido práctico*. Especulaciones arriesgadas. Mensajero. Vocación. Hobby.

Corresponde a una persona perteneciente a la combinación Tierra-Tierra, la más práctica y material de todas, si bien al tratarse de una Sota lo es en grado incipiente. Por ello se refiere al inicio de una profesión, un comercio o un negocio (o un hobby que con el tiempo puede convertirse en profesión) eminentemente prácticos y destinados a la conquista de la riqueza. Pero es también la carta del joven o del subalterno que ansía hacer dinero, aun cuando todavía no posea suficientes conocimientos ni experiencia y por ello se esfuerza en aprender. En ocasiones puede tratarse del inicio de una especulación arriesgada, o anunciar buenas noticias referentes al dinero o las inversiones.

AL REVÉS = *Prodigalidad*. Robo. Juegos de azar. Riesgos financieros. Pereza. Despilfarro. Malas noticias.

Cuando el ansia de disfrutar de la riqueza y de cuanto puede facilitar es excesivo, y son pocas las ganas de trabajar duro, se acude a cuanto pueda significar –en teoría– dinero fácil, o se corren excesivos riesgos financieros, y mientras tanto se despilfarra o pierde tontamente lo poco que ya se había conseguido. Es la unión de la ambición y la pereza con la inexperiencia juvenil.

Caballo de Oros

AL DERECHO = *Transacciones económicas*. Provecho. Utilidad. Responsabilidad. Paciencia. Perseverancia. Eficiencia. Seguridad. Inversiones. Investigaciones financieras.

Corresponde a una persona perteneciente a la combinación Aire-Tierra, y por lo tanto, de provecho, activa, eficiente, trabajadora, perseverante, paciente, disciplinada, cauta y meditativa, lo que la convierte en buena investigadora o intermediaria en cuanto se relacione con el dinero y los asuntos materiales, como la asesoría laboral, fiscal y financiera, las transacciones financieras, el comercio, la banca, los seguros, etc. Es el arcano que hace pasar de los proyectos a las realizaciones.

AL REVÉS = *Pereza*. Indolencia. Negligencia. Inercia. Ociosidad.

La característica negativa de esta combinación consiste en la carencia del factor emotivo y la posibilidad de una mala coordinación entre mente y materialidad. Las consecuencias más frecuentes suelen ser la falta de motivaciones para el trabajo, el dispersarse sin llegar a concretar, la indolencia, la negligencia y demás defectos similares. Sin embargo, si el consultante es militar o mayor de edad, le pronosticará la paz o la jubilación.

Reina de Oros

AL DERECHO = *Ambición.* Amor al dinero. Prosperidad y bienestar. Abundancia. Lujo. Comodidades. Generosidad. Riqueza. Dignidad.

Corresponde a una persona perteneciente a la combinación Agua-Tierra, en la que sentimentalidad y practicidad se aúnan, lo que junto al poder pasivo de toda Reina, dará por resultado un gran corazón, sensible, práctico y protector, la capacidad de generar riqueza, disfrutarla y compartirla con dignidad y generosidad, gozando sin recato del lujo y el bienestar. Revela que ha llegado el momento de conocer y apreciar los valores del mundo material, de conservarlos, aumentarlos y disfrutarlos.

AL REVÉS = *Falsa prosperidad.* Incertidumbre. Derroche. Lujuria.

Sin embargo, cuando el deseo de gozar de los placeres materiales y de la riqueza es excesivo, puede conducir a derrochar todo o parte de cuanto se había conseguido y, en el peor de los casos, a valerse incluso de los propios encantos para subyugar y pervertir a otras personas, consiguiendo así mantener una situación de falsa prosperidad que no se corresponde con la realidad. Cuando este arcano aparece invertido en la tirada, es cuestión de empezar a vigilar nuestra conducta y la de quienes nos rodean de cerca.

Rey de Oros

AL DERECHO = *Poder económico.* Estabilidad. Riqueza. Dominio de las cuestiones financieras. Amigo leal. Fidelidad. Perspicacia. Aptitud para las ciencias exactas. Banquero. Físico. Matemático.

Corresponde a una persona perteneciente a la combinación Fuego-Tierra, lo que define a quienes son capaces de conseguir una posición sólida y estable gracias a su trabajo y la capacidad de actuar en el plano físico, material y económico con valor, eficacia y sentido práctico. No obstante, son personas que a pesar de su probada lealtad y fidelidad, son egoístas, y su finalidad no se extiende más allá de su profesión y familia; ya se trate de un banquero, un físico o un matemático, en el fondo es un burgués conservador pendiente de su vida y su dinero.

AL REVÉS = *Egoísmo.* Avaricia. Estrechez de miras. Inmoralidad.

El afán de conseguir posición y dinero llegan a tales extremos que no se piensa en otra cosa, con lo cual el nivel mental se estrecha cada vez más, siendo el egoísmo y la avaricia los rasgos dominantes del carácter, con lo que no es extraño lleguen a desarrollarse toda clase de defectos físicos y morales. Es un arcano que incluso saliendo solo indica la posibilidad de malos encuentros y experiencias desagradables.

Cuarta parte

La práctica

12. La preparación

Si admitimos que en el hombre existen unas facultades más o menos misteriosas que en determinadas ocasiones le permiten establecer una comunicación o contacto a nivel suprasensorial con otras personas u objetos, e incluso a veces, a través de éstos últimos, con el pasado o el futuro, no podemos dudar de que si el cartomántico se concentra con suficiente intensidad en el problema propuesto, y el sujeto de este problema también colabora –aunque sea inconscientemente– concentrándose en dicho problema, será posible vislumbrar en el subconsciente de dicha persona los elementos suficientes que le permitan hallar una solución o un conocimiento más profundo e imparcial del problema (y no queremos entrar en la discusión de si el cartomántico adivina o impone esta solución), e incluso al disponer de una base material que actúe de catalizador, como los arcanos del tarot, que nazca realmente en su conciencia una imagen o conocimiento relativo a cómo se desenvolverán las cosas.

Todo ello suponiendo, claro está, que se trate de un verdadero cartomántico, es decir, que esté dotado de un mínimo de facultades paranormales y desee sinceramente ayudar a los demás. Pero para conseguirlo, lo primero que deberá hacer es crear el ambiente y las condiciones óptimas para la adivinación.

Los métodos utilizados para obtener estas condiciones óptimas son diversos, pero basados todos ellos en la concentración profunda del cartomántico y en la adopción de varios métodos de echar el tarot, de entre los cuales escogerá el más adecuado para cada caso particular, ya sea porque se adapte mejor a su personalidad, por la clase de pregunta a contestar, o incluso muchas veces sin saber por qué, instintivamente, por la mera presencia o influencia del consultante.

También debemos reconocer la existencia de notables divergencias entre los cartománticos a la hora de interpretar el significado del tarot, y es por ello que en nuestro trabajo hemos intentado profundizar en lo posible en dicha cuestión, esperando haber logrado una aproximación lo más exacta posible con la tradición, al menos en lo que se refiere a su contenido esotérico.

Sin embargo, cuando entramos en el terreno adivinatorio, el tarot no es más que una base material para ampliar nuestras facultades y captar «algo» que viene con el consultante, y en la práctica es ese «algo» lo que el cartomántico debe captar e interpretar. Si bien en un principio el significado de los arcanos debería ser el mismo para todo el mundo (al igual que sucede con los arquetipos simbólicos de los sueños), cada cual lo adapta inconsciente y paulatinamente a su personalidad profunda y actual, que es la resultante de todas sus vivencias, con lo cual va creando *sus* propios arquetipos y su propia interpretación de los arcanos.

Es por ello, que cuando un buen cartomántico analiza y compara sus significados actuales de cada arcano con los que le fueron enseñados, observará notables diferencias producidas por esta evolución y adaptación personales que son indispensables para que sus poderes actúen con eficacia.

Dado que cada arcano posee diferentes significados, también es normal que el cartomántico escoja inconscientemente los más adecuados para el caso que tiene delante, y que pueden ser bastante distintos de los que usará con el próximo consultante que le haga la misma pregunta. El motivo de todas estas diferencias hay que buscarlo en el hecho de que cada uno de nosotros posee una determinada estructura psíquica, y además debe establecer un «contacto», una relación de tipo psíquico con el consultante, y del resultado de dicha relación dependerá el modo de echar e interpretar el tarot en cada caso concreto.

Hechas todas estas aclaraciones que juzgamos indispensables para comprender la cartomancia y el porqué de las diferencias y de las condiciones que aconsejamos observar a todos aquellos que deseen seguir nuestro método, pasaremos al estudio detallado de las condiciones que deben cumplirse antes, durante y después del tiraje.

CONCENTRACIÓN

Pocos conceptos han sido tan mal interpretados como el de la concentración. He observado repetidamente que cuando se le ordena a un discípulo que se concentre en un arcano, lo primero que hace es ponerse muy serio, fruncir el entrecejo y, si está sentado en un sillón, oprimir fuertemente los brazos del mismo, poniendo todo su cuerpo en tensión.

Concentrarse no es esforzarse; concentrarse es reducir la amplitud «visual» de nuestra mente a un único objeto, ya sea material, mental o anímico. Y es una operación que debe realizarse muy suavemente, sin forzar nada y en perfecta relajación física y mental.

No vamos a describir ahora el proceso completo de la relajación, en primer lugar porque es muy largo de explicar, lo que nos alejaría demasiado del tema que realmente nos ocupa, y además, porque ya existen en el mercado obras que lo estudian a fondo.[1] Aquí nos limitaremos a aconsejar su práctica regular hasta que sea capaz de relajarse

---

1. Aconsejamos a nuestros lectores la obra del Dr. Hans Dieter Faulhaber, *Cómo prevenir y sanar la hipertensión*, de esta editorial, en la colección «Salud natural», donde la relajación se estudia en forma simple y detallada.

Portada del libro *Juegos de tarots y de cartas numerales del siglo XVI al XVIII*, París, 1844.

totalmente sentado en una silla o butaca con sólo realizar tres o cuatro respiraciones profundas.

Cuando leemos un libro apasionante o vemos una película cuyo argumento es capaz de *llegarnos,* nos colocamos mental y emocionalmente en un estado especial en el que desaparece de nuestra conciencia todo cuanto nos rodea, incluso la gente, y *vivimos* el argumento, nos *entregamos* a él, pendientes de lo que va a suceder, como si se tratara de nuestra propia vida. Es un estado que podríamos definir como de *atención consciente y anhelante,* en el que todo nuestro ser se *concentra* en un solo objetivo: ver, captar lo que sigue.

Pues bien, concentrarse es colocarse a voluntad en este estado de atención consciente y dirigida, con el único y exclusivo fin de *captar* cuanto se refiere al objeto de nuestra concentración, pero nada más que a este objeto, bien se trate de algo físico, unas imágenes, un problema, o lo que sea. Por decirlo gráficamente, es como fundirse íntimamente con dicho objeto, compenetrarse absolutamente con el mismo.

¿Cómo se consigue llegar a dicho estado? Pues al practicar la relajación, cuando se mantiene la atención perfectamente tranquila y despierta con la idea constante de aflojar cada vez más y más, apoyándose para ello en cada espiración que se realiza, ya se está practicando la concentración.

Así pues, practique la relajación desde el primer día, y cuando se sitúe ante el tarot, primero para penetrar en su significado y más adelante cuando vaya a efectuar una tirada, realice tres o cuatro respiraciones profundas para relajarse e intentar situarse en este estado de atención consciente tan especial que le describimos, verá como *capta* mejor dichos significados en el primer caso, y como *conecta* fácilmente con el problema y su solución en el segundo.

EL CONSULTORIO

Para facilitar la relajación y concentración, tanto del consultante como del cartomántico, necesarias para echar bien el tarot, se requiere que el ambiente y la iluminación sean los adecuados. Por dicho motivo, el consultorio debe ser sobrio y acogedor, decorado en colores discretos y carente de cuanto pueda distraer la atención de lo que se está haciendo. Nada más alejado de la realidad que los siniestros consultorios y pintorescos atavíos que nos quieren pintar quienes realmente desconocen el tema, y que sólo servirían para distraer al consultante o encerrarle dentro de sí mismo, dificultando o impidiendo su contacto psíquico con el cartomántico.

El mobiliario debe consistir en una simple mesa de madera barnizada, un par de sillas o butacas, también de madera y lo más cómodas posible, y un pequeño armario o mueble librería (según las necesidades del cartomántico) donde se guardarán los tarots, libros y cuantos complementos sean necesarios. No debe haber muebles metálicos, como mesas, estanterías o ficheros, que se ha comprobado que en al-

gunos casos pueden provocar una especie de bloqueo de las facultades adivinatorias, como si interfirieran de algún modo en las mismas,
disminuyendo el nivel de eficacia del acto adivinatorio.

La iluminación también debe ser suave, pero suficiente. Lo ideal
es disponer de una luz suplementaria que pueda enfocarse sobre la
mesa, de forma que al apagar la luz general para efectuar la consulta
sólo quede encendida la luz auxiliar dirigida sobre el tarot, lo que
ayuda a concentrarse en los arcanos.

En este caso debe procurarse que puedan encenderse y apagarse
ambas luces sin que el cartomántico necesite levantarse de su asiento,
dado que la conversación preliminar ha de realizarse con la iluminación general, para cambiar de luz al empezar la tirada y examen de los
arcanos.

Cuando el cartomántico efectúa la tirada a solas, lo ideal es la iluminación mediante velas del color adecuado a la consulta, pero en
este caso concreto nos estamos apartando de la pura cartomancia
para internarnos –algo más de lo que aquí pretendemos– en el terreno de la magia.

También es conveniente que el consultorio posea una ventana
abierta al exterior, que se mantendrá cerrada y cubierta con una cor-
tina del mismo color que el resto de la habitación durante las consul-
tas, para abrirla inmediatamente después y efectuar la limpieza de
ambiente a la que más tarde nos referiremos.

Otro detalle a tener en cuenta es que en el consultorio no deben
hallarse a la vista ninguna clase de imágenes religiosas, grabados y objetos de culto, dado que desconocemos las creencias del consultante y
podrían originarle reacciones íntimas contradictorias que interferirían
en el resultado final del acto adivinatorio. Por ello, lo mejor es tener
dichas imágenes y objetos guardados en el armario durante las con-
sultas, donde siguen siendo eficaces para nosotros e inofensivos para
el consultante.

Debe tenerse en cuenta que toda imagen sagrada a la que en algún momento debemos darle la espalda, debe colocarse siempre a
una altura superior a la de quien le vuelve la espalda –especialmente si
ha sido consagrada–, e incluso guardada en el armario debe seguir es-
tándolo, y además, mirando siempre hacia el exterior y nunca de cara
a la pared posterior del armario.

LOS MAZOS DEL TAROT

Cualquier mazo de tarot puede utilizarse para la adivinación a condición de ser nuevo, usarse única y exclusivamente con este fin, no pres-
tarlo nunca a otras personas y ser de un diseño que no induzca a confusiones. Estas exigencias nos obligan a hacer algunas aclaraciones.

En primer lugar, todos los fenómenos parapsicológicos (entre los
cuales la adivinación figura en un lugar destacado) se basan en la existencia de algún tipo de soporte de carácter psíquico que sirva de me-

dio para su producción. Este soporte ha recibido innumerables nombres a través de la historia y en las diversas civilizaciones, entre los cuales podemos mencionar los siguientes: Ch'i, Prana, Mana, Od, Orgón, fluido magnético, energía psíquica, fluido astral, energía psicotrónica, bioenergía,[1] etc.

Esta energía, o fluido, que sirve de soporte para la producción de los fenómenos parapsicológicos y mágicos, podemos compararla con un gas denso e invisible (para las personas normales) que penetra y envuelve a los seres vivos, pegándose a cuanto toca y adquiriendo características personales en cada uno de nosotros, características que varían también según el estado de ánimo del momento.

Cuando tocamos un objeto, además de nuestras huellas dactilares dejamos impresas nuestras huellas psíquicas. También debido a ello existen personas a cuyo lado nos sentimos como reconfortados, mientras que hay otras que nos *cargan* o nos *agotan* con su mera presencia.

Con lo dicho –que si no es científicamente exacto sirve al menos para entender lo que sucede en la práctica– comprenderemos por qué el tarot empleado para la adivinación debe adquirirse nuevo y precintado y sólo puede emplearse para dicho uso, dejando que sea nuestro fluido el primero que lo cargue, convirtiéndolo así en parte constituyente de nosotros mismos, en una especie de prolongación de nuestro psiquismo, de nuestro sexto sentido.

Ésta y no otra es la razón de que cuando se utiliza un tarot nuevo que todavía no ha sido cargado, o el de otra persona, los resultados nunca son tan buenos como cuando se usa el tarot acostumbrado, que ya está cargado a tope.

Al adquirir el tarot para su uso en adivinación, debe examinar bien los modelos existentes en el mercado, que son muy variados tanto en dibujo como en colorido. En un primer examen debe eliminar todos aquellos cuyo dibujo se aparte excesivamente del prototipo clásico, pues muchos de los modelos existentes inducen a confusión sobre su verdadero significado, e incluso existen algunos que contienen un resumen adivinatorio que no siempre es el correcto. Hecho esto, debe tomar cada uno de los tarots que le parezcan adecuados y sostenerlo unos instantes en la mano, con lo cual comprobará que uno de ellos le es más simpático, se *pega* a la mano. Éste es el tarot que debe adquirir, y lo ideal sería usar siempre el mismo.

Algunos autores afirman que lo primero que se debe hacer es consagrar el tarot e incluso adjuntan el ritual para hacerlo. En nuestra opinión, una consagración efectiva no la hace quien quiere, si no quien puede. Si usted puede, ya sabe cómo se hace, no necesita que se lo expliquen; y si no lo sabe es que no puede. Pero no se preocupe, más adelante ya verá como el tarot se carga con su energía psíquica sin que prácticamente ni usted mismo se dé cuenta.

1. Quien se interese por la bioenergía, puede consultar la obra *El poder de las pirámides*, publicada por esta editorial, donde se hace un exhaustivo análisis de la bioenergía.

Para guardarlo mientras no se usa debe utilizarse una caja de madera construida exprofeso, pero antes de colocarlo en su interior debe envolverlo en un paño de seda de color morado, y luego guardarlo todo en el armario del consultorio, donde deberá permanecer siempre que no se utilice.

El paño puede ser de hilo o de seda, preferentemente de seda, pero nunca de tejidos sintéticos o de mezclas con estos últimos, que suelen ser malos conductores del psiquismo. También bastaría que su color fuera pasivo y receptivo: azul, añil, violado o negro; pero si se ha comprendido bien el simbolismo de los colores deberemos inclinarnos por el violado (azul + rojo: devoción y sentimiento), el color de Urano, el planeta de la intuición; o todavía mejor por el morado, que es un violado más oscuro, más devocional.

Si se adquieren varios mazos a la vez para asegurarse de que no falten nunca, se envuelven igualmente en paños de seda del mismo color y se depositan en el armario, donde, aunque muy lentamente, se irán cargando solos con la atmósfera psíquica que se crea en el consultorio.

CÓMO ESTUDIAR LOS ARCANOS DEL TAROT

La primera vez que coja el tarot para familiarizarse con él, deposite el mazo frente a usted, sobre la mesa, y empiece a examinar los arcanos detenidamente, uno a uno, como si nunca los hubiera visto. No busque todavía si le *dicen* algo, esto ya llegará en su momento. Limítese a observarlos detenidamente; vea si son exactamente iguales en su posición normal (es decir, al derecho) que si se examinan invertidos –cosa que debería hacer con las reproducciones del libro delante, pues en algunos casos las diferencias son insignificantes–, y de no ser así compruebe qué diferencias le permitirán conocer a primera vista y sin posibilidades de error cuál es cada lado.

En esta primera pasada, que debe ser muy lenta y metódica, antes de girar ningún arcano vaya señalando aquellos que sea difícil o imposible saber si están al derecho o al revés con una D (derecho) y una R (revés) en el lado que le corresponda, o con un asterisco (*) en uno de ellos, o de la forma que usted prefiera o le sea más fácil. Pero ante todo debe examinarlos muy lentamente, uno a uno, con la máxima atención y sin dejar de tocarlos, de tenerlos en su mano.

Esta primera pasada debe realizarla aun cuando ya haya estudiado cuanto antecede en este libro y crea conocer el simbolismo del tarot, pues es imprescindible tener los arcanos en la mano de esta manera, tocarlos y acariciarlos; en una palabra, cargarlos de su propio psiquismo. También comprobará con el tiempo, que el conocimiento teórico es algo muy distinto del que se adquiere con la práctica y el contacto real de las cosas.

Finalizada esta operación, envuelva de nuevo el tarot en su paño de seda, colóquelo en su caja y devuélvalo todo al armario; el próximo día ya podrá empezar su verdadero estudio.

La siguiente vez vuelva a coger el tarot, y una vez colocados los arcanos sobre la mesa tome el primero de ellos y, manteniéndolo enfrente, lea (o relea) cuanto decimos sobre el mismo en la tercera parte de esta obra y procure ir comprobándolo y asimilándolo. Todo ello debe grabarlo en su mente junto con la imagen del arcano, de tal modo que cuando posteriormente vuelva a verlo le acuda a la mente su significado esencial.

Este estudio debe hacerse sin prisas, empezando por los arcanos mayores, y procurando que tanto el significado como la imagen queden grabados en su mente. Conviene repetir su estudio tantas veces como sea necesario. Más adelante, cuando ya se hayan estudiado algunos arcanos, pueden hacerse preguntas sencillas, como por ejemplo: «¿Gozaré de buena salud este mes?». Luego, tome tres de estos arcanos estudiados y combínelos entre sí, tanto del derecho como del revés y en la forma que quiera. Procure leer lo que pueden significar juntando y combinando el significado de los tres para obtener un resultado coherente.

También es muy interesante realizar lo mismo de una manera abierta, sin pregunta, lo que equivale a una interrogación general, y colocar las tres cartas tal como salgan, pero boca abajo, sin mirarlas, y luego darles la vuelta e interpretarlas como terminamos de exponer. Le garantizo que es una prueba que suele dar muchas sorpresas.

A medida que vaya aprendiendo nuevos arcanos incorpórelos a los ejercicios hasta que conozca los suficientes para poder realizar algún sistema de tirada. Así pues, mientras estudia los arcanos practicará los métodos de echarlos.

Pero no olvide que lo que está haciendo sólo es un juego educativo, y muchas veces no le será posible ligar los resultados porque los arcanos los ha combinado arbitrariamente, sin ningún proceso adivinatorio. y además, sólo utiliza una parte reducida del tarot.

Lo ideal es realizar estos ejercicios cada día durante un máximo de una hora, de ser posible en el consultorio y siempre a la misma hora, y nunca coma, beba o fume mientras lo está haciendo. Una vez finalizado el ejercicio guarde el tarot envuelto cuidadosamente en el paño morado, dentro de su caja y en el armario; todo ello como si estuviera realizando una ceremonia ritual.

Porque en realidad esto forma parte de un ritual imprescindible si desea obtener una verdadera videncia mediante el tarot. Pero antes tendremos en cuenta algunas observaciones muy importantes

ADVERTENCIAS PRELIMINARES

La adivinación por el tarot es un magnífico auxiliar para consultar sobre acontecimientos, problemas y resoluciones próximos, así como acerca del rumbo general de la vida del consultante; pero es totalmente innecesario, por no decir perjudicial, seguir consultando repetidamente los arcanos hasta que nos den la respuesta deseada, pues consultando de esta manera se está influyendo fuertemente en el sentido de dicha respuesta y, por lo tanto, falseándola.

Por el mismo motivo, muchas veces lo que realmente se capta durante la consulta no es la verdadera respuesta, sino los fervientes deseos del consultante en determinada dirección, con lo cual si bien cuando se refiere al pasado, presente, y circunstancias colaterales será acertado y a veces más que asombroso, en cambio, el futuro previsto no será el verdadero, sino el que está deseando íntimamente el consultante.

Precisamente por dicho motivo es muy importante que el adivino no dé nunca por finalizada su preparación personal, incluyendo en la misma meditaciones sobre los arcanos mayores y –a ser posible y si no va contra sus convicciones personales– sobre el árbol de la vida y los senderos cabalísticos.

Decimos esto porque si cesa en la misma cuando sólo es capaz de captar la mente subconsciente del consultante, se expone a no pasar de dicho estadio, cuando su verdadera misión es, por decirlo de alguna manera, la de que sea el subconsciente del cartomántico quien analice imparcialmente los datos suministrados (o los trascienda) llegando a descifrar la respuesta correcta.

Porque debemos tener presente, incluso dejando de lado los postulados de la parapsicología, que desde siempre y en todas las civilizaciones se ha creído en el destino, que ya está predestinado en sus líneas generales cuanto debe sucedernos; y ello incluyendo los anales akásicos de la India, el libro sagrado del islam, o la omnisciencia divina del cristianismo.

Incluso en la antigüedad clásica, ya se decía que el curso de la vida es como una tela, una red, en la que cada nudo está íntimamente ligado a los que lo rodean; de tal modo, que el pasado predetermina el presente, y el presente contiene el germen o semilla del futuro. Pero ya hemos dicho que esto es «en líneas generales», no de una manera absoluta, pues cada nudo también está ligado a otros colaterales; y aquí es donde interviene la adivinación y la razón de que ocupe un lugar de preferencia en todas las civilizaciones.

En efecto, si podemos conocer el pasado y el presente, conoceremos también la dirección básica en la que se desarrollará el futuro, y conocido esto gracias a la adivinación, sea por el método que sea, tendremos la posibilidad de actuar sobre un nudo colateral que desvíe algo la dirección predeterminada; es decir, si bien no podemos cambiar las grandes líneas de nuestro destino, si poseemos suficientes conocimientos y fuerza de voluntad, por lo menos podremos modificar en parte las consecuencias o líneas secundarias de dicho destino. Por poner un par de ejemplos –absurdos si se quiere, pero muy gráficos–, si debemos recibir un palo y no podemos evitarlo, al menos podemos escoger que nos lo den en la cabeza o en el trasero. Si estamos destinados a causar la muerte de otra persona, quizás podamos conseguir que en lugar de ser un asesinato por sentimientos rastreros, nos limitemos a ser la causa de un imprevisible accidente; es decir, que si el hecho material se mantiene, lo que sufre una notable diferencia son sus consecuencias, ya nos refiramos al karma o a la intencionalidad moral o grado de pecado cristianos.

Otro punto muy importante consiste en que el cartomántico debe poseer suficiente tacto como para saber comunicar al consultante el mensaje de los arcanos, por desagradable que pueda ser, de manera que no le cause tal trastorno que le deprima y anule sus capacidades de reacción frente a los hechos; o al contrario, sin asegurarle demasiado categóricamente el éxito, lo que también podría ser contraproducente. En una palabra, el cartomántico no debe imponer, voluntaria o involuntariamente, una línea de conducta a su consultante.

Antes de empezar una consulta es muy conveniente tener una pequeña conversación con el consultante, ante todo para relajarle y hacerle sentir cómodo, sin inhibiciones, pues de lo contrario se hace muy difícil establecer el contacto; y además, porque hay que averiguar el motivo de la consulta y ciertos datos. En efecto, si bien en una pregunta muy concreta, como por ejemplo: «¿Saldrá bien el negocio que debo realizar esta semana?», no se necesitan más datos para iniciar la tirada, en cambio una pregunta más amplia o de tipo general precisa conocer anticipadamente algunos datos concretos, como por ejemplo, el estado civil, la profesión y el estado de salud, pues cada arcano posee diversos significados y cada significado diversos niveles, y de no conocer anticipadamente dichos datos es muy fácil cometer un error de bulto; o será necesario indagarlos durante la consulta mediante respuestas vagas y lentas que obliguen al consultante a centrar él mismo la respuesta, lo que no es precisamente ético.

También debe tener presente que la cartomancia debería usarse desinteresadamente en ayuda de los demás, y si por las circunstancias que sea se viese obligado a admitir remuneración por sus servicios, no lo haga nunca dentro del consultorio, siendo lo ideal encargar de ello a otra persona.

En este último caso (el de emplear la adivinación por el tarot como profesión), muchas veces se encontrará con personas cuya mayor necesidad es la de desahogarse con alguien, contar aquello que les agobia. En este caso, déjeles hablar libremente, pues una buena conversación en la que usted sepa limitarse a *escuchar* y *sugerir*, les ayudará tanto o más que los arcanos del tarot. Y usted, además de encontrarse el trabajo prácticamente hecho, se habrá ganado un cliente de por vida. No olvide jamás que un buen cartomántico debe ser, muchas veces, además de consejero, confesor.

Y una última advertencia, los mal llamados poderes (pues en realidad son facultades) psíquicos, raras veces y sólo en personas muy evolucionadas pueden manejarse siempre a voluntad, y a veces por más que se haga no se percibe ni capta nada, lo cual tanto puede ser debido a un fallo momentáneo de los mismos, como a una influencia nociva del consultante. Cuando esto le suceda, sea honrado y sincero, no intente decir cualquier cosa o sonsacarle, lo mejor es decirlo claramente, no aceptar la menor retribución bajo ningún concepto y citar al consultante para otro día. Si volviera a suceder ya sabemos que se trata del consultante y más vale renunciar a él.

RITUAL DE VIDENCIA

En primer lugar, cuando distribuya los muebles del consultorio, debe procurar que el armario quede a su espalda, a ser posible en la pared norte, o en la oeste, para que usted quede sentado mirando hacia el sur o el este, las mejores posiciones para la videncia.

Antes de llamar al consultante debe tener la mesa preparada, es decir, completamente libre y con el tarot a su derecha (a menos que sea zurdo). La luz general debe estar encendida y la auxiliar apagada.

Al entrar el consultante hágale sentar frente a usted, al otro lado de la mesa; hable con él unos instantes para que se relaje y también para que le exponga el motivo de su consulta, todo ello tal y como indicamos anteriormente.

Finalizada esta introducción, tome el tarot y desenvuélvalo utilizando el paño de seda para cubrir la mesa como si se tratara de un mantel (a menos que ya tuviera la mesa cubierta con otro similar en el que hubiera dibujado su método preferido de tiraje; no obstante creemos que es mejor lo primero, dado que no siempre debe usarse el mismo sistema de tiraje, sino escoger el más adecuado a cada consulta concreta).

Luego encienda la luz auxiliar, apague la general, y tomando el tarot entre sus manos relájese bien y ayúdese en su concentración mediante una corta y silenciosa plegaria en solicitud de una ayuda superior que favorezca su videncia. No importa cuál sea su religión y creencias, pues siempre tendrá algo o a alguien en quien creer fervientemente y de quien pueda invocar dicha ayuda. Hágalo humildemente y con la máxima fe.

Seguidamente escoja el sistema de tiraje más adecuado en esta ocasión.

Elegido el sistema, baraje bien los arcanos, haciendo cortar al consultante, o si lo prefiere deje que sea el consultante quien los baraje, lo cual es menos aconsejable. Pero tanto si lo hace usted como si lo hace él, a mitad de la operación debe hacer girar, sin mirarlos, una porción del mazo para que siempre salgan algunos arcanos invertidos en la tirada.

Otro método, a mi entender el mejor, es barajar los arcanos sobre la mesa, boca abajo, haciéndolos girar en abanico, del mismo modo que se mezclan las fichas del dominó. De esta forma es más difícil influir conscientemente en la cantidad de arcanos que saldrán invertidos. Luego, se agrupan en un montón único, se barajan algo más en la forma tradicional y se cortan.

Vigile cuidadosamente cuando los arcanos pasen de mano a mano entre el consultante y usted para que no se invierta el sentido del mazo, en cuyo caso los arcanos también aparecerían invertidos en relación a como deberían salir, lo que falsearía la respuesta.

Al ir sacando los arcanos hágalo muy lentamente, con la máxima atención y reteniendo los significados más importantes para tener una idea global de la tirada antes de iniciar la verdadera lectura. Una vez finalizada su extensión sobre la mesa, vea a simple vista la proporción de arcanos invertidos, pues si salen muchos y no se ha invertido la baraja al pasar de mano a mano, significará que el consultante está pasando por un momento muy difícil y desfavorable

Una vez leídos los arcanos y finalizada la consulta, antes de permitir que entre nadie en su consultorio, piense que el fluido vital del consultante lo habrá impregnado, constituyendo como una contaminación psíquica que hay que eliminar cuanto antes.

Para ello, abra la ventana y sacuda varias veces el paño de seda ante la misma, con objeto de expulsar hacia el exterior el fluido que lo contaminaba. Luego, deposítelo sobre la mesa y, también en la ventana, sople sobre el mazo del tarot con idéntico fin. Mientras realiza estas operaciones debe tratar de imaginar y ver mentalmente como dicho fluido es despedido a lo lejos.

Vuelva a su asiento y concéntrese en ver mentalmente como a la vez que se renueva el aire del consultorio se va vaciando también del fluido contaminante. Cuando esté seguro de que ya no queda ninguna influencia extraña que podría modificar posteriores lecturas o perjudicar el ambiente de su consultorio, cierre la ventana y vuelva a la mesa.

Finalmente, coja el mazo repasando uno a uno todos los arcanos, ordenándolos y colocándolos todos en posición normal. Vuelva a envolverlos en su paño de seda, y ya lo tiene de nuevo todo en orden para volver a empezar cuando quiera.

13. Métodos para consultar el tarot

Podríamos decir que existen casi tantos métodos de consultar el tarot como cartománticos, pues no sólo cada cual elige el que más le gusta o mejores resultados le proporciona, sino que además son muy pocos los que resisten a la tentación de experimentar alguno nuevo, exclusivo y más adaptado a su personalidad. Sin embargo, existen unos cuantos, los más tradicionales o más acordes con la tradición, que nadie deja de probar y todos suelen utilizar con frecuencia. Veamos los más conocidos.

LA TIRADA POR TRES

Papus, en *El tarot de los Bohemios,* dice que si tomamos dos arcanos, anotamos su significado debajo de los mismos, y sumamos sus cifras para hallar un tercero (en caso de que el número que salga sea mayor de 22, le restamos 22 para reducirlo a uno menor), podremos ligar dichos nombres mediante otras palabras, casi siempre un verbo y alguna conjunción, con lo cual tendremos un mensaje esclarecedor. Por ejemplo, si salen:

VIII
La Justicia.

X
La Fortuna.

XVIII
La Luna.

podemos interpretarlo así: LA JUSTICIA de la FORTUNA es ENGA-
ÑOSA, considerando que el significado básico de La Luna es su ca-

rácter engañoso. Del mismo modo que podríamos afirmar que LA JUSTICIA basada en la FORTUNA (o la suerte) es FALSA; o cualquier otra derivación similar.

Este método, en que sólo se emplean los arcanos mayores, se ha aplicado de muchas formas; la más corriente consiste en sacar tres arcanos: el primero se coloca a la izquierda, el segundo en medio, algo más elevado, y el tercero a la derecha. Se considera que el primero y el tercero definen el problema o la situación y el segundo la solución. Veamos un ejemplo sacado de la obra de Marianne Leconte, *Découvrez vous-même votre avenir par les tarots de Marseille:*

«Si estáis casado (o casada), el Sol brilla sobre vuestra vida de pareja. El Emperador y La Emperatriz se miran y, por encima de ambos, El Sol, con sus dos niños emparejados, indica que el amor que os une es profundo y sin la menor sombra.

»Si no estáis casado (o casada), la persona que termináis de encontrar comparte vuestros sentimientos y parece que seréis lo suficientemente adultos para compartir una hermosa historia de amor.

»RESUMEN: Amor compartido.»

MÉTODO GITANO DE LOS 21

Otro método basado en grupos de tres arcanos lo constituye el siguiente, uno de los más antiguos y tradicionales basado en siete grupos de tres arcanos cada uno.

Ante todo, se elige el arcano que representa al consultante, un Rey si es un hombre, una Reina si es una mujer, un Caballo si es un joven y una Sota si es una muchacha, y se coloca en el centro de la mesa.

Luego, una vez barajado y cortado el tarot en la forma habitual, se hace elegir al consultante veintiún arcanos al azar, sin mirarlos, y en la forma que él prefiera.

Conforme los va sacando los entrega al cartomántico, que los va disponiendo en semicírculo alrededor del que representa al consultante formando siete montones de tres arcanos cada uno, en el orden que mostramos en el gráfico.

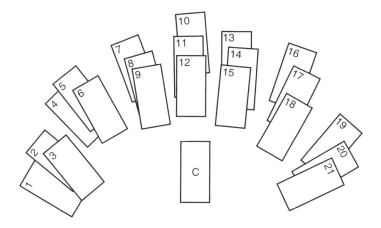

Los arcanos 1, 2 y 3 definen la personalidad del consultante, especialmente su actual estado de ánimo.

Los 4, 5 y 6, su vida actual, especialmente en el hogar.

Los 7, 8 y 9, sus deseos actuales.

Los 10, 11 y 12, sus ilusiones y esperanzas.

Los 13, 14 y 15, lo que teme o le preocupa.

Los 16, 17 y 18, su futuro inmediato.

Los 19, 20 y 21, su futuro a largo plazo.

Antes de proceder a la interpretación detallada, el cartomántico debe proceder a una visión de conjunto, para hacerse cargo del sentido general de la tirada, y luego irá interpretando por grupos, teniendo en cuenta que cada uno de ellos constituye una unidad en la que cada arcano influye sobre los otros dos, y debe buscarse una interpretación que interpenetre y conjugue los significados de los tres.

MÉTODOS BASADOS EN EL CINCO

Georges Muchery, en *Le tarot Adivinatoire,* complica más el método anterior y dice:

«Bajo mi opinión es la mejor manera de responder a todas las preguntas. Se extraen dos láminas, la primera se pone a la izquierda e indicará el estado actual de las ideas o los proyectos; la segunda, a la derecha, nos hablará del futuro, de la manera como podemos esperar se encadenen los hechos; y entre ambas se coloca la tercera, que será la resultante.

»Supongamos que hayan salido: III, XII y XIIII, en este orden. Nos dirá que vuestras ideas y proyectos son fecundos, pero que antes de llevarlos a la práctica conoceréis muchas dificultades por los numerosos errores que frecuentemente os inmovilizarán. Si ahora sumamos estas tres láminas, el resultado será un complemento en la interpretación de la resultante; la suma es 3 + 12 + 14 = 29, y restando 22 (el número de arcanos que no puede superarse), 29 – 22 = 7. Es el arcano del triunfo; y si ahora lo sumáis a la resultante, obtendréis 21, el arcano de la elevación. Es bien evidente que las láminas favorables obtenidas mediante nuestras sumas sucesivas influyen felizmente en la tirada y aconsejan responder en un sentido benéfico. Diremos pues que lo que se había pensado es viable, fecundo, pero antes de que sea realizable deberán pagarse los errores del pasado, lo que retardará la marcha hacia el triunfo y la elevación.»

En realidad este método es una combinación del sistema de las tres cartas con el de la Cruz de Wirth, que estudiaremos más adelante.

El sistema del sí y del no

Es una variante del método de los tres arcanos, y también se usa con todo el tarot e incluso con sólo los arcanos menores en la cartomancia española, lo que nos induce a creer que Papus debió de crear el suyo a partir de este último, utilizado por los gitanos españoles, simplificándolo y adaptándolo a su sistema filosófico.

Para realizar este método, llamado «sistema del sí y del no», una vez barajado y cortado el mazo, se sacan los cinco primeros arcanos disponiéndolos de derecha a izquierda sobre la mesa y se examina el número de los que salen invertidos, teniendo en cuenta que el número 3 (la clave) vale por dos en esta cuenta.

La disposición de los arcanos es la siguiente:

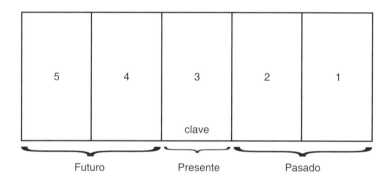

Cuando la mayoría de los arcanos salen en su posición normal, es decir, al derecho, la respuesta será «sí»; pero si la mayoría salen invertidos, la respuesta es «no».

Algunas veces, muy pocas, las cuentas salen igualadas, o sea, 3 y 3, lo que indica que no puede facilitarse una respuesta definida, ya sea por falta de concentración al echar los arcanos, por falta de suficiente interés en conocer la verdadera respuesta por miedo subconsciente a que sea negativa, o por existir factores asociados y poco definidos que la hacen incierta. En este caso, deben guardarse unos minutos de intensa concentración y repetir la tirada; si ocurriera lo mismo hay que desistir definitivamente.

Como se indica en el diagrama, el arcano clave (el 3) se lee como el presente; los 1 y 2 señalan las condiciones pasadas que condujeron a este presente; y los 4 y 5 el futuro previsible. Pongamos un ejemplo.

Un estudiante efectuó la siguiente pregunta: «¿Aprobaré los exámenes?».

Al echar los arcanos, éstos quedaron como sigue:

  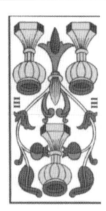  

Como puede verse, los arcanos invertidos son:

La Reina de Copas;
el tres de Copas (que puntúa doble);
el Rey de Bastos; y
el tres de Espadas.

Por lo tanto, no queda ninguna duda. De los seis puntos posibles cinco son negativos, y la respuesta es: NO. Analicemos ahora las circunstancias que aclaran dicha respuesta:

En primer lugar, los arcanos que indican el pasado son la Reina de Copas (al revés) y el cinco de Espadas, cuyos significados no pueden ser más explícitos: el muchacho se había dejado arrastrar a una vida libertina por una mujer madura y deshonesta. Por lo tanto, es perfectamente lógico deducir que sus estudios debieron de quedar totalmente abandonados, y de aquí su interés para saber si podría salir con bien del apuro.

Pero sigamos; el tres de Copas invertido describe el presente y confirma plenamente lo que los arcanos anteriores hacían prever: que se trata de un muchacho inmaduro y falto de experiencia que no podrá evitar el fracaso como consecuencia de su frivolidad inconsciente. No obstante, como este arcano no es intrínsecamente malo, aunque este año ya puede dar por perdidos sus estudios, no prejuzga que sea definitivamente.

El futuro lo aclara el Rey de Bastos al revés y el tres de Espadas, también al revés. Esta persona mayor, severa, justa, sensata y tolerante no puede ser otra que su propio padre o tutor. Los sabios consejos y la línea a seguir que le impondrá tendrán por objeto hacerle volver al buen camino y recuperar el tiempo perdido, y el tres de Espadas invertido nos indica cuál es este camino: una separación dolorosa de alguien a quien no volverá a ver.

Al muchacho se le dijo lo que hacía al caso, pero suavizando las cosas: que tenia muy difícil aprobar el curso, pero que si lo dejaba todo y se esforzaba al máximo los pocos días que le quedaban, existían algunas esperanzas de salvación; pero que si desgraciadamente las cosas salían mal, lo mejor sería sincerarse con su padre o tutor antes de que lo averiguase por su propia cuenta.

El muchacho reconoció que si bien su padre era algo anticuado en su forma de pensar, en el fondo era muy bueno y que él le quería y obedecía siempre; que lo sucedido ni él mismo sabía cómo había ocurrido, pero claro, como nunca lo había pasado tan bien...

La tirada en cruz

Al parecer, este método se lo comunicó Joséphin Péladan a Stanislas de Guaita y éste lo contó a Wirth, que es el primero que lo cita en *Le tarot des imagiers du Moyen Age.* En el mismo sólo se utilizan los arcanos mayores.

Después de formulada la pregunta, se baraja el tarot y se pide al consultante que escoja un número del 1 al 22 incluidos. Este número debe darlo muy rápidamente, sin pensarlo. Se cuentan los arcanos sin volverlos y el que hace el número indicado se sitúa a la izquierda y se considera afirmativo; defiende la causa en cuestión e indica en forma general lo que está a *favor.*

Se vuelven a barajar los arcanos y se repite el proceso. Este segundo arcano se sitúa a la derecha, y se considera negativo; representa lo que está en *contra.*

Se selecciona igualmente otro arcano y se sitúa encima, en el medio, y representa al *juez* que discute la causa y dicta la sentencia. Un cuarto arcano, que se sitúa debajo, en el medio, será la *sentencia* dictada por el juez.

Se suman las cifras de los cuatro arcanos anteriores para obtener un quinto número, y si éste es superior a 22, se resta dicha cifra; se coloca en el centro de los otros cuatro y tendremos la *síntesis,* que resume lo esencial del objeto de la consulta. La disposición de los arcanos será la siguiente:

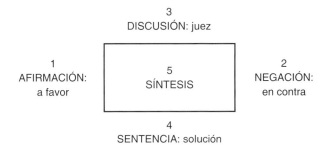

Veamos ahora primero unas aclaraciones del mismo Wirth, y a continuación el ejemplo que nos presenta, pues más que el simple análisis de una tirada es una lección magistral sobre qué y cómo debe ser la adivinación:

«La *afirmación* pone sobre la pista de lo que es favorable e indica lo que es bueno hacer, la cualidad, la virtud, el amigo, el protector con el que se puede contar.

»Por el contrario, la *negación* designa lo que es hostil y desfavorable, lo que hay que evitar o temer, el vicio, el enemigo, el peligro, la tentación perniciosa.

»La *discusión* ilustra sobre el partido que hay que tomar, sobre la clase de resolución a adoptar, sobre la intervención que será decisiva.

»La *solución* permite presagiar un resultado teniendo en cuenta el pro y el contra, pero, sobre todo, la *síntesis*.

»Ésta se refiere a lo que es de capital importancia, a aquello de lo que todo depende.»

La pregunta que se hace Wirth es la siguiente:

«¿Qué debe aconsejarse al candidato a adivino?

»Los arcanos que salieron fueron: 4, 18, 2 y 14. Sumando estas cifras tenemos $4 + 18 + 2 + 14 = 38$; por lo tanto, $3 + 8 = 11$.

»Sorprendidos por la síntesis XI, intentemos orientarnos. La mujer que domina al león parece hacer depender la adivinación del valor, del coraje, de la energía moral, de la virtud. ¿Hay que lanzarse al estudio del tarot con heroísmo, conquistando un tesoro análogo al legendario Toisón de Oro?

»Mientras meditamos la cuestión, examinemos los arcanos que encuadran a La Fuerza.

»Estando a *favor*, El Emperador se pone al servicio de La Fuerza, a la que perjudica La Luna, que está en *contra*. y La Papisa interviene por otra parte para conducirnos a La Templanza. Sin perder de vista este conjunto, analicemos detalladamente el oráculo.

»El Emperador, que ayuda a La Fuerza, se opone a La Luna con su positivismo riguroso. Su solidez conglomera y solidifica la fluidez lunar. Dominando sobre la interioridad y las necesidades innatas, hace depender los éxitos adivinatorios de los talentos especiales que el futuro adivino debe poseer en germen. Es indispensable una buena disposición natural; pero debe ser cultivada con perseverancia, de aquí la necesidad del fuego sagrado representado por El Emperador (el azufre de los alquimistas). El aprendizaje que impone exige iniciativa personal, pues la sabiduría adivinatoria no se asimila a la manera de un saber prestado.

»El adivino está llamado a construir conceptos propios; lo que él mismo descubra le será más precioso que el mejor regalo ajeno. Sólo se le impone una conquista personal: la de generar ideas que broten de su interior. Al igual que un escolar recitando una lección aprendida de memoria, sería como un loro jugando a ser adivino. Para *desvelar* es necesario *descubrir*, y para *descubrir* se impone la perspicacia adivinatoria.

»En resumen, para practicar la adivinación es bueno haber nacido adivino, pero la predisposición innata debe desarrollarse con método y voluntad.

»La oposición de La Luna desencamina, pues la imaginación, a la que alude dicho astro, es el agente que adivina: imaginamos lo que adivinamos. Por lo tanto, La Luna debería estar a favor y no en contra. No obstante, el tarot tiene razón, pues si la imaginación no se contiene y disciplina severamente, es peligrosa; si la dejamos suelta se abandona caprichosamente y divaga a porfía. Para que sea sabia, a semejanza del león de La Templanza, la loca del lugar debe estar dominada por un domador firme que sólo admita concepciones tan sólidas y mesuradas como la piedra cúbica, trono del Emperador. Sólo imaginamos lo justo cuando refrenamos nuestra fantasía; las extravagancias y sugestiones falaces constituyen un obstáculo para la adivinación, y por ello, La Luna está en *contra*. Para vencer a este enemigo es necesario tener al Emperador a *favor* porque personifica el espíritu deductivo y matemático.

»El adivino que permanece intelectualmente activo y domina su imaginación, por exuberante que sea, es algo muy distinto de un visionario incontrolado. La Luna, veleidosa, antojadiza y rebelde al trabajo, debe hallarse dominada por La Fuerza en beneficio del Emperador. Éste es el sentido evidente de los arcanos IV, XI y XVIII.

»Los otros dos confirman la lección, pues la intervención de La Papisa como *juez* que formula su *sentencia* a través de La Templanza, completa la instrucción del aspirante a adivino. Solicitado por una fogosa imaginación, y a la vez retenido por un sabio espíritu de ponderación racionalista, el adivino corre el peligro de verse inmovilizado sin la ayuda de La Papisa. El arbitraje de la Gran Sacerdotisa concilia el vuelo imaginativo con las exigencias de una razón tranquila y metódica. Razonando como un filósofo, el poeta que vaticina dirige a voluntad el Pegaso adivinador. Pero quien se convierte en adivino no puede permanecer profano; se inicia en los misterios al penetrar en el templo de La Papisa.

»Pero no puede franquear el umbral sin convencerse del carácter sagrado de la adivinación. No adivinamos en la misma forma que calculamos o especulamos en lo profano. Cuando el espíritu solicita una luz a la que no puede pretender el primer recién llegado, entra en plegaria. La respuesta sólo se concede cuando el adivino es digno del sacerdocio que ejerce. La práctica del arte adivinatorio desarrolla un particular sentimiento religioso. El discípulo de Isis es consciente de que no sabe nada por sí mismo, y de que sólo logra acertar de verdad cuando se convierte en piadoso intérprete de una misteriosa divinidad.

»Poseedora de los secretos del destino, esta divinidad reserva sus confidencias al sabio que realiza el ideal de serenidad propuesto por La Templanza. El don de lucidez sólo se concede al espíritu tranquilo que nada turba ni agita. En presencia de las pasiones, las fiebres y los dramas de la vida, el adivino precisa poseer el alma de un médico compasivo de sangre fría inalterable. Si se dejase ganar por la ansiedad del consultante, ¿cómo podría descifrar correctamente el lenguaje de los símbolos? Los deseos que compartiese con excesivo fervor influirían en su interpretación, que debe inspirarse en una benévola neutralidad. La dificultad de permanecer lúcidamente indiferente, hace más azarosa la adivinación para con uno mismo o con los nuestros, que con los amigos cuya suerte no está ligada a la nuestra.

»En adivinación, la indiferencia que profesa el ángel de La Templanza, se convierte en virtud. Es un desapego que se eleva más allá de las miserias humanas y domina las contingencias; es una amplia e indulgente manera de ver las cosas. Quien comprende nunca condena; se inclina ante las llagas morales y las cura con afecto. No se lamenta por el error cometido, pero toma nota para enseñar ano recaer. Su misión no es la de predicar una moral abstracta, sino dar consejos prácticos y ejecutables. Exigir lo imposible en aras de una virtud ausente sería un desprecio del que debe preservarle el tacto adivinatorio. Teóricamente el aviso útil quizás no sea el mejor, pero es aquel que el interesado puede seguir para realizar el relativo bien de que es capaz; y este deber afectivo sólo puede ejercerse de acuerdo con el grado de evolución de cada cual.

»La Templanza que debe alcanzar el adivino, le prohíbe todo excitante artificial, pues bajo la mórbida influencia de excitantes y narcóticos, su imaginación no se impresionaría fielmente. El café no es recomendable, y todavía menos la tiránica sujeción al tabaco; por el contrario, el vino natural usado con moderación no perjudica. Un vasito tras una comida frugal incluso puede ayudar al sacerdocio adivinatorio por favorecer una suave sensibilidad. Pero no debe tratarse jamás de un éxtasis dionisíaco a pesar del adagio *in vino veritas,* pues La Templanza se opone a todo indicio de ebriedad, a todo aturdimiento, por ligero que sea.

»En caso de enturbiamiento cerebral momentáneo, de fatiga o de mala disposición, no hay que intentar nada y esperar mejor ocasión. No debemos forzar nunca nuestro talento adivinatorio; incluso sintiéndonos bien dispuestos no nos empecinemos si no percibimos nada; hay que tomar serenamente una decisión: ya percibiremos mejor cuando realmente existan elementos favorables.»

Para finalizar con este método, nos limitaremos a añadir que en el caso, bastante raro, de que la suma decisoria para la quinta posición (la síntesis) recayera en un arcano ya existente en la tirada, consideraríamos que el sentido de dicho arcano en su primera posición quedaba notablemente reforzado.

MÉTODOS BASADOS EN EL SIETE

Método de Papus

Papus emplea este método usando el tarot completo, pero en cada consulta sólo utiliza los arcanos menores relacionados con la misma: en una consulta sobre un asunto o trabajo a iniciar, toma los Bastos; si se relaciona con el amor o los sentimientos, las Copas; para los pleitos y luchas, las Espadas; y para los asuntos económicos los Oros.

Se empieza por separar del tarot todos los arcanos menores relacionados con el tema de la consulta, se barajan y cortan como de costumbre y sin mirar se toman los cuatro primeros disponiéndolos en forma de cruz, boca abajo y de izquierda a derecha, en la forma indicada en el gráfico.

```
                4

    1                       3

                2
```

Luego se toman los arcanos mayores y, una vez barajados y cortados, se pide al consultante que separe siete al azar, boca abajo, y sin mirarlos los entregue al cartomántico.

Se barajan y cortan estos siete arcanos, se toman los tres primeros y se colocan, también boca abajo y sin mirarlos, formando un
triángulo tal y como se indica en el gráfico.

En realidad, esto debe realizarse colocándolos entre los arcanos
menores anteriormente elegidos, de tal forma que obtengamos la figura siguiente:

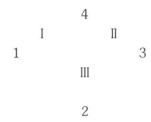

en la que los arcanos menores están numerados con cifras arábigas y
los mayores en cifras romanas.

Se vuelven todos los arcanos boca arriba con cuidado de no invertir su sentido, y se lee el oráculo teniendo en cuenta que el arcano menor situado en el 1 indica el inicio del asunto consultado; en el 2 la culminación; en el 3 los obstáculos; y en el 4 el fin. El arcano mayor
situado en I indicará lo que ha influido en el pasado de dicho asunto;
en el II lo que influye en su presente; y en el III lo que influirá sobre su
futuro y lo determinará.

En esta tirada, la figuras se limitan a significar personas, sin la menor calificación que no sea la edad relativa; así, el Rey representa a un
hombre, sin más datos; la Reina a una mujer; el Caballo a un joven y
la Sota a un niño.

Algunos autores, como Van Denborre y Paul de Becker, manteniendo idéntico el sistema del tiraje, cambian la disposición de los arcanos y los distribuyen en dos líneas que se interpenetran, la superior
para los arcanos menores y la inferior para los mayores, con lo cual el
esquema queda como sigue:

en el que 1 significa el principio; 2 la culminación; 3 los obstáculos; 4
el final; I el pasado; II el presente: y III el futuro.

Veamos un ejemplo concreto referido a una consulta de tema
amoroso, en el cual se escogieron las Copas como palo adecuado:

Empezaremos por analizar los arcanos menores. Según el As de Copas, en el pasado existió un clima afectivo muy satisfactorio, seguramente un noviazgo. La Sota de Copas nos indica que la cosa culmina con la existencia de un niño, seguramente fruto de dicha relación. El diez de Copas invertido, revela la existencia de problemas familiares que impiden la felicidad que parecía haberse conseguido. y la Reina de Copas invertida nos revela que la cosa finaliza mal, a causa de una mujer.

Si ahora examinamos los arcanos mayores, veremos por El Papa que el consultante era altruista y benévolo; pero en la actualidad El Diablo añade inconstancia y tendencia al libertinaje, lo que en el futuro conducirá a un período crítico en el cual serán necesarias dolorosas renuncias.

Nuestro análisis final deberá ser que a pesar de un pasado feliz que culmina con la existencia de este niño, en la actualidad existen serios problemas a consecuencia de una relación extraconyugal con otra mujer, con lo que se avecina una situación crítica que puede conducir a la quiebra del matrimonio. No obstante, todavía existe una posibilidad de recuperar la felicidad en el hogar, pero para ello será necesaria una dolorosa renuncia, la de este amor añadido.

Método de la herradura

Otro método de consulta con siete arcanos toma la forma de una herradura, y en el mismo sólo se utilizan los arcanos mayores, siendo muy útil para preguntar cosas concretas, sea sobre el tema que sea. Para realizarlo, una vez barajado y cortado el mazo se separan siete

arcanos que se colocan en forma de herradura y de izquierda a derecha en la siguiente forma:

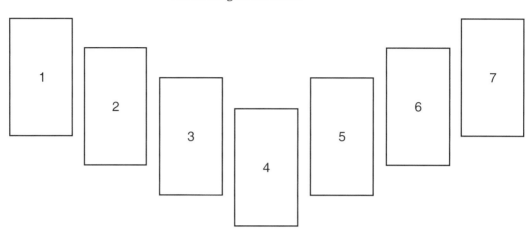

La interpretación de la tirada puede efectuarse de múltiples maneras, pues casi cada cartomántico lo hace en forma distinta; como
muestra pondremos un par de interpretaciones de entre las muchas
que hemos hallado:

1 = Influencias pasadas   1 = Pasado remoto
2 = Influencias actuales   2 = Pasado reciente
3 = Lo que se debe hacer   3 = Influencias actuales
4 = Resultado actual   4 = Obstáculos actuales
5 = Lo inesperado   5 = Situación actual
6 = Obstáculos a evitar   6 = Influencias futuras
7 = Resultado final   7 = Resultado final

No obstante, y teniendo en cuenta el sentido general de todas las
tiradas con siete arcanos, preferimos una interpretación que gire alrededor del arcano situado en la posición 4, que siempre contiene la
clave de la consulta, así como de los que lo rodean y, por decirlo así,
lo protegen o limitan; es decir, el 3 y el 5, manteniendo el 7 como resultado final.

Muchas veces, al finalizar la tirada, el análisis de los arcanos dos a
dos (el 1 y el 7; el 2 y el 6; y el 3 y el 5) ayuda a esclarecer posibles dudas o aporta datos adicionales. También existe quien en lugar de analizar los arcanos dos a dos, prefiere añadir a la tirada otros tres arcanos suplementarios con dicho fin, convirtiéndolo en un sistema de
diez arcanos.

En este método la disposición de los arcanos puede sufrir muchas
variaciones, pues tanto se usa la forma de herradura, como se sitúan
en línea recta haciendo sobresalir el cuarto arcano, el que contiene la
clave, ya sea por encima o por debajo.

Pondremos un ejemplo en el que un empresario se interesaba vivamente por la evolución de su negocio.

El arcano situado en cuarta posición es La Rueda de la Fortuna, y se halla rodeada por El Papa en la tercera y El Carro en la quinta. Esto sólo ya nos indica que se avecina un cambio importante que será para bien, gracias a la protección de dos arcanos benéficos. El primer lugar está ocupado por La Muerte, arcano que ratifica el pronóstico de cambio, pero si bien dicho cambio sigue siendo favorable, se convierte en traumático, y como a su lado se halla El Diablo invertido, es de esperar sea muy importante aun cuando lo que se consiga lo sea sin reparar en medios, tanto si son lícitos como si no lo son. Los dos últimos arcanos son La Justicia y El Sol, lo que pronostica la intervención de la ley y una situación que se aclarará definitivamente en favor del consultante. Si ahora analizamos juntos La Muerte y El Sol, nos reafirmaremos en la idea de un fuerte cambio traumático que en realidad será para bien. El Diablo y La Justicia parecen precisar que dicho cambio se producirá con intervención de la ley, aun cuando no sea de una forma muy ética; es decir, seguramente se tratará de un proceso legal que le permitirá reestructurar la empresa, que en estas circunstancias tanto puede tratarse de un reajuste de plantilla, una suspensión de pagos o algo similar. El Papa y El Carro, protegiendo La Rueda de la Fortuna, revelan la ayuda de un poderoso personaje, que existiendo La Justicia de por medio, no sería de extrañar se tratara de un abogado o de algún cargo oficial. Finalmente, La Rueda de la Fortuna, dominando la tirada, nos indica que gracias a esta evolución traumática la actual empresa del consultante sufrirá un gran cambio, quizás una total renovación, que, como ya hemos visto, será para mejorar.

Entre las tiradas con siete arcanos, además de las variantes simples existen las compuestas, en las que se realizan tres o más hileras de

siete arcanos. En todas ellas se usa el tarot completo, y la más conocida es la de LOS TRES SIETES, muy apta para lecturas en las que
deba tenerse en cuenta pasado, presente y futuro.

Para realizarla, una vez barajados y cortados los arcanos en la
forma habitual, se procede a irlos sacando y colocando de derecha a
izquierda y de abajo arriba en tres hileras de siete arcanos cada una,
de acuerdo con la secuencia numérica que acompañamos:

21	20	19	18 clave	17	16	15	FUTURO
14	13	12	11 clave	10	9	8	PRESENTE
7	6	5	4 clave	3	2	1	PASADO

En cada hilera el arcano central es la clave de la misma y, por ello, el
más importante, el que centra la interpretación; la lectura se hará prácticamente igual a como lo indicamos en la tirada en herradura, pero referida a pasado, presente o futuro, según la hilera de que se trate.

Método zíngaro

Otro método basado en hileras de siete arcanos, quizás uno de los
más empleados, lo constituye el llamado método zíngaro, en el cual se
usa el mazo completo del tarot.

Para ejecutarlo, se empieza por separar los arcanos mayores de
los menores; luego, se cogen estos últimos, se barajan y se solicita del
consultante que separe –sin mirar– veinte que se adjuntarán a los arcanos mayores, formando así un mazo de cuarenta y dos. Los arcanos menores sobrantes, se dejan aparte.

Los cuarenta y dos arcanos elegidos se barajan y se distribuyen en
seis montones de siete arcanos cada uno, boca abajo y de derecha a
izquierda, como se indica:

6	5	4	3	2	1

A continuación, se coge el primer montón y se forma una hilera de siete arcanos, de derecha a izquierda; luego, se hace lo mismo con el segundo montón, formando otra hilera semejante debajo de la primera. Este proceso se va repitiendo con los demás montones hasta formar el conjunto de las seis hileras, con lo que tendremos la siguiente distribución final:

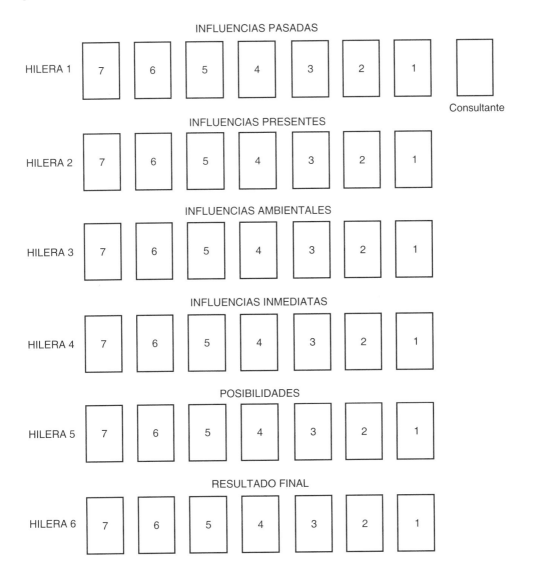

A continuación debe extraerse el arcano que representa al consultante: un Rey para un hombre, una Reina para una mujer, un Caballo para un joven y una Sota para una muchacha. En cuanto al palo, las

Espadas corresponden a las personas morenas, los Oros a las castañas, las Copas a las rubias oscuras y los Oros a las rubias claras. Si el arcano correspondiente se encuentra entre los distribuidos en la tirada, se coge y coloca a la derecha de la primera hilera. Luego, se saca otro arcano del montón que contiene los treinta y seis desechados para llenar el espacio vacío en la tirada; si no hubiera salido en la tirada, se busca en el montón de los desechados y se coloca en el lugar que le corresponde.

El significado de cada hilera es el siguiente:

1. Las influencias o experiencias pasadas que han marcado fuertemente la vida del consultante.

2. Las influencias o experiencias en las cuales se halla implicado actualmente el consultante.

3. Las influencias, factores ambientales, presiones y acontecimientos actuales ajenos a la voluntad del consultante.

4. Las influencias o acontecimientos que empezarán a actuar de inmediato.

5. Las influencias o acontecimientos posibles, que podrán acontecer o ser evitados por el consultante, según cuál sea su voluntad y conducta.

6. Las circunstancias y acontecimientos que, en último término condicionarán el futuro del consultante.

Los arcanos se leen hilera a hilera, de la forma acostumbrada en los sistemas de siete arcanos, para tener una idea global de cada una de ellas, y luego se hace el resumen final.

MÉTODOS BASADOS EN EL DIEZ

Entre los métodos que emplean diez arcanos, los más usados son dos: el de la pirámide y el de la Cruz Celta.

Método de la pirámide

En el método de la pirámide se utilizan únicamente los arcanos mayores, que se colocan en forma de un triángulo con cuatro arcanos en la primera hilera o base de la pirámide, tres en una segunda, dos en una tercera y finalmente uno en la cuarta o cúspide de la pirámide; dichas hileras se colocarán interpenetradas entre sí, dando lugar a la distribución que vemos en la siguiente página.

El tiraje se realiza como de costumbre, barajando y cortando el mazo, y luego se van colocando los arcanos de derecha a izquierda y de abajo arriba.

Para la interpretación, el arcano situado en la cúspide es el más importante y el que domina la tirada, por lo cual siempre debemos tenerlo presente, aun cuando empecemos por analizar los cuatro de la base, que nos darán una idea del problema y del medio en que se de-

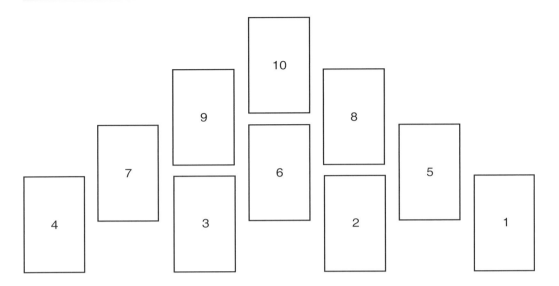

sarrolla; los tres arcanos de la segunda hilera nos revelarán las posibilidades de acción; los dos de la tercera las fuerzas que permiten la estabilidad o inestabilidad de la solución final, que vendrá dada por el arcano de la cúspide.

Veamos un ejemplo para mejor comprensión.

Un consultante acudió deseoso de conocer las posibilidades de su hogar, pues últimamente las cosas iban mal.

Efectuada la tirada, quedó como sigue:

Para empezar, la tirada está dominada por La Fuerza, que en la familia representa el pilar básico, seguramente el consultante, que será autoritario, pero también generoso, paternal y protector. También podría referirse a una decisión importante que requerirá valor y constancia para llevarla a cabo; pero lo más importante es que se trata de un arcano benéfico y paternal.

En la hilera inferior hallamos a La Papisa, que siempre busca una solución consensuada de los conflictos; a La Templanza, de significado similar, si bien a veces indica algún cambio feliz, como un nacimiento; al Carro, también protector de la familia; y por último, al Ermitaño, claramente desfavorable, pues se refiere a la dificultad de expresar los sentimientos, a la incomprensión entre los miembros de la familia, a menos que se refiera a algún anciano, en cuyo caso deja de ser desfavorable.

En la segunda hilera, La Emperatriz vuelve a incidir en el buen entendimiento familiar, mientras La Rueda de la Fortuna indica cambios favorables en el hogar, con lo cual liga muy bien con La Templanza, que en la hilera anterior presagiaba un nacimiento; luego, El Juicio invertido revela que dichos cambios llegarán forzados por las circunstancias.

En la tercera hilera, La Estrella es inmejorable para la felicidad conyugal, mientras que El Ahorcado revela que habrá que renunciar a muchas cosas y meditar el mejor camino a seguir.

Si ahora realizamos una visión de conjunto, veremos que la situación no es tan mala como la pintaba el consultante, seguramente movido por alguna ofuscación momentánea. La primera duda reside en El Ermitaño, pues si existe algún anciano en la familia y se espera un nacimiento –que El Juicio nos revela que no ha sido buscado, sino todo lo contrario, y de aquí el malestar y los problemas–, está muy claro que todo reside en los cambios que deberán efectuarse en el hogar para dar cabida a todos, y en lo que cada cual deberá sacrificar. No obstante el pronóstico es bueno y bajo la dirección enérgica y paternal del consultante todo se resolverá favorablemente.

La otra alternativa es que no exista ningún anciano en la familia, con lo cual el problema es de incomprensión, seguramente del mismo consultante, pues en la tirada el deseo de entendimiento es femenino (La Papisa y La Emperatriz); en este caso todo indica que también la solución será favorable, pero para ello el consultante debe dominar su actitud actual de incomprensión y aislamiento que ante un hecho irrevocable como el que se avecina no tiene razón de ser, a pesar de que haya echado por tierra todos sus planes, y debe retornar a su natural actitud generosa y paternal.

Método de la Cruz Celta

Es uno de los métodos más antiguos y eficientes que existen, siendo el más empleado por Waite, quien le dio el nombre de Cruz Celta, y se sigue usando mayoritariamente en los países anglosajones. En el mismo, sólo se emplean los arcanos mayores, a pesar de que también existe algún cartomántico que usa el tarot completo.

Se empieza barajando y cortando el mazo en la forma habitual; a continuación y manteniendo el mazo boca abajo, se pide al consultante que diga al azar un número comprendido entre el 1 y el 22, ambos incluidos, y el número elegido es contado en arcanos empezando por el de encima, y los arcanos que se van separando se pasan a la parte inferior del mazo hasta llegar al que hace el número elegido; dicho arcano se sitúa en la posición 1, y a continuación se van colocando arcanos en el orden y distribución indicados en el gráfico siguiente hasta completar la tirada.

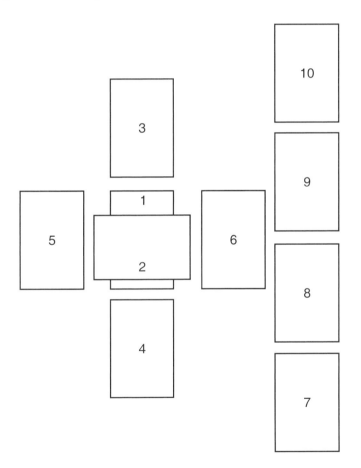

La interpretación de los arcanos es la siguiente:

1. *Situación actual.* Representa el estado mental actual del consultante, el ambiente en que se mueve y las influencias, energías y factores de que dispone. Es el consultante con sus posibilidades.

2. *Influencia inmediata.* Indica el tipo de influencias que actúan sobre el consultante, o los obstáculos que se le oponen. Es lo que se cruza «sobre» el consultante.

3. *Lo que lo corona.* Indica cuáles son sus actuales temores y esperanzas, a lo que puede llegar. Es lo que está por «encima» del consultante.

4. *Orígenes de la cuestión.* Se refiere a aquellas ideas que formaron parte de su pensamiento, así como a los hechos ya acaecidos; todo aquello que ahora ya ha sido relegado al fondo de la conciencia. Es lo que permanece «debajo» del consultante.

5. *Pasado reciente.* Representa los factores e influencias anteriores, pero recientes, que han determinado las actuales. Es lo que está «detrás» del consultante.

6. *Influencia futura.* Indica la esfera de influencia de su futuro próximo. Es lo que está por «delante» del consultante.

7. *Condición del consultante.* Muestra la condición y actitudes del consultante en la actualidad y en un futuro inmediato. Trata de situarlo en su justa perspectiva.

8. *Factores ambientales.* Revela los factores y tendencias relativos a otras personas que repercuten sobre el consultante.

9. *Esperanzas y temores.* Indica las esperanzas, emociones íntimas, ansiedades, perspectivas y proyectos del consultante sobre lo que se refiere al futuro.

10. *Resultado final.* Es la culminación y resultado final de la tirada; la respuesta definitiva a la consulta.

La posición de los arcanos 3, 4, 5 y 6 es controvertida por algunos autores, pues dicen que si el consultante está situado enfrente del cartomántico y debemos seguir al pie de la letra las instrucciones anteriores, las posiciones resultarán invertidas con respecto al cartomántico, y por ello aconsejan que el orden de dichos arcanos sea el contrario al descrito; y también otros prefieren seguir un orden circular correlativo. No obstante, en nuestra opinión se trata de una cuestión baladí, pues lo verdaderamente importante es que la interpretación de cada uno de los arcanos se ajuste a lo que le corresponde según el lugar que le hayamos designado.

Si ahora examinamos el conjunto, observaremos que podemos dividir el análisis de la tirada en tres partes distintas, pero complementarias: la primera está formada por las posiciones 1 y 2, e indica el conjunto de factores dinámicos que actúan sobre el consultante, tanto a favor como en contra; la segunda, formada por las posiciones 3, 4, 5 y 6, se refiere a los factores, internos y externos, que de alguna manera condicionan al consultante; y la tercera, formada por las posiciones 7, 8, 9 y 10, es el conjunto de circunstancias que deciden el resultado final.

Pondremos un ejemplo.

Un ejecutivo, que en aquellos momentos se encontraba sin trabajo y con graves problemas familiares, preguntó angustiado sobre su futuro profesional y familiar. Veamos la respuesta del tarot.

En primera posición, definiendo al consultante, nos hallamos con El Carro, lo que nos revela que nos encontramos ante una persona apasionada, vehemente y expansiva, que hace del consultante mejor amante que cabeza de familia; de la misma forma que en el trabajo posee una gran capacidad de mando y autoridad, cualidades inmejorables para el trabajo de un ejecutivo.

Encima del Carro, hallamos a La Justicia invertida, que nos indica que por encima de todo ello, posee una tendencia legalista y severa, que desea que cada miembro de la familia conozca cuál es su lugar y sus deberes, y si tenemos en cuenta su temperamento autoritario y tendencia a asumir el mando en todas las circunstancias, como nos lo ha descrito El Carro, no es de extrañar que las relaciones familiares se resientan e incluso puedan aparezcan condiciones conducentes a su disolución, que con La Justicia, deberá ser legalizada. En cuanto al trabajo, es posible que en estos momentos existan serias dificultades, ya sea por una rescisión de contrato, algún pleito o cualquier otro serio problema de tipo legal o fiscal.

En tercera posición, nos hallamos con El Ermitaño, más tendente a la soledad y el retraimiento que a nada más; parece decir que en estos momentos quizás estaría mejor solo que en familia, y profesionalmente, quizás orientaría mejor su actividad si en lugar de actuar como ejecutivo –lo que al parecer le ha ocasionado problemas, quizás por exceso de autoritarismo– lo hiciera como asesor, desde un segundo plano, en el que pudiera desarrollar mejor sus conocimientos y capacidad investigadora, imponiendo indirectamente su autoridad sin tener que pelear directamente con el personal. Es un arcano que nos revela un desengaño de su vida anterior, familiar y profesional, y la necesidad de asentarse y aislarse para lograr una mayor tranquilidad; quizás incluso de pensar en el retiro.

En cuarto lugar y como origen remoto de cuanto le sucede, encontramos a La Fuerza invertida, que nos confirma que el origen de todos sus males familiares y profesionales radica en su exceso de autoritarismo, que hace que a pesar de sus cualidades más que amarlo le teman, e incluso a veces le odien; y además, debe reconocer que carece de la suficiente resistencia física para llevar a cabo con éxito el exceso de trabajo y responsabilidades que se había impuesto.

En quinta posición, como factores y acontecimientos del pasado reciente, nos hallamos con El Loco, que nos revela que ya se ha llegado a una situación límite en la familia y en la profesión, situación que impone un cambio radical en todos los terrenos, pues de lo contrario, peligra incluso su salud física y mental.

El Mundo invertido en sexta posición, la que revela el futuro próximo, confirma que de momento las cosas irán de mal en peor; en la familia, es segura la dispersión, y en lo profesional puede darse por perdida la posición anterior. Como quien dice, es casi seguro que de existir una solución, no será en lo inmediato, sino a medio o largo plazo.

Pasemos ahora a la recta final. En séptima posición hallamos a La Estrella, que parece en clara contradicción con cuanto terminamos de describir, a menos que se limite a indicarnos su actual interés por las ciencias adivinatorias, la videncia y las innovaciones tecnológicas, o el deseo de un cambio total en su vida.

El Sol, en octavo lugar, nos deja en similar perplejidad, y no vemos otra interpretación al mismo que la buena disposición de cuantos le rodean en favorecerle al máximo, en aportarle cuanto esté a su alcance; pero nada más, pues en su significado intrínseco es totalmente contrario a la realidad actual del consultante. Es por ello que sus otras interpretaciones sólo serían posibles de permitirlo el resto de la tirada, pero sólo con ver los dos arcanos siguientes ya comprendemos qué desgraciadamente no será así.

En efecto, en noveno lugar nos encontramos a La Rueda de la Fortuna invertida, con lo cual se confirman los malos presagios de cambios y situaciones desfavorables en todos los conceptos, aun cuando de momento sólo lo sean temporalmente.

Y finalmente, en último lugar, El Diablo invertido confirma el desenlace que lógicamente ya era de esperar y se hacía temer visto todo lo anterior: su separación definitiva de la familia, y la imposibilidad de triunfar en la profesión, a menos que consienta desempeñar trabajos que entran en franca contradicción con todos sus principios y aspiraciones.

El árbol de la vida

Es un método relativamente moderno que se usa para determinar el resultado de una pregunta o situación, pero más especialmente buscando influencias específicas favorables o desfavorables que conduzcan a la solución; puede realizarse utilizando sólo los arcanos mayores o con el tarot completo, y también separando diez arcanos o echando todo el mazo, arcano a arcano.

Para realizarlo, se empieza barajando y cortando en la forma habitual el mazo y distribuyendo, uno a uno, los arcanos según el esquema adjunto y del 1 al 10; caso de emplear todo el mazo se vuelve a empezar una segunda vuelta en el mismo orden, luego una tercera, y así sucesivamente hasta completar el desarrollo del mazo.

Las correspondencias de cada arcano o montón de arcanos son las siguientes:

1. *Kéter:*   Búsqueda espiritual.
2. *Hojmá:*   Iniciativa personal.
3. *Biná:*   Desgracias y obstáculos.
4. *Hessed:*   Ganancias económicas.
5. *Geburá:*   Enemigos y discordias.
6. *Tiferet:*   Gloria, fama, expectativas.
7. *Nesá:*   Amor y sexo.
8. *Hod:*   Comunicaciones, vida intelectual.
9. *Yesod:*   Intuición, situaciones hogareñas.
10. *Malkut:*   La salud y el resultado material.

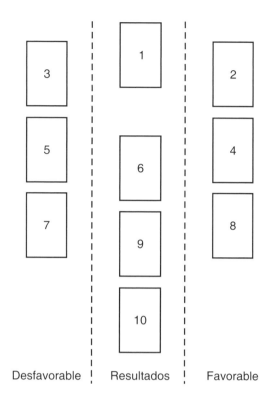

En esta disposición los tres pilares del árbol representan:

El Pilar de la Misericordia: Lo favorable.
El Pilar del Rigor: Lo desfavorable.
El Pilar del Equilibrio: Los resultados.

Y por último, quienes estén familiarizados con la astrología, pueden ampliar los significados de cada arcano (o montón) teniendo en cuenta las atribuciones astrológicas de los *sefirot*.

MÉTODOS ASTROLÓGICOS

Los métodos basados en el 12, o métodos astrológicos, son muy variados en cuanto a la forma de ejecutarlos, pero sin embargo son muy simples y sólo requieren un conocimiento superficial de la astrología, y de hecho basta con conocer el significado de las casas o sectores astrológicos y el de los arcanos. No obstante, cuanto mayores sean los conocimientos astrológicos del cartomántico, mayor será el provecho que pueda sacarse con cualquiera de dichos métodos.

Método zíngaro

El más simple de dichos métodos es el empleado antiguamente por los gitanos catalanes, que sólo usaban los arcanos menores (en realidad se trataba de la baraja española), si bien todavía puede sacarse un mayor provecho del mismo usando el tarot completo. Papus, en Le *tarot Divinatoire,* lo traduce al francés de un grimorio catalán y luego describe su propio método; puede decirse que a partir de ambos –el zíngaro y el de Papus– se han desarrollado posteriormente todas las variantes actuales.

La manera de ejecutar el método zíngaro es la siguiente:

Barajadas y cortadas las 48 cartas de la baraja española, se van colocando de una en una, de la primera a la duodécima, en la siguiente forma:

```
1        5        9
2        6       10
3        7       11
4        8       12
```

Y siempre boca abajo. Se prosigue luego con un nuevo tendido de otras doce segundas cartas, otro tercero y, finalmente, una cuarta y última pasada, todas ellas por el mismo orden que la primera y también boca abajo, con lo que resultan doce montones de cuatro cartas.

Cada uno de los montones se referirá a unos temas muy concretos, que serán los siguientes:

1. Todas las cuestiones que tengan relación con la vida del consultante, incluso su temperamento, hábitos y duración de su existencia.

2. Fortuna, riqueza o pobreza del consultante, negocios o empresas que pueda tener, tiene o ha tenido.

3. Familia, parientes y allegados del consultante.

4. Los padres y el hogar del consultante; los tesoros ocultos y los bienes inmuebles del mismo.

5. Todo lo que tiene relación con el amor, incluso la preñez, los niños y el sexo. También se incluye en este montón cuanto tiene atingencia con los robos domésticos.

6. Cuanto se refiere a los malestares y enfermedades del consultante; criados y empleados, o su trabajo al servicio de un amo.

7. El matrimonio y todo lo que se relacione con el mismo, y cuanto atañe a las enemistades y al efecto de las mismas.

8. Fin de la vida, o sea muerte del consultante. Herencias.

9. Artes, ciencias y cuanto se relacione con los saberes del consultante.

10. Cuanto se relaciona con la política y administración del Estado: honores, gloria, posición social y profesional.

11. Afecciones y sentimientos del consultante, amistades que tiene, etc.

12. Cuestiones relativas a los males, pesares, persecuciones y amarguras que rodean o amargan al consultante.

Como puede verse existen algunas diferencias en la asimilación de las casas astrológicas con los montones de cartas, pero a pesar de todo, este sistema funciona perfectamente.

Realizada la tirada de las cartas, se busca a qué montón pertenece la pregunta del consultante y se extienden sobre la mesa, de derecha a izquierda, las cuatro cartas que lo componen, procediéndose a interpretarlas.

Hemos hallado varias versiones de este método en las que alguna vez se altera el orden de formación de los montones, y otras algún significado de los mismos, o la forma de lectura; no obstante, nos limitaremos a recoger el que consiste en completar la consulta analizando también los dos montones que corresponden a la misma fila, siempre de izquierda a derecha.

Así, por ejemplo, para una pregunta perteneciente al tercer montón se extienden primero las cartas de este montón, debajo de éstas las del séptimo, y finalmente, debajo de todas, las del undécimo. En cambio, si la pregunta se refiriese al séptimo montón, se extenderían primero las del séptimo, debajo las del undécimo y, por último, las del tercero.

Cuando se interpreta en esta forma, siempre domina el significado de las cartas del primer montón escogido, pero condicionado o ampliado por lo que resulta de los otros dos.

Veamos ahora un ejemplo práctico:

Un hombre de cierta edad quedó sin trabajo al quebrar la empresa en que prestaba sus servicios desde hacía bastantes años, y deseaba saber si cobraría la indemnización que le correspondía y si llegaría a encontrar trabajo próximamente.

Una vez tiradas las cartas y dispuestas en los doce montones se escogió el sexto, que es el que corresponde al trabajo subordinado, y para completar la respuesta se colocaron debajo las cartas del décimo montón y, debajo de éstas, las del segundo. Las cartas quedaron dispuestas como mostramos en la siguiente página.

Ante todo debemos estudiar las cuatro primeras cartas, las que pertenecen al sexto montón, pues son ellas las que deben decidir la respuesta solicitada por el consultante; veamos aquellos de sus significados esenciales que pueden aplicarse al caso:

Sota de Espadas:	Perspicacia. Investigación. Curiosidad.
Dos de Oros (R):	Documentos. Libros. Misivas. Contratos.
Nueve de Oros:	Realización. Cumplimiento.
Siete de Oros:	Dinero. Riqueza. Ganancias.

De estas cartas podemos deducir que existirá, o existe, una inspección o investigación, y seguramente un expediente sobre su caso o sobre el de quienes se encuentran en su misma situación. y como

afortunadamente esta serie finaliza con el nueve y siete de Oros, debemos concluir que le será abonada una buena indemnización por la pérdida de su trabajo. En cambio, por ninguna parte vemos la menor referencia a la posibilidad de un nuevo empleo.

Veamos ahora si las cartas restantes nos aportan alguna aclaración sobre este punto.

Las cartas del décimo montón son las siguientes:

Siete de Bastos:	Deseos realizados.
As de Bastos (R):	Caída. Decadencia. Meta no alcanzada.
Nueve de Bastos:	Potencialidad. Fuerza de reserva.
As de Copas:	Posibilidad. Productividad.

Si analizamos estas cartas, podemos ver que las dos primeras se corresponden a la realización de lo que anunciaban las anteriores y a la dificultad o imposibilidad de conseguir lo que desea; mientras que las dos últimas dejan entrever una cierta esperanza, pero más como una posibilidad remota que como una realidad a corto plazo.

Por último, las cartas del segundo montón son las siguientes:

Ocho de Espadas (R):	Fatalismo. Desesperación. Trabajo duro y pesado.
Dos de Bastos:	Conflicto. Colaboración. Madurez.
Cuatro de Copas:	Cansancio.
Siete de Copas (R):	Sujeción.

Este montón nos aclara muy poco, pues nos quedamos en la duda de si después de todo se resigna a su mala suerte y está cansado de trabajar sujeto a una disciplina, o si a cuanto puede aspirar es a algún trabajo duro, cansado y esclavizador, por lo que se mantiene en la duda, en el conflicto interno de no saber qué decisión tomar.

En vista de todo ello, al consultante se le dijo que a pesar de que veíamos que la quiebra de la empresa era definitiva, no tardaría en recibir la compensación económica que esperaba y por ley le correspondía, pero que en cambio las cartas no nos proporcionaban ninguna seguridad de que pudiese hallar un nuevo trabajo a corto plazo, y dudábamos mucho de que estuviera dispuesto a aceptar lo que pudieran ofrecerle.

Método astrológico de Papus

Papus adopta una forma que es como el desarrollo del sistema de los siete arcanos que ya describimos anteriormente, pero ahora emplea el mazo completo del tarot, que separa en dos partes: la primera con todos los arcanos menores, y la segunda con los mayores.

Para empezar, se baraja y corta en la forma habitual el mazo que contiene los arcanos menores, se toman los doce primeros empezando por encima y se colocan en círculo, de la siguiente forma:

```
                    10
              11          9
          12                  8
      1                          7
          2                  6
              3          5
                    4
```

Se toma el mazo con los arcanos mayores, se baraja y corta en la misma forma y se pide al consultante que escoja, al azar y sin mirar, siete arcanos que se colocarán dentro del círculo anterior en la siguiente forma:

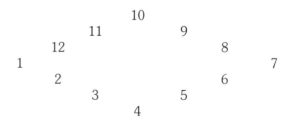

```
                 II
           V              VI
      I                          III
                VII
                IV
```

En el centro de la figura se coloca el arcano que representa al consultante (un Rey si es un hombre, una Reina si es una mujer, un Caballo si es un joven y una Sota si es un niño; de Espadas si es una persona morena, Oros si es castaña, Bastos si es rubia oscura y Copas si es rubia clara). Si el arcano representativo del consultante ya ha salido, se toma y se coloca en el centro, y su lugar se cubre con otro sacado de encima del mazo que contiene los arcanos sobrantes.

El resultado será la siguiente figura:

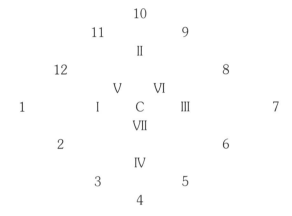

Los doce arcanos menores indican las distintas fases que atraviesa la vida de la persona, o la evolución del acontecimiento durante los cuatro grandes períodos siguientes:

Principio, indicado por el arcano mayor en I, que muestra su carácter, su *Apogeo* (en II), su *Declinación* o los obstáculos que hallará (en III), y su *Caída* (en IV).

Finalmente, los tres arcanos mayores situados en el centro, indican el carácter especial del horóscopo en el *Pasado* (arcano en V), en el *Presente* (en VI) y en el *Futuro* (en VII).

De los arcanos menores, los situados en los lugares 7 a 12 se referirán al *Futuro,* los situados en las posiciones 1, 2 y 3, al *Pasado,* y los situados en las 4, 5 y 6, al *Presente.*

La lectura se realizará en la forma acostumbrada.

Métodos actuales

Sin embargo, actualmente la forma más habitual de emplear el método astrológico consiste en formar un círculo con doce divisiones, cada una de las cuales se corresponde con una casa astrológica. Las diferencias entre las diversas variantes consisten en el número de arcanos a emplear, que puede oscilar de un solo arcano mayor para cada casa, hasta seis entre mayores y menores; sin embargo, el método mayormente usado es el que emplea el tarot completo, pero separando los arcanos mayores de los menores y colocando un arcano mayor y dos menores en cada casa.

Nosotros describiremos este último, pues al ser idéntica la técnica en todas las variantes solo variará el número de arcanos a utilizar.

Se empieza barajando y cortando en la forma habitual los 22 arcanos mayores, y luego se hace escoger al consultante, al azar y sin mirarlos, doce arcanos, que se van colocando boca abajo y en círculo siguiendo el orden que indicamos en el gráfico.

A continuación se barajan y cortan los arcanos menores, se separan 12 en la misma forma y se van dejando sobre los mayores ya colocados; y por último otros 12 sobre los anteriores, siempre en el mismo orden. El resultado serán doce montones de tres arcanos cada uno.

Luego, se van girando e interpretando los montones de acuerdo con el sentido específico de la casa en que se encuentran, teniendo siempre en cuenta que los arcanos mayores muestran los grandes eventos y los menores las situaciones objetivas dentro de los mismos; y que los situados en las casas 1,4, 7 y 10, son los que proporcionan el valor dominante sobre la tirada, especialmente la 1, que marca su impronta sobre todas las demás; es decir, nada puede realizarse que no esté supeditado a cuanto dicha casa determina.

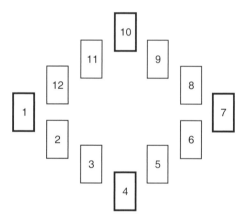

El significado de las casas (y por lo tanto de los montones) es el siguiente:

CASA 1: Constitución física, vida, carácter, temperamento y orientación general de la persona.

CASA 2: Bienes y posesiones, ganancias, adquisiciones y realizaciones materiales.

CASA 3: Hermanos, parientes próximos, ambiente inmediato y toda clase de comunicaciones: escritos, viajes cortos, etc.

CASA 4: El padre, el hogar, los bienes inmobiliarios, los atavismos hereditarios.

CASA 5: Los hijos, las creaciones personales, los placeres, juegos y diversiones.

CASA 6: Trabajo, servidumbres, enfermedades agudas.

CASA 7: La vida en común: asociados, cónyuge, adversarios, procesos, contratos.

CASA 8: Cuanto se refiere a la muerte y el más allá (herencias, magia, ocultismo, etc.).

CASA 9: El extranjero, los grandes viajes, las especializaciones científicas, religiosas, filosóficas o intelectuales.

CASA 10: Destino social y profesional, honores, la madre.

CASA 11: Esperanzas, deseos y proyectos, amistades.

CASA 12: Enemigos ocultos, reclusiones (hospitales, sanatorios, cárceles, etc.), enfermedades crónicas.

Pondremos como ejemplo el caso de un consultante interesado en conocer qué le reservaba el destino, pues no lo tenía muy claro.

Realizada la tirada procedimos a recoger el primer montón y extenderlo, quedando así:

La Muerte nos indica que es una persona en plena mutación, en el trance de limpiar y eliminar muchas cosas del pasado, ya muertas y periclitadas, para poder reiniciar su vida sobre nuevas bases. Es un ciclo que se termina para dar paso a otro nuevo, lo cual, por duro y doloroso que sea, puede ser realmente positivo.

El As de Oros es un arcano de prosperidad, de realización, lo cual mejora el sentido de La Muerte –al menos actualmente– y nos aclara que pase lo que pase, el resultado final será realmente positivo para el consultante.

El siete de Copas invertido nos revela que la mayor dificultad en la tarea actual de eliminar cosas periclitadas, es la de librarse de una esclavitud, de una sujeción impuesta o que él mismo se impuso para servir a algo o alguien a quien ama o amaba.

Al extender el segundo montón, nos queda la distribución que mostramos en la siguiente página.

El Enamorado invertido, nos revela que en lo económico sus dudas y problemas residen en haber elegido una opción errónea, por lo cual su situación financiera es difícil. No obstante, la Reina de Bastos

indica que posee suficientes cualidades y dotes de mando para triunfar en el futuro, y el ocho de Bastos reafirma el sentido de crisis y la necesidad de la transformación mencionada en la primera casa.

El tercer montón apareció como sigue:

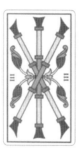  

La Rueda de la Fortuna vuelve a reafirmar que se halla en el fin de un ciclo y el inicio de otro; que las cosas evolucionan con rapidez y hay que adaptarse a las mismas, y su mentalidad es lo suficientemente rápida, práctica y oportunista para hacerlo. El ocho de Copas invertido es favorable y aun cuando siga refiriéndose a la existencia de una íntima transformación, también nos dice que es posible mantener la estabilidad y la perseverancia mental, así como las buenas relaciones familiares y con el ambiente próximo. y el tres de Bastos nos reafirma en las posibilidades de evolución profesional y económica, aun cuando para ello sea necesario jugárselo todo a una sola carta.

Veamos ahora el cuarto montón.

El Juicio invertido reitera la existencia de cambios, pero ahora en el hogar, y nos aclara que la decisión que se tomará será forzada por las circunstancias y no por propia voluntad; y dada la edad madura del consultante, insiste en la necesidad de estabilizarse y asentarse definitivamente. El As de Bastos se limita a mencionar la existencia de un principio, del nacimiento de un hogar; y el nueve de Oros asegura la recompensa material, la consecución de dicha estabilidad y de un hogar definitivo.

El quinto montón:

El Sol invertido nos habla de un éxito que llega retrasado o disminuido, de frustraciones sentimentales; quizás también de algún hijo que no ha llegado, o no sabe corresponder como debe a los desvelos paternales. Sin embargo, la Sota de Espadas nos habla de espíritu inventivo, de curiosidad y estudio, que junto al As de Espadas posibilita la creación artística, el despertar –quizás por última vez vista la edad del consultante– de un nuevo vigor sexual e intelectual.

Quizás debamos deducir de este montón, que su frustración emotiva a causa de la carencia de hijos, o el despego de los mismos si es que los tiene, hará que encarrile sus últimas energías creadoras hacia nuevas aficiones y distracciones, como la creación artística, el estudio o la investigación.

Veamos ahora el sexto.

La Templanza es un arcano benéfico que en cuestiones de trabajo suele indicar una mejoría en sus condiciones, y en la salud la mejoría o por lo menos una buena estabilidad. Teniendo en cuenta que la primera casa nos indicaba la necesidad de un cambio, de una transformación, esta sexta casa nos asegura que dicho cambio será favorable y conducirá a la estabilidad laboral. También parece deducirse de cuanto antecede, que hasta ahora ha carecido de una profesión estable, o por lo menos que permitiera un hogar y situación estables, por lo cual es posible que sea a partir de este cambio que se consiga dicha estabilidad general.

La Sota de Copas nos habla del nacimiento de una nueva relación, y el dos de Copas de colaboración, de lo que podemos deducir que la nueva relación laboral seguramente será en colaboración con otra persona.

El séptimo montón:

El Ahorcado revela que se halla en un periodo crítico en el que debe enfrentarse a la necesidad de renuncias y sacrificios si desea salvar su felicidad conyugal. El seis de Copas nos aporta la nostalgia de un pasado mejor y de unos sentimientos marchitos; y el tres de Espadas sugiere ruptura, incompatibilidad y sufrimiento.

Son tres arcanos difíciles de conjugar, pero parecen indicar que incluso en el terreno conyugal existe una profunda crisis, quizás posible de superar, pero a costa de sacrificios y renuncias, y sin poder evitar que quede luego una nostalgia y un trasfondo de sufrimiento y pesar por unos sentimientos que las circunstancias habrán marchitado.

El octavo:

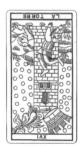

También aquí nos hallamos ante tres arcanos de difícil interpretación si debemos hacerlo en relación con la muerte y el más allá, pero no debemos olvidar que una de las acepciones relacionadas con la muerte son las herencias, y si bien La Torre puede referirse a la opresión interna, al temor a la muerte y el más allá, los dos arcanos siguientes, el ocho y la Reina de Oros son económicos, y nos hablan de una transformación en el terreno financiero y de un bienestar económico, de generosidad y riqueza. Es por ello que cabe deducir que en estos momentos de crisis y transformación en muchos aspectos de la vida, existe la posibilidad de una herencia que a la vez que le permitirá un bienestar económico, despertará en el consultante un evidente temor y aprensión por el futuro, en especial por la muerte y el más allá, en lo que la herencia y su propia edad le hacen pensar, haciendo vacilar y quebrarse muchas de sus anteriores convicciones y creencias.

Noveno montón.

El Carro siempre asegura el triunfo, por obstáculos que existan, y a la vez gran actividad y dinamismo. El siete y el Rey de Oros, éxito material, suerte y dinero, pero a la vez aptitud para las ciencias exactas; todo ello en un montón de significado más intelectual que material, y relacionado con el extranjero y los viajes.

Dos son las interpretaciones posibles: o el triunfo y la riqueza se conseguirán en el extranjero, otras un cambio profundo en todos los terrenos y recordando que el quinto montón anuncia el despertar de inquietudes intelectuales, será en dicho terreno donde existirá un éxito tardío pero provechoso. Todo parece apuntar hacia esta segunda interpretación, aun cuando de momento no pase de ser una mera posibilidad que debería ser confirmada en el próximo montón.

Décimo montón (véase página siguiente).

Es el de la posición social y profesional, y en el mismo hallamos al Diablo, esta gran fuerza natural, terrestre e instintiva, que en lo profesional tanto puede dar a un financiero, un mago, un mafioso o cualquier otra forma de ganarse la vida, si bien por salir del derecho siempre será con un beneficio material. También la Sota de Oros habla de sentido práctico, del inicio de una profesión o hobby eminentemente práctico destinado a la consecución de la riqueza; y el diez de Copas de creación artística y consolidación.

Vimos en el quinto montón la primera referencia a la creación artística como hobby, y aquí se nos habla de una nueva profesión, de un hobby convertido en profesión; pero también en el noveno de un talento matemático, que puede ser financiero. Creemos que es la confirmación de que el cambio profesional y económico que se presenta, es éste: después de un fracaso o una crisis en la profesión actual, se sabrá convertir un hobby de creación artística en una nueva profesión que permitirá alcanzar el éxito, aquí o en el extranjero.

Undécimo montón:

El Mundo es el arcano de la plena realización personal, y en este montón es la materialización de las esperanzas y deseos de lograr una vida social excelente; es la consecución de numerosos amigos, si bien superficiales y con los cuales no se intima de verdad. Pero el cuatro de Copas nos habla de saciedad, de cansancio, de íntima insatisfacción; y el cinco de Espadas, de pérdidas y calamidades. Lo lógico es deducir que tras el triunfo profesional que abre las puertas a una vida social excelente, a una gran cantidad de relaciones –que no de amigos–, los verdaderos amigos, los de antes, los de toda la vida, se pierden, quizás por pertenecer a una clase social que se ha superado, lo que causa una íntima insatisfacción, saciedad y cansancio.

Duodécimo montón (véase página siguiente).

La Papisa armoniza perfectamente con el duodécimo montón, el de las cosas ocultas, y revela una íntima relación con el propio inconsciente, unas aptitudes intuitivas, de clarividencia o mediumnidad, que ayudan en la vida a triunfar en las situaciones comprometidas y sobre los enemigos ocultos. También el tres de Oros reafirma las realizaciones

materiales y que la conducta a seguir es acertada; mientras que el dos de Espadas revela la tensión, el conflicto soterrado e interno, el dualismo existente entre las tendencias opuestas de realización económica a todo trance y los ocultos deseos de interiorización y trascendencia.

Antes de seguir adelante debemos tener en cuenta que astrológicamente la primera casa se refiere al YO, es decir, al consultante, y la séptima al NO YO, es decir, lo que le complementa o se le opone; la cuarta a la intimidad, la base y el punto de partida desde el cual se lanza al exterior, mientras que la décima es su proyección externa, hacia donde se lanza y que puede conseguir; en este método cartomántico, las casas o montones 1 a 7 son las casas que revelan la situación actual, el punto de partida de la consulta, mientras que de 7 a 12 son el futuro, lo que está por encima o más allá del momento presente. Teniendo esto en cuenta ya podemos realizar el resumen general de la anterior consulta, que es lo que deberemos comunicar al consultante.

Los siete primeros montones nos revelan que el consultante se halla inmerso en una crisis total, interna y externa, en la que, seguramente a causa de un fracaso laboral y económico que agrava una situación en la que incluso se tambalea la felicidad conyugal, se ve precisado a decidir cómo debe reorientar toda su vida.

Curiosamente, en el primer montón aparece una sujeción impuesta o que él mismo se impuso por amor, sujeción que deberá romper definitivamente, y en el séptimo la necesidad de sacrificios y renuncias si quiere salvar su matrimonio, aun cuando a pesar de todo dicho matrimonio ya no vuelva a ser lo que era. De aquí podemos deducir que hasta ahora ha obedecido más a los deseos de su pareja que a los propios, lo cual ha sido un error que le ha impedido triunfar en la vida y tener un hogar estable a pesar de sus excelentes capacidades, y que ha llegado el momento de decir basta, de crear un hogar definitivo y elegir una nueva profesión que permita su estabilidad, aun cuando ello signifique sacrificar parte de la armonía y felicidad conyugal, que de otra forma se perdería totalmente.

El quinto montón nos habla de un éxito retrasado, de una frustración por culpa de los hijos (o por no haber logrado tenerlos) y del despertar de unas aficiones artísticas o de investigación que podrá llevar acabo gracias a una herencia (octavo montón) y se convertirán en una profesión lucrativa que los montones nueve y diez revelan será el origen de una fortuna que los once y doce dan por consolidada.

Sin embargo, no todo es positivo, pues además del fracaso parcial de su matrimonio que le obliga a conjugar la felicidad conyugal con la cruda realidad de los hechos, le restará una íntima infelicidad a causa de la pérdida de los amigos de toda una vida y la quiebra de sus anteriores convicciones y creencias ante la aparición de insospechados deseos de interiorización y trascendencia.

CRUCES Y ESTRELLAS

Además de la tirada en cruz de Wirth y la Cruz Celta, descritas anteriormente, existen otros sistemas de tiraje en cruz utilizando trece o más arcanos, que a primera vista parecen ampliaciones del método de Wirth, aun cuando preferimos decir que la idea básica de todos estos sistemas es muy similar, pues desconocemos la antigüedad real de los mismos.

Antes de pasar a su descripción, queremos advertir que los métodos estudiados hasta ahora los hemos ilustrado con ejemplos, que quizás alguien considerará excesivamente detallados, pero cuya finalidad ha sido la de familiarizar al lector con la forma de leer y enlazar el significado de los arcanos. Por dicho motivo, y considerando que a estas alturas el lector ya sabrá cómo hacerlo por su cuenta, en los siguientes métodos nos limitaremos a su descripción, prescindiendo de más ejemplos para no convertir nuestro trabajo en inútilmente interminable.

La cruz mística

En este método la carta representativa del consultante se elige según los criterios propugnados en la página 344, pero sin separarla del mazo, que se baraja y corta en la forma habitual, extrayendo del mismo siete arcanos que se colocan horizontalmente sobre la mesa, de derecha a izquierda, y seis verticales (tres hacia arriba y tres hacia abajo, a partir del arcano central de la línea horizontal), formando una cruz de siete arcanos en cada barra, ya que el arcano central se considera muy importante y cuenta en ambas direcciones.

Un examen superficial nos permitirá conocer el resultado global de la tirada; para ello hay que verificar si entre el místico número de trece cartas aparece el arcano representativo del consultante, lo que se considerará un bien presagio; por el contrario, su inexistencia se considerará de mal agüero.

Otro arcano a observar es el central de la cruz, viendo si es benéfico, maléfico o neutro. Por último, debe valorarse la existencia de, Ases, que a este efecto se considerarán maléficos, y si bien uno o dos, carecen de poder resolutivo por sí solos, tres ya dificultan un resultado

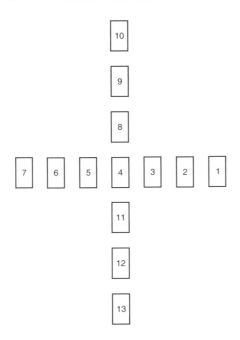

favorable y si aparecen los cuatro la respuesta puede considerarse como negativa, especialmente si no ha aparecido el arcano del consultante.

Si además interesa conocer detalles de cómo sucederán los hechos, se estudiarán los arcanos, uno a uno, leyendo primero la barra vertical de la cruz, de arriba abajo; luego, los tres arcanos de la izquierda, que modificarán la fortuna para bien o para mal; y finalmente los tres de la derecha, que pueden proporcionar lo inesperado.

La cruz simple

Ante todo hay que escoger el arcano del consultante de la misma forma que en la cruz anterior y situarlo sobre la mesa. A continuación se baraja y corta el mazo en la forma habitual, se despliega boca abajo sobre la mesa en forma de abanico y se pide al consultante que escoja 15 arcanos al azar, que se irán depositando sobre la mesa en el siguiente orden:

El primero se coloca a la izquierda del arcano del consultante; el segundo a la derecha; el tercero encima; el cuarto debajo y el quinto sobre el arcano del consultante, es decir, en el centro.

Los siguientes arcanos se van colocando de la misma forma que los anteriores hasta que todos ellos queden situados tal y como se indica en el grabado. De esta forma, cada montón constará de tres arcanos, incluido el del centro, ya que el del consultante no cuenta.

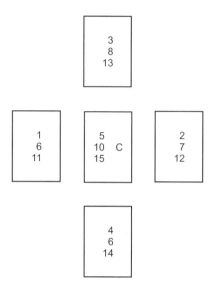

Ahora ya puede procederse a la lectura de los arcanos, que debe iniciarse por el montón de la izquierda, que representa el pasado inmediato del consultante; luego se interpreta el de la derecha, que concierne al futuro inmediato; y a continuación se leen los tres arcanos de encima, que nos revelarán el pasado más lejano. La comparación entre este último montón y el de la izquierda nos revelará si ha existido una mejoría o una agravación en el destino del consultante

Por último, se leen los tres arcanos de abajo, que se refieren al porvenir lejano. Después de su lectura, y tal como hemos hecho antes, deben compararse con los del montón de la derecha, para poder determinar hacia dónde tiende el porvenir; es decir, si mejorará o empeorará.

Los arcanos menores no deben leerse según su sentido unitario, sino que hay que guiarse por el genérico de los palos a los que pertenecen. Para ello, su orden, de mejor a peor, es: Bastos (muy buenos), Copas (bastante buenos), Oros (regulares) y Espadas (muy malos).

Supongamos –por ejemplo– que aparte de su significado particular existen dos Espadas en el montón de la derecha y ninguna en el montón inferior. En este caso, el consultante puede esperar una disminución de sus dificultades y problemas, sean éstos los que fueren. Del mismo modo, si en el montón de la derecha no existían Bastos o Copas, y en cambio existen en el de debajo, el porvenir se presentará mejor que el presente. Su respuesta será pues de sí o de no, y más o menos clara y concluyente según la confrontación de valores buenos y malos.

Los tres arcanos que recubren el representativo del consultante, o sea, los del montón del centro, responden a cualquier pregunta que se haya formulado previamente, y no tienen nada que ver con el presente o el futuro generales.

La cruz mágica

Los dos métodos anteriores son muy simples y deben limitarse a temas muy concretos en los cuales basta prácticamente con una respuesta de sí o no, a la que como máximo se pueden añadir algunos detalles complementarios. La que ahora presentamos es más compleja a pesar de ser una simplificación –al estilo de la cruz mística– de la Cruz Celta ya descrita anteriormente. Fue realizada por C. C. Zain y es excelente para lecturas de temas concretos, como familia, trabajo, dinero, etc.

Para realizarla, una vez barajado y cortado el mazo se hace elegir al consultante 13 arcanos al azar y sin mirar, que se extenderán de izquierda a derecha y de arriba abajo tal y como se indica en el grabado.

Para su lectura, los arcanos situados en 1 y 2 se referirán al pasado; en 3 al presente; en 4 y 5 a dificultades y obstáculos; en 6 y 7 a las esperanzas y proyectos; y del 8 al 13 al futuro.

La combinación del deseo

Este sistema sirve para contestar a una pregunta concreta, o también cuando el consultante simplemente desea conocer algo sobre su futuro.

Para ejecutarlo debe empezarse por seleccionar el arcano representativo del consultante según las normas anteriormente citadas y depositarlo sobre la mesa.

Una vez barajado y cortado el mazo completo del tarot se extiende sobre la mesa boca abajo y se pide al consultante que retire 15 arcanos al azar, manteniendo su pregunta mentalmente y con firmeza; dichos arcanos se van extendiendo alrededor del arcano del consultante (C), lentamente, de uno en uno y en la forma y orden que se indica en el siguiente grabado.

Los cinco grupos así formados se interpretarán de acuerdo con los siguientes significados:

1, 2, 3	=	Lo que le rodea.
4, 5, 6	=	Lo que desea.
7, 8, 9	=	Lo que se opone.
10, 11, 12	=	Futuro próximo.
13, 14, 15	=	Resultado final.

A este sistema de echar el tarot se le denomina del deseo porque se da excepcional importancia al arcano del deseo (el nueve de Copas) cuya aparición en la tirada (excepto si aparece en las posiciones 7, 8 y 9) asegura el éxito o el cumplimiento de lo deseado, y cuanto más próximo aparezca al arcano del consultante, más pronto se materializará el deseo.

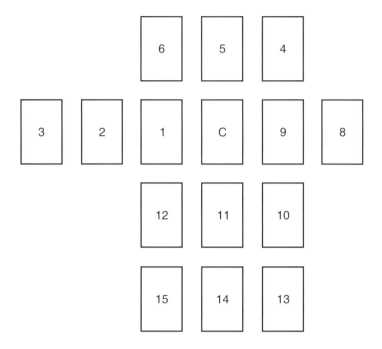

Si dicho arcano aparece en los lugares 7, 8 o 9 puede darse por seguro que a pesar de cuanto pueda indicar el resto de la tirada, el deseo o el éxito no se materializará; quedará en promesas, esperanzas e ilusiones que no llegarán a concretarse.

Pero si el arcano del deseo no aparece en la tirada, esto no significa que los deseos del consultante no puedan materializarse, lo que ocurre es que entonces todo dependerá única y exclusivamente de la interpretación general de la tirada, y en especial de los Ases.

En efecto, cuando aparecen los cuatro Ases y no ha aparecido el arcano del deseo, es señal segura de que no se materializarán los deseos del consultante, aparezcan donde aparezcan. Uno o dos Ases carecen de poder resolutivo y tres dificultan mucho, pero no lo impiden.

También el cómputo de la relación entre los palos del tarot tiene su importancia; una mayoría de Bastos y Copas aumenta las posibilidades de éxito y suaviza las dificultades, mientras que una mayoría de Oros y Espadas disminuye las posibilidades e incrementa las dificultades. Cuanto menor o mayor sea esta diferencia numérica, mayor o menor será su importancia en bien o en mal.

Como puede verse, este método tiene la ventaja de poder responder con el sí y el no, con fácil o difícil, con pronto o tarde, sin necesidad de un análisis exhaustivo de la tirada, lo que lo hace muy interesante para quienes comienzan, mientras que los experimentados, hecho este primer análisis, pueden proseguir su interpretación detallada.

La combinación del siete mágico

Si bien la cruz, como símbolo del compendio de la vida y destino humanos ha sido quizás la figura más usada para la disposición de los arcanos, también la estrella, otro símbolo de la providencia del destino y de la influencia de lo alto en nuestra vida, ha sido empleada por muchos cartománticos como distribución ideal en sus tiradas.

Incluso una disposición tan simple como la de los siete arcanos, se usa a veces en forma de una estrella de seis puntas y un arcano central bajo el nombre de combinación del siete mágico, y en la misma tanto se usan únicamente los arcanos mayores como el tarot completo, lo que dependerá de las preferencias personales. Para realizarla, una vez barajado y cortado el mazo en la forma habitual, se seleccionan siete arcanos, y conforme van saliendo se depositan siguiendo el orden numérico que indicamos en el grabado.

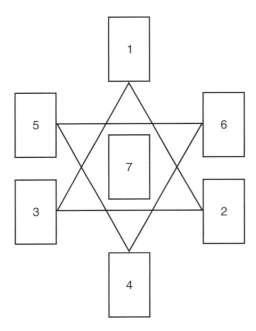

La interpretación de los arcanos será la siguiente:

1 = El pasado.
2 = El presente.
3 = El futuro inmediato.
4 = Lo que puede ayudar.
5 = La influencia ambiental.
6 = Dificultades y obstáculos.
7 = Resultado final.

La estrella simple

En este método, los arcanos deben disponerse sobre la mesa en forma de una estrella, tal y como se indica en el grabado adjunto, lo cual puede hacerse directamente sobre la mesa, o teniendo preparada una matriz, con lo que resulta más fácil.

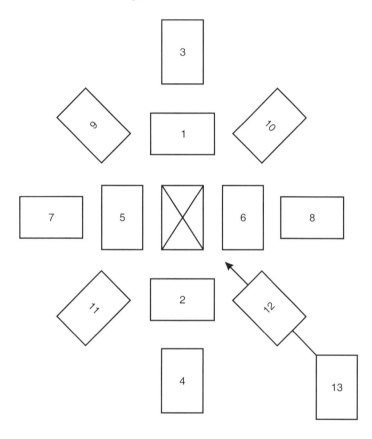

Se inicia la tirada seleccionando el arcano representativo del consultante según las normas anteriormente citadas y depositándolo en el centro de la estrella, en la casilla cruzada por las dos diagonales.

A continuación se procede a barajar bien el mazo y se pide al consultante que corte con la mano izquierda, dividiéndolo en tres paquetes, que se depositan alineados como él desee encima de la mesa, boca abajo.

Se toma el arcano de encima del montón central y se coloca sobre la casilla 1. Del montón de la izquierda se toma también el de encima para colocarlo en la casilla 2; del montón de la derecha también el de encima y se coloca en la casilla 3. Para la casilla 4 se toma el arcano que ahora ha quedado encima del montón central y así se sigue por el mismo orden hasta haber colocado los doce arcanos que forman la estrella.

A continuación se cogen los arcanos sobrantes, se vuelven a barajar y se hacen cortar en dos paquetes por el consultante, tomando el arcano que habrá quedado debajo del paquete de encima, que se colocará en la casilla 13, boca abajo. Este arcano será el de la decisión, y sólo deberá leerse si el resultado de la tirada ha quedado indeciso, en cuyo caso aportará la decisión final, según sea su calidad: buena o mala.

La interpretación se realiza juntando los arcanos en parejas y de la siguiente forma:

En primer lugar hay que emparejar el 5 y el 6, luego el 1 y el 2. Estos dos pares representan las influencias más próximas e inmediatas al consultante.

A continuación deben interpretarse los pares 7 - 8 y 3 - 4, que representan el futuro y las influencias que incidirán más fuertemente sobre el consultante, si bien filtradas (detenidas, suavizadas o ampliadas) por los pares 5 - 6 y 1 - 2, respectivamente.

Finalmente, los pares 9 - 12 y 10 - 11, que figuran como influencias secundarias y de menor fuerza, favorables o desfavorables, según lo que signifique cada uno de ellos, pero que inciden directamente sobre el consultante (no quedan filtradas por la barrera 1 - 2 - 5 - 6).

Por último, el arcano de la casilla 13 terminará de redondear el cuadro si subsiste alguna duda sobre el resultado final de la tirada. Si todo ha quedado decidido, su concurso ya no resultará necesario, y lo mismo sucederá si entre los arcanos de la tirada figura el nueve de corazones, pues en este caso, y por desgraciada que resulte la tirada, puede tenerse la seguridad de que pasadas todas las penas y vencidos todos los obstáculos, volverá a brillar la luz de la esperanza y todo se arreglará finalmente para el consultante.

La gran estrella

Es quizás la más conocida y utilizada de las estrellas, y el mismo Papus ya la describe –aunque muy sucintamente– en *Le tarot Divinatoire*.

La tirada se inicia colocando en el centro de la estrella el arcano que debe representar al consultante según las normas ya descritas anteriormente.

Se baraja el mazo a fondo y se hace cortar por el consultante con la mano izquierda, hecho lo cual se desechan los diez primeros de encima y se selecciona el undécimo, que se colocará en la casilla número 1 de la estrella. Recogidos todos los arcanos sobrantes, se barajan y cortan de nuevo, separando ahora el de debajo del corte, para colocarlo en la casilla 2.

Recogidos y barajados de nuevo los arcanos restantes, se barajan y cortan de nuevo. Del paquete que estaba encima se selecciona el arcano que estaba debajo y se coloca en la casilla 3, y del paquete que estaba debajo se selecciona el arcano de encima, que se deposita en la casilla 4.

Esta maniobra se repite constantemente tomando alternativamente el arcano de debajo de la mitad superior del mazo y el de encima de la mitad inferior, que se depositan sucesivamente en las casillas del gráfico según el orden numérico con que las hemos señalado, y
así hasta completarlas todas.

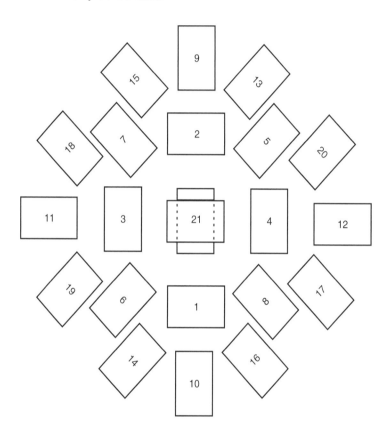

En vez de barajar y cortar cada vez, algunos autores aconsejan
conservar el orden de la primera vez, y luego, cada vez que se corta, el
paquete inferior se pone encima, y se hace cortar de nuevo sin necesidad de barajar, pero procurando que, a cada vuelta, el paquete inferior
vaya a parar encima del superior antes de proceder al corte. Los arcanos se seleccionarán de igual modo, y se irán rellenando así todas las
casillas.

Para proceder a la lectura se empieza por el arcano de la casilla
13, que se empareja con el de la 15, y se interpretan juntos los dos; a
continuación se interpretan de la misma forma los de la 18 y la 19,
los de la 14 y la 16 y, por último, los de la 17 y la 20.

Esta primera vuelta nos dará a conocer cuáles son las circunstancias que forman la trama más lejana que envuelve la acción de la ti-

rada, o lo más lejano en el tiempo futuro, cosa que el mismo significado general resultante será quien nos lo aclare.

Algunas veces, un par de arcanos de los seleccionados no es suficiente para poder ser interpretado, en cuyo caso se recurre a asociarlo con el siguiente, a menos que a simple vista veamos que la acción se refiere o aclara algo de lo citado por alguno de los arcanos anteriores.

La segunda ronda de interpretación comprende, por orden correlativo, las parejas 5 y 9, 7 y 11, 6 y 10, y 8 y 12, en las cuales la acción ya es mucho más cercana al consultante. También, según los casos, en el tiempo o en el ambiente circundante.

Por último entraremos en las circunstancias próximas al consultante, tanto en lo que se refiere al futuro inmediato, como a su entorno más cercano, para lo cual interpretaremos los pares 3 y 4, y 2 y 1.

El resultado final, si quedaba alguna duda, nos lo proporcionará el arcano número 21, que es el último seleccionado en el tiraje, y que habíamos colocado cruzado sobre el del consultante.

MÉTODOS COMPLEJOS

Finalizaremos esta exposición de los métodos más usados para consultar el tarot con los tres siguientes, en los cuales se emplea gran número de arcanos además de un ritual de tiraje más complejo del que hemos estudiado hasta ahora. Empezaremos con el método de los cuarenta y dos arcanos.

Los cuarenta y dos arcanos

Es un método usado antiguamente por las brujas italianas, que posteriormente se popularizó en Francia y de allí se expandió por toda Europa.

Se inicia como de costumbre barajando y cortando el mazo del tarot y pidiendo al consultante elija siete arcanos que colocará boca arriba formando un montón; a continuación se le hacen elegir otros siete con los cuales se formará un segundo montón a la derecha del primero; luego, un tercero, un cuarto, un quinto y un sexto, todos ellos de siete arcanos que se irán colocando siempre a la derecha de los ya depositados sobre la mesa.

Ahora, se toma el primer montón de la derecha y se extiende de derecha a izquierda; a continuación se toma el segundo montón y se va extendiendo también de derecha a izquierda, cada uno de sus arcanos encima de los del primero. Este procedimiento se va repitiendo hasta que los seis montones iniciales se hayan terminado y se hayan formado otros siete montones de seis arcanos cada uno.

Se retira el arcano de encima de cada uno de los siete montones, se barajan juntos y se extienden de derecha a izquierda, formando una línea. A continuación se retiran los dos arcanos siguientes de cada montón, se barajan y extienden en dos nuevas líneas debajo de la primera, siempre de derecha a izquierda. Se juntan los restantes veintiún arcanos de los montones, se barajan y extienden en tres nuevas líneas debajo de las anteriores, siempre de derecha a izquierda, con lo cual ahora tendremos seis líneas de siete arcanos cada una.

Se busca el significador, que será El Papa si el consultante es hombre, y La Papisa si es mujer, y si no aparece en la tirada se busca en el mazo y se coloca a la derecha de la tirada si es El Papa o a la izquierda si es La Papisa. Si lo hemos hallado en la tirada, se extrae y coloca en la misma forma, y su lugar se cubre con un nuevo arcano sacado del mazo.

Los arcanos deben leerse empezando por el lado superior derecho, haciéndolo de derecha a izquierda, y terminando por la esquina inferior izquierda.

En este proceso de lectura no se emplea ninguna estructura; no existe la división en áreas convencionales de interpretación, como «pasado», «presente» y «futuro», por lo que no ofrece ni apoyo ni límites al proceso adivinatorio, dejando vía libre a la intuición y al proceso deductivo del cartomántico, debiendo considerarse por ello de uso exclusivo para cartománticos adelantados.

El método de la herradura

Una vez barajado y cortado el mazo en la forma habitual se pide al consultante que separe veintiséis arcanos al azar, y con los mismos se forma un montón sobre la mesa. Se le pide que separe otros veintiséis arcanos y se forma un segundo montón a la izquierda del primero; y por último, otros veintiséis para formar un tercer montón a la izquierda de los anteriores.

Dejando sobre la mesa el montón del medio, se toman los otros dos montones y se entregan al consultante para que los junte y baraje de nuevo, formando con los mismos tres montones de diecisiete arcanos cada uno debajo del montón restante de la operación anterior, y el arcano sobrante se deposita a la izquierda.

Dejando sobre la mesa el nuevo montón del medio, se toman los otros dos, se juntan, se les añade el arcano sobrante que habíamos dejado a la izquierda, se barajan y distribuyen en tres montones de once arcanos cada uno, que se colocarán debajo de los dos que ya restaban sobre la mesa. Los dos arcanos sobrantes se eliminan de la tirada, eliminando también por último los dos montones de los extremos para que sólo resten sobre la mesa los que habían sido los tres montones del medio de las tres sucesivas eliminaciones.

Ahora, tome el primer montón, que contiene veintiséis arcanos, coloque el primer arcano a la derecha y siga desplegando los demás uno a uno hacia arriba y a izquierda primero y hacia abajo después hasta formar una gran herradura de modo que el arco quede abierto enfrente de usted.

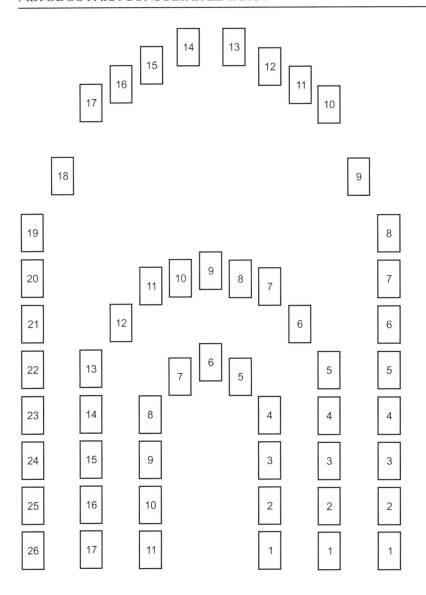

Tome el segundo montón, que contenía diecisiete arcanos y despliéguelo en la misma forma por dentro de la primera herradura. A continuación haga lo mismo con el tercer montón de once arcanos para formar una tercera herradura debajo de las anteriores.

Para su interpretación empiece por el primer arcano de la gran herradura y vaya siguiendo hasta finalizarla. Su contenido se referirá a la condición psicológica del consultante en un futuro cercano.

Luego se interpretará la segunda herradura de diecisiete arcanos en la misma forma. Su contenido se referirá al trabajo u ocupación del consultante y lo que pensará sobre ello, también en un futuro inmediato.

En cuanto a la última herradura, la de once arcanos, se interpretará en forma semejante, y se referirá a la situación material del consultante (salud, situación económica, vida hogareña, etc.), también en un futuro próximo.

De esta forma, las tres herraduras representarán los aspectos espiritual, intelectual y material del consultante en el futuro próximo.

El Gran Juego

El más complejo de los métodos cartománticos es original de Etteilla, Papus lo describe detalladamente y luego casi todos los autores lo describen con ligeras modificaciones y simplificaciones, pero sin citar su verdadera paternidad. Nosotros nos limitaremos a reflejar fielmente la descripción de Papus en *Le tarot Divinatoire,* aun cuando ampliaremos el gráfico para su mejor comprensión.

Primera tirada: Se baraja el mazo del tarot, se hace cortar por el consultante y se divide en tres montones de 26 arcanos cada uno, tomando el montón del medio que se dejará de lado, a la derecha. Así:

26   26   26 de lado.

Quedan dos montones de 26 arcanos cada uno; se cogen, se barajan, se hace cortar al consultante y después se dividen en tres montones de 17 arcanos cada uno, con lo cual sobrará un arcano que de momento se deja de lado a la izquierda. Se toma el montón del medio y se coloca a la izquierda del montón de 26 arcanos separado anteriormente. La mesa quedará así:

1   17   17   17   26   de lado.

Se toman los dos montones de 17 arcanos y el arcano de la izquierda que sobraron de la operación anterior, se barajan, se hace cortar al consultante y se dividen en tres montones de 11 arcanos cada uno, con lo cual sobrarán dos arcanos que se dejarán de lado a la izquierda. Se toma el montón del medio y se coloca a la izquierda de los dos anteriores ya elegidos. La mesa quedará así:

2   11   11   11   17   26

Hecho esto, se reúnen en un sólo montón los 24 arcanos sobrantes y se descartan por el momento.

Ya puede procederse a interpretar la tirada; para ello se toma el montón de 26 arcanos y se extiende sobre la mesa, de derecha a izquierda; luego se toma el montón de 17 arcanos y se extiende en la misma forma debajo del primero; y luego se hace lo mismo con el de 11 arcanos; la mesa quedará así:

```
26 25 24 23 22 .................. 6   5   4   3   2   1
      17 16 15 14.................... 5   4   3   2   1
         11 10  9 .................... 4   3   2   1
```

Ya puede procederse a interpretar el sentido de cada línea, teniendo en cuenta que la línea inferior (11 arcanos) se refiere al cuerpo; la del medio (17 arcanos) al espíritu y la superior (26 arcanos) al alma del consultante.

Segunda tirada: Se recogen todos los arcanos (los 78), se barajan, se hace cortar al consultante y se toman los 17 primeros de encima que se dispondrán del 1 al 17 de derecha a izquierda, así:

```
17 16 15 14 .......................... 4   3   2   1
```

Mirar el arcano que ha quedado encima del mazo y el de debajo del mismo, el sentido de los cuales indicará si se ha establecido o no la comunicación fluídica y simpática con el consultante. Si el resultado es positivo, ya puede leerse dicha línea, como siempre, de derecha a izquierda.

Tercera tirada: Vuelven a recogerse todos los arcanos, se barajan y hacen cortar por el consultante, se van extrayendo (o se hacen elegir por el consultante) y se van disponiendo por el orden que se indica en el gráfico de la página siguiente hasta obtener la gran figura de Etteilla, que proporciona la clave del pasado, del presente y del porvenir del consultante. Para ello dicha figura siempre debe tenerse presente en la memoria, o mejor todavía, haberla dibujado con todos sus números de orden para poder ir colocando los arcanos sobre la misma cuando deba utilizarse.

Para la interpretación se sacan emparejadas las cartas dos a dos, la 1 con la 34, la 2 con la 35, y así sucesivamente para el *pasado.*

La 23 con la 43, la 24 con la 46, y así sucesivamente para el *presente.*

La 12 con la 66, la 13 con la 65, y así sucesivamente para el *porvenir.*

Etteilla, todavía menciona una cuarta tirada que no reproducimos, pues es el método de siete arcanos que ya describimos en la página 376 y siguientes.

En realidad cada una de las cuatro tiradas es independiente de las demás, por lo cual actualmente sólo se considera como el Gran Juego la tercera tirada, la más completa y difícil de interpretar, siendo aconsejable que sólo se emprenda cuando ya se domine la lectura de las tiradas más sencillas, pues de lo contrario lo único que se conseguirá es desalentarse ante el maremágnum de arcanos a interpretar.

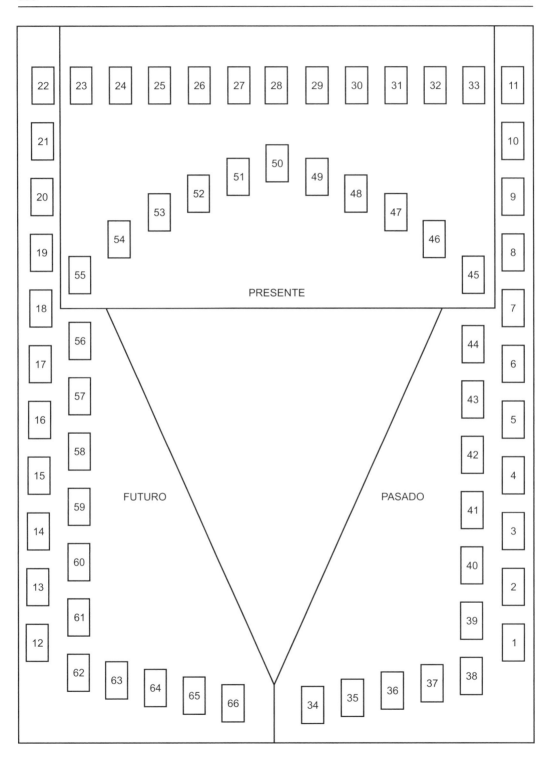

REFLEXIONES SOBRE LOS MÉTODOS DE ECHAR EL TAROT

Además de los métodos descritos en este libro todavía existen muchos otros –nosotros hemos recopilado más de cincuenta–, algunos de ellos muy complicados, como ya hemos visto; pero si los analizamos detenidamente veremos que casi todos son derivaciones de los métodos de Etteilla, quien seguramente los recopiló de las echadoras de cartas españolas, francesas e italianas, y luego los pulió a su manera. Por otra parte, ya dijimos que cada cual puede construirse el suyo propio, pues lo importante es que le funcione a él, que conecte con su psiquismo, prescindiendo de si luego le sirve a los demás.

Repasemos los fundamentos generales sobre los que parecen basarse todos estos métodos.

Lo primero que observamos, es que todos ellos están compuestos por grupos de dos, tres o cuatro (en realidad 2 + 2) arcanos, cuya interpretación global posee un significado concreto que se aplica a un tema también concreto. Y cuando se forman series más largas se busca siempre un número de arcanos de significado cabalístico, como siete, diez, once (la mitad de 22), doce, etc.

Pero en todos ellos, cuando llega el momento de la interpretación cada hilera de arcanos se va descomponiendo en parejas o tríos, cuya suma de significados pueda unificarse o ligarse entre sí para dar un resultado coherente.

Todo sistema en que los arcanos deban interpretarse uno a uno, separadamente, como en la mayoría de sistemas cortos, sólo debe ejecutarse con los arcanos mayores, cuyo simbolismo es mucho más rico y complejo que el de los menores, a menos que se trate de cuestiones muy concretas, como trabajo o dinero por ejemplo, en cuyo caso se añade el palo de los arcanos menores que se corresponda con la cuestión.

Por poner un ejemplo de lo que puede hacerse basándose sólo en el tres, diremos que muchos cartománticos prescinden de todo método propiamente dicho y se limitan a ir sacando grupos de tres arcanos que van interpretando en respuesta a las preguntas del consultante, sin límite de preguntas ni de respuestas, es decir, de echadas. O también, tras una tirada con cualquier método tradicional, las preguntas adicionales del consultante tendentes a aclarar puntos no muy claros se contestan mediante estas tiradas sueltas de tres arcanos.

Aparte de los diversos sistemas de conformación de grupos más o menos complejos, existe también toda una serie de sistemas en los cuales lo rebuscado es la forma de seleccionar los arcanos a interpretar, como hemos visto en el Gran Juego de Etteilla.

Unas veces se van contando los arcanos y se separa el que hace un número determinado, como el sistema de la echada por siete, en la que se separan los seis primeros y se coge el que hace siete, dejándolo sobre la mesa; se vuelven a desechar otros seis y el séptimo se coloca también sobre la mesa aliado del anterior; y así sucesivamente hasta terminar el mazo y seguir la cuenta con los arcanos ya desechados, bien sea barajándolos de nuevo o tomándolos tal cual, hasta que sobre la mesa hay el número de arcanos que se desean.

Otras veces se extiende un número determinado de arcanos sobre la mesa, incluso todo el tarot, y una vez extendidos se busca el que define al consultante por el sistema ya descrito repetidamente, y a partir de dicho arcano y en un orden determinado se van contando y sacando arcanos como anteriormente, también según un número cabalístico –el siete por ejemplo– hasta formar los necesarios para la tirada.

Por último, se saca un arcano o un número determinado de arcanos, siempre corto, y se baraja y corta de nuevo cada vez que se necesiten más, como también vimos en el método de Etteilla.

De hecho, lo que se busca con dichas complicaciones es facilitar al psiquismo del cartomántico la búsqueda y selección inconsciente de los arcanos que contienen la respuesta a la pregunta del consultante, o indirectamente, es este último quien los elige guiado también inconscientemente por el psiquismo del cartomántico.

Como puede verse, los sistemas elegidos para complicar las tiradas y formar nuevos métodos son infinitos, aunque siempre basados en los grupos de dos o tres arcanos. Cómo se engarcen los grupos entre sí y cómo se elijan los arcanos para formarlos es ya cuestión de gustos y preferencias.

Índice